개념은 쉽게
기능은 빠르게
실무활용은 바로

회사에서 바로 통하는 실무

엑셀

김경자·송선영 지음

# 엑셀 데이터 활용+분석

모든 버전 사용 가능

2007 2010 2013 2016 2019 Office 365

현장밀착형 입문서

한빛미디어 Hanbit Media, Inc.

**지은이 김경자** (onwings@cpedu.co.kr)

LG전자 LearningCenter에 근무하면서 IT 교육과 인연을 맺어 현재는 LG전자, 한국표준협회, 한국수력원자력연구원, 국가공무원인재개발원, 국토교통인재개발원, 대한상공회의소, 서울대학교, 중앙교육연수원 등에서 강의 및 엑셀 VBA를 활용한 업무 혁신 프로그램을 개발하고 있습니다.
저서로는 《엑셀 2016 기본+실무》(북스홀릭, 2018), 《엑셀 함수 실무 강의》(한빛미디어, 2017), 《엑셀 2016 매크로와 VBA》(정보문화사, 2016), 《엑셀 2013 기본 실무완성》(북스홀릭, 2014), 《엑셀 2010 매크로와 VBA》(영진닷컴, 2012), 《엑셀 2010 기본 실무완성》(북스홀릭, 2010), 《엑셀 2007 매크로 & VBA 기본+실무》(성안당, 2009) 등이 있습니다.

**지은이 송선영** (asanyer@hanmail.net)

한국표준협회, 삼성전자, 통계교육원, 중앙교육연수원, 경기도교육연수원, 우정공무원교육원, 단재교육연수원, 충북자치연수원, 경남교육연수원, 경북교육연수원, 부산교육연수원, 농촌진흥청 등의 교육 기관에서 IT/정보화 교육, MS 오피스 등의 강의를 진행하고 있습니다.
저서로는 《엑셀 함수 실무 강의》(한빛미디어, 2017), 《엑셀 2013 : 기본 실무완성》(북스홀릭, 2014) 등이 있습니다.

회사에서 바로 통하는

## 실무 엑셀 데이터 활용+분석

**초판 1쇄 발행** 2019년 06월 10일
**초판 4쇄 발행** 2023년 11월 27일

**지은이** 김경자, 송선영 / **펴낸이** 전태호
**펴낸곳** 한빛미디어(주) / **주소** 서울시 서대문구 연희로2길 62 한빛미디어(주) IT출판1부
**전화** 02-325-5544 / **팩스** 02-336-7124
**등록** 1999년 6월 24일 제25100-2017-000058호 / **ISBN** 979-11-6224-185-1 13000

**총괄** 배윤미 / **책임편집** 장용희 / **기획 · 편집** 박지수 / **진행** 진명규
**디자인** 표지 박정화 내지 이아란 / **전산편집** 김보경
**영업** 김형진, 장경환, 조유미 / **마케팅** 박상용, 한종진, 이행은, 김선아, 고광일, 성화정, 김한솔 / **제작** 박성우, 김정우

이 책에 대한 의견이나 오탈자 및 잘못된 내용에 대한 수정 정보는 한빛미디어(주)의 홈페이지나 아래 이메일로 알려주십시오.
잘못된 책은 구입하신 서점에서 교환해 드립니다. 책값은 뒤표지에 표시되어 있습니다.
**한빛미디어 홈페이지** www.hanbit.co.kr / **이메일** ask@hanbit.co.kr / **자료실** www.hanbit.co.kr/src/10185

**지금 하지 않으면 할 수 없는 일이 있습니다.**
**책으로 펴내고 싶은 아이디어나 원고를 메일**(writer@hanbit.co.kr)**로 보내주세요.**
**한빛미디어(주)는 여러분의 소중한 경험과 지식을 기다리고 있습니다.**

## 엑셀은 많이 아는 것보다 잘 활용하는 것이 더 중요하다!

시간이 지날수록 엑셀에서 관리해야 하는 데이터의 양은 방대해지고 처리해야 할 업무의 양도 많아지고 있습니다. 많은 양의 데이터를 다루며 작업하다 보면 그때그때 업무 처리에만 급급하여 익숙한 엑셀 기능만 사용하게 됩니다. 당장은 문제를 해결할 수 있겠지만 매번 작업 시간이 오래 걸리고 업무의 효율은 점점 더 떨어질 것입니다.

실무에서는 엑셀의 기능을 많이 아는 것만 중요한 것이 아닙니다. 엑셀 기능의 쓰임새를 정확히 익히고, 그 기능의 활용 방법을 습득하는 것이 더 중요합니다. 핵심적인 기능을 업무에 적절하게 활용할 수 있다면 작업 시간은 단축되고 업무 효율도 향상될 것입니다.

## 핵심 기능과 실무형 프로젝트 예제로 업무의 효율성을 높인다!

이 책은 필자가 지난 20년 동안 교육 현장에서 실무자들을 대상으로 엑셀 데이터 활용과 분석에 대해 강의하면서 접해왔던 현장감을 담았습니다. 보다 쉽게 엑셀 데이터를 활용할 수 있는 기능과 설명을 담아 구성하였고, 실무에 직접 사용할 수 있는 프로젝트 예제들을 수록했습니다.

어떠한 형태로 전달해야 기능을 가장 잘 이해할 수 있는지, 어떠한 예제를 다루어야 실무에 적용할 때 부족함이 없는지, 그리고 엑셀 교육이 끝난 후에 교육생들이 주로 질문하는 사항은 어떤 것들이 있었는지 등을 생각하며 그동안의 강의 경험을 차곡차곡 모아서 이 책에 그대로 담기 위해 최선을 다했습니다. 모쪼록 이러한 노력이 이 책을 통해 엑셀을 학습하는 여러분에게 그대로 전달되었으면 합니다. 그리고 이 책을 통해 엑셀 데이터를 다루는 함수와 기능의 달인이 되어 주위에서 부러워하는 엑셀 데이터 활용 전문가로 거듭날 수 있길 바랍니다.

많은 사람의 시간과 노력, 그리고 정성이 들어가야 한 권의 책이 만들어집니다. 지난 20년 동안 제 강의를 수강한 교육생들의 질문으로 이 책의 내용을 구성하였습니다. 그런 토대를 이룰 수 있도록 도움이 되어준 수강생 여러분들에게 감사드립니다.

**2019년 6월 김경자, 송선영**

## SECTION 핵심 기능

엑셀을 다룰 때 반드시 알아야 할 핵심 기능과 활용 방법을 소개합니다. 핵심 기능을 통해 엑셀 기본기를 충실히 익힐 수 있습니다.

## 실습 파일 & 완성 파일

핵심 기능을 따라 할 때 필요한 예제와 결과 비교를 위한 완성 파일을 제공합니다.

## 회사에서 바로 통하는 키워드

어떤 기능과 함수를 이용해 실습을 진행하는지 확인할 수 있습니다.

## 한눈에 보는 작업순서

실습을 따라 하기 전 어떤 과정으로 진행되는지 미리 확인하고 실습에 들어갑니다.

## 프로젝트 실무 예제

실제 업무에서 쏙 뽑아온 데이터 예제로 엑셀을 이용한 데이터 활용과 분석 실력을 업그레이드합니다.

## 프로젝트 시작하기

이번 프로젝트에서는 어떤 작업을 배울지 친절한 설명과 함께 시작합니다.

## 프로젝트 예제 미리 보기&작업순서

완성된 데이터 예제와 작업순서를 한눈에 미리 확인할 수 있습니다.

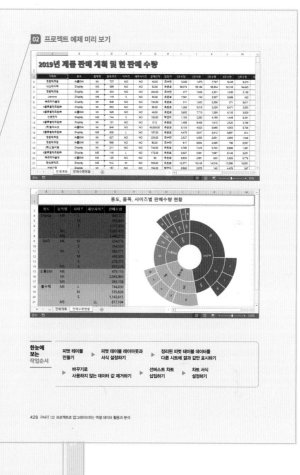

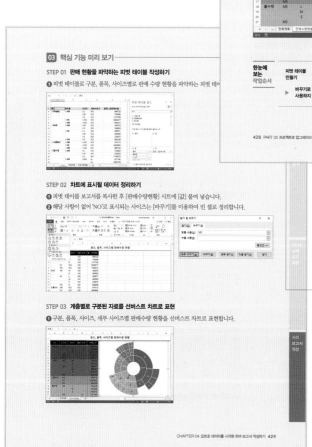

## 핵심 기능 미리 보기

각 STEP의 작업 내용과 작업에 필요한 기능을 확인할 수 있습니다.

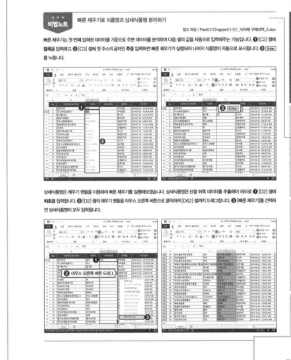

CHAPTER 01 업무 시간을 단축시키는 데이터 편집과

## 비법노트

따라 하기 실습 과정에서 추가로 알면 좋은 엑셀 실무 활용 방법과 함수 설명 등 전문가의 노하우를 알려드립니다.

## 실력향상

실습을 진행하며 헷갈리기 쉬운 부분이나 알아두면 쓸모 있는 팁을 알려드립니다.

## 시간단축

같은 작업이라도 조금 더 빠르게 할 수 있는 방법을 정리해드립니다.

# 회사에서 바로 통하는 실습 예제 다운로드하기

이 책에 사용된 모든 실습 및 완성 예제 파일은 한빛미디어 홈페이지(www.hanbit.co.kr/media)에서 다운로드할 수 있습니다. 예제 파일은 따라 하기를 진행할 때마다 사용되므로 컴퓨터에 복사해두고 활용합니다.

**1** 한빛미디어 홈페이지(www.hanbit.co.kr/media)로 접속합니다. 로그인 후 화면 오른쪽 아래에 자료실 버튼을 클릭합니다.

**2** 자료실 도서 검색란에서 도서명을 검색하고, 찾는 도서가 나타나면 예제소스 버튼을 클릭합니다.

**3** 선택한 도서 정보가 표시되면 오른쪽에 있는 다운로드 아이콘을 클릭합니다.

다운로드한 예제 파일은 일반적으로 [다운로드] 폴더에 저장되며, 사용하는 웹 브라우저 설정에 따라 다를 수 있습니다.

**목차**

## PART 01
# 엑셀 데이터를 제대로 다루는 데 꼭 필요한 핵심 기능 50

── CHAPTER 03 ──
# 데이터 특성에 맞는 차트 작성과 편집 기능

─── CHAPTER 04 ───

# 빠르고 효율적인 데이터 관리 기능

## PART 02

# 프로젝트로 업그레이드하는 엑셀 데이터 활용과 분석

─── CHAPTER 01 ───

# 업무 시간을 단축하는 외부 데이터 가공과 편집 익히기

---- CHAPTER 02 ----
# 수식과 함수를 활용해 데이터 집계하고 분석하기

── CHAPTER 03 ──
# 데이터 요약과 집계에 유용한 분석 도구 활용하기

# 엑셀 데이터를 제대로 다루는 데 꼭 필요한 핵심 기능 50

엑셀은 직장인들에게 선택이 아닌 필수입니다. 엑셀을 사용하는 능력은 일을 잘하느냐 못하느냐의 문제를 넘어 내가 얼마나 편하게 일할 수 있을지를 결정하는 기준이 되었습니다. 엑셀은 많은 기능을 알고 있는 것도 중요하지만, 중요한 기능을 최대한 응용해 어떻게 사용하는지가 가장 중요합니다. 최소한의 시간으로 최대한의 업무 효율을 발휘하려면 엑셀의 기본 기능을 적재적소에 응용하는 것이 관건입니다. 이번 PART에서는 엑셀을 잘 사용하기 위해 데이터를 관리하고 분석할 때 꼭 알아야 할 핵심 기능과 업무를 더욱 빠르고 효율적으로 처리할 때 유용하게 사용할 수 있는 팁을 알아보겠습니다.

CHAPTER

# 01

## 업무 시간을 줄여주는 데이터 편집과 서식 기능

엑셀에서 사용하는 데이터는 주로 생산, 물류, 재무, 회계 등 사내 관리 프로그램의 자료를 다운로드해 사용합니다. 이때 데이터 대부분은 편집 작업 후 셀 서식을 설정해야 비로소 보고서로 활용할 수 있습니다. 데이터 편집과 서식 설정을 빠르고 효율적으로 처리할 수 있는 핵심 기능에 대해 먼저 살펴보겠습니다.

# SECTION 01

# 단축키를 활용한
# 셀 이동과 범위 선택하기

실습 파일 | Part01/Chapter01/01_근무현황표.xlsx    완성 파일 | Part01/Chapter01/01_근무현황표(완성).xlsx

엑셀에서는 데이터를 입력하기 전에 미리 범위를 선택하거나 입력된 데이터를 셀과 행, 열 단위로 선택하는 경우가 많습니다. 작업 단위에 따라 빠르게 범위를 선택해야 편집과 관리 작업으로 바로 연결할 수 있습니다. 마우스와 단축키를 활용해 빠르게 범위를 선택하는 방법을 알아보겠습니다.

## 미리 보기

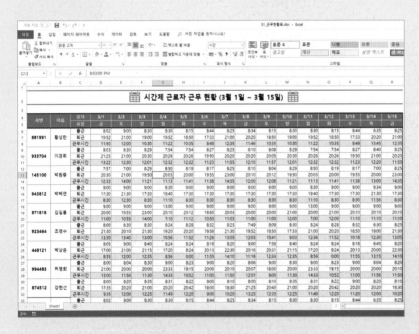

회사에서
바로 통하는
**키워드**

Ctrl + 방향키,
Ctrl + Shift + 방향키,
Shift + 클릭, Ctrl + A

| 한눈에 보는 작업순서 | 처음과 마지막 셀로 이동하기 | ▶ | 모든 데이터 셀 범위 선택하기 | ▶ | 클릭한 셀부터 마지막 데이터 셀까지 선택하기 | ▶ | 원하는 영역만 빠르게 범위 선택하기 |
|---|---|---|---|---|---|---|---|

## 01 키보드로 처음과 마지막 셀로 이동하기 ❶ [C4] 셀을 선택한 후 ❷ Ctrl + ↓ 를 누릅니다. C열의 마지막 데이터가 있는 [C59] 셀로 이동합니다. 다시 ❸ Ctrl + ↑ 를 누르면 [C4] 셀로 이동합니다.

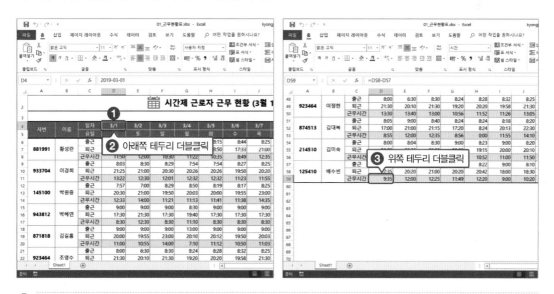

⏱ **시간단축** Ctrl + → 를 누르면 데이터가 있는 마지막 열의 셀로 이동하고, Ctrl + ← 를 누르면 데이터가 있는 첫 번째 열의 셀로 이동합니다. 단, 중간에 빈 셀이 있다면 빈 셀의 바로 직전 셀까지만 이동합니다.

## 02 마우스로 처음과 마지막 셀로 이동하기 ❶ [D4] 셀을 선택한 후 ❷ [D4] 셀의 아래쪽 테두리를 더블클릭합니다. 아래쪽 방향으로 마지막 데이터가 있는 [D59] 셀로 이동합니다. 다시 ❸ [D59] 셀의 위쪽 테두리를 더블클릭하여 [D4] 셀로 이동합니다.

⏱ **시간단축** 선택한 셀의 오른쪽 테두리를 더블클릭하면 데이터가 있는 마지막 열의 셀로 이동하고, 왼쪽 테두리를 더블클릭하면 데이터가 있는 첫 번째 열의 셀로 이동합니다. 단, 중간에 빈 셀이 있을 경우에는 빈 셀의 바로 직전 셀까지만 이동합니다. 현재 시트가 틀 고정되어 있을 경우 이 기능은 실행되지 않습니다.

## 03 모든 데이터 셀 범위 선택하기 ❶[A4] 셀을 선택한 후 ❷Ctrl+A를 누릅니다. 빈 행과 빈 열 전까지 데이터가 입력된 셀 범위를 모두 선택합니다.

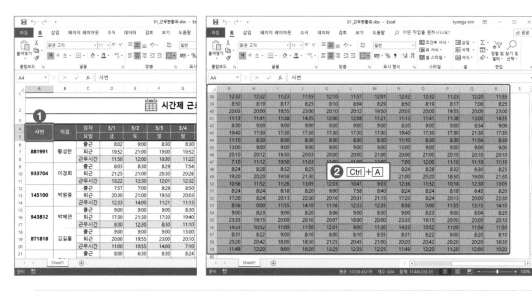

⏱ **시간단축** Ctrl+A는 제목을 제외한 내용 데이터를 선택할 때 주로 사용합니다. Ctrl+A를 눌렀을 때 제목까지 범위에 포함한다면 제목 행과 내용 행 사이에 빈 행을 삽입합니다.


## 04 선택된 셀부터 마지막 데이터 셀까지 선택하기 ❶[D4] 셀을 선택한 후 ❷Ctrl+Shift+↓를 누릅니다. [D4:D59] 셀 범위가 선택됩니다. [D4:D59] 셀 범위가 선택된 상태에서 ❸Ctrl+Shift+→를 누릅니다. [D4:R59] 셀 범위가 선택됩니다.

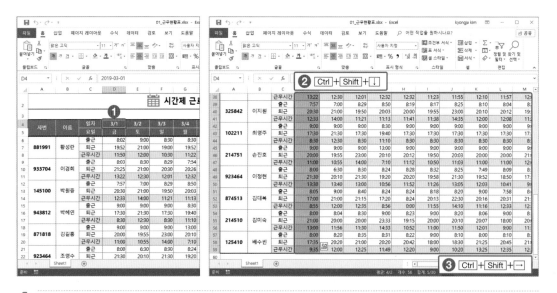

⏱ **시간단축** 선택하려는 셀 범위 중에 병합된 셀이 있다면 병합된 셀까지만 범위가 선택되고 다시 한 번 Ctrl+Shift+→를 누르면 범위가 추가로 선택됩니다. 만약 Shift와 방향키만 사용하면 ↓를 한 번 누를 때마다 아래쪽 방향으로 셀이 하나씩 추가되면서 범위가 선택됩니다.

**05 원하는 영역만 빠르게 범위 선택하기**   선택할 범위의 첫 셀을 선택한 후 `Shift`를 누른 상태에서 마지막 셀을 선택하면 원하는 영역만 빠르게 선택할 수 있습니다. ❶ [A4] 셀을 선택한 후 ❷ `Shift`를 누른 상태에서 [B59] 셀을 선택합니다. [A4:B59] 셀 범위가 선택됩니다.

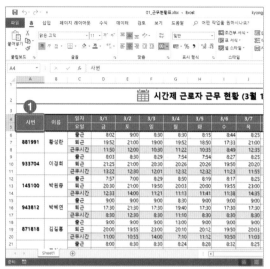 

![비법노트 ★★★] **단축키를 이용해 셀과 범위 선택하기**

마우스를 이용하지 않고 단축키를 이용해 셀을 선택하거나 셀 범위를 선택할 수 있습니다. 특히 워크시트에 데이터를 입력하고 있는 중이거나 선택할 셀 범위가 넓은 경우에는 단축키로 선택하는 것이 편리합니다.

| 단축키(바로 가기 키) | 기능 |
| --- | --- |
| `Enter` | 아래 셀로 이동, 반대 방향으로 이동하려면 `Shift`를 함께 사용 |
| `Tab` | 오른쪽 셀로 이동, 반대 방향으로 이동하려면 `Shift`를 함께 사용 |
| `Home` | 선택되어 있는 셀의 첫 번째 열(A)로 이동 |
| `Ctrl` + `Home` | [A1] 셀로 이동 |
| `Ctrl` + `End` | 데이터가 입력된 마지막 셀로 이동 |
| `←`, `↑`, `→`, `↓` | 화살표 방향으로 한 셀씩 이동 |
| `Ctrl` + `←`, `↑`, `→`, `↓` | 화살표 방향으로 데이터가 있는 마지막 셀로 이동 |
| `Shift` + `←`, `↑`, `→`, `↓` | 화살표 방향으로 한 셀씩 누적으로 범위 선택 |
| `Ctrl` + `Shift` + `←`, `↑`, `→`, `↓` | 선택되어 있는 셀에서부터 화살표 방향으로 데이터가 입력된 마지막 셀까지 범위 선택, 빈 셀 전까지 범위 선택 |
| `Ctrl` + `A` | 데이터가 입력된 셀 범위 전체 선택, 빈 행과 빈 열 전까지 범위 선택 |
| `Ctrl` + `Spacebar` | 선택된 셀의 열 전체 범위 선택 |
| `Shift` + `Spacebar` | 선택된 셀의 행 전체 범위 선택 |

# 빈 셀에 0을
# 한 번에 입력하기

실습 파일 | Part01/Chapter01/02_현장작업비.xlsx   완성 파일 | Part01/Chapter01/02_현장작업비(완성).xlsx

빈 셀을 그대로 두고 데이터를 관리하면 단축키로 범위를 선택하기가 불편하고 피벗 테이블의 데이터 분석이나 그룹별 집계도 제한되는 경우가 있습니다. 비어 있는 셀을 모두 '0'으로 채우면 이러한 문제를 해결할 수 있습니다. 전체 표의 빈 셀에 0을 한 번에 입력하는 방법을 알아봅니다.

---

**미리 보기**

| B4 | ▼ : × ✓ fx | 담당자 | | | | | | | |
|---|---|---|---|---|---|---|---|---|---|
| A B | | C | D | E | F | G | H | I | J |

| 담당자 | 현장명 | 식 대 | 숙박비 | 기타경비 | 합계 |
|---|---|---|---|---|---|
| | MS-부산-삼성전자 | 58,000 | 0 | 14,300 | 72,300 |
| 박태순 | 국보-화성-트럴시티 | 8,000 | 50,000 | 0 | 58,000 |
| | 다원-반포-탄약고 | 13,500 | 0 | 28,500 | 42,000 |
| | 명성-대전-한화증권 | 110,000 | 0 | 0 | 110,000 |
| 김순철 | 명성-여의도-바이라 | 94,000 | 50,000 | 0 | 144,000 |
| | 화성-신사동-시즌호텔 | 216,140 | 0 | 371,378 | 587,518 |
| 강진모 | 화성-세종로-창동공장 | 0 | 120,000 | 16,000 | 136,000 |
| 신송회 | 화성-장동-SM | 8,000 | 0 | 0 | 8,000 |
| | 창동-삼성동-시즌호텔 | 25,000 | 50,000 | 44,600 | 119,600 |
| 성기소 | 국보-세종로-엠프라자 | 151,000 | 0 | 0 | 151,000 |
| | 화성-명동-연구소 | 1,074,550 | 0 | 197,865 | 1,272,415 |
| 박세훈 | 킹스-삼성동-F수영장 | 0 | 200,000 | 63,000 | 263,000 |
| 윤영돈 | 국보-세종로-바이라 | 153,000 | 0 | 126,892 | 279,892 |
| 이몽호 | 국보-신사동-엠프라자 | 431,000 | 0 | 0 | 431,000 |
| | 화성-명동-신라객실 | 84,650 | 0 | 61,400 | 146,050 |
| 이철종 | 킹스-서대문-한화증권 | 342,500 | 350,000 | 0 | 692,500 |
| | 화성-여의도-구리시청 | 1,743,600 | 0 | 241,110 | 1,984,710 |
| 윤동주 | 화성-구리시청-삼성전자 | 1,005,000 | 0 | 42,000 | 1,047,000 |
| 박광석 | 구리-화성-교일식당 | 0 | 0 | 37,642 | 37,642 |
| | 다원-판교일-삼성전자 | 5,000 | 0 | 39,246 | 44,246 |
| 박종태 | 신화-화성-시즌호텔 | 28,800 | 0 | 46,778 | 75,578 |
| | 다원-세종로-삼성전자 | 2,356,200 | 250,000 | 0 | 2,606,200 |
| 권문녕 | 화성-화성-신라객실 | 80,600 | 0 | 466,500 | 547,100 |
| | 다원-서대문-시즌호텔 | 51,900 | 0 | 152,220 | 204,120 |
| 김은경 | 화성-세종로-시즌호텔 | 0 | 0 | 50,000 | 50,000 |
| | 화성-세종로-신라객실 | 23,000 | 0 | 69,200 | 92,200 |
| | 화성-서대문-청주 | 14,000 | 50,000 | 2,000 | 66,000 |
| | 화성-연구소-시즌호텔 | 25,000 | 0 | 6,000 | 31,000 |
| 양명순 | 안양-세종로-한화증권 | 0 | 0 | 40,000 | 40,000 |

표 제목: **5월 현장 작업비 지출내역**

Sheet1

준비

회사에서
바로 통하는
**키워드**

**이동 옵션, 빈 셀만 선택,
동시 입력, Ctrl + Enter**

---

**한눈에
보는
작업순서**

이동 옵션으로
빈 셀 선택하기 ▶ 빈 셀에
데이터 채우기

## 01 **이동 옵션으로 빈 셀 선택하기** ❶ [D5] 셀을 선택한 후 ❷ Shift 를 누른 채 [G42] 셀을 선택합니다.

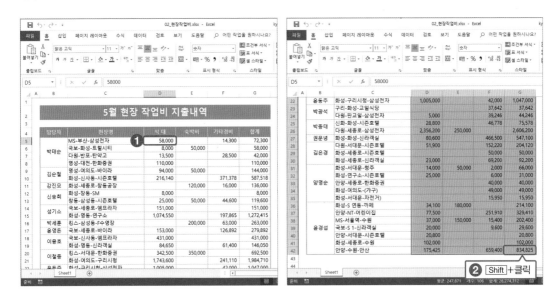

## 02 ❶ [홈] 탭-[편집] 그룹-[찾기 및 선택]-[이동 옵션]을 선택합니다. ❷ [이동 옵션] 대화상자에서 [빈 셀]을 선택한 후 ❸ [확인]을 클릭합니다.

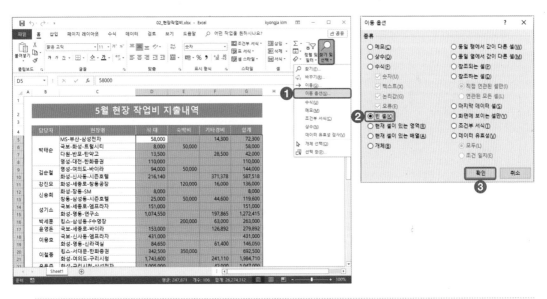

**📊 실력향상** [D5:G42] 셀 범위가 선택된 상태에서 빈 셀을 선택하면 [D5:G42] 셀 범위가 아닌 곳의 빈 셀은 선택하지 않습니다.

**⏱ 시간단축** F5 를 누른 후 [이동] 대화상자에서 [옵션]을 클릭하면 좀더 빠르게 [이동 옵션] 대화상자를 표시할 수 있습니다.

**03 빈 셀에 데이터 채우기**  선택된 범위 중 빈 셀만 선택되었고, 셀 포인터는 [E5] 셀에 있습니다. ❶
[E5] 셀에 **0**을 입력한 후 ❷ Ctrl + Enter 를 누릅니다. 선택된 모든 셀에 0이 입력됩니다.

**📶 실력향상** [E5] 셀에 0을 입력할 때 [E5] 셀을 다시 선택하지 않도록 주의해야 합니다. 빈 셀만
선택된 상태에서 [E5] 셀을 다시 선택하면 선택된 셀 범위가 해제됩니다.

## ★ ★ ★ 비법노트    이동 옵션을 이용하여 필요한 셀만 뽑아 선택하기

[이동 옵션]을 이용하면 텍스트(상수), 수식, 메모, 빈 셀, 화면에 보이는 셀만, 개체 등 종류별로 원하는 데이터를 편리하고 빠르게 선택할 수 있습니다.

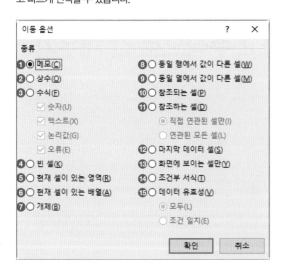

① **메모** 선택된 셀 범위 또는 선택된 워크시트에서 메모가 입력된 셀을 선택합니다.

② **상수** 수식을 제외하고 데이터가 입력된 셀을 선택합니다.

③ **수식** 수식이 입력된 셀을 선택합니다. 수식의 결과에 따라 다시 세분화하여 '숫자', '텍스트', '논리값', '오류' 등을 선택할 수 있습니다.

④ **빈 셀** 비어 있는 셀만 선택합니다. 수식에 의해 빈 셀이 표시된 것은 제외됩니다.

⑤ **현재 셀이 있는 영역** 선택된 셀을 중심으로 빈 행과 빈 열 전까지의 모든 데이터 영역을 선택합니다. 현재 셀이 있는 영역이란 현재 선택된 한 개 이상의 셀이 포함된 데이터가 채워진 셀 블록을 말합니다.

⑥ **현재 셀이 있는 배열** Ctrl + Shift + Enter 를 눌러 배열 데이터를 입력했을 때 한 배열 안에 포함된 셀들을 선택합니다.

⑦ **개체** 워크시트나 텍스트 상자에 있는 차트 및 단추를 비롯한 그래픽 개체를 선택합니다.

⑧ **동일 행에서 값이 다른 셀** 선택된 셀의 같은 행에서 값이 다른 셀들만 선택합니다.

⑨ **동일 열에서 값이 다른 셀** 선택된 셀의 같은 열에서 값이 다른 셀들만 선택합니다.

⑩ **참조되는 셀** 현재 셀의 수식에서 사용하고 있는 셀을 선택합니다.

⑪ **참조하는 셀** 현재 셀을 사용해서 수식이 입력된 셀을 선택합니다. 현재 셀을 직접적으로 참조하는 수식이 있는 셀만 찾으려면 [직접 연관된 셀만]을 클릭하고, 현재 셀을 직접 또는 간접적으로 참조하는 모든 셀을 찾으려면 [연관된 모든 셀]을 클릭합니다.

⑫ **마지막 데이터 셀** 현재 워크시트에서 사용된 마지막 셀 다음 셀을 선택합니다.

⑬ **화면에 보이는 셀만** 숨겨진 행이나 열은 제외하고 보이는 셀만 선택합니다.

⑭ **조건부 서식** 조건부 서식이 설정된 셀을 선택합니다.

⑮ **데이터 유효성** 데이터 유효성 검사가 설정된 셀을 선택합니다. 데이터 유효성 검사가 적용된 모든 셀을 찾으려면 [모두]를 선택하고, 현재 선택한 셀과 동일한 데이터 유효성 검사가 적용된 셀을 찾으려면 [조건 일치]를 선택합니다.

# 잘못 입력된 빈 셀을 변환하여 일괄 제거하고 수식으로 값 채우기

실습 파일 | Part01/Chapter01/03_연장근무현황.xlsx    완성 파일 | Part01/Chapter01/03_연장근무현황(완성).xlsx

다운로드한 데이터는 셀에 숫자가 입력되어 있어도 문자 형식으로 인식되기도 하고, 아무런 내용이 없어도 빈 셀이 아닌 것으로 인식되기도 합니다. 이때 텍스트 나누기를 이용하여 빈 셀을 정리하고 불필요한 행을 삭제한 후 데이터를 채워서 편집해보겠습니다.

## 미리 보기

| 부서 | 직급 | 이름 | 근무일자 | 구분 | 출근시간 | 퇴근시간 | 연장근무시간 |
|---|---|---|---|---|---|---|---|
| 총무팀 | 주임 | 박순희 | 2019-09-11 | 평일 | 09:26 | 19:52 | 10:26 |
| 총무팀 | 주임 | 박순희 | 2019-09-12 | 평일 | 08:42 | 17:48 | 9:06 |
| 총무팀 | 주임 | 박순희 | 2019-09-13 | 평일 | 08:59 | 19:13 | 10:14 |
| 총무팀 | 주임 | 박순희 | 2019-09-14 | 평일 | 09:21 | 20:01 | 10:40 |
| 개발팀 | 차장 | 강인나 | 2019-09-11 | 평일 | 10:13 | 20:07 | 9:54 |
| 개발팀 | 차장 | 강인나 | 2019-09-12 | 평일 | 10:16 | 20:05 | 9:49 |
| 개발팀 | 차장 | 강인나 | 2019-09-13 | 평일 | 09:59 | 23:24 | 13:25 |
| 개발팀 | 차장 | 강인나 | 2019-09-14 | 평일 | 09:53 | 19:21 | 9:28 |
| 개발팀 | 차장 | 강인나 | 2019-09-15 | 평일 | 09:55 | 19:16 | 9:21 |
| 인사팀 | 주임 | 김재호 | 2019-09-11 | 평일 | 07:28 | 17:14 | 9:46 |
| 인사팀 | 주임 | 김재호 | 2019-09-12 | 평일 | 07:53 | 18:00 | 10:07 |
| 인사팀 | 주임 | 김재호 | 2019-09-13 | 평일 | 07:17 | 17:23 | 10:06 |
| 인사팀 | 주임 | 김재호 | 2019-09-14 | 평일 | 07:57 | 15:55 | 7:58 |
| 인사팀 | 주임 | 김재호 | 2019-09-15 | 평일 | 07:53 | 12:38 | 4:45 |
| 영업팀 | 사원 | 송진아 | 2019-09-11 | 평일 | 12:11 | 18:04 | 5:53 |
| 영업팀 | 사원 | 송진아 | 2019-09-12 | 평일 | 08:46 | 18:04 | 9:18 |
| 영업팀 | 사원 | 송진아 | 2019-09-13 | 평일 | 08:43 | 18:06 | 9:23 |
| 영업팀 | 사원 | 송진아 | 2019-09-14 | 평일 | 08:47 | 18:02 | 9:15 |
| 영업팀 | 사원 | 송진아 | 2019-09-15 | 평일 | 08:47 | 18:01 | 9:14 |
| 생산팀 | 주임 | 김길동 | 2019-09-11 | 평일 | 08:55 | 17:08 | 8:13 |
| 생산팀 | 주임 | 김길동 | 2019-09-12 | 평일 | 09:08 | 17:09 | 8:01 |
| 생산팀 | 주임 | 김길동 | 2019-09-13 | 평일 | 08:54 | 17:02 | 8:08 |
| 생산팀 | 주임 | 김길동 | 2019-09-14 | 평일 | 08:50 | 17:01 | 8:11 |
| 생산팀 | 주임 | 김길동 | 2019-09-15 | 평일 | 09:05 | 17:05 | 8:00 |
| 교육팀 | 주임 | 나성식 | 2019-09-11 | 평일 | 08:57 | 13:02 | 4:05 |
| 교육팀 | 주임 | 나성식 | 2019-09-12 | 평일 | 08:50 | 13:05 | 4:15 |
| 교육팀 | 주임 | 나성식 | 2019-09-13 | 평일 | 09:00 | 13:03 | 4:03 |
| 교육팀 | 주임 | 나성식 | 2019-09-14 | 평일 | 09:04 | 13:06 | 4:02 |
| 교육팀 | 주임 | 나성식 | 2019-09-15 | 평일 | 09:00 | 13:04 | 4:04 |

회사에서
바로 통하는
**키워드**

텍스트 나누기, 이동 옵션,
빈 셀만 선택, 행 전체 삭제,
수식으로 값 입력,
선택하여 붙여넣기

| 한눈에 보는 작업순서 | | | | |
|---|---|---|---|---|
| 텍스트 나누기로 합계 행 빈 셀 만들기 | ▶ | 이동 옵션으로 합계 행만 삭제하기 | ▶ 인적사항 빈 셀에 데이터 채우기 ▶ | 수식을 값으로 복사하기 |

## 01 텍스트 나누기로 합계 행 빈 셀 만들기

H열의 합계가 표시된 행을 일괄 삭제하려면 E열을 기준으로 빈 셀을 선택한 후 행 전체를 삭제합니다. 하지만 E열에 값이 없는 셀은 빈 셀로 인식되지 않아 이동 옵션으로 선택할 수 없습니다. 이때 [텍스트 나누기]를 이용하면 쉽게 빈 셀로 변환할 수 있습니다. ❶ E열 머리글을 선택한 후 ❷ [데이터] 탭-[데이터 도구] 그룹-[텍스트 나누기]를 클릭합니다. ❸ [텍스트 마법사-1단계] 대화상자에서 [구분 기호로 분리됨]을 선택합니다. ❹ [다음]을 클릭합니다.

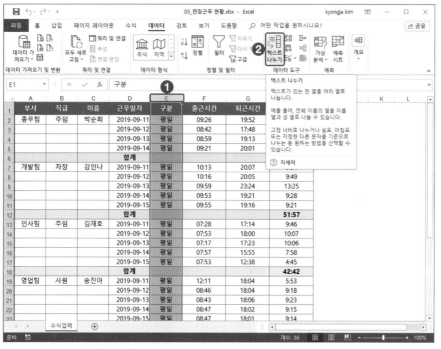

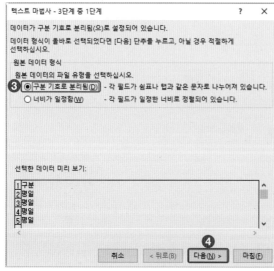

**실력향상** 여기서는 열 데이터를 분리하지 않고 텍스트 나누기의 3단계 기능만 사용합니다.

**02** [텍스트 마법사-2단계]에서는 텍스트 마법사의 1~2단계 기능을 사용하지 않기 위해 ❶ 구분 기호의 체크 표시를 모두 해제하고 ❷ [다음]을 클릭합니다. ❸ [텍스트 마법사-3단계]의 [열 데이터 서식]을 [일반]으로 선택한 후 ❹ [마침]을 클릭합니다.

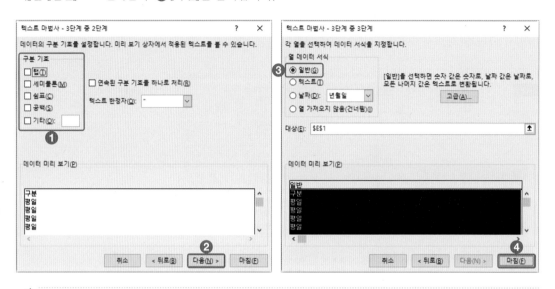

**실력향상** [열 데이터 서식]을 [일반]으로 설정한 경우 셀에 입력된 데이터가 모두 숫자이면 '숫자', 문자가 포함되어 있다면 '문자', 비어 있다면 '빈 셀'로 데이터 형식이 변경됩니다.

**03 이동 옵션으로 합계 행만 삭제하기** ❶ E열 머리글을 선택한 후 ❷ [홈] 탭-[편집] 그룹-[찾기 및 선택]-[이동 옵션]을 선택합니다. ❸ [이동 옵션] 대화상자에서 [빈 셀]을 선택한 후 ❹ [확인]을 클릭합니다.

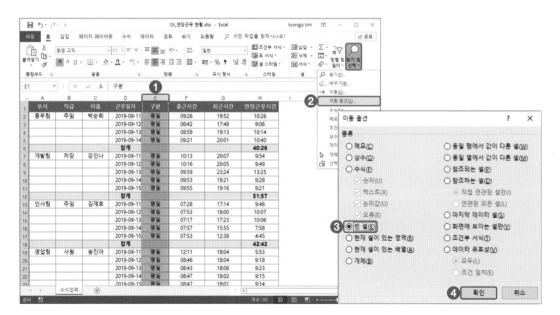

**04** E열의 데이터 영역 중 빈 셀만 선택된 상태에서 ❶ 마우스 오른쪽 버튼을 클릭합니다. ❷ [삭제]를 선택합니다. ❸ [삭제] 대화상자에서 [행 전체]를 선택하고 ❹ [확인]을 클릭합니다.

**실력향상** 빈 셀이 선택된 상태에서 마우스 오른쪽 버튼을 클릭할 때 다른 영역을 클릭하면 빈 셀의 범위 선택이 해제되므로 주의합니다.

**05 인적사항 빈 셀에 데이터 채우기** ❶ [A1:C30] 셀 범위를 선택한 후 ❷ [홈] 탭-[편집] 그룹-[찾기 및 선택]-[이동 옵션]을 선택합니다. ❸ [이동 옵션] 대화상자에서 [빈 셀]을 선택한 후 ❹ [확인]을 클릭합니다.

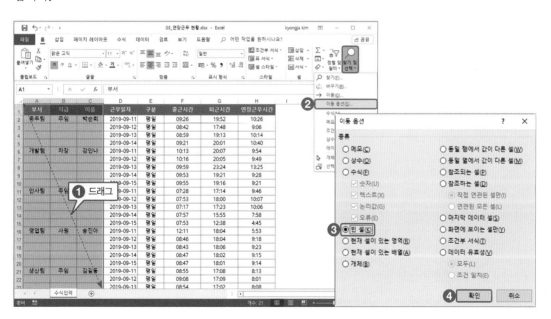

**06** 빈 셀만 선택된 상태에서 셀 포인터는 [A3] 셀에 있으므로 ❶ **=A2**를 입력합니다. ❷ Ctrl + Enter 를 누릅니다. 빈 셀의 바로 위쪽에 있는 셀의 데이터가 모두 입력되었습니다.

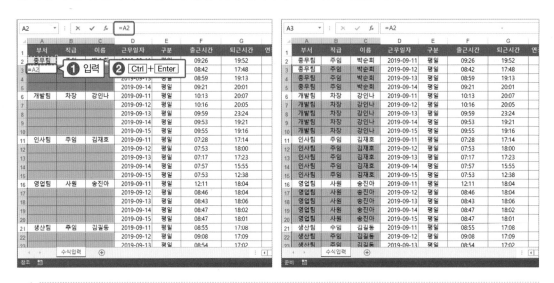

**실력향상** Ctrl + Enter 로 수식을 입력하면 채우기나 복사 기능을 사용한 것과 똑같이 상대 참조 수식으로 셀 주소가 변경된 채 한 번에 입력됩니다.

**07 수식을 값으로 복사하기** 수식으로 입력한 데이터는 참조하는 셀 데이터나 정렬이 바뀌면 데이터 가 변경됩니다. 데이터가 바뀌지 않도록 수식을 값으로 변경해보겠습니다. ❶ [A:C] 열 머리글 범위를 선택한 후 ❷ Ctrl + C 를 눌러 복사합니다. ❸ [A:C] 열 머리글 범위가 선택된 상태에서 마우스 오른쪽 버튼을 클릭합니다. ❹ [붙여넣기 옵션]-[값 ]을 선택합니다.

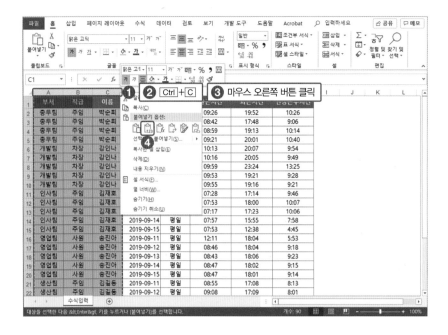

# SECTION 04

## 공백을 일괄 제거한 후 텍스트 맞춤 설정하기

실습 파일 | Part01/Chapter01/04_국가별배포현황.xlsx
완성 파일 | Part01/Chapter01/04_국가별배포현황(완성).xlsx

보고서를 보기 좋게 맞추려고 글자 사이에 공백을 입력하면 간격이 맞지 않고, 다시 편집하려면 공백을 일일이 지워야 하므로 매우 번거롭습니다. 이렇게 글자 사이에 입력된 공백을 바꾸기 기능을 이용해 일괄 삭제한 후 가로-균등 분할(들여쓰기)을 이용해 보기 좋게 편집해보겠습니다.

## 미리 보기

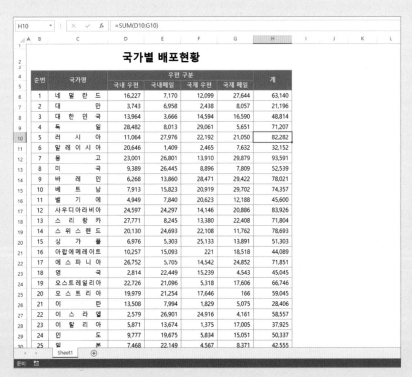

회사에서
바로 통하는
**키워드**

바꾸기, 공백 일괄 제거,
셀 서식, 균등 분할

**한눈에 보는 작업순서**

바꾸기로 공백 일괄 제거하기 ▶ 균등 분할 맞춤 설정하기

**01 바꾸기로 공백 일괄 제거하기** C열의 국가명에 입력된 공백만 모두 제거해야 하므로 ❶ [C6:C39] 셀 범위를 선택합니다. ❷ [홈] 탭-[편집] 그룹-[찾기 및 선택]-[바꾸기]를 선택합니다.

**실력향상** [바꾸기] 기능을 사용할 때 셀 범위를 미리 선택하지 않으면 시트 전체에서 [바꾸기]가 실행됩니다.

**02** [찾기 및 바꾸기] 대화상자에서 ❶ [찾을 내용]에는 공백 한 칸을 입력합니다. [Spacebar]를 한 번 누르면 됩니다. [바꿀 내용]에는 아무것도 입력하지 않습니다. [바꾸기] 기능은 선택된 범위에서 [찾을 내용]에 입력된 내용을 찾은 후 [바꿀 내용]으로 변경하는 기능이지만, [바꿀 내용]이 없을 때는 [찾을 내용]에 입력된 내용을 삭제합니다. ❷ [모두 바꾸기]를 클릭합니다. 변경된 개수를 보여주는 메시지가 나타나면 ❸ [확인]을 클릭합니다. ❹ [찾기 및 바꾸기] 대화상자에서 [닫기]를 클릭합니다.

**실력향상** [찾기 및 바꾸기] 대화상자의 [찾을 내용]과 [바꿀 내용]에 입력된 문자는 엑셀 문서를 모두 닫기 전까지 이전에 입력된 내용이 그대로 유지됩니다. 만약 '바꿀 내용을 찾지 못했습니다'라는 메시지가 나타나면 [찾을 내용]에 보이지 않는 다른 문자가 입력되어 있을 수 있으므로 [Backspace]와 [Delete]를 여러 번 눌러서 깨끗하게 삭제한 후 다시 [바꾸기]를 클릭합니다.

## 03 균등 분할 맞춤 설정하기 ❶ [C6:C39] 셀 범위가 선택된 상태에서 마우스 오른쪽 버튼을 클릭합니다. ❷ [셀 서식]을 선택합니다. ❸ [셀 서식] 대화상자의 [맞춤] 탭을 선택합니다. ❹ [텍스트 맞춤]의 [가로]를 [균등 분할 (들여쓰기)]로 설정하고 ❺ [들여쓰기]에 **1**을 입력합니다. [들여쓰기]를 1로 설정하면 셀의 왼쪽과 오른쪽 가장자리에 한 글자 정도의 여백이 생깁니다. ❻ [확인]을 클릭합니다.

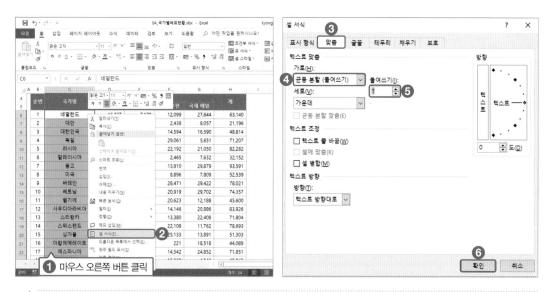

**실력향상** 제목의 글자를 [균등 분할 (들여쓰기)]로 지정할 경우 [균등 분할 맞춤]을 추가로 체크 표시하면 더 편리합니다. [균등 분할 맞춤]은 왼쪽과 오른쪽 가장자리 여백과 글자 사이 여백을 모두 동일하게 맞춰주므로 들여쓰기값을 별도로 지정할 필요가 없습니다.

**시간단축** [셀 서식] 대화상자는 Ctrl + 1 을 눌러 더 빠르게 나타낼 수 있습니다.

## 04 국가명에 입력된 텍스트 간격이 깔끔하게 맞춰집니다.

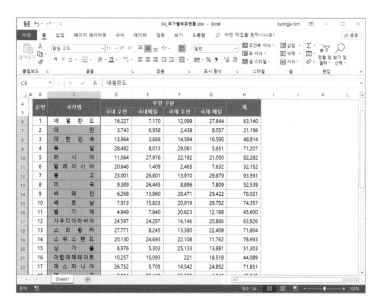

★ ★ ★
**비법노트** **병합하지 않고 여러 셀에 걸쳐서 데이터 표현하기**

두 개 이상의 열을 병합할 경우 다른 열을 삽입하거나 데이터 관리 기능 등에 문제가 발생하기도 합니다. 이러한 문제를 해결하기 위해서는 셀을 병합하지 않고 가운데 맞춤을 설정합니다. 가운데 맞춤을 설정할 셀 범위를 선택한 후 ❶ [셀 서식] 대화상자의 [맞춤] 탭을 선택하고 ❷ [텍스트 맞춤]의 [가로]를 [선택 영역의 가운데로]로 설정합니다.

## SECTION 05

# 링크된 그림을 일괄 삭제하고 텍스트의 하이퍼링크 제거하기

실습 파일 | Part01/Chapter01/05_거래처별실적.xlsx    완성 파일 | Part01/Chapter01/05_거래처별실적(완성).xlsx

인터넷에서 다운로드한 원본(RAW) 데이터에 불필요한 링크나 개체가 많이 삽입된 경우, 개체를 일일이 선택하여 삭제하려면 시간이 많이 소모됩니다. 이동 옵션으로 불필요한 개체를 일괄 선택하여 삭제하고 또한 불필요하게 설정된 텍스트의 하이퍼링크도 모두 한 번에 삭제해보겠습니다.

## 미리 보기

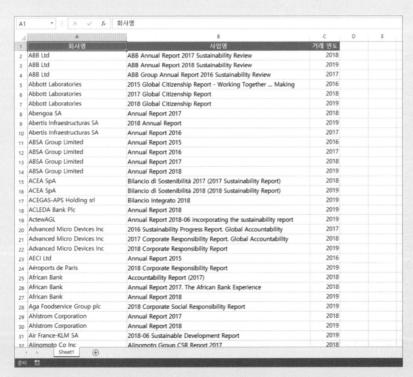

회사에서
바로 통하는
**키워드**

이동 옵션, 개체 일괄 선택,
하이퍼링크 제거

**한눈에
보는
작업순서**

그림 개체
일괄 삭제하기 ▶ 텍스트에 설정된
하이퍼링크 제거하기

## 01 그림 개체 일괄 삭제하기 ❶ [홈] 탭-[편집] 그룹-[찾기 및 선택]-[이동 옵션]을 선택합니다. ❷ [이동 옵션] 대화상자에서 [개체]를 선택합니다. ❸ [확인]을 클릭합니다.

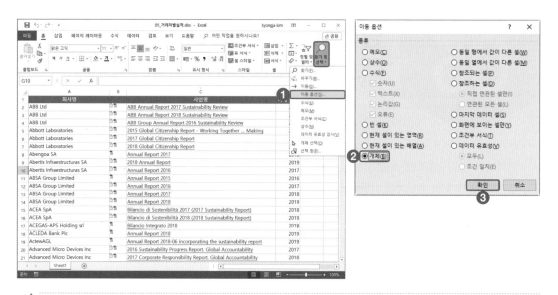

**실력향상** [이동 옵션] 대화상자에서 [개체]를 선택하면 현재 시트에 있는 모든 개체(그림, 도형, 차트 등)가 선택됩니다. 만약 선택된 개체 중에 삭제하지 않아야 하는 개체가 있다면 Ctrl 을 누른 상태에서 그 개체만 클릭합니다. 클릭한 개체만 선택이 해제됩니다.

## 02 B열에 있는 모든 그림 개체가 선택되었습니다. ❶ Delete 를 눌러 한 번에 삭제합니다. ❷ B열 머리글을 선택한 후 마우스 오른쪽 버튼을 클릭합니다. ❸ [삭제]를 선택합니다.

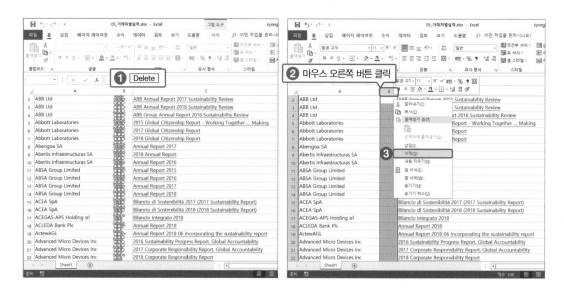

**03 텍스트에 설정된 하이퍼링크 제거하기** B열이 선택된 상태에서 ❶ [홈] 탭-[편집] 그룹-[지우기 ⬦] 목록▾을 클릭한 후 ❷ [하이퍼링크 제거]를 선택합니다. 하이퍼링크가 제거되고 글꼴 서식은 기본 서식으로 변경됩니다.

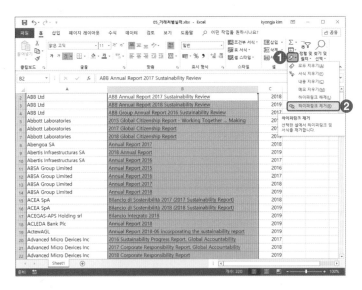

**💪 실력향상** [하이퍼링크 해제]를 선택하면 하이퍼링크만 삭제되고 글꼴 서식은 그대로 유지됩니다.

---

**★★★ 비법노트** **개체 선택을 이용하여 일부 개체 한 번에 선택하기**

선택하려는 개체가 적을 경우 [개체 선택] 기능을 이용하여 셀 영역을 직접 드래그로 선택하는 방법이 있습니다. [홈] 탭-[편집] 그룹-[찾기 및 선택]-[개체 선택]을 선택합니다. 개체 선택을 클릭하면 마우스 포인터가 화살표 모양으로 변경됩니다. 이 상태에서 선택하려는 개체의 셀 영역을 드래그하여 선택합니다. 마우스 포인터를 다시 원래 상태로 되돌릴 때는 임의의 셀을 더블클릭합니다.

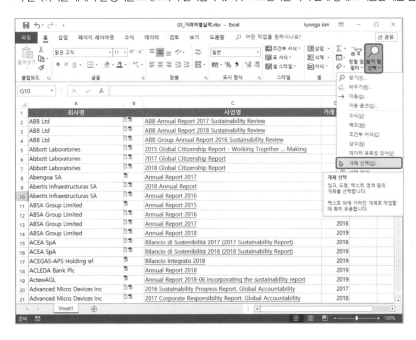

# SECTION 06

# 표 목록에서 특정 값을 찾아 서식 동시에 변경하기

실습 파일 | Part01/Chapter01/06_제품출하일지.xlsx  완성 파일 | Part01/Chapter01/06_제품출하일지(완성).xlsx

제품 출하일지에서 '*'와 '0'을 모두 '−'으로 변경하려고 합니다. 하지만 [바꾸기]에 '*'를 입력하면 전체 문자를 찾는 특수 문자(와일드카드)로 인식해 모든 데이터를 변경하고, '0'이 포함된 '10', '20'도 함께 변경됩니다. 이때 오류가 발생하지 않도록 데이터를 일괄 변경하는 방법을 알아보겠습니다.

## 미리 보기

회사에서
바로 통하는
**키워드**

별표(*) 바꾸기, '0' 바꾸기,
와일드카드 문자 변경,
서식 바꾸기,
숫자 전체 셀 내용 일치로 변경

**한눈에 보는 작업순서**

별표(*)를 하이픈(−)으로 변경하기 ▶ 변경할 서식 설정하기 ▶ '0'을 하이픈(−)으로 변경하기

**01 별표(*)를 하이픈(-)으로 변경하기** ❶ [F5:L32] 셀 범위를 선택한 후 ❷ [홈] 탭-[편집] 그룹-[찾기 및 선택]-[바꾸기]를 선택합니다. [찾기 및 바꾸기] 대화상자에서 ❸ [찾을 내용]에는 ~*를 입력하고, [바꿀 내용]에는 -을 입력합니다. 찾을 단어에 '*'만 입력하면 와일드카드 문자로 인식해 [F5:L32] 셀 범위의 모든 데이터가 '-'로 변경됩니다. '*'를 직접 찾을 경우에는 앞에 '~'을 붙여서 입력합니다. 서식을 변경하기 위해 ❹ [옵션]을 클릭합니다.

**실력향상** 와일드카드 문자로는 별표(*) 이외에 물음표(?)를 이용하기도 합니다. 별표(*)는 모든 데이터를, 물음표(?)는 한 글자를 찾아줍니다. 예를 들어 **김**\*를 입력하면 '김'으로 시작되는 모든 데이터를 찾고, **김?**를 입력하면 '김'으로 시작되는 데이터 중 두 글자인 데이터를 찾습니다.

**02 변경할 서식 설정하기** ❶ [바꿀 내용]의 [서식]을 클릭한 후 ❷ [서식]을 선택합니다. [서식 바꾸기] 대화상자에서 ❸ [글꼴] 탭을 선택합니다. ❹ [색]을 [검정]으로 변경한 후 ❺ [확인]을 클릭합니다.

**시간단축** 설정된 서식을 지울 때는 [서식 바꾸기] 대화상자 오른쪽 아래에 있는 [지우기]를 클릭합니다.

**03** ❶ 서식에 미리 보기가 표시됩니다. ❷ [모두 바꾸기]를 클릭하면 변경된 개수를 보여주는 메시지가 나타납니다. ❸ [확인]을 클릭합니다.

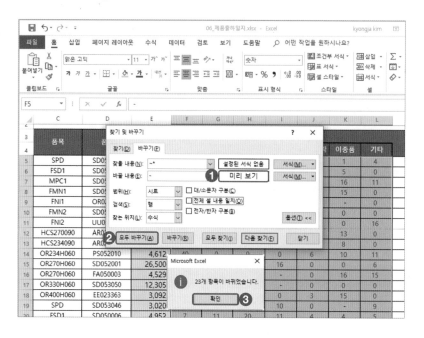

**04 '0'을 하이픈(–)으로 변경하기** [F5:L32] 셀 범위가 그대로 선택된 상태로 [찾기 및 바꾸기] 대화상자에서 ❶ [찾을 내용]에는 **0**을 입력하고, [바꿀 내용]에는 **–**을 입력합니다. ❷ [전체 셀 내용 일치]에 체크 표시한 후 ❸ [모두 바꾸기]를 클릭합니다. 변경된 개수를 보여주는 메시지가 나타나면 ❹ [확인]을 클릭하고 ❺ [찾기 및 바꾸기] 대화상자에서 [닫기]를 클릭합니다.

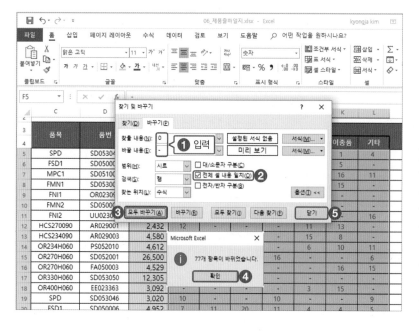

**실력향상** [전체 셀 내용 일치]에 체크 표시하지 않으면 선택된 셀 범위의 숫자 중 '10' 또는 '20' 등의 데이터를 찾아 '1–' 또는 '2–'으로 변경합니다. 바꿀 서식은 변경하지 않았으므로 '0'이 '–'로 변경되면서 [글꼴 색]도 [검정]으로 변경됩니다.

**05** '※'와 '0'이 모두 '–'으로 변경되고 '–'에는 검정색 글꼴이 적용되었습니다.

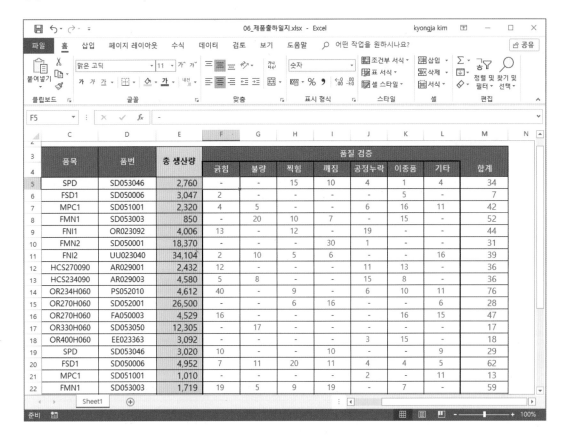

# SECTION 07

# 텍스트 나누기로
# 열 분리하고 삭제하기

실습 파일 | Part01/Chapter01/07_식자재구매내역.xlsx
완성 파일 | Part01/Chapter01/07_식자재구매내역(완성).xlsx

사내 관리 시스템이나 웹에서 다운로드한 데이터를 엑셀에서 편집하면 한 열에 다양한 정보가 포함된 경우가 많습니다. 이러한 데이터는 다른 열로 분리하거나 삭제해야 표 목록을 활용하고 분석하기 편리합니다. 텍스트 나누기 기능을 이용하여 텍스트를 빠르게 분리하고 삭제해보겠습니다.

## 미리 보기

| | No | 식품명 | 상세식품명 | 업체명 | 주문날짜 | 식품설명 | 단위 | 2019-04-04 | 2019-04-05 | 2019-04-06 | 2019-04-07 | 2019-04-08 |
|---|---|---|---|---|---|---|---|---|---|---|---|---|
| 2 | 1 | 잡곡 | 차조 | 우리살림 | 2019-05-23 | haccp인증업체 국산콩100%  -생생식품 | kg | | | | | 1.00 |
| 3 | 2 | 주스 | 제주감귤주스 | 우리살림 | 2019-05-23 | 0.00kg | 개 | | | | 143.00 | |
| 4 | 3 | 물기름 | 국산 | 맛나라 | 2019-07-04 | 0.04kg짜먹는요구르트 짜요짜요 포도맛/담백식품 | 개 | | | | | 143.00 |
| 5 | 4 | 얼음 | 식용얼음 | 홍도특판 | 2019-07-04 | 0.06kg천년가득,청파래 오징어까스 | 개 | | 580.00 | | | |
| 6 | 5 | 만두,냉동품 | 물만두 | 대한맛자락 | 2019-07-04 | 0.07kg서진,초록이요술감자 | 개 | | | 600.00 | | |
| 7 | 6 | 명태 | 말린것,성어(북어) | 대한맛자락 | 2019-07-07 | 0.07kg옛날감자(치즈맛) | 개 | | | 170.00 | | |
| 8 | 7 | 파 | 대파 | 신영홈푸드 | 2019-07-07 | 0.07kg참조은-왕도그 | 개 | | | 490.00 | | |
| 9 | 8 | 물깨가루 | 물깨가루 | 맛나라 | 2019-07-18 | 0.07l 65ml | 병 | 480.00 | | | | |
| 10 | 9 | 마요네즈 | 난황 | 대한맛자락 | 2019-07-18 | 0.08kg생생푸드(찰솥in통심폰까스, 60g) | 개 | | | | | 310.00 |
| 11 | 10 | 마요네즈 | 전란 | 대한맛자락 | 2019-07-23 | 0.08kg티엘에프드- 순살치킨까스골드(80g) | 개 | 40.00 | | | | |
| 12 | 11 | 떡볶이 | 양념떡볶이 | 맛나라 | 2019-07-23 | 0.08l 담백식품유업 이요 개당 80ML | 개 | | | 780.00 | | |
| 13 | 12 | 핫도그,냉동품 | 롱임자핫도그 | KM식품 | 2019-07-24 | 0.10kg국내산 상품(무농약학교로간감귤) | 통 | | | | 60.00 | |
| 14 | 13 | 감자 | 진환정 | 금강푸드 | 2019-07-24 | 0.10kg설백 | 통 | | | | | 5.00 |
| 15 | 14 | 혼합과일음료 | 쥬시쿨 | KM식품 | 2019-07-24 | 0.10l 진환경농산물국내산 상품(맛있는유기농딸기류 | 개 | | | 340.00 | | |
| 16 | 15 | 새우 | 생새우살 | 금강푸드 | 2019-07-24 | 0.11kg라면벌크,2.3kg | 통 | | | | | 105.00 |
| 17 | 16 | 보리 | 찰보리 | 대한맛자락 | 2019-09-18 | 0.15kg150g/병 타바스코 | 병 | | | | | 6.00 |
| 18 | 17 | 토마토케챱 | 토마토케챱 | 신영홈푸드 | 2019-05-20 | 0.20kg한려앤조비-맛다랑가쏘오부시 | 통 | 5.00 | | | | |
| 19 | 18 | 당면 | 마른것 | 생생식품 | 2019-05-20 | 0.20kg활태채 | 통 | 2.00 | | | | |
| 20 | 19 | 딸기슈크림 | 슈크림통어빵 | 맛나라 | 2019-09-17 | 0.20l 매일우유 200ml | 통 | | | 20.00 | | |
| 21 | 20 | 토마토케첩 | 토마토케첩 | 신영홈푸드 | 2019-09-18 | 0.23kg황복식품(청통사누까우통면) | 개 | 130.00 | | | | |
| 22 | 21 | 고사리 | 삶은것 | 금강푸드 | 2019-09-18 | 0.25kg국내산,상품급/새우젓 | 통 | | | | | 1.00 |
| 23 | 22 | 크림스프 | 분말 | 신영홈푸드 | 2019-12-31 | 0.25kg국내산100%, 거피, 250g, 함양농협 | 통 | | | | | 1.00 |
| 24 | 23 | 감자 | 생것 | 금강푸드 | 2019-12-31 | 0.30kg 진미 춘장 | 상자 | | 3.00 | | | |
| 25 | 24 | 라면 | 라면사리 | 맛나라 | 2019-01-21 | 0.30kg천연치즈90%이상,유레드피자치즈/서울우유 | 병 | | 2.00 | | | |
| 26 | 25 | 가다랭이 | 반건품 | 냉동품 | 2019-01-21 | 0.32kg원양+수입 국내제조,청실홍실어묵/으뜸제당 | 개 | | 2.00 | | | |
| 27 | 26 | 고둥어 | 냉동품 | 금강푸드 | 2019-01-21 | 0.33kg국내산 상품(남면) | 개 | 5.00 | | | | |
| 28 | 27 | 가래떡(흰떡) | 떡볶이용 | 금강푸드 | 2019-01-21 | 0.33kg국산,남면 | 병 | | | 1.00 | | |
| 29 | 28 | 고기소스 | 레트르트 | 금강푸드 | 2019-01-21 | 0.33l 태안산(물꽤 100% 국산), 330ml, 남면농협 | 병 | 1.00 | | | | |
| 30 | 29 | 말가루 | 빵가루 | 금강푸드 | 2019-01-22 | 0.37kg368g | 병 | | 2.00 | | | |
| 31 | 30 | 뱅어 | 포 | 대한맛자락 | 2019-01-22 | 0.42kg | 병 | | | | | 1.00 |

회사에서
바로 통하는
**키워드**: 텍스트 나누기, 두 개의 열로 나누기,
열 나누어 삭제하기

**한눈에 보는 작업순서**

빈 열 삽입하기 ▶ '/' 기호를 기준으로 열 분리하기 ▶ 날짜만 남기고 시간 삭제하기

## 01 빈 열 삽입하기

B열에는 식품명과 상세식품명이 함께 입력되어 있습니다. '/' 기호를 기준으로 열을 분리하여 상세식품명은 C열에 입력되도록 텍스트 나누기를 적용해보겠습니다. 텍스트를 나누기 전에 C열에 빈 열이 준비되어 있어야 합니다. ❶ C열 머리글을 선택한 후 ❷ 마우스 오른쪽 버튼을 클릭합니다. ❸ [삽입]을 선택합니다.

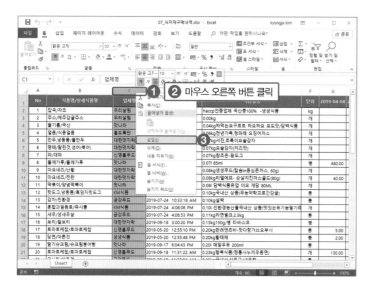

**▮▮▮ 실력향상** 빈 열이 없는 상태에서 텍스트 나누기를 실행하면 업체명이 상세식품명으로 대체되어 업체명 데이터가 삭제됩니다. 만약 한 개의 열을 세 개의 열로 나눈다면 빈 열을 두 개 삽입한 후 텍스트 나누기를 실행합니다.

## 02 '/' 기호를 기준으로 열 분리하기

❶ [B1:B60] 셀 범위를 선택한 후 ❷ [데이터] 탭-[데이터 도구] 그룹-[텍스트 나누기]를 클릭합니다. [텍스트 마법사-1단계]에서 ❸ [구분 기호로 분리됨]을 선택합니다. ❹ [다음]을 클릭합니다.

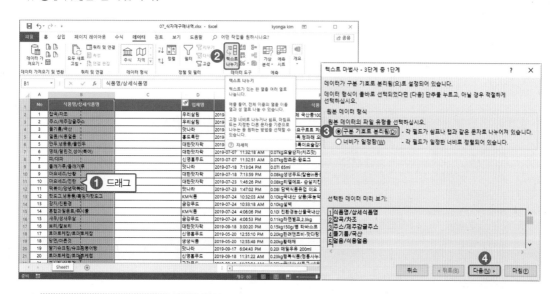

**▮▮▮ 실력향상** 식품명과 상세식품명은 '/'로 구분되어 있으므로 [구분 기호로 분리됨]을 선택합니다. 텍스트 마법사는 1단계에서 어떤 항목을 선택하느냐에 따라 2단계에 나타나는 화면이 다릅니다.

**03** [텍스트 마법사-2단계]의 구분 기호에서 ❶ [기타]에 체크 표시합니다. ❷ 입력란에 /를 입력한 후 ❸ [다음]을 클릭합니다. [텍스트 마법사-3단계]에서 ❹ [데이터 미리 보기]의 열을 선택한 후 ❺ [열데이터 서식]에서 두 개 열 모두 [일반]으로 선택합니다. ❻ [마침]을 클릭합니다.

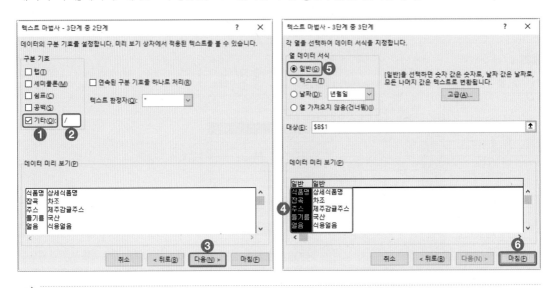

**ⵜ 실력향상** 만약 한 셀에 구분 기호로 지정된 '/'가 두 개 이상 있을 경우 해당 셀만 세 개 이상의 열로 분리됩니다. [열 데이터 서식]을 [일반]으로 선택하면 전체 셀 데이터가 숫자일 경우 '숫자'로, 문자가 포함되어 있으면 '문자'로 설정됩니다.

**04** '해당 영역에 이미 데이터가 있습니다. 기존 데이터를 바꾸시겠습니까?'라는 메시지가 나타나면 [확인]을 클릭합니다.

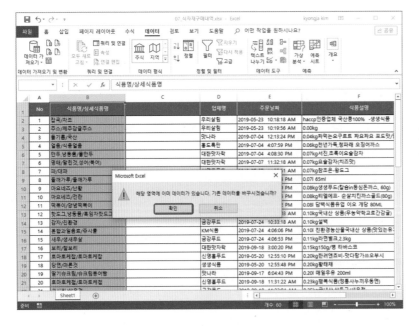

**ⵜ 실력향상** [텍스트 마법사-3단계]에서 결과가 표시될 셀을 [B1] 셀로 선택했기 때문에 원본 데이터의 보존 여부를 묻는 메시지가 나타났습니다. 만약 3단계에서 결과가 표시될 셀을 데이터가 없는 빈 셀로 선택했다면 이 메시지는 표시되지 않고 바로 텍스트 나누기가 완료됩니다.

**05** 데이터가 분리되어 '상세식품명'이 C열에 입력되었습니다.

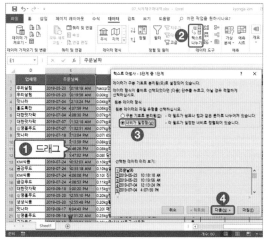

**실력향상** C열이 비어 있지 않고 다른 데이터가 입력되어 있을 경우에는 덮어쓰기가 되므로 빈 열을 준비한 후 [텍스트 나누기]를 실행하는 것이 좋습니다.

**06 날짜만 남기고 시간 삭제하기** E열의 '주문날짜'에서 날짜만 남기고 시간 데이터는 일괄 제거해보겠습니다. ❶ [E1:E60] 셀 범위를 선택한 후 ❷ [데이터] 탭-[데이터 도구] 그룹-[텍스트 나누기]를 클릭합니다. [텍스트 마법사-1단계]에서 ❸ [너비가 일정함]을 선택하고 ❹ [다음]을 클릭합니다. ❺ [텍스트 마법사 2단계]에서는 자동으로 구분선이 표시됩니다. ❻ [다음]을 클릭합니다.

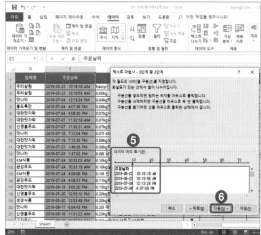

**실력향상** 주문날짜에서 [구분 기호로 분리됨]을 선택하여 공백을 기준으로 텍스트를 나눌 경우 세 개의 열로 분리되므로 [너비가 일정함]으로 선택하는 것이 좋습니다.

**시간단축** 구분선 위치를 옮기려면 구분선을 드래그하여 이동합니다. 잘못 클릭하여 생성된 구분선은 영역 밖으로 드래그하거나 더블클릭하여 삭제합니다.

**07** [텍스트 마법사-3단계]에서 ❶ 첫 번째 열 데이터 서식은 [일반]으로, ❷ 두 번째 열 데이터 서식은 [열 가져오지 않음(건너뜀)]으로 선택합니다. ❸ [마침]을 클릭합니다.

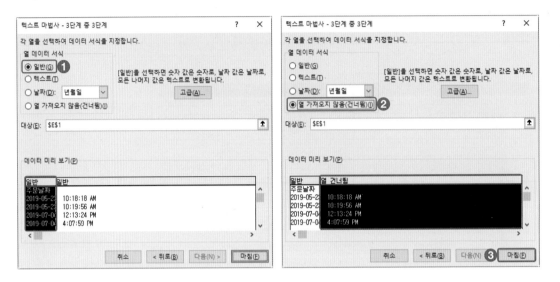

**08** E열의 주문날짜에서 시간은 삭제되고 날짜만 남았습니다.

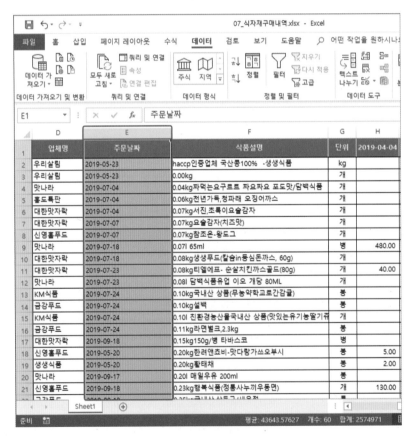

🕐 **시간단축** 주문날짜에서 날짜만 남기고 시간을 삭제할 때 바꾸기를 이용할 수도 있습니다. [홈] 탭-[편집] 그룹-[찾기 및 선택]-[바꾸기]를 선택합니다. [찾기 및 바꾸기] 대화상자에서 [찾을 내용]에는 '공백 한 칸과 별표(*)'를 입력하고, [바꿀 내용]에는 아무것도 입력하지 않습니다. [모두 바꾸기]를 클릭하면 시간만 삭제됩니다.

비법노트 ★★★    빠른 채우기로 식품명과 상세식품명 분리하기

참고 파일 | Part01/Chapter01/07_식자재 구매내역_2.xlsx

빠른 채우기는 첫 번째 입력된 데이터를 기준으로 주변 데이터를 분석하여 다음 셀의 값을 자동으로 입력해주는 기능입니다. ❶[C2] 셀에 **잡곡**을 입력하고, ❷[C3] 셀에 주스의 첫 글자인 **주**를 입력하면 빠른 채우기가 실행되어 나머지 식품명이 자동으로 표시됩니다. ❸[Enter]를 누릅니다.

상세식품명은 채우기 핸들을 이용하여 빠른 채우기를 실행해보겠습니다. 상세식품명은 B열 뒤쪽 데이터를 추출해야 하므로 ❶[D2] 셀에 **차조**를 입력합니다. ❷[D2] 셀의 채우기 핸들을 마우스 오른쪽 버튼으로 클릭하여 [D62] 셀까지 드래그합니다. ❸[빠른 채우기]를 선택하면 상세식품명이 모두 입력됩니다.

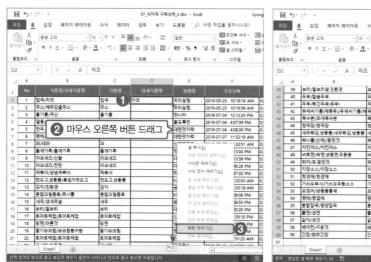

# 유효성 검사로 신청서 양식 만들기

실습 파일 | Part01/Chapter01/08_융자금신청서.xlsx  완성 파일 | Part01/Chapter01/08_융자금신청서(완성).xlsx

데이터 유효성 검사를 사용하면 셀에 잘못된 데이터가 입력되는 것을 방지하거나 목록에서 값을 선택하는 양식을 만들 때 매우 유용합니다. 주택 보수기금 융자 신청서 양식에서 주택유형과 단위는 목록에서 선택하고, 주민등록번호의 자릿수나 금액의 최댓값을 제한하는 방법을 알아보겠습니다.

## 미리 보기

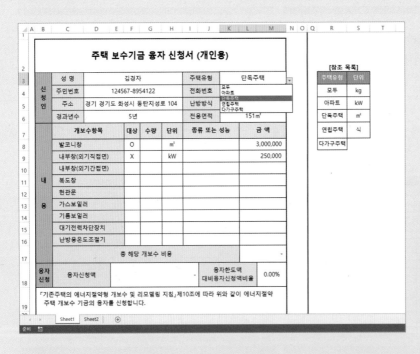

회사에서
바로 통하는
**키워드**

데이터 유효성 검사,
드롭다운 단추 표시,
글자수 제한,
금액 최댓값 제한

**한눈에
보는
작업순서**

주택유형을 목록에서
선택하도록 설정하기 ▶ 주민등록번호에
자릿수 제한하기 ▶ 대상에서 O, X를
선택하도록 설정하기

▶ 단위를 목록에서
선택하도록 설정하기 ▶ 금액에
최댓값 제한하기

## 01 주택유형을 목록에서 선택하도록 설정하기
❶ [K3] 셀을 선택한 후 ❷ [데이터] 탭-[데이터 도구] 그룹-[데이터 유효성 검사 ⊞]를 선택합니다. [데이터 유효성] 대화상자의 [설정] 탭에서 ❸ [제한 대상]으로 [목록]을 선택합니다. ❹ [원본]을 클릭하고 ❺ [R4:R8] 셀 범위를 드래그해 선택합니다. ❻ [확인]을 클릭합니다.

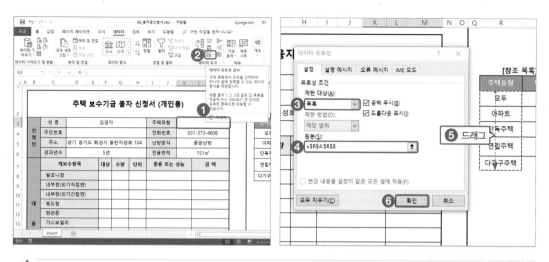

🔼 **실력향상** [제한 대상]을 [목록]으로 선택하면 [제한 방법]은 비활성화되고, [드롭다운 표시] 항목이 추가로 나타납니다.

## 02
[K3] 셀을 선택하면 드롭다운 목록▼이 표시되고 ❶▼를 클릭하면 주택유형의 내용이 목록으로 나타납니다. ❷ 원하는 주택유형을 선택하면 자동으로 입력됩니다.

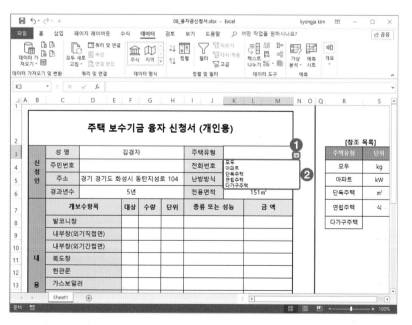

🔼 **실력향상** 유효성 검사에서 [목록]으로 설정된 셀은 데이터를 입력할 때 목록에서 선택하거나 목록에 지정된 데이터를 직접 입력할 수 있습니다. 단, 목록에 없는 데이터를 입력하면 오류 메시지가 표시됩니다. 지정한 유효성 검사를 삭제할 때는 [데이터 유효성] 대화상자에서 [모두 지우기]를 클릭합니다.

**03 주민등록번호에 자릿수 제한하기** ❶ [D4] 셀을 선택합니다. ❷ [데이터] 탭–[데이터 도구] 그룹–[데이터 유효성 검사⬚]를 클릭합니다. [데이터 유효성 검사] 대화상자의 [설정] 탭에서 ❸ [제한 대상]으로 [텍스트 길이]를 선택합니다. [텍스트 길이]를 선택한 후 활성화된 ❹ [제한 방법]으로 [=]를 선택하고 ❺ [길이]에는 **13**을 입력합니다.

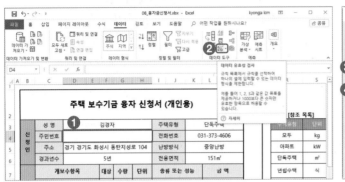
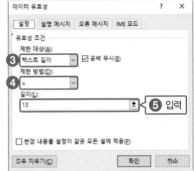

**04** ❶ [설명 메시지] 탭을 선택한 후 ❷ [설명 메시지]에 **하이픈(–)을 입력하지 마세요**를 입력합니다. ❸ [오류 메시지] 탭을 선택합니다. ❹ [제목]에는 **주민번호 입력오류**를 입력하고 ❺ [오류 메시지]는 **주민번호는 하이픈(–)을 제외하고 13자리만 입력하세요**를 입력합니다. ❻ [확인]을 클릭합니다.

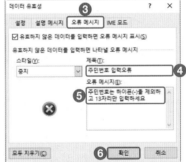

**오류 메시지 스타일**

유효성 검사 조건에 맞지 않는 데이터가 입력되었을 때 처리하는 방법을 결정합니다.

❶ **중지** 데이터가 입력되지 않도록 합니다.

❷ **경고** [오류 메시지] 항목의 내용이 보이고 데이터의 입력 여부는 [예], [아니오], [취소]로 선택할 수 있습니다.

❸ **정보** [오류 메시지] 항목의 내용이 보이고 데이터의 입력 여부는 [확인], [취소]로 선택할 수 있습니다.

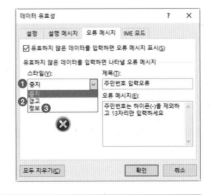

**05** ❶ [D4] 셀을 선택하면 설명 메시지가 나타납니다. ❷ 13글자 이상의 주민번호를 임의로 입력합니다. 오류 메시지가 화면에 표시됩니다. ❸ [취소]를 선택합니다.

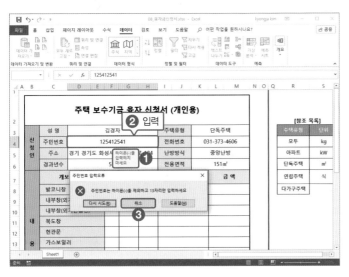

## 06 대상을 O, X를 선택하도록 설정하기   ❶ [F8:F16] 셀 범위를 선택한 후 ❷ [데이터] 탭-[데이터 도구] 그룹-[데이터 유효성 검사🗒]를 클릭합니다. [데이터 유효성] 대화상자의 [설정] 탭에서 ❸ [제한 대상]으로 [목록]을 선택합니다. ❹ [원본]에 **O,X**를 입력한 후 ❺ [확인]을 클릭합니다. ❻ [F8] 셀을 선택하면 드롭다운 목록▾이 표시됩니다. ❼ ▾를 클릭하면 [O]와 [X]가 목록으로 나타납니다. 원하는 항목을 선택하면 자동으로 입력됩니다.

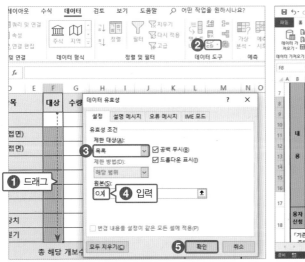

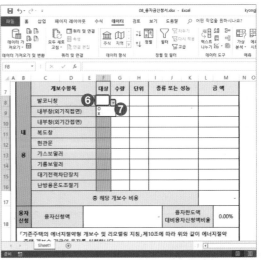

⏱ **시간단축** [원본]에 지정할 데이터의 개수가 적거나 변경될 가능성이 적은 데이터 유형은 [원본]에 직접 입력하는 것이 더 좋습니다.

**07 단위를 목록에서 선택하도록 설정하기** ❶ [H8:H16] 셀 범위를 선택한 후 ❷ [데이터] 탭-[데이터 노구] 그룹-[데이터 유효성 검사圄]를 선택합니다. [데이터 유효성] 대화상자의 [설정] 탭에서 ❸ [제한 대상]으로 [목록]을 선택합니다. ❹ [원본]을 클릭하고 ❺ [S4:S7] 셀 범위를 드래그해 선택합니다. ❻ [확인]을 클릭합니다. ❼ [H8] 셀을 선택하고 ❽ ▼를 클릭하면 단위가 목록으로 나타납니다. 원하는 단위를 선택하면 자동으로 입력됩니다.

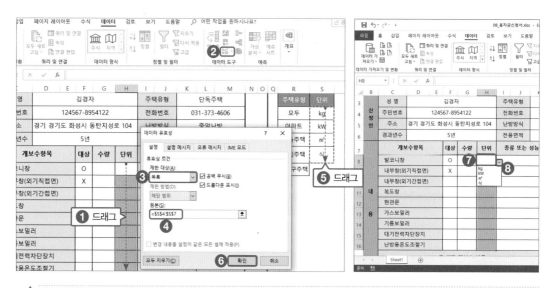

📊 **실력향상** 단위에 유효성 검사를 설정한 후 [S4:S7] 셀 범위의 데이터가 변경되면 유효성 검사가 설정된 셀에 표시되는 목록 데이터도 자동으로 변경됩니다.

**08 금액에 최댓값 제한하기** ❶ [L8:L16] 셀 범위를 선택한 후 ❷ [데이터] 탭-[데이터 도구] 그룹-[데이터 유효성 검사圄]를 클릭합니다. [데이터 유효성 검사] 대화상자의 [설정] 탭에서 ❸ [제한 대상]으로 [정수]를 선택합니다. ❹ [제한 방법]은 [<=]를 선택하고 ❺ [최대값]에는 **3000000**을 입력합니다. ❻ [오류 메시지] 탭을 선택합니다. ❼ [제목]에는 **금액 입력 오류**를 입력하고 ❽ [오류 메시지]에는 **금액은 정수로 3,000,000원까지만 입력 가능합니다**를 입력합니다. ❾ [확인]을 클릭합니다.

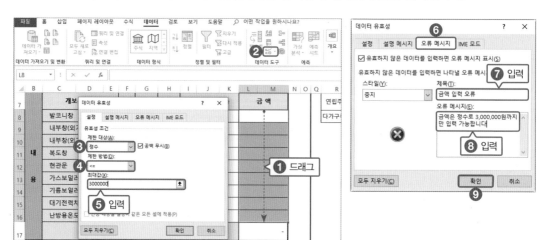

**09** ❶ [L8] 셀을 선택하고 ❷ 정수가 아닌 텍스트나 3,000,000을 초과하는 숫자를 입력해봅니다. 오류 메시지가 화면에 나타납니다.

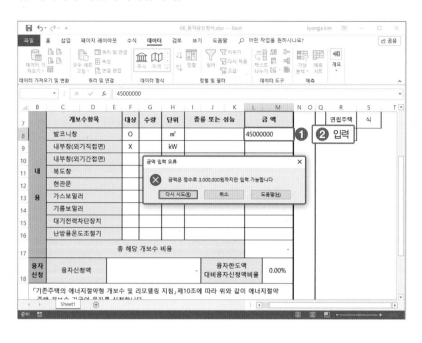

---

★★★
비법노트

**이름을 정의하여 목록 원본 설정하기**

목록의 원본으로 사용할 셀 범위가 다른 시트에 있는 경우에는 셀 범위에 이름을 정의한 후 사용하면 편리합니다. ❶ 원본으로 사용할 셀 범위를 선택한 후 ❷ [이름 상자]에 사용할 이름을 입력하고 Enter 를 누르면 이름 정의가 완료됩니다. ❸ [데이터] 탭-[데이터 도구] 그룹-[데이터 유효성 검사 📋]를 클릭합니다. [데이터 유효성 검사] 대화상자에서 ❹ [제한 대상] 항목을 [목록]으로 선택하고 ❺ [원본] 항목에 **=정의한 이름**을 입력합니다. 이때 이름 앞에는 반드시 등호(=)가 포함되어야 합니다. ❻ [확인]을 클릭합니다.

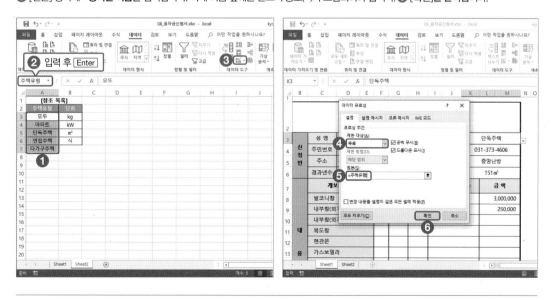

# 수식을 적용하여
# 값을 이동하고 빈 행 정리하기

실습 파일 | Part01/Chapter01/09_거래내역정리.xlsx    완성 파일 | Part01/Chapter01/09_거래내역정리(완성).xlsx

다운로드한 원본 데이터에 반복해서 나타나는 불필요한 데이터를 삭제하고 수식을 적용해 다른 열로
이동해보겠습니다. 같은 규칙을 가진 데이터 이동에 수식을 사용하면 한 번에 편집 작업을 완료할 수
있고, 이동 옵션을 이용하여 중복되는 행을 일괄 삭제할 수 있습니다.

## 미리 보기

| | A | B | C | D | E | F | G | H | I |
|---|---|---|---|---|---|---|---|---|---|
| 1 | 품목 | 거래처 | 일자 | 개수 | | | | | |
| 2 | 15T-800064 (5L) | 필드터제이비씨코퍼레이슨 | 09월 10일 | 14,855 | | | | | |
| 3 | 6870BA056A2 | (주)에이팩토리 | 08월 07일 | 4,938 | | | | | |
| 4 | 6870BA056A2-451 | (주)씨버드 | 09월 04일 | 3,730 | | | | | |
| 5 | 6870BA056A2-CJ | 대안교역㈜ | 07월 09일 | 1,810 | | | | | |
| 6 | 6870L-0096A | 대운교협신 | 05월 04일 | 10,704 | | | | | |
| 7 | 6870L-0097A32 | (주)대강수산 | 05월 04일 | 8,543 | | | | | |
| 8 | 6870L-0124A | (주)한솔물산 | 09월 02일 | 7,450 | | | | | |
| 9 | 6870L-C016F | ㈜알피엠 | 09월 02일 | 6,010 | | | | | |
| 10 | 6870L-C021E | 삼호예강서인더스트리 | 09월 02일 | 49,930 | | | | | |
| 11 | 6870L-C028A | (주)동우인터내쇼날 | 09월 02일 | 24,730 | | | | | |
| 12 | 6870L-G010A | (주)명성종합서비스 | 09월 14일 | 21,630 | | | | | |
| 13 | 6870L-G010C | (주)동원물산 | 06월 16일 | 22,730 | | | | | |
| 14 | 6870L-G011C | (주)반석종합석재 | 08월 14일 | 19,930 | | | | | |
| 15 | 6870L-G015A | (주) 삼진티씨 | 09월 10일 | 26,330 | | | | | |
| 16 | 6870L-G031B | (주)아트인터내셔날 | 09월 12일 | 5,370 | | | | | |
| 17 | 6870L-G032A | (주)만어수산 | 08월 11일 | 3,730 | | | | | |
| 18 | 6870L-G033C | (주)우드뱅크 | 07월 23일 | 5,730 | | | | | |
| 19 | 6870L-G033D | (주)사경진목재 | 08월 16일 | 20,730 | | | | | |
| 20 | 6870L-G035B | 유한회오푸드 | 08월 10일 | 10,730 | | | | | |
| 21 | 6870L-G038D | (주)천일인더스트리 | 09월 02일 | 53,230 | | | | | |
| 22 | 6870L-G039E | (주)공구 | 08월 14일 | 6,730 | | | | | |
| 23 | 6870L-G040A | 티케이(주) | 09월 01일 | 1,170 | | | | | |
| 24 | 6870L-G065A | 스피드베스트마린씨푸드 | 09월 15일 | 6,730 | | | | | |
| 25 | 6870L-S004D | (주)레이딩 | 04월 28일 | 5,730 | | | | | |
| 26 | 6870L-S007B | 온성트철국 | 08월 20일 | 2,430 | | | | | |
| 27 | 6870L-S007E | (주)이월드 | 09월 10일 | 2,030 | | | | | |
| 28 | 6870L-S018K | 제이케에이치리프로모션 | 07월 07일 | 8,730 | | | | | |
| 29 | 6870L-S018M | (주)제이플러스 | 09월 02일 | 15,370 | | | | | |
| 30 | 6870L-S040F | (주)에이블텍 | 08월 10일 | 3,730 | | | | | |
| 31 | 6870L-S041D | (주)엔시스시스템 | 06월 02일 | 6,730 | | | | | |
| 32 | 6870L-S043F | (주)에오커뮤니케이션 | 09월 11일 | 6,730 | | | | | |
| 33 | 6870L-S044B | (주)재형수산 | 09월 05일 | 4,970 | | | | | |
| 34 | 6870L-S044C | (주)구보상사 | 09월 02일 | 8,570 | | | | | |
| | 6870L-S047E | (주)보석종모며 | 09월 02일 | 10,600 | | | | | |

Sheet1

준비

회사에서
바로 통하는
**키워드**

수식으로 데이터 이동,
값 붙여넣기, 이동 옵션,
열 서식 복사

**한눈에
보는
작업순서**

수량 이동 수식
입력하기 ▶ 수식을 값으로
변환하기 ▶ 중복 데이터 행
삭제하기 ▶ 셀 서식
복사하기

**01 수량 이동 수식 입력하기**  이 표에는 한 개의 품목과 거래처가 A열과 B열에 반복해 입력되어 있고, 납기와 수량이 서로 다른 행에 입력되어 있습니다. 이 표의 A열에는 '품목', B열에는 '거래처', C열에는 '일자', D열에는 '개수'가 표시되도록 정리해보겠습니다. ❶ [D1] 셀에 **일자**, ❷ [E1] 셀에 **개수**를 각각 입력합니다. ❸ [E2] 셀에 **=D3**을 입력합니다.

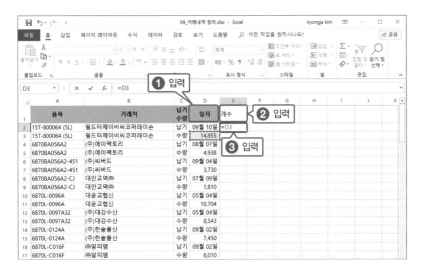

**실력향상** =D3을 입력하면 [D3] 셀 값이 그대로 [E2] 셀에 표시됩니다.

**02**  ❶ [E2:E3] 셀 범위를 선택한 후 ❷ 채우기 핸들을 더블클릭합니다. [E105] 셀까지 수식이 복사됩니다. [E2] 셀에는 수식이 입력되어 있고, [E3] 셀은 빈 셀이므로 수식과 빈 셀이 반복해서 복사됩니다.

**시간단축**  수식이나 값을 복사할 때 채우기 핸들을 드래그하면 드래그하는 셀까지 복사되고, 더블클릭하면 왼쪽 열을 기준으로 빈 셀 직전까지 복사됩니다. 만약 왼쪽 열이 모두 비어 있다면 그 다음 기준인 오른쪽 열을 기준으로 복사됩니다.

**실력향상** [E2] 셀만 선택하여 수식을 복사하면 D열의 날짜 데이터도 숫자로 변환되어 복사됩니다. 수식을 복사한 후 E열에 빈 셀이 있어야 다음 작업에서 중복되는 품목과 거래처를 일괄 삭제할 수 있습니다.

**03 수식을 값으로 변환하기** 중복되는 품목과 거래처 행을 삭제할 경우 수식이 입력된 E열에 오류가 표시됩니다. 행을 삭제해도 오류가 발생하지 않도록 수식을 값으로 변경해보겠습니다. ❶ E열 머리글을 선택한 후 ❷ Ctrl + C 를 눌러 복사합니다. ❸ E열이 그대로 선택된 상태에서 마우스 오른쪽 버튼을 클릭하여 ❹ [붙여넣기 옵션]−[값 ]을 선택합니다.

**04 중복 데이터 행 삭제하기** 중복되는 품목과 거래처를 삭제해보겠습니다. ❶ E열 머리글을 선택한 후 ❷ [홈] 탭−[편집] 그룹−[찾기 및 선택]−[이동 옵션]을 선택합니다. [이동 옵션] 대화상자에서 ❸ [빈 셀]을 선택한 후 ❹ [확인]을 클릭합니다.

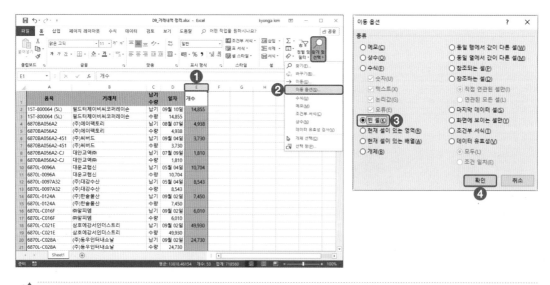

🔼🔼 **실력향상** E열을 선택한 상태에서 빈 셀을 선택했으므로 E열 중에서 빈 셀만 선택됩니다.

**★★★ 비법노트** **붙여넣기 옵션의 기능 알아보기** 셀이나 범위를 복사한 후 붙여 넣을 때 [선택하여 붙여넣기]의 ▶를 클릭하면 14개의 붙여넣기 항목이 표시됩니다. [선택하여 붙여넣기]를 선택하면 [선택하여 붙여넣기] 대화상자가 나타납니다.

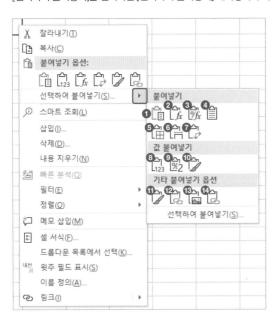

① **붙여넣기** 셀 내용은 물론, 서식, 수식, 메모 등 셀 전체를 붙여 넣습니다. [선택하여 붙여넣기] 대화상자에서 [모두]를 선택한 것과 동일합니다.

② **수식** 값과 동일한 결과로 표시되지만 수식도 함께 붙여 넣습니다.

③ **수식 및 숫자 서식** 수식과 함께 숫자 서식도 붙여 넣습니다.

④ **원본 서식 유지** 원본 데이터의 서식을 그대로 함께 붙여 넣습니다.

⑤ **테두리 없음** 테두리 서식만 제외하고 복사합니다. [선택하여 붙여넣기] 대화상자에서 [테두리만 제외]를 선택한 것과 동일합니다.

⑥ **원본 열 너비 유지** 원본 데이터의 열 너비를 그대로 적용합니다.

⑦ **바꾸기** 행과 열의 구조를 바꿔서 복사합니다. [선택하여 붙여넣기] 대화상자에서 [행/열 바꿈]을 선택한 것과 동일합니다.

⑧ **값** 원본 데이터의 값만 복사하되 수식은 수식의 결과 값만 붙여 넣습니다.

⑨ **값 및 숫자 서식** 값과 함께 숫자에 사용된 서식도 함께 복사합니다. 수식이 있을 경우 결과 값을 붙여 넣습니다.

⑩ **값 및 원본 서식** 원본 데이터의 모든 것을 복사하되, 수식만 결과 값으로 대체하여 붙여 넣습니다.

⑪ **서식** 적용된 서식(글꼴, 맞춤, 표시 형식, 테두리, 채우기 색 등)만 붙여 넣습니다.

⑫ **연결하여 붙여넣기** 원본 데이터와 연결하여 복사합니다. 즉, 원본 데이터를 수정하면 복사한 데이터도 자동으로 수정됩니다.

⑬ **그림** 그림 형식으로 붙여 넣습니다.

⑭ **연결된 그림** 원본 데이터를 그림 형식으로 원본 데이터와 연결하여 붙여 넣습니다. 이때 원본 데이터가 변경되면 붙여 넣은 그림도 자동으로 변경됩니다.

**05** ❶ 선택된 임의의 빈 셀에서 마우스 오른쪽 버튼을 클릭하여 ❷ [삭제]를 선택합니다. [삭제] 대화 상자에서 ❸ [행 전체]를 선택한 후 ❹ [확인]을 클릭합니다.

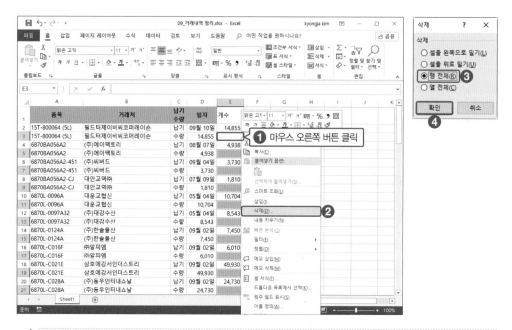

**⚑ 실력향상** 마우스 오른쪽 버튼을 클릭할 때 반드시 선택된 빈 셀 위에서 클릭해야 선택된 빈 셀이 해제되지 않습니다.

**06** E열을 기준으로 빈 셀의 행 전체가 삭제되어 품목과 거래처가 한 개씩만 남았습니다.

**07 셀 서식 복사하기** [D1] 셀의 서식을 [E1] 셀로 복사해보겠습니다. ❶ [D1] 셀을 선택한 후 ❷ [홈] 탭–[클립보드] 그룹–[서식 복사 🖌]를 클릭합니다. 마우스 포인터가 서식 복사 도구 모양 🗗🖌으로 바뀌면 ❸ [E1] 셀을 선택합니다. [E1] 셀의 서식이 [D1] 셀과 같아집니다.

⏱ **시간단축** [서식 복사]는 한 번 클릭하면 한 번 붙여 넣을 수 있고, 더블클릭하면 여러 번 붙여 넣을 수 있습니다. 더블클릭으로 서식 복사가 선택된 경우에는 Esc 를 누르거나 [서식 복사]를 한 번 더 클릭하면 해제됩니다.

**08** ❶ C열 머리글을 선택합니다. ❷ 마우스 오른쪽 버튼을 클릭한 후 ❸ [삭제]를 선택합니다. C열이 삭제됩니다.

# 세 개의 시트를
# 한 번에 편집하고 서식 변경하기

실습 파일 | Part01/Chapter01/10_1_분기실적.xlsx    완성 파일 | Part01/Chapter01/10_1_분기실적(완성).xlsx

세 개의 워크시트에 각각 1월, 2월, 3월 데이터가 입력되어 있습니다. 각 시트에 입력된 데이터에 행과 열을 한 번에 편집하고 셀 서식을 설정해보겠습니다. 시트의 내용이 달라도 각 항목이 입력된 위치가 시트마다 동일하다면 세 개의 시트를 동시에 선택한 상태에서 서식을 설정할 수 있습니다.

## 미리 보기

### 3월 지점별 실적집계

| 번호 | 지점명 | 신선식품 | 가공식품 | 생활용품 | 가전문화용품 | 의류잡화용품 | 인기상품 | PB상품 | 합계 |
|---|---|---|---|---|---|---|---|---|---|
| 1 | 강변점 | 9,170 | 14,980 | 16,150 | 6,670 | 6,590 | 2,660 | 7,000 | 63,220 |
| 2 | 영동포점 | 17,380 | 19,120 | 9,010 | 19,380 | 14,180 | 19,690 | 16,480 | 115,240 |
| 3 | 서울역점 | 16,990 | 8,290 | 10,050 | 10,890 | 4,480 | 5,650 | 8,780 | 65,130 |
| 4 | 금천점 | 12,480 | 10,700 | 9,330 | 18,420 | 10,830 | 8,290 | 15,590 | 85,640 |
| 5 | 도봉점 | 1,420 | 1,570 | 15,360 | 6,310 | 2,360 | 11,730 | 8,340 | 47,090 |
| 6 | 연수점 | 15,620 | 5,370 | 19,630 | 1,470 | 11,650 | 410 | 7,520 | 61,670 |
| 7 | 주엽점 | 17,420 | 3,910 | 6,690 | 15,610 | 990 | 5,520 | 7,870 | 58,010 |
| 8 | 오산점 | 2,180 | 12,880 | 13,100 | 12,140 | 11,150 | 11,200 | 3,580 | 66,230 |
| 9 | 부평점 | 17,700 | 1,250 | 4,150 | 16,900 | 14,750 | 6,190 | 10,780 | 71,720 |
| 10 | 구리점 | 19,610 | 1,250 | 8,790 | 6,680 | 12,020 | 6,240 | 6,570 | 61,160 |
| 11 | 의왕점 | 11,990 | 7,100 | 4,990 | 4,390 | 3,090 | 6,640 | 3,090 | 41,290 |
| 12 | 의정부점 | 7,180 | 8,270 | 7,350 | 4,300 | 1,620 | 9,130 | 5,280 | 43,130 |
| 13 | 청주점 | 9,540 | 10,490 | 710 | 8,620 | 12,700 | 14,040 | 12,000 | 68,100 |
| 14 | 서산점 | 16,280 | 17,330 | 16,720 | 15,780 | 18,240 | 7,110 | 12,820 | 104,280 |
| 15 | 천안점 | 7,060 | 8,270 | 4,610 | 7,330 | 7,640 | 9,940 | 5,420 | 50,270 |
| 16 | 울산점 | 3,380 | 17,300 | 4,560 | 12,570 | 6,830 | 3,000 | 8,710 | 56,350 |
| 17 | 사하점 | 18,560 | 19,990 | 20 | 16,920 | 7,120 | 7,820 | 1,750 | 72,180 |
| 18 | 마산점 | 6,930 | 10,130 | 11,450 | 17,350 | 11,540 | 16,940 | 5,830 | 80,170 |
| 19 | 목표점 | 13,880 | 15,160 | 3,730 | 5,820 | 10,170 | 18,960 | 6,520 | 74,240 |
| 20 | 익산점 | 5,250 | 18,850 | 17,780 | 7,560 | 3,380 | 5,970 | 9,090 | 67,880 |
| 합계 | | 230,020 | 212,210 | 184,180 | 215,110 | 171,330 | 177,130 | 163,020 | 1,353,000 |

1월 | 2월 | 3월

회사에서
바로 통하는
**키워드**

시트 동시 선택, 열 삽입,
연속된 숫자 채우기,
자동 합계, 셀 서식,
셀 눈금선 해제

**한눈에
보는
작업순서**

번호 열 추가하기 ▶ 행과 열 합계 계산하기 ▶ 글꼴과 테두리 서식 설정하기 ▶ 행과 열 크기 변경하기 ▶ 셀 눈금선 해제하기

**01 번호 열 추가하기** ❶ [1월] 시트를 선택합니다. ❷ Shift 를 누른 상태에서 [3월] 시트를 선택합니다. ❸ [A:B] 열 머리글 범위를 선택한 후 ❹ 마우스 오른쪽 버튼을 클릭하여 ❺ [삽입] 메뉴를 선택합니다. A열 앞에 두 개의 빈 열이 삽입됩니다.

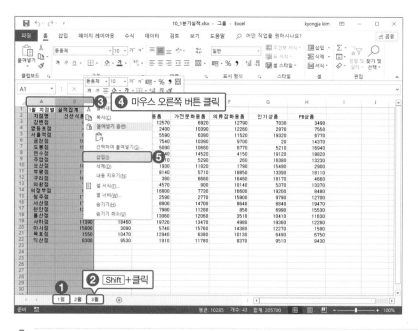

📊 **실력향상** 시트를 선택할 때 Ctrl 을 함께 누르면 떨어져 있는 시트를 선택할 수 있고, Shift 를 함께 누르면 연속된 시트를 선택할 수 있습니다. 현재 파일의 모든 시트를 선택할 때는 시트 이름 위에서 마우스 오른쪽 버튼을 클릭한 후 [모든 시트 선택]을 선택합니다.

⏱ **시간단축** ❶ 시트 이동 단축키 : Ctrl + PageUp , Ctrl + PageDown

　　　　　　 ❷ 행/열 삽입과 삭제 단축키 : 삽입 Ctrl + + , 삭제 Ctrl + −

**02** ❶ A열의 오른쪽 경계를 드래그하여 너비를 적절하게 줄이고 ❷ [B2] 셀에 **번호**를 입력합니다.

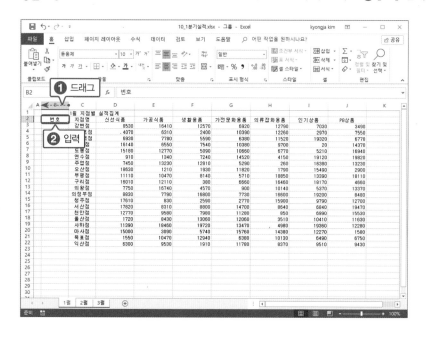

**03** ❶ [B3] 셀에 **1**, [B4] 셀에 **2**를 입력합니다. ❷ [B3:B4] 셀 범위를 선택한 후 ❸ 채우기 핸들을 더블클릭합니다. 연속된 번호가 입력됩니다.

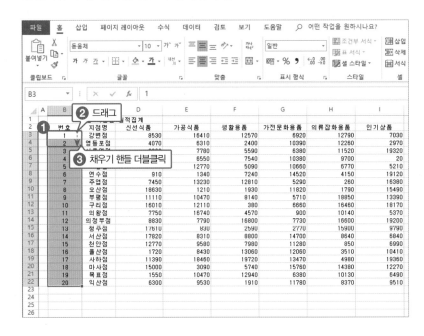

**실력향상** 두 개 이상의 시트를 선택한 상태에서 채우기를 하면 [채우기 옵션]이 나타나지 않습니다. 따라서 1씩 증가하는 숫자를 채우기 위해서는 셀에 **1**과 **2**를 입력한 후 두 개의 셀을 범위로 선택하여 채우기합니다.

**04 행과 열 합계 계산하기** ❶ 2행 머리글을 선택한 후 ❷ 마우스 오른쪽 버튼을 클릭하여 ❸ [삽입]을 선택합니다. 1행과 2행 사이에 빈 행이 삽입됩니다. ❹ [K3] 셀과 ❺ [B24] 셀에 각각 **합계**를 입력합니다. ❻ [D4:K24] 셀 범위를 선택한 후 ❼ [홈] 탭-[편집] 그룹-[자동 합계∑]를 클릭합니다. ❽ [표시 형식] 그룹에서 [쉼표 스타일✔]을 클릭합니다.

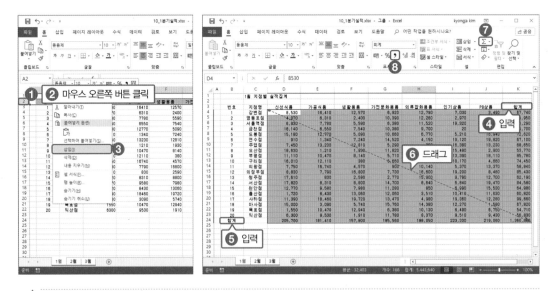

**실력향상** 자동 합계 도구를 사용할 때 합을 구할 숫자 데이터와 합을 표시할 빈 셀까지 함께 범위로 선택합니다. 마지막 빈 행과 빈 열에 각각 합계가 입력됩니다.

## 05 글꼴과 테두리 서식 설정하기
제목이 입력된 ❶ [C1] 셀을 선택합니다. ❷ 글꼴을 [맑은 고딕], 크기를 **18**로 변경합니다. ❸ [B1:K1] 셀 범위를 선택한 후 ❹ [홈] 탭-[맞춤] 그룹-[병합하고 가운데 맞춤圖]을 클릭합니다. ❺ [B3:K24] 셀 범위를 선택한 후 ❻ 글꼴을 [맑은 고딕], 크기를 **11**로 변경합니다. ❼ [홈] 탭-[글꼴] 그룹-[테두리] 목록▾을 클릭하고 ❽ [모든 테두리]를 선택합니다.

 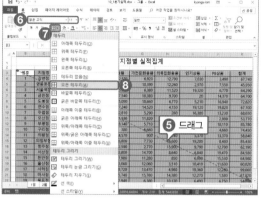

📊 **실력향상** 셀을 병합하지 않고 표 너비를 기준으로 가운데 맞춤할 경우 [B1] 셀에 제목을 입력한 후 [B1:K1] 셀 범위를 선택합니다. [셀 서식] 대화상자의 [맞춤] 탭을 선택하고 [텍스트 맞춤]의 가로를 [선택 영역의 가운데로]로 선택합니다.

## 06 행과 열 크기 변경하기
❶ [3:24] 행 머리글 범위를 선택합니다. ❷ 선택된 임의의 행 머리글 경계선을 적절히 드래그하여 행 높이를 동일하게 조절합니다.

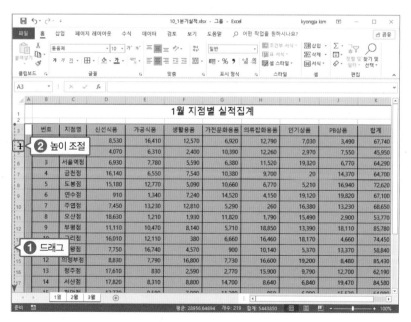

⏱ **시간단축** 여러 개의 행 머리글 또는 열 머리글을 선택한 상태에서 행 머리글이나 열 머리글 경계를 드래그하면 한 번에 크기를 동일하게 조절할 수 있습니다. 경계선을 드래그하지 않고 더블클릭하면 입력된 글자에 맞추어 크기가 조절됩니다.

**07** ❶[B:C] 열 머리글 범위를 선택한 후 ❷B열 머리글 경계선을 더블클릭합니다. 열 너비가 텍스트 길이에 맞춰 고정됩니다. ❸[D:K] 열 머리글 범위를 선택한 후 ❹D열 머리글 경계선을 드래그하여 열 너비를 동일하게 조절합니다.

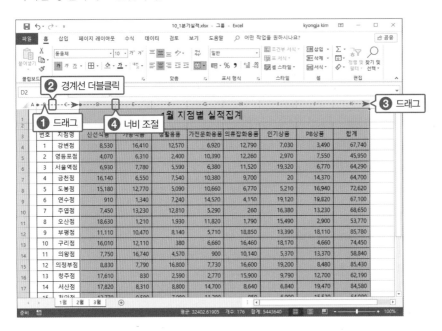

**08 셀 눈금선 해제하기**  [보기] 탭-[표시] 그룹-[눈금선]의 체크 표시를 해제합니다. 셀을 구분하는 눈금선이 해제됩니다.

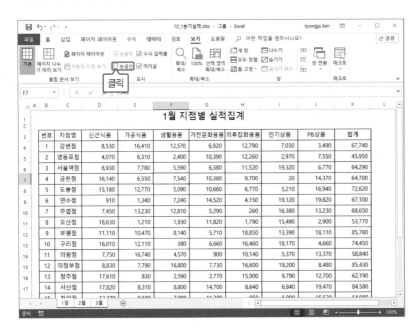

**09** [2월]과 [3월] 시트를 각각 선택하여 결과를 확인합니다. [1월] 시트와 동일하게 각 시트의 서식도 변경되었습니다.

# 사용자 지정 표시 형식으로
# 표 시각화하기

실습 파일 | Part01/Chapter01/11_지점별매출증감분석.xlsx
완성 파일 | Part01/Chapter01/11_지점별매출증감분석(완성).xlsx

셀에 직접 입력한 데이터나 수식에 의해 표시된 값에 표시 형식을 적용하면 표 데이터를 시각화하여 강조하거나 조건에 따라 색상을 다르게 나타낼 수 있습니다. 표시 형식은 값을 화면에서 어떻게 보여줄지만 결정하므로 표시 형식으로 문자나 기호를 추가해도 입력된 원본 데이터는 변경되지 않습니다.

## 미리 보기

| 지점코드 | 지점명 | 4월 | 5월 | 증감 | 증감률 |
|---|---|---|---|---|---|
| | | **전월 대비 지점별 매출증감 분석 (5월)** | | | |
| 04511 | 서울 강남지점 | 2,177,700 | 2,339,200 | 161,500 | ▲7.42% |
| 57393 | 서울 광진지점 | 2,735,100 | 2,581,300 | (153,800) | ▼5.62% |
| 57394 | 서울 동대문지점 | 3,447,300 | 3,449,900 | 2,600 | ▲0.08% |
| 04512 | 서울 관악지점 | 2,738,100 | 2,738,100 | 0 | 0 |
| 04513 | 서울 송파지점 | 1,838,200 | 2,521,200 | 683,000 | ▲37.16% |
| 57395 | 서울 강동지점 | 3,207,900 | 3,276,800 | 68,900 | ▲2.15% |
| 04514 | 서울 서초지점 | 3,085,800 | 3,046,600 | (39,200) | ▼1.27% |
| 57396 | 서울 동작지점 | 2,328,400 | 2,658,900 | 330,500 | ▲14.19% |
| 57392 | 서울 성북지점 | 2,519,300 | 2,543,000 | 23,700 | ▲0.94% |
| 57391 | 서울 은평지점 | 3,689,500 | 2,943,800 | (745,700) | ▼20.21% |
| 57397 | 서울 도봉지점 | 3,073,860 | 2,906,500 | (167,360) | ▼5.44% |
| 57398 | 서울 서대문지점 | 2,201,200 | 2,924,000 | 722,800 | ▲32.84% |
| 57399 | 서울 양천지점 | 3,181,900 | 3,181,900 | 0 | 0 |
| 57400 | 서울 강북지점 | 3,001,500 | 2,587,100 | (414,400) | ▼13.81% |
| 04515 | 서울 금천지점 | 1,897,100 | 2,976,000 | 1,078,900 | ▲56.87% |

회사에서
바로 통하는
**키워드**

사용자 지정 표시 형식

**한눈에
보는
작업순서**

지점코드
5자리로 표시하기 ▶ 지점명
문자 추가하기 ▶ 음수만
파란색 괄호로
표시하기 ▶ 증감률
▲▼로 표시하기

## 01 지점코드 5자리로 표시하기

지점코드가 모두 5자리로 표시되도록 [표시 형식]을 설정해보겠습니다. ❶ [B4:B18] 셀 범위를 선택한 후 ❷ 마우스 오른쪽 버튼을 클릭하여 ❸ [셀 서식]을 선택합니다. [셀 서식] 대화상자의 [표시 형식] 탭-[범주]에서 ❹ [사용자 지정]을 선택합니다. ❺ [형식] 입력란에 **00000**을 입력한 후 ❻ [확인]을 클릭합니다.

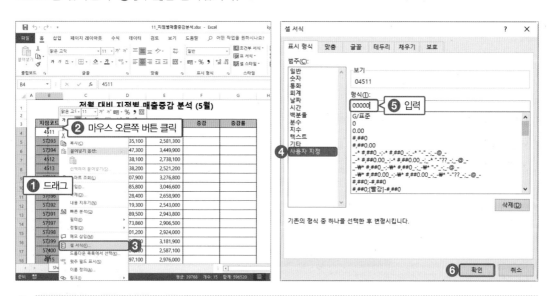

⏱️ **시간단축** [셀 서식] 대화상자를 표시하는 단축키는 Ctrl + 1 입니다.

📊 **실력향상** 숫자에 동일한 자릿수를 적용할 때는 '0' 기호를 사용합니다. '0' 기호가 5개면 모든 숫자 데이터는 5자리로 표시됩니다. 만약 셀에 입력된 숫자의 자릿수가 부족하면 오른쪽을 기준으로 셀에 입력된 숫자를 먼저 표시하고 부족한 왼쪽 자리에는 0으로 채워서 표시합니다.

---

**★★★**
**비법노트**

### '#'과 '0' 기호의 차이점

사용자 지정 표시 형식에서 숫자를 표시하기 위한 대표적인 코드로 '0'과 '#'이 있습니다. 이 두 개의 코드는 모두 숫자의 자리를 표시하는 기호입니다. '0'은 해당 자리에 숫자가 없을 경우 '0'을 대신 표시하고, '#'은 유효하지 않은 자릿수는 표시하지 않습니다. 숫자에서 천 단위 구분 기호를 사용할 때 '#,##0'를 주로 사용하고, 소숫점 자리는 '#,##0.00'을 주로 사용합니다.

| 입력 값 | #,### 표시 형식 | 0,000 표시 형식 |
|---|---|---|
| 1234 | 1,234 | 1,234 |
| 123 | 123 | 0,123 |
| 0 | 표시되지 않음 | 0,000 |

데이터 편집과 서식

수식과 함수

차트 작성과 편집

데이터 관리

**02 지점명 문자 추가하기** '강남', '광진' 등으로 입력된 데이터가 '서울 ○○지점'으로 표시되도록 표시 형식을 설정해보겠습니다. ❶ [C4:C18] 셀 범위를 선택한 후 ❷ 마우스 오른쪽 버튼을 클릭하여 ❸ [셀 서식]을 선택합니다. [셀 서식] 대화상자의 [표시 형식] 탭-[범주]에서 ❹ [사용자 지정]을 선택합니다. ❺ [형식] 입력란에 **서울 @지점**을 입력한 후 ❻ [확인]을 클릭합니다.

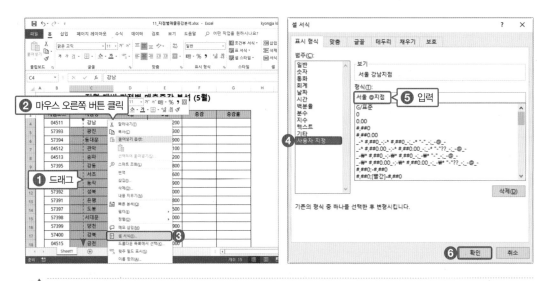

**실력향상** '@' 기호는 문자를 표시하는 기호로 @ 기호 앞에 입력되는 문자는 셀 데이터 앞에 표시되고, @ 기호 뒤에 입력되는 문자는 셀 데이터 뒤에 표시됩니다.

**03 음수만 파란색 괄호로 표시하기** 증감에는 5월과 4월 실적의 차액을 구하고 차액이 음수일 경우에는 파란색 괄호로 표시해보겠습니다. ❶ [F4] 셀에 **=E4-D4** 수식을 입력한 후 ❷ [F4] 셀의 채우기 핸들을 더블클릭하여 [F18] 셀까지 복사합니다. ❸ [F4:F18] 셀 범위를 선택한 후 ❹ 마우스 오른쪽 버튼을 클릭하여 [셀 서식]을 선택합니다. [셀 서식] 대화상자의 [표시 형식] 탭에서 ❺ [숫자]를 선택합니다. ❻ [음수] 목록에서 빨간색 괄호로 음수를 표시하는 빨간색의 [(1,234)]를 선택합니다. 이 표시 형식은 선택한 목록에 음수가 있을 때만 적용됩니다.

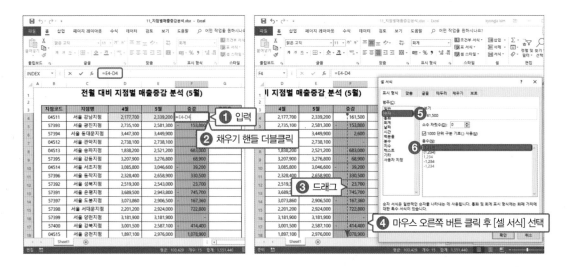

**04** 음수를 파란색으로 변경하기 위해 ❶ [사용자 지정]을 선택합니다. ❷ [형식] 입력란에 표시되는 **[빨강]**을 **[파랑]**으로 변경합니다. ❸ [확인]을 클릭합니다.

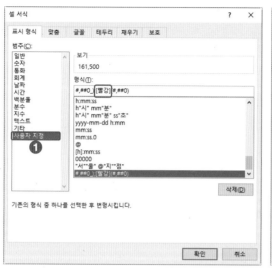

**실력향상** 셀에 두 개 이상의 표시 형식을 적용할 경우 형식을 구분하는 기호로 세미콜론(;)을 사용하고 특정한 조건이 없을 때는 '양수;음수;0;문자' 기준으로 적용됩니다. 표시 형식에서 색상은 대괄호([ ])로 묶어서 표시하고 색상 이름은 [검정], [파랑], [녹청], [녹색], [자홍], [빨강], [흰색], [노랑]만 사용할 수 있습니다.

**05** **증감률 ▲▼로 표시하기** 증감률에는 전월대비 증감비율을 구하고 표시 형식을 '▲6.90%', '▼ 5.96%' 등으로 표시해보겠습니다. ❶ [G4] 셀에 **=F4/D4**를 입력한 후 ❷ [G4] 셀의 채우기 핸들을 더블 클릭하여 [G18] 셀까지 복사합니다. ❸ [G4:G18] 셀 범위를 선택한 후 ❹ 마우스 오른쪽 버튼을 클릭하여 [셀 서식]을 선택합니다. [셀 서식] 대화상자의 [표시 형식] 탭–[범주]에서 ❺ [사용자 지정]을 선택합니다. ❻ [형식] 입력란에 **[빨강]▲0.00%;[파랑]▼0.00%;0**을 입력합니다. ❼ [확인]을 클릭합니다.

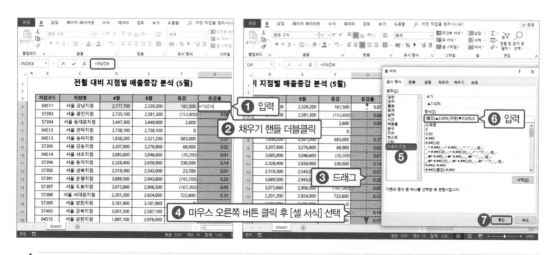

**실력향상** 수식의 결과로 '0'만 표시되면 [홈] 탭–[표시 형식] 그룹에서 [회계]를 [일반]으로 변경합니다. 특수 문자를 입력할 때는 자음 'ㅁ'을 입력한 후 키보드의 [한자]를 누릅니다. 특수 문자 목록에서 [▲]를 선택합니다.

**06** 증감률에 양수, 음수, 0의 표시 형식이 모두 다르게 적용되었습니다.

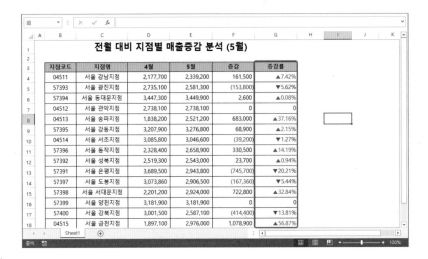

참고 파일 | Part01/Chapter01/11_지점별매출증감분석_2.xlsx

★★★
**비법노트**　　**두 개 이상의 표시 형식을 지정할 때의 순서**

[사용자 지정] 표시 형식은 한 셀에 총 네 개까지 지정할 수 있으며 각 표시 형식 구분 기호로 세미콜론(;)을 사용합니다. 순서는 '양수;음수;0; 문자'로 지정하되, 네 개를 모두 지정할 필요는 없습니다. 예를 들어 두 개의 표시 형식을 지정하면 첫 번째 표시 형식은 '양수 및 0'에 적용되고, 두 번째 표시 형식은 '음수'에 적용됩니다. 한 개의 표시 형식만 지정하면 모든 숫자에 적용됩니다. 또한 문자 데이터는 '문자' 표시 형식을 생략할 경우 '일반' 표시 형식이 적용됩니다.

**예) #,##0;[파랑]△#,##0;0;@지점** : 양수일 때는 세 자리 구분 기호 쉼표만 표시되고, 음수일 때는 파란색으로 '△' 기호와 함께 표시되고, 0일 때는 0으로, 문자일 때는 문자 뒤에 '지점' 글자가 함께 표시됩니다.

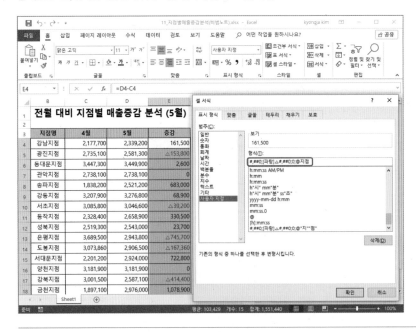

**★ ★ ★ 비법노트** **사용자 지정 표시 형식 기호**

[사용자 지정] 표시 형식에 사용되는 기호는 다음과 같으며 해당 코드를 여러 가지로 조합하여 사용자가 직접 표시 형식을 지정할 수 있습니다.

| 기호 | 기능 | 입력 데이터 | 표시 형식 | 화면 표시 |
|---|---|---|---|---|
| # | 숫자를 표시하는 기호로 무효의 0을 표시하지 않습니다. 소수점을 기준으로 왼쪽 값의 자릿수가 '#' 기호보다 많은 경우는 입력된 데이터를 초과하여 모두 표시하지만 소수점 기준으로 오른쪽에 입력하는 데이터는 지정한 '#' 기호 개수만큼만 표시합니다. | 12345.10 | #,###.## | 12,345.1 |
| 0 | 숫자를 표시하는 기호로 무효의 0을 모두 표시합니다. | 123.1 | 0,000.00 | 0,123.10 |
| ? | 숫자를 표시하는 기호로 무효의 0은 공백으로 처리하여 자릿수를 맞추고자 할 때 사용합니다. | 12.67<br>5.3 | ??.?? | 12.67<br>공백5.3공백 |
| @ | 문자의 자리를 표시합니다. | 홍길동 | @님 | 홍길동님 |
| _(언더바) | _ 기호 다음에 오는 기호 너비만큼 공백을 줍니다. '#,##0_엑'으로 하면 '엑' 문자 크기의 공백이 숫자 다음에 들어갑니다. | 1230 | #,##0_엑 | 1,230공백 |
| * | * 기호 다음에 입력된 데이터를 셀이 채워질 때까지 반복합니다. | 123 | *●# | ●●●123 |
| ; | 항목을 구분하는 기호로 '양수;음수;0;문자'를 구분합니다. | | ▲#,##0;▼#,##0;–;@ | |
| yy<br>yyyy | 연도를 두 자리 또는 네 자리로 표시합니다. | 2019-01-07 | yy<br>yyyy | 19<br>2019 |
| m<br>mm | 월을 한 자리 또는 두 자리로 표시합니다. | 2019-01-07 | m<br>mm | 1<br>01 |
| d<br>dd | 일을 한 자리 또는 두 자리로 표시합니다. | 2019-01-07 | d<br>dd | 7<br>07 |
| ddd<br>dddd | 요일을 영문 세 글자 또는 영문 전체로 표시합니다. | 2019-01-07 | ddd<br>dddd | mon<br>monday |
| aaa<br>aaaa | 요일을 한글로 한 글자 또는 세 글자로 표시합니다. | 2019-01-07 | aaa<br>aaaa | 월<br>월요일 |
| [조건 값] | 숫자 데이터에 조건을 지정할 수 있습니다. 조건은 〉, 〈, 〉=, 〈=, 〈〉, =의 비교 연산자로 입력할 수 있습니다. | 12300 | [〉=10000]<br>#",##0 | 1,2300 |
| [파랑][빨강]… | 셀에 있는 데이터의 색상을 지정합니다. [검정], [파랑], [녹청], [녹색], [자홍], [빨강], [흰색], [노랑] 중에서 지정할 수 있습니다. 그 이외의 색은 [색n]으로 표기합니다. n은 1∼56까지 지정할 수 있습니다. | | | |

# 잘못 설정된 데이터 서식을
# 텍스트 나누기로 변환하기

실습 파일 | Part01/Chapter01/12_거래처현황.xlsx   완성 파일 | Part01/Chapter01/12_거래처현황(완성).xlsx

외부 데이터를 엑셀 파일 형식으로 저장하면 숫자와 날짜가 텍스트 형식으로 설정되기 때문에 [셀 서식]에서 변경할 수 없습니다. 이때 [텍스트 나누기] 기능을 이용해서 데이터를 변환합니다. 사내 시스템에서 다운로드한 거래처 정보 중 사업자등록번호와 날짜의 표시 형식을 변경해보겠습니다.

### 미리 보기

회사에서
바로 통하는
**키워드**

텍스트 나누기,
숫자 형식 변환,
날짜 형식 변환, 표시 형식

**한눈에
보는
작업순서**

사업자등록번호
숫자 형식 변환하기 ▶ 표시 형식으로
하이픈(−) 추가하기 ▶ 설립연월
날짜 형식으로
변환하기 ▶ 날짜 표시 형식
변경하기

**01 사업자등록번호 숫자 형식으로 변환하기**  사업자등록번호에 숫자 표시 형식을 적용할 수 있도록
B열의 데이터 형식을 숫자로 변환해보겠습니다. ❶ B열 머리글을 선택한 후 ❷ [데이터] 탭–[데이터 도
구] 그룹–[텍스트 나누기]를 클릭합니다. [텍스트 마법사–1단계]에서는 ❸ [구분 기호로 분리됨]을 선
택합니다. ❹ [다음]을 클릭합니다.

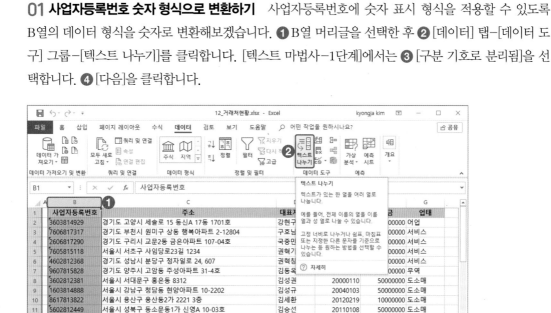

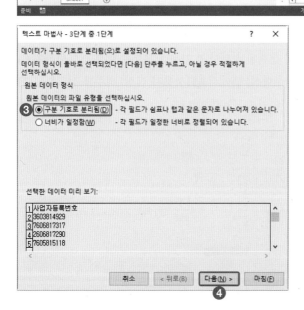

🔼 **실력향상**  여기서는 열 데이터
를 분리하지 않고 텍스트 마법사의 3
단계 기능만 사용합니다.

**02** ❶[텍스트 마법사—2단계]에서는 텍스트 마법사의 1~2단계 기능을 사용하지 않기 위해 [구분 기호]의 체크 표시를 모두 해제합니다. ❷[다음]을 클릭합니다. ❸[텍스트 마법사—3단계]의 [열 데이터 서식]을 [일반]으로 선택한 후 ❹[마침]을 클릭합니다. 사업자등록번호 데이터가 숫자 형식으로 변경됩니다.

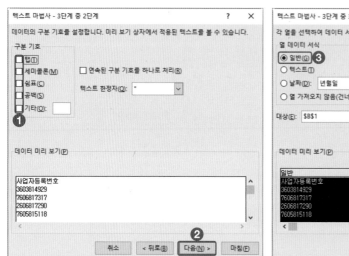
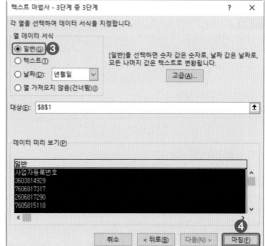

**실력향상** [열 데이터 서식]을 [일반]으로 설정한 경우 셀에 입력된 데이터가 모두 숫자일 경우 '숫자', 문자가 포함되어 있다면 '문자' 형식으로 설정됩니다. 숫자와 문자 형식을 구분할 때는 [가로 텍스트 맞춤]을 해제한 후 셀의 데이터 정렬 상태를 확인합니다. 셀 데이터 입력 기준이 왼쪽이면 문자, 오른쪽이면 숫자 형식입니다.

**03 표시 형식으로 하이픈(−) 추가하기** ❶B열이 선택된 상태에서 마우스 오른쪽 버튼을 클릭하여 ❷[셀 서식]을 선택합니다. [셀 서식] 대화상자의 [표시 형식] 탭에서 ❸[사용자 지정] 범주를 선택하고 ❹[형식] 입력란에 **000-00-00000**을 입력합니다. ❺[확인]을 클릭합니다.

**04 설립연월 날짜 형식으로 변환하기** ❶ E열 머리글을 선택한 후 ❷ [데이터] 탭-[데이터 도구] 그룹-[텍스트 나누기]를 클릭합니다. [텍스트 마법사-1단계]에서는 ❸ [구분 기호로 분리됨]을 선택합니다. ❹ [다음]을 클릭합니다.

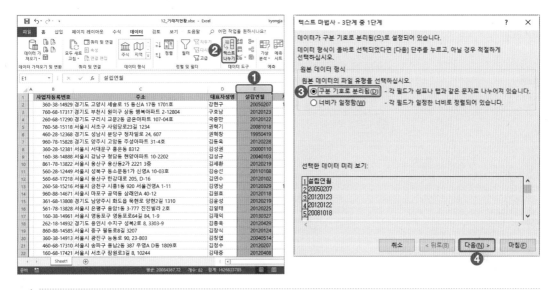

**ⅲ 실력향상** 설립연월의 셀 서식을 날짜 형식으로 그냥 지정하면 셀에 '#####'으로 표시됩니다. 이 기호는 열 너비가 좁아서 표시되는 오류가 아니고 해당 숫자로는 날짜를 표시할 수 없다는 의미입니다.

**05** ❶ [텍스트 마법사-2단계]에서는 [구분 기호]의 체크 표시를 모두 해제합니다. ❷ [다음]을 클릭합니다. ❸ [텍스트 마법사 3단계]의 열 데이터 서식을 [날짜]로 선택한 후 ❹ [마침]을 클릭합니다.

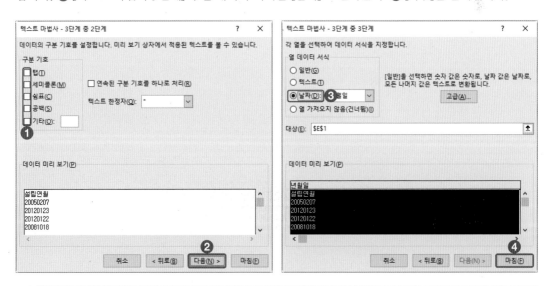

**ⅲ 실력향상** [열 데이터 서식]을 [날짜]로 설정할 때는 날짜의 순서를 지정할 수 있습니다. [날짜]의 목록☑을 클릭하면 [월일년], [일월년], [월년일] 등으로도 변경할 수 있습니다. 셀에 입력된 숫자 데이터를 연도로 사용할 것인지, 월로 사용할 것인지 등을 지정하는 것으로 표시 형식과는 관련이 없습니다. [년월일] 외에 다른 형식으로 설정하면 텍스트 형식을 날짜 형식으로 변환할 수 없습니다.

## 06 날짜 표시 형식 변경하기

날짜로 변환되어 연월일 구분 기호로 하이픈(−)이 표시됩니다. 셀 서식에서 표시 형식을 변경해보겠습니다. ❶ E열이 선택된 상태에서 마우스 오른쪽 버튼을 클릭한 후 ❷ [셀 서식]을 선택합니다. [셀 서식] 대화상자의 [표시 형식] 탭에서 ❸ [사용자 지정] 범주를 선택하고 ❹ [형식]에 **yyyy년 mm월**을 입력합니다. ❺ [확인]을 클릭합니다. 설립연월이 '0000년 00월' 형식으로 변경됩니다.

**실력향상** 날짜는 y(연), m(월), d(일)을 이용하여 필요한 영역만 표시할 수 있으며 대소문자는 구분하지 않습니다. 셀에 날짜와 한글 요일을 함께 표시할 경우 표시 형식을 **yyyy년 mm월 dd일(aaa)**로 입력하면 '2019년 01월 04일(월)'로 표시됩니다.

# SECTION 13

## 연결된 그림으로 크기가 다른 표를 한 시트에 작성하기

실습 파일 | Part01/Chapter01/13_경쟁사분석.xlsx    완성 파일 | Part01/Chapter01/13_경쟁사분석(완성).xlsx

행 높이와 열 너비가 서로 다른 두 표를 한 시트에 작성하면 편집하기 어렵습니다. 서로 다른 시트에 내용을 작성한 후 [연결된 그림]으로 붙여 넣어 한 시트에 표시해보겠습니다. 또한 보고서에서 사용하지 않는 빈 행과 빈 열을 모두 숨겨서 깔끔한 보고서로 완성해보겠습니다.

## 미리 보기

회사에서
바로 통하는
**키워드**

연결된 그림으로 붙여넣기,
행 숨기기, 열 숨기기

**한눈에 보는 작업순서**

연결된 그림으로 붙여넣기 ▶ 행/열 숨기기

**01 연결된 그림으로 붙여넣기** [연구소] 시트는 연구소의 조직 구성에 대한 내용이고, [직급별] 시트는 직급별 인원수와 급여에 대한 내용이 정리되어 있습니다. 두 시트의 내용을 [보고서] 시트에 연결된 그림으로 붙여 넣어보겠습니다. ❶ [연구소] 시트를 선택하고 ❷ [A1:D14] 셀 범위를 선택한 후 ❸ Ctrl +C를 눌러 복사합니다. ❹ [보고서] 시트를 선택한 후 ❺ [B14] 셀을 선택합니다. ❻ [홈] 탭-[클립보드] 그룹-[붙여넣기]를 클릭하고 ❼ [기타 붙여넣기 옵션]-[연결된 그림🖼]을 선택합니다.

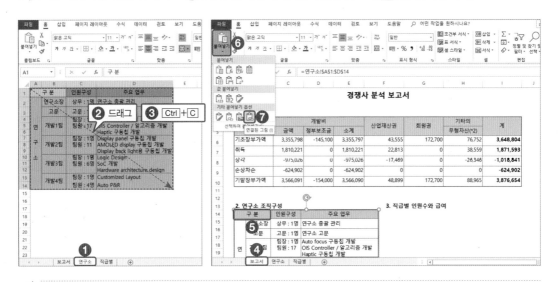

**실력향상** [B14] 셀에서 마우스 오른쪽 버튼을 클릭하여 [선택하여 붙여넣기]-[기타 붙여넣기 옵션]-[연결된 그림]을 선택해도 됩니다.

**02** 같은 방법으로 ❶ [직급별] 시트를 선택하고 ❷ [A1:G9] 셀 범위를 선택한 후 ❸ Ctrl +C를 눌러 복사합니다. ❹ [보고서] 시트를 선택한 후 ❺ [G14] 셀을 선택합니다. ❻ [홈] 탭-[클립보드] 그룹-[붙여넣기]를 클릭하고 ❼ [기타 붙여넣기 옵션]-[연결된 그림🖼]을 선택합니다.

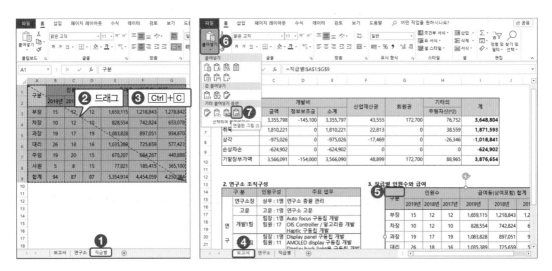

**실력향상** 연결된 그림으로 붙여 넣은 그림은 원본 데이터를 수정하면 자동으로 변경됩니다. 만약 원본 시트가 삭제되면 그림은 그대로 유지되지만 더 이상 수정할 수 없으므로 반드시 유지합니다.

**03** 붙여 넣은 그림을 적절한 위치로 이동하여 정렬합니다.

**04 행/열 숨기기** [보고서] 시트에서 사용하지 않는 행과 열을 모두 숨겨보겠습니다. ❶ 28행 머리글을 선택한 후 ❷ Ctrl + Shift + ↓ 를 누릅니다. 시트의 가장 아래인 1,048,576행까지 모두 선택됩니다. ❸ 마우스 오른쪽 버튼을 클릭하여 ❹ [숨기기]를 선택합니다.

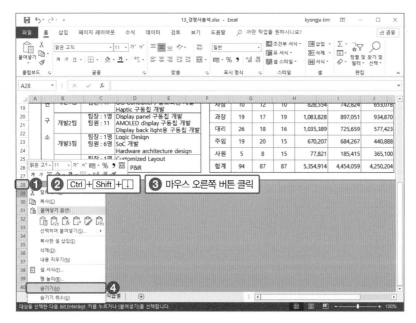

**📊 실력향상** [연구소] 시트와 [직급별] 시트는 삭제하지 않고 숨겨놓는 것이 좋습니다. [연구소] 시트에서 마우스 오른쪽 버튼을 클릭한 후 [숨기기]를 선택합니다.

**📊 실력향상** 숨긴 행을 다시 표시할 때는 현재 시트의 전체 셀을 선택한 후 행 머리글에서 마우스 오른쪽 버튼을 클릭하여 [숨기기 취소]를 선택합니다. 숨기기 취소는 행과 열 머리글에서 마우스 오른쪽 버튼을 클릭해야 표시됩니다.

데이터 편집과 서식

수식과 함수

차트 작성과 편집

데이터 관리

**05** ❶L열 머리글을 선택합니다. ❷Ctrl+Shift+→를 누릅니다. E열부터 시트의 오른쪽 끝인 XFD 열까지 모두 선택됩니다. ❸마우스 오른쪽 버튼을 클릭하고 ❹[숨기기]를 선택합니다.

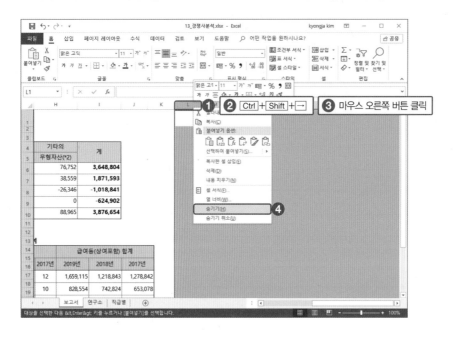

**06** 사용하지 않는 행과 열을 모두 숨긴 깔끔한 보고서가 완성되었습니다.

CHAPTER

# 02

# 업무에
# 꼭 필요한
# 수식과
# 함수 기능

엑셀에서 다양하게 활용할 수 있는 수식과 함수의 기능에 대해 알아보겠습니다. 다운로드한 데이터 목록을 편집한 후 분석하려면 수식과 함수를 적재적소에 활용할 수 있어야 합니다. 기본이 튼튼해야 실력이 쌓이는 것처럼 데이터 분석에 꼭 필요한 수식과 함수의 핵심 기능에 대해 먼저 알아보도록 하겠습니다.

# 절대 참조 수식을 적용하여 이윤 구하기

실습 파일 | Part01/Chapter02/01_제품별단가산출.xlsx
완성 파일 | Part01/Chapter02/01_제품별단가산출(완성).xlsx

절대 참조를 이용해 제품별 단가 산출 내역에서 원가합계와 이윤비율을 곱하여 이윤을 구해보겠습니다. 셀을 참조하여 입력한 수식을 복사했을 때 복사한 수식의 셀 주소가 바뀌면 상대 참조, 바뀌지 않으면 절대 참조, 행과 열 중에서 하나만 바뀌면 혼합 참조라고 합니다.

## 미리 보기

| 이윤비율 | 8% |
|---|---|

**제품별 단가 산출 내역**

| 제품 | 세부 | 적수 | | 원가 | | | | 이윤 | 제품단가 |
|---|---|---|---|---|---|---|---|---|---|
| | | 중량 | 금액 | 원재료 | 노무비 | 제조경비 | 원가합계 | | |
| FMN1E대형 | 산업용 | 328,847 | 153,900 | 4,761 | 9,594 | 14,400 | 28,755 | =I6*K2 | 28,755 |
| FMN1무연마Mn | 자동차용 | 187,342 | 38,964 | 1,204 | 2,428 | 3,644 | 7,276 | | 7,276 |
| FMN1무연마Mn | 산업용 | 164,322 | 36,464 | 1,104 | 2,308 | 3,420 | 6,832 | | 6,832 |
| FSD1흡수체 | Ni흡수체 | 104,149 | 10,206 | 336 | 636 | 954 | 1,926 | | 1,926 |
| MPC1MPC | Sendust | 621,769 | 96,310 | 3,100 | 6,100 | 9,100 | 18,300 | | 18,300 |
| MPC1MPC | Hi-Flux | 620,685 | 95,226 | 2,016 | 5,016 | 8,016 | 15,048 | | 15,048 |
| FSD1흡수체 | Mn흡수체 | 124,214 | 36,516 | 11,994 | 17,982 | 23,976 | 53,952 | | 53,952 |
| FMN1E대형 | 자동차용 | 123,293 | 11,200 | 3,016 | 5,016 | 7,016 | 15,048 | | 15,048 |
| FMN1E대형 | 정보통신용/기타 | 124,277 | 12,184 | 4,000 | 6,000 | 8,000 | 18,000 | | 18,000 |
| FNI1Ni소물 | 소물기타 | 304,390 | 47,484 | 8,757 | 10,863 | 13,038 | 32,658 | | 32,658 |
| FMN1무연마Mn | 정보통신용/기타 | 7,257 | 5,586 | 490 | 1,281 | 1,533 | 3,304 | | 3,304 |

Sheet1

참조

회사에서
바로 통하는
**키워드**    상대 참조, 절대 참조,
F4, 서식 없이 채우기

한눈에
보는
작업순서

이윤에 수식 입력하기 ▶ 이윤비율에 절대 참조 지정하기 ▶ 서식 없이 채우기 ▶ 표시 형식 변경하기

**01 이윤에 수식 입력하기** '원가합계'는 각 제품에 따라 다르지만 '이윤비율'은 한 셀을 여러 수식에서 동일하게 참조해야 하므로 절대 참조로 지정합니다. 먼저 [J6] 셀에 **=I6*K2**를 입력합니다.

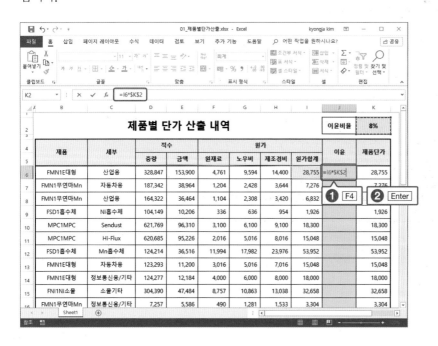

**02 이윤비율에 절대 참조 지정하기** 이윤비율인 [K2] 셀이 'K2'로 [J6] 셀의 수식에 입력된 상태에서 ❶ F4 를 누릅니다. 행 번호와 열 이름 앞에 '$'기호가 추가되어 절대 참조로 지정됩니다. ❷ Enter 를 누릅니다.

## 03 서식 없이 채우기
수식을 복사하기 위해 ❶ [J6] 셀의 채우기 핸들을 더블클릭합니다. 수식이 복사되면서 서식도 함께 복사되어 테두리 선이 변경되었습니다. ❷ [채우기 옵션 📋]을 클릭하고 ❸ [서식 없이 채우기]를 선택합니다.

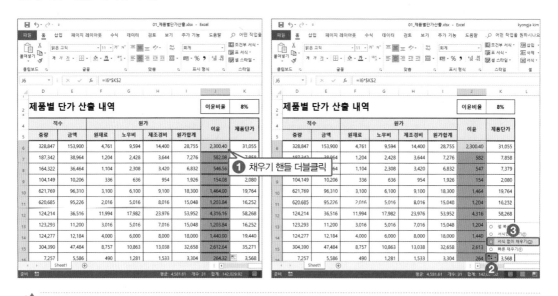

**실력향상** 수식을 복사할 때 테두리가 변경되는 것을 원치 않는다면 [J6:J36] 셀 범위를 선택한 후 =I6*$K$2를 입력합니다. 그리고 Ctrl + Enter 로 수식을 입력하면 테두리가 변경되지 않습니다.

**시간단축** [채우기 옵션 📋]은 다른 작업을 진행하면 자동으로 사라집니다. 따라서 수식을 복사한 후 바로 클릭해 옵션을 변경해야 합니다.

---

★★★
**비법노트** | **상대 참조, 절대 참조, 혼합 참조**

셀을 참조하여 입력한 수식을 복사했을 때 복사한 수식의 셀 주소가 바뀌면 상대 참조, 바뀌지 않으면 절대 참조, 행과 열 중에서 하나만 바뀌면 혼합 참조라고 합니다. 셀 참조 방식을 변경하려면 '$' 기호를 직접 입력하거나 F4 를 누릅니다. 상대 참조(A1)로 지정된 셀 주소에 F4 를 누르면 절대 참조($A$1)로 바뀌고, 절대 참조에서 F4 를 누르면 행 고정 혼합 참조(A$1)로 바뀌며, 다시 F4 를 누르면 열 고정 혼합 참조($A1)로 바뀝니다. 열 고정 혼합 참조에서 F4 를 누르면 처음인 상대 참조(A1)로 바뀌는 순환 형태입니다.

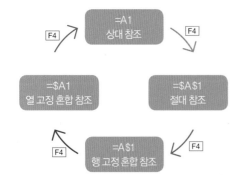

절대 참조는 행 번호와 열 이름 앞에 모두 $가 붙은 형태로 항상 특정 위치의 셀을 나타내므로 절대 참조 방식으로 입력된 수식은 복사하더라도 상대 참조처럼 셀 주소가 바뀌지 않습니다. 한 셀이나 동일한 범위를 여러 셀에서 참조할 때 절대 참조를 사용합니다.

## 04 표시 형식 변경하기

[J6] 셀에 소수점 서식이 적용되어있습니다. [J6:J36] 셀 범위가 선택된 상태에서 [홈] 탭-[표시 형식] 그룹-[쉼표 스타일[,]]을 클릭합니다.

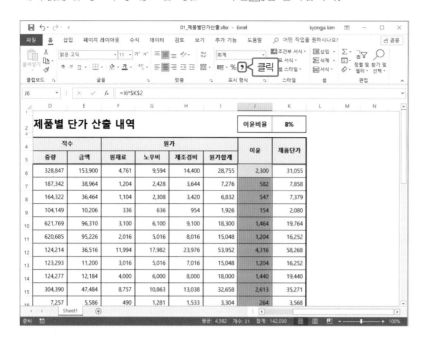

---

### ★★★ 비법노트

#### 셀에 수식 표시하기

수식이 입력된 셀에는 기본적으로 수식의 결과가 표시됩니다. 선택한 셀의 수식만 수식 입력줄에 표시되는데, 셀에 직접 수식을 표시해야 할 때는 [수식] 탭-[수식 분석] 그룹-[수식 표시]를 클릭합니다. [수식 표시]가 설정되어 있으면 셀에는 수식이 표시되고 서식은 표시되지 않으므로 수식 표시는 필요한 경우에만 설정하는 것이 좋습니다. 수식 표시와 해제 단축키는 Ctrl + ` 입니다.

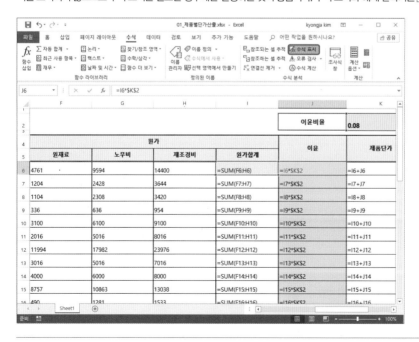

# SECTION 02

# 셀 범위를 이름으로 정의하여 집계표 작성하기

실습 파일 | Part01/Chapter02/02_급여항목별집계.xlsx
완성 파일 | Part01/Chapter02/02_급여항목별집계(완성).xlsx

셀 주소는 열 이름과 행 번호로 구성되므로 상대 참조 수식을 복사하면 셀 주소가 바뀝니다. 그러나 셀 주소를 일반적인 문자로 정의하면 상대 참조 수식이 적용되지 않아 절대 참조 수식으로 편리하게 계산할 수 있습니다. 이렇게 특정한 영역을 문자 이름으로 지정하는 것을 '이름 정의'라고 합니다.

## 미리 보기

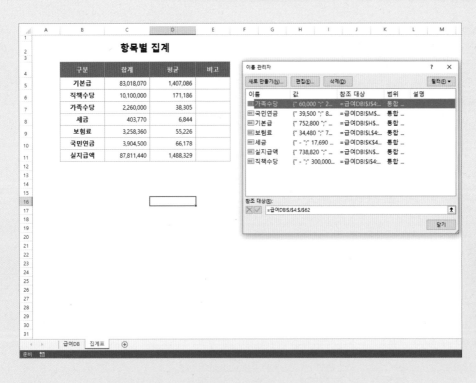

회사에서
바로 통하는
**키워드**

이름 정의,
선택 영역에서
만들기,
SUM,
INDIRECT

**한눈에 보는 작업순서**

선택 영역에서
이름 만들기 ▶ 정의된 이름
확인하기 ▶ 구분별 합계와
평균 계산하기

## 01 선택 영역에서 이름 만들기

[급여DB] 시트에서 기본급부터 실지급액까지 각 범위를 이름으로 정의하여 집계표를 작성해보겠습니다. ❶ [H3:N62] 셀 범위를 선택한 후 ❷ [수식] 탭-[정의된 이름] 그룹-[선택 영역에서 만들기]를 클릭합니다. [선택 영역에서 이름 만들기] 대화상자에서 ❸ [첫 행]에 체크 표시한 후 ❹ [확인]을 클릭합니다.

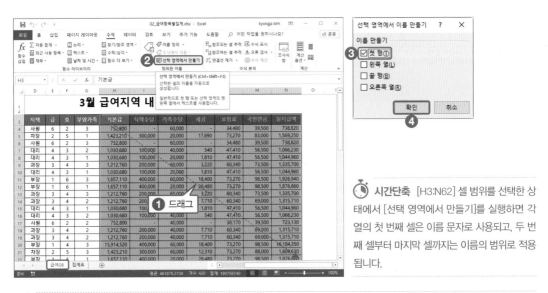

⏱ **시간단축** [H3:N62] 셀 범위를 선택한 상태에서 [선택 영역에서 만들기]를 실행하면 각 열의 첫 번째 셀은 이름 문자로 사용되고, 두 번째 셀부터 마지막 셀까지는 이름의 범위로 적용됩니다.

📊 **실력향상** 이름을 정의하려면 정의할 셀이나 범위를 선택한 후 [이름 상자]에 직접 이름을 입력하고 Enter 를 눌러도 됩니다. 이름 정의할 셀이나 범위가 여러 개이고 목록으로 나열되어 있다면 [선택 영역에서 만들기]를 사용합니다.


## 02 정의된 이름 확인하기

정의된 이름은 [이름 상자]의 목록▼을 클릭하여 확인할 수 있습니다.

📊 **실력향상** 정의된 이름은 [수식] 탭-[정의된 이름] 그룹-[이름 관리자]에서도 확인할 수 있습니다.

## 03 구분별 합계와 평균 계산하기 ❶ [집계표] 시트를 선택합니다. 구분별로 합계를 구할 때는 SUM 함수를 사용하여 **=SUM(기본급)**, **=SUM(직책수당)**등으로 수식을 입력할 수 있는데, 이 경우에는 이름 정의한 셀 범위가 고정되어 있어 수식을 복사할 수 없습니다. [C5] 셀에 수식을 한 번만 입력한 후 [C11] 셀까지 복사하여 계산할 수 있도록 SUM과 INDIRECT 함수를 중첩해보겠습니다. ❷ [C5] 셀을 선택한 후 ❸ **=SUM(INDIRECT(B5))**를 입력합니다. INDIRECT 함수에 의해서 [B5] 셀에 입력된 문자가 이름으로 사용되어 '=SUM(기본급)' 수식이 계산됩니다. ❹ [D5] 셀을 선택한 후 ❺ **=AVERAGE(INDIRECT(B5))**를 입력합니다.

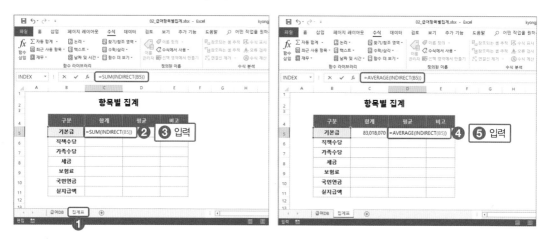

**실력향상 INDIRECT 함수** 문자열 형태로 지정된 셀 주소나 이름을 실제 셀 주소나 이름으로 만듭니다.

**INDIRECT(문자열, 참조 유형)**

• **문자열** 셀 주소 또는 이름 형태의 문자열, **"A"&1**이 입력되면 [A1] 셀로 인식합니다. B5가 입력되면 [B5] 셀에 입력되어 있는 문자를 셀 주소나 이름으로 사용하게 됩니다.

• **참조 유형** 논리값을 TRUE로 지정하거나 생략하면 A1 스타일로, FALSE로 지정하면 R1C1 스타일로 참조합니다. R1C1 스타일은 행과 열의 이름을 모두 숫자로 표시하는 것을 의미합니다.

## 04 ❶ [C5:D5] 셀 범위를 선택합니다. ❷ 채우기 핸들을 더블클릭하여 수식을 복사합니다. 정의된 이름으로 항목별 집계가 계산되었습니다.

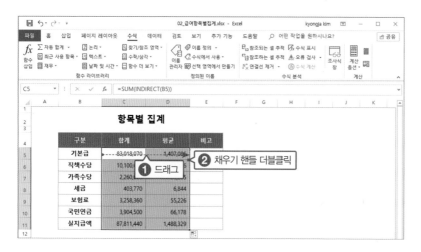

**★★★ 비법노트** 이름을 정의하는 또 다른 방법과 이름 관리자 알아보기

이름을 지정할 때는 규칙을 따라야 합니다. 이름의 첫 글자는 반드시 문자(가나다, ABC 등)로 시작해야 하며 문자 뒤에는 숫자를 사용할 수 있습니다. 특수 문자와 공백은 사용할 수 없으며 언더바(_)만 사용할 수 있습니다.

**01** ❶ 이름을 정의할 셀이나 셀 범위를 선택하고 ❷ [이름 상자]에 정의할 이름을 직접 입력합니다. 이름을 입력한 후 반드시 Enter 를 눌러야 합니다.

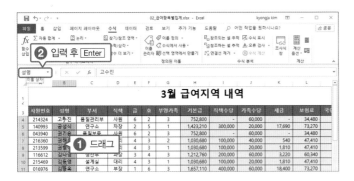

**02** ❶ 이름을 정의할 셀이나 셀 범위를 선택하고 ❷ [수식] 탭–[정의된 이름] 그룹–[이름 정의]를 클릭합니다. [새 이름] 대화상자가 나타나면 ❸ [이름]에 정의할 이름을 입력하고 ❹ [확인]을 클릭합니다.

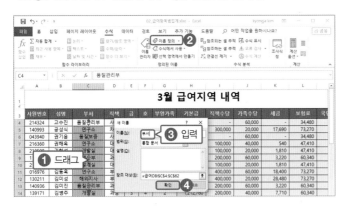

**03** 정의된 이름을 편집하거나 삭제할 때는 [수식] 탭–[정의된 이름] 그룹–[이름 관리자]를 클릭하면 나타나는 [이름 관리자] 대화상자에서 진행합니다.

# 시트 복사할 때 발생하는 숨겨진 이름 충돌 오류 해결하기

실습 파일 | Part01/Chapter02/03_실행계획손익분석.xlsx, 03_이름삭제매크로.txt
완성 파일 | Part01/Chapter02/03_실행계획손익분석(완성).xlsx

이름을 정의하여 수식이나 함수를 입력하면 수식을 간략하게 줄일 수 있다는 장점이 있지만 간혹 정의된 이름으로 인해 시트를 복사할 때마다 이름 충돌 오류 메시지가 나타나기도 합니다. 오류가 난정의된 이름을 삭제하여 이름 충돌 오류를 해결할 수 있는 방법에 대해 알아보겠습니다.

## 미리 보기

회사에서
바로 통하는    시트 복사, 이름 충돌 오류 메시지,
키워드        이름 삭제, 숨겨진 이름, 매크로

한눈에        이름 관리자에서          숨겨진 이름            매크로 실행하여
보는          오류가 난 이름     ▶     삭제할 매크로     ▶     오류
작업순서      삭제하기                 복사하기              해결하기

**01** **이름 관리자에서 오류난 이름 삭제하기** [손익분석] 시트는 복사할 때마다 해당 이름이 이미 있다는 이름 충돌 오류 메시지가 나타납니다. 이러한 오류 메시지가 나타나면 [예]를 클릭하거나 [아니오]를 클릭하여 새로운 이름을 입력해야 오류 메시지가 나타나지 않습니다. 충돌한 이름이 여러 개일 경우에는 오류가 난 이름의 개수만큼 메시지가 나타납니다. 오류가 난 정의된 이름을 삭제해보겠습니다. [수식] 탭-[정의된 이름] 그룹-[이름 관리자]를 클릭합니다.

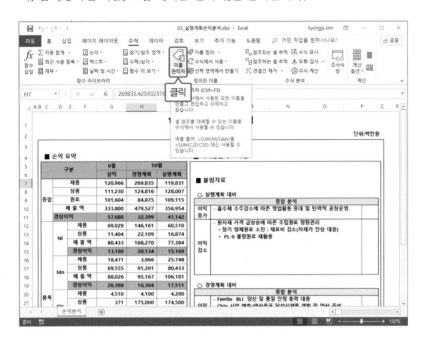

**02** 오류가 난 이름을 삭제하기 위해 ❶ 첫 번째 이름을 선택한 후 ❷ Shift 를 누른 상태에서 마지막 이름을 선택합니다. ❸ [삭제]를 클릭합니다. 삭제 확인 메시지가 나타나면 ❹ [확인]을 클릭합니다. 오류가 난 이름을 모두 삭제한 후 [이름 관리자] 대화상자에서 ❺ [닫기]를 클릭합니다.

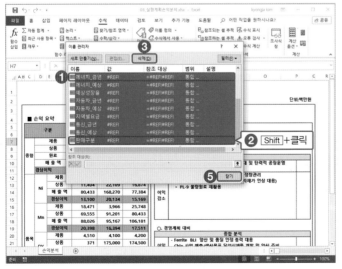

⏱ **시간단축** Shift 를 누른 상태에서 이름을 선택하면 연속적으로 이름을 선택할 수 있고, Ctrl 을 누른 상태에서 이름을 선택하면 비연속적으로 이름을 한 개씩 추가 선택할 수 있습니다.

**03** **숨겨진 이름 삭제할 매크로 복사하기** [이름 관리자]에서 보이지 않는 숨겨진 이름 때문에 이름 충돌 오류가 날 수도 있습니다. 숨겨진 이름은 [이름 관리자]에서 삭제할 수 없으므로 매크로를 이용하여 삭제합니다. 매크로는 직접 코딩하지 않고 작성한 매크로를 사용하겠습니다. **이름삭제매크로.txt** 실습 파일을 엽니다. ❶ 파일의 내용을 모두 선택한 후 ❷ 마우스 오른쪽 버튼으로 클릭하고 ❸ [복사]를 선택합니다.

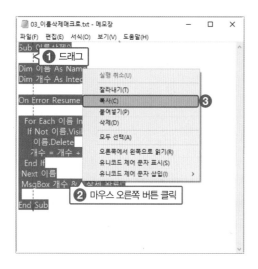

**실력향상** '실행계획손익분석.xlsx' 파일은 [이름 관리자]에서 오류가 난 이름을 모두 삭제하더라도 시트를 복사했을 때 또 다시 오류 메시지가 나타납니다. 숨겨진 이름이 있기 때문입니다. 숨겨진 이름은 대부분 매크로 바이러스나 오류에 의해 생성된 이름입니다.

**04** 엑셀로 돌아와서 ❶ Alt + F11 을 누르면 비주얼 베이식(Visual Basic) 편집기 창이 나타납니다. 비주얼 베이식 편집기 창에서 ❷ [삽입]-[모듈] 메뉴를 선택합니다.

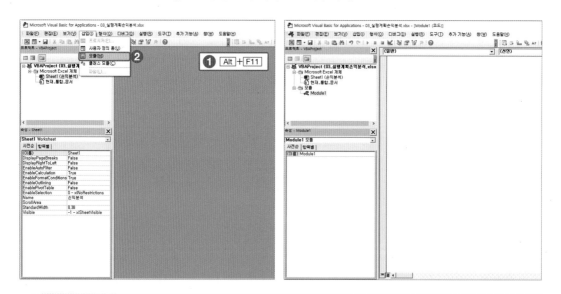

**실력향상** 비주얼 베이식 편집기 창은 매크로를 작성하고 편집할 수 있는 창으로 [개발 도구] 탭-[코드] 그룹-[Visual Basic]을 클릭해도 나타납니다. [개발 도구] 탭은 기본적으로 표시되어 있지 않으므로 탭을 표시하려면 [파일]-[옵션]-[리본 사용자 지정]을 선택한 후 [리본 메뉴 사용자 지정] 목록에서 [개발 도구]를 선택합니다. [모듈]은 매크로 코드가 입력되는 창으로 메모장처럼 매크로 코드를 입력할 수 있습니다.

**05 매크로 실행하여 오류 해결하기** ❶ 삽입된 모듈에 복사한 내용을 붙여 넣습니다. ❷ 붙여 넣은 내용 안의 텍스트를 클릭하고 ❸ [Sub/사용자 정의 폼 실행▶]을 클릭합니다. 매크로가 실행되면서 숨겨진 이름을 모두 삭제했습니다. 삭제가 완료되었다는 메시지가 나타납니다. ❹ [확인]을 클릭합니다.

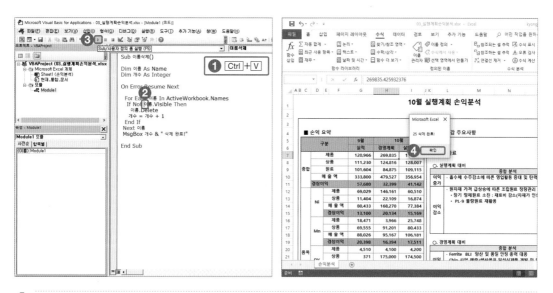

⏱ **시간단축** 매크로를 워크시트에서 실행할 경우 [보기] 탭-[매크로] 그룹-[매크로 보기]를 클릭합니다. [매크로] 대화상자에서 [이름삭제]를 선택한 후 [실행]을 클릭합니다.

**06** 숨겨진 이름이 모두 삭제되었으므로 비주얼 베이식 편집기 창에 복사해둔 매크로는 삭제하는 것이 좋습니다. ❶ [프로젝트] 창의 [Module1]을 마우스 오른쪽 버튼으로 클릭합니다. ❷ [Module1 제거]를 클릭합니다. '제거하기 전에 Module1을 내보내시겠습니까?'라는 메시지가 나타납니다. Module1에 있는 내용을 *.bas 파일로 백업해둘 것인지 확인하는 메시지입니다. ❸ [아니오]를 클릭합니다. 숨겨진 이름까지 모두 삭제된 엑셀 파일은 시트를 복사해도 이름 충돌 오류 메시지가 나타나지 않습니다.

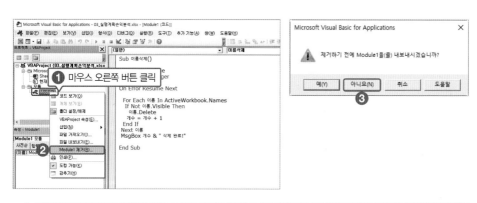

📊 **실력향상** 매크로를 포함한 상태에서 통합 문서를 저장하면 'Excel 매크로 사용 통합 문서(*.xlsm)'로 파일 형식이 변경됩니다. 현재 파일에서는 '이름삭제' 매크로가 더 이상 필요하지 않으므로 매크로를 제거합니다.

★★★
**비법노트** '이름삭제' 매크로 살펴보기

'이름삭제' 매크로는 현재 통합 문서에 있는 모든 이름을 한 개씩 비교하여 숨겨진 이름인지 확인합니다. 숨겨진 이름이라면 삭제하고 삭제 완료된 개수를 메시지로 표시해줍니다. 각 코드의 설명은 다음과 같습니다.

```
① Sub 이름삭제()
② Dim 이름 As Name
③ Dim 개수 As Integer
④ On Error Resume Next
⑤   For Each 이름 In ActiveWorkbook.Names
⑥     If Not 이름.Visible Then
⑦       이름.Delete
⑧       개수 = 개수 + 1
⑨     End If
⑩   Next 이름
⑪   MsgBox 개수 & " 삭제 완료!"
⑫ End Sub
```

① 매크로의 시작입니다. '이름삭제'는 매크로 이름입니다.

② 숨겨진 이름을 찾아서 삭제하는 작업을 할 때 반복 변수로 사용하기 위한 변수를 선언합니다.

③ 삭제되는 이름의 개수를 카운터하는 변수를 선언합니다.

④ 매크로가 실행될 때 오류가 발생할 경우를 대비한 오류 처리문입니다. 오류가 발생해도 다음 문장을 그대로 실행합니다.

⑤ 현재 통합 문서에 있는 모든 이름을 이름 변수에 대입하는 반복문의 시작입니다.

⑥ 이름 변수에 있는 이름을 한 개씩 비교하는 조건문으로, 현재 비교하는 이름이 숨겨진 이름인지 확인합니다.

⑦ 숨겨진 이름을 삭제합니다.

⑧ 삭제한 이름 개수를 세어 누계를 변수에 저장합니다.

⑨ IF 조건문의 종료입니다.

⑩ 반복문의 종료입니다.

⑪ 삭제 완료된 이름의 개수를 메시지로 표시합니다.

⑫ 매크로가 종료됩니다.

실습 파일 | Part01/Chapter02/04_주택보급통계.xlsx
완성 파일 | Part01/Chapter02/04_주택보급통계(완성).xlsx

# SECTION 04

## 혼합 참조로 여러 범위의 비율 동시에 구하기

혼합 참조는 셀 주소의 열을 고정하거나 행을 고정하는 방식으로 '$A1' 또는 'A$1'로 사용합니다. 수식을 행 방향, 열 방향으로 모두 복사해야 할 때 주로 사용하며, 셀 주소에서 $ 기호가 붙은 부분은 수식을 복사해도 변경되지 않습니다.

## 미리 보기

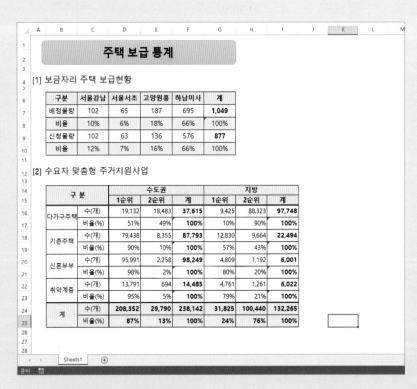

회사에서
바로 통하는
**키워드**

혼합 참조, 이동 옵션,
빈 셀만 선택,
Ctrl + Enter

**한눈에 보는 작업순서**

혼합 참조로 비율 계산하기 ▶ 이동 옵션으로 범위 선택하기 ▶ 혼합 참조 수식 동시 입력하기

**01 혼합 참조로 비율 계산하기** 첫 번째 표에서는 전체 물량 대비 각 지역의 배정물량 비율을 8행과 10행에 각각 구해야 합니다. 절대 참조를 사용하면 비율 수식을 두 번 입력해야 하지만 혼합 참조를 사용하면 한 번만 입력해도 구할 수 있습니다. ❶ [C8:G8] 셀 범위를 선택합니다. ❷ Ctrl 을 누른 상태에서 [C10:G10] 셀 범위를 추가로 선택합니다. ❸ **=C9/$G9**를 입력한 후 Ctrl + Enter 를 누릅니다. 범위를 선택하면 셀 포인터는 [C10] 셀에 있으므로 [C10] 셀에 해당하는 비율 수식을 입력해야 합니다. [C8:G8] 셀 범위와 [C10:G10] 셀 범위에 비율이 구해집니다.

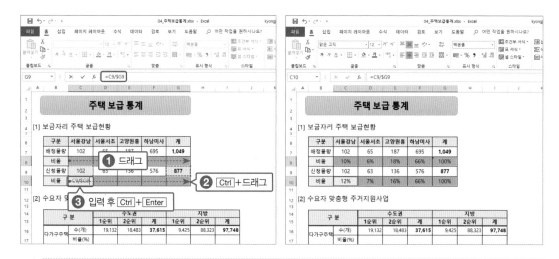

**실력향상** '$G9'는 열을 고정하는 혼합 참조로 F4 를 세 번 눌러서 지정합니다. Ctrl + Enter 를 누르면 범위가 선택된 셀에 동시에 수식을 입력할 수 있습니다. 수식을 복사하는 것처럼 상대 참조와 혼합 참조가 그대로 반영되어 비율이 정확히 계산됩니다. 비연속적인 셀 범위를 선택할 때 첫 번째 셀 범위는 Ctrl 을 누르지 않은 상태에서 드래그하고, 두 번째 셀 범위부터 Ctrl 을 누른 상태에서 드래그해야 필요 없는 셀이 포함되지 않습니다.

**02 이동 옵션으로 범위 선택하기** 두 번째 표는 비율을 구해야 할 행이 5개이므로 [이동 옵션]을 이용하여 범위를 선택해보겠습니다. ❶ [D16:F25] 셀 범위를 선택한 후 ❷ [홈] 탭-[편집] 그룹-[찾기 및 선택]-[이동 옵션]을 선택합니다. ❸ [이동 옵션] 대화상자에서 [빈 셀]을 선택한 후 ❹ [확인]을 클릭합니다.

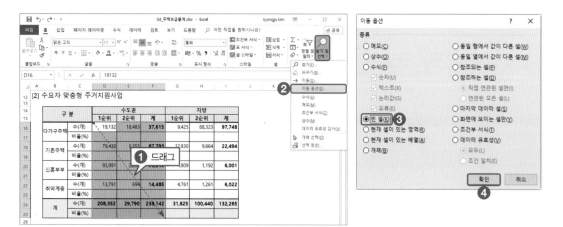

**03** 수도권의 비율이 입력될 셀만 선택되었습니다. ❶**=D16/$F16**을 입력한 후 ❷Ctrl+Enter를 누릅니다. 이동 옵션으로 범위를 선택하면 셀 포인터는 [D17] 셀에 있으므로 [D17] 셀에 해당하는 비율 수식을 입력합니다. '$F16'은 열을 고정하는 혼합 참조로 F4를 세 번 눌러서 지정합니다. 수도권의 비율이 모두 구해집니다.

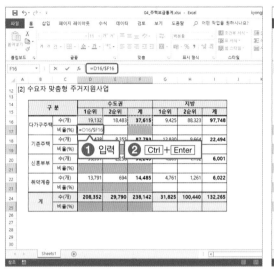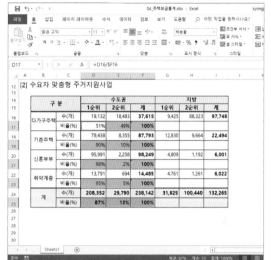

**04** 같은 방법으로 지방의 각 비율을 구하기 위해 ❶[G16:I25] 셀 범위를 선택한 후 ❷[홈] 탭-[편집] 그룹-[찾기 및 선택]-[이동 옵션]을 클릭합니다. ❸[이동 옵션] 대화상자에서 [빈 셀]을 클릭한 후 ❹[확인]을 클릭합니다.

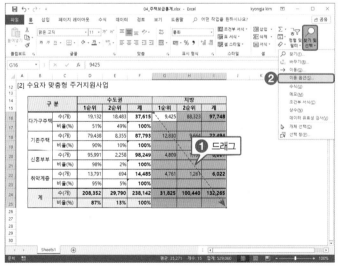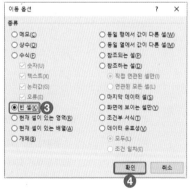

**05** 지방의 비율이 입력될 셀만 선택되었습니다. ❶ **=G16/$I16**을 입력한 후 ❷ Ctrl + Enter 를 누릅니다. 지방의 비율도 모두 구해집니다.

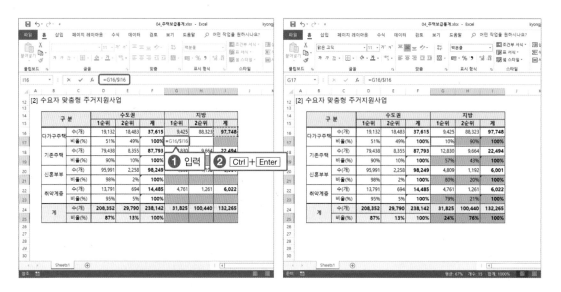

 **수식 오류의 종류와 해결 방법**

수식을 입력할 때 오류 표시가 나타나는 경우가 있습니다. 오류 표시별로 의미를 이해하면 오류의 원인도 쉽게 찾을 수 있습니다.

| 오류 표시 | 오류 원인과 해결 방법 |
|---|---|
| #DIV/0! | 나눗셈에서 어떤 값을 0으로 나눌 때 나타나는 오류입니다. 나누는 값이 0이거나 빈 셀이므로 0이 아닌 값으로 바꿉니다. |
| #NAME? | 주로 함수명을 잘못 입력하거나 정의하지 않은 이름을 사용할 경우 표시되는 오류입니다. 정의된 이름이나 함수의 오타를 확인합니다. |
| #REF! | 참조된 셀이 없을 때 나타나는 오류입니다. 수식에 참조된 셀이 삭제되지는 않았는지 확인합니다. |
| #VALUE! | 값이 잘못되었다는 오류입니다. 연산이나 함수의 인수로 사용된 값이 잘못되었는지 확인합니다. |
| #N/A | 사용할 수 없는 값을 참조했을 때 나타나는 오류입니다. 수식에서 참조된 셀의 값이 맞는지 확인합니다. |
| #NUM! | 숫자를 잘못 사용했을 때 나타나는 오류입니다. 인수에 사용된 숫자가 올바르게 입력되었는지 확인합니다. |
| #NULL! | 존재하지 않는 값을 사용했을 때 나타나는 오류입니다. 교차되지 않은 셀 범위를 지정했는지 확인합니다. |
| ###### | 셀에 입력된 숫자 데이터에 비해 열 너비가 좁을 경우 나타납니다. 열 너비를 넓혀줍니다. 표시 형식을 적용했을 때 표시할 수 없는 데이터 유형일 경우에도 이러한 오류가 발생합니다. 이때는 표시 형식을 [일반]으로 변경합니다. |

**SECTION 05**

# 중복된 항목 제거 후
# 매출액 기준 조건부 서식 설정하기

실습 파일 | Part01/Chapter02/05_고객사목록.xlsx    완성 파일 | Part01/Chapter02/05_고객사목록(완성).xlsx

고객사 목록에서 중복된 데이터를 찾아 채우기 색을 변경한 후 일괄 삭제해보겠습니다. 중복된 항목을 제거한 후에는 기준 금액보다 매출액이 큰 고객사에 채우기 색을 적용해보겠습니다. 이때 조건부 서식을 이용하면 편리합니다.

## 미리 보기

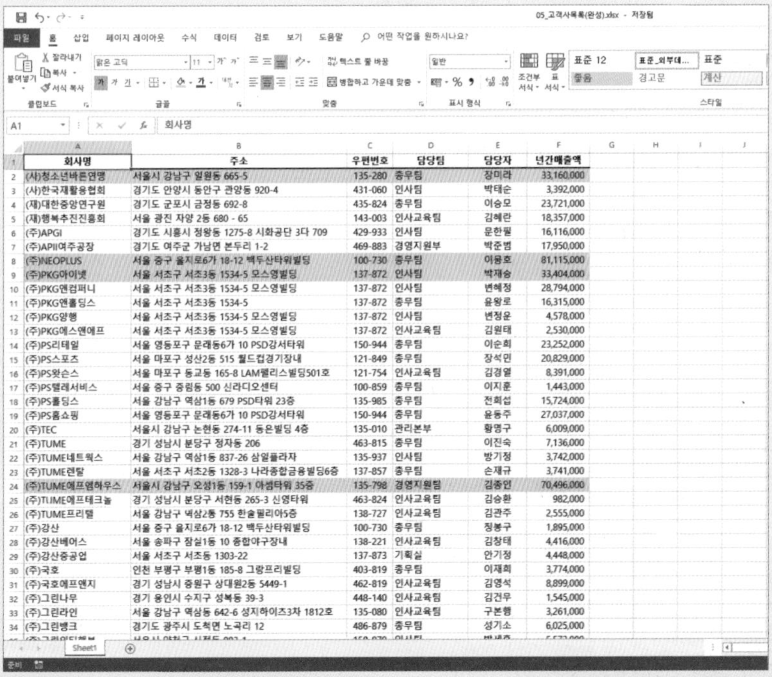

회사에서
바로 통하는
**키워드**

중복 값 표시,
중복된 항목 제거,
조건부 서식

**한눈에 보는 작업순서**

중복된 데이터 채우기 색 적용하기 ▶ 중복된 행 삭제하기 ▶ 매출액이 큰 고객사만 채우기 색 적용하기

CHAPTER 02 업무에 꼭 필요한 수식과 함수 기능  **097**

**01 중복된 데이터 채우기 색 적용하기** 고객사 데이터 목록에는 회사명, 주소, 우편번호, 담당팀, 담당자, 연간매출액이 표시되어 있습니다. 6개의 열 데이터가 모두 동일하지 않지만 회사명을 기준으로 했을 때 중복되는 고객사가 여러 건 포함되어 있습니다. 중복되는 고객사의 회사명에 채우기 색을 적용해 보겠습니다. ❶A열 머리글을 선택합니다. ❷[홈] 탭-[스타일] 그룹-[조건부 서식]을 클릭한 후 ❸[셀 강조 규칙]-[중복 값]을 선택합니다.

**02** [중복 값] 대화상자에서 기준을 ❶[중복]으로 선택하고, ❷[적용할 서식]을 선택합니다. 예제에서는 [진한 빨강 텍스트가 있는 연한 빨강 채우기]를 선택했습니다. ❸[확인]을 클릭합니다. A열의 회사명에서 중복된 데이터에 서식이 적용됩니다.

**실력향상** [적용할 서식] 목록에서 [사용자 지정 서식]을 선택하면 [셀 서식] 대화상자가 나타납니다. 표시 형식, 글꼴, 테두리, 채우기 등 다양한 서식을 직접 지정할 수 있습니다.

**03 중복된 행 삭제하기** 중복되는 행을 삭제해보겠습니다. ❶ 데이터가 입력되어 있는 임의의 셀을 선택합니다. ❷ [데이터] 탭-[데이터 도구] 그룹-[중복된 항목 제거▣]를 클릭합니다. [중복된 항목 제거] 대화상자에서 ❸ [회사명]만 체크 표시한 후 ❹ [확인]을 클릭합니다. 중복되어 삭제된 개수와 남아 있는 개수를 보여주는 메시지가 나타납니다. ❺ [확인]을 클릭합니다.

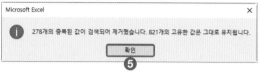

🕐 **시간단축** [중복된 항목 제거]는 범위를 지정하지 않아도 선택된 셀 주변의 영역을 자동으로 선택해줍니다.

📊 **실력향상** [중복된 항목 제거] 대화상자에서 [내 데이터의 머리글 표시]에 체크 표시가 해제되어 있으면 [열]에 'A, B, C, D, E, …'가 나타납니다.

**04 매출이 큰 고객사만 채우기 색 적용하기** 중복된 고객사 정보가 삭제된 데이터 목록에서 연간매출액이 30,000,000원 이상인 고객사에만 채우기 색을 적용해보겠습니다. 조건부 서식에 수식을 적용할 때는 수식을 적용할 셀 범위를 선택하는 것이 중요합니다. ❶ [A2] 셀을 선택한 후 ❷ Ctrl + Shift + → 를 누릅니다. 다시 ❸ Ctrl + Shift + ↑ 를 누릅니다. [A2:F822] 셀 범위가 선택되고 셀 포인터는 [A2] 셀에 있습니다. ❹ [홈] 탭-[스타일] 그룹-[조건부 서식]-[새 규칙]을 선택합니다.

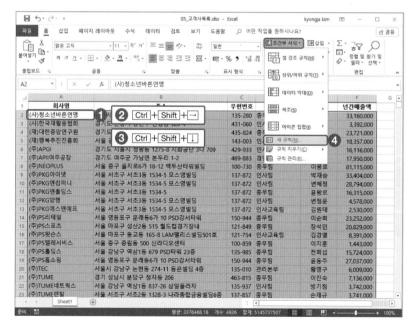

📊 **실력향상** 선택한 셀 범위 중 셀 포인터가 있는 셀을 기준으로 수식을 입력하면 나머지 셀에는 수식이 복사되는 것처럼 자동으로 셀 참조 방식이 반영되어 조건부 서식이 설정됩니다.

**05** [새 서식 규칙] 대화상자의 [규칙 유형 선택]에서 ❶ [수식을 사용하여 서식을 지정할 셀 결정]을 선택합니다. ❷ [다음 수식이 참인 값의 서식 지정] 입력란에 **=$F2>=30000000**를 입력합니다. F열을 기준으로 [A:F] 열의 서식을 변경하기 위해 '$F2' 혼합 참조를 적용합니다. ❸ [서식]을 클릭합니다.

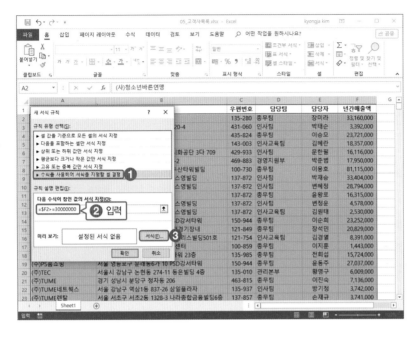

⏱ **시간단축** 조건부 서식에 수식을 입력할 때 셀을 클릭하면 '절대 참조' 주소가 입력됩니다. F4를 두 번 눌러서 '열 고정 혼합 참조($F2)'로 변경합니다.

**06** [셀 서식] 대화상자에서 ❶ [채우기] 탭을 선택하고 [배경색]을 ❷ [연한 노란색]으로 선택합니다. ❸ [확인]을 클릭합니다. [새 서식 규칙] 대화상자에서도 ❹ [확인]을 클릭합니다.

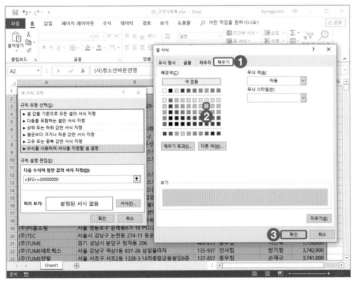

📊 **실력향상** 서식을 지정하면 [미리 보기]에 지정된 서식이 나타납니다.

**07** 연간매출액이 30,000,000원 이상인 고객사에 채우기 색이 적용되었습니다.

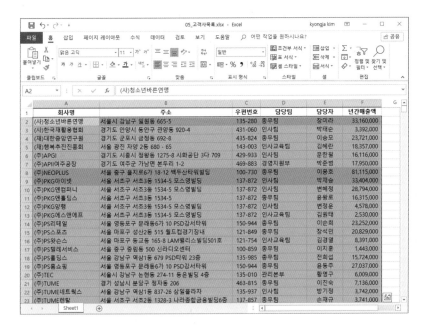

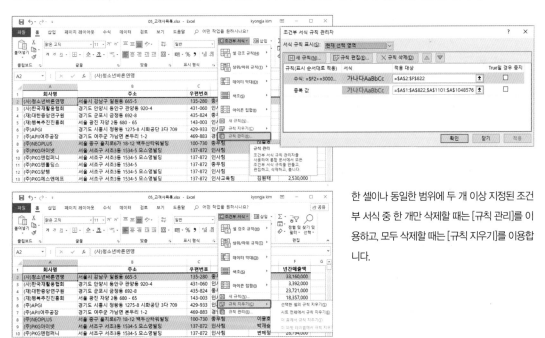

**비법노트** ★ ★ ★

**조건부 서식의 수정과 삭제**

한 셀에 총 64개까지 조건부 서식을 적용할 수 있으며, 조건부 서식이 설정된 셀에 다시 [셀 강조 규칙]이나 [새 규칙]을 선택하면 중복으로 설정됩니다. 이미 설정된 조건부 서식을 변경하거나 삭제할 때는 [조건부 서식]-[규칙 관리]를 선택합니다.

한 셀이나 동일한 범위에 두 개 이상 지정된 조건부 서식 중 한 개만 삭제할 때는 [규칙 관리]를 이용하고, 모두 삭제할 때는 [규칙 지우기]를 이용합니다.

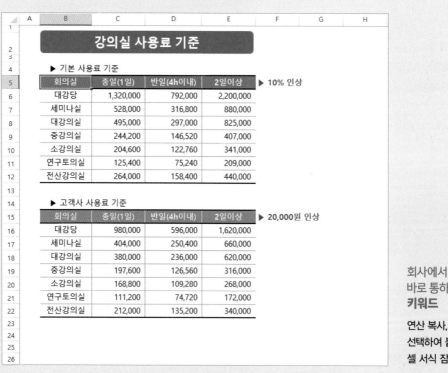

# SECTION 06

## 선택하여 붙여넣기로 값을 일괄 인상한 후 시트 보호하기

실습 파일 | Part01/Chapter02/06_강의실사용료기준.xlsx
완성 파일 | Part01/Chapter02/06_강의실사용료기준(완성).xlsx

값을 일정 비율로 일괄 인상, 인하하여 변경할 때 따로 계산한 후 기준표에 적용하려면 값을 복사하고 서식을 재설정하므로 매우 번거롭습니다. 선택하여 붙여넣기를 이용해 계산한 값을 바로 붙여 넣어보겠습니다. 수정된 기준표 금액을 수정할 수 없도록 시트 보호도 설정해보겠습니다.

### 미리 보기

**강의실 사용료 기준**

▶ 기본 사용료 기준 ▶ 10% 인상

| 회의실 | 종일(1일) | 반일(4h이내) | 2일이상 |
| --- | --- | --- | --- |
| 대강당 | 1,320,000 | 792,000 | 2,200,000 |
| 세미나실 | 528,000 | 316,800 | 880,000 |
| 대강의실 | 495,000 | 297,000 | 825,000 |
| 중강의실 | 244,200 | 146,520 | 407,000 |
| 소강의실 | 204,600 | 122,760 | 341,000 |
| 연구토의실 | 125,400 | 75,240 | 209,000 |
| 전산강의실 | 264,000 | 158,400 | 440,000 |

▶ 고객사 사용료 기준 ▶ 20,000원 인상

| 회의실 | 종일(1일) | 반일(4h이내) | 2일이상 |
| --- | --- | --- | --- |
| 대강당 | 980,000 | 596,000 | 1,620,000 |
| 세미나실 | 404,000 | 250,400 | 660,000 |
| 대강의실 | 380,000 | 236,000 | 620,000 |
| 중강의실 | 197,600 | 126,560 | 316,000 |
| 소강의실 | 168,800 | 109,280 | 268,000 |
| 연구토의실 | 111,200 | 74,720 | 172,000 |
| 전산강의실 | 212,000 | 135,200 | 340,000 |

회사에서
바로 통하는
**키워드**

연산 복사, 값 복사,
선택하여 붙여넣기,
셀 서식 잠금, 시트 보호

**한눈에 보는 작업순서**

기본 사용료 10% 인상하기 ▶ 고객사 사용료 20,000원 인상하기 ▶ 셀 서식 잠금 변경하기 ▶ 시트 보호하기

**01 기본 사용료 10% 인상하기** 강의실 사용료 기준표에서 기본 사용료는 10%, 고객사 사용료는 20,000원을 일괄 인상한 금액으로 변경해보겠습니다. ❶ 임의의 빈 셀에 **110%**를 입력한 후 ❷ Ctrl +C를 눌러 값을 복사합니다. ❸ [C6:E12] 셀 범위를 선택한 후 ❹ 마우스 오른쪽 버튼을 클릭합니다. ❺ [선택하여 붙여넣기]를 선택합니다.

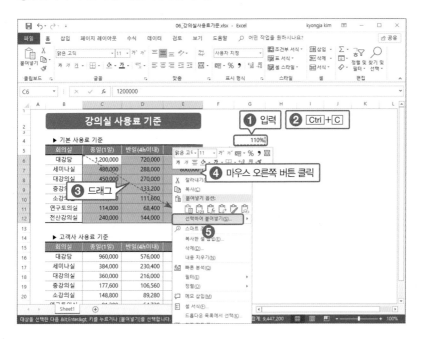

**02** [선택하여 붙여넣기] 대화상자의 ❶ [붙여넣기]에서 [값], ❷ [연산]에서 [곱하기]를 각각 선택합니다. ❸ [확인]을 클릭합니다. 기본 사용료 기준이 10% 인상된 금액으로 변경되었습니다.

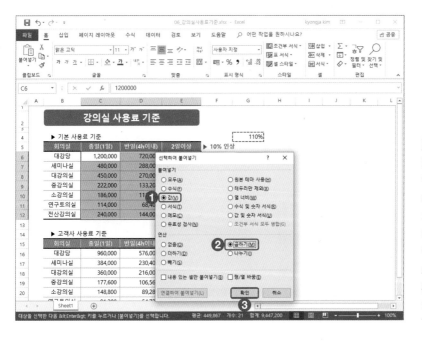

**📊 실력향상** [붙여넣기]를 [모두]로 선택하면 '110%'가 입력되어 있는 셀의 서식이 함께 복사됩니다. 서식은 복사하지 않기 위해 [값]을 선택했습니다. [선택하여 붙여넣기]의 연산으로 계산된 결과는 수식으로 입력되지 않기 때문에 원본 데이터와는 연결되지 않습니다.

**03 고객사 사용료 20,000원 인상하기** ❶ 임의의 빈 셀에 **20000**을 입력한 후 ❷ Ctrl + C 를 눌러 값을 복사합니다. ❸ [C16:E22] 셀 범위를 선택한 후 ❹ 마우스 오른쪽 버튼을 클릭합니다. ❺ [선택하여 붙여넣기]를 선택합니다.

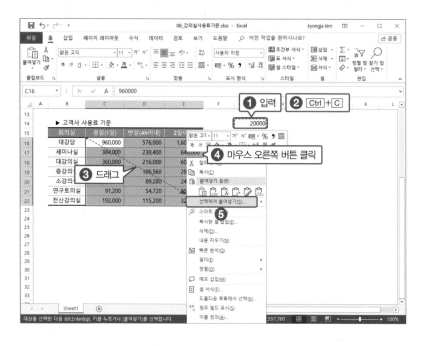

**04** [선택하여 붙여넣기] 대화상자의 ❶ [붙여넣기]에서 [값], ❷ [연산]에서 [더하기]를 선택합니다. ❸ [확인]을 클릭합니다. 고객사 사용료 기준이 20,000원 인상된 금액으로 변경됩니다.

**실력향상** 복사한 셀의 윤곽선이 깜빡거리면 Esc 를 눌러 해제합니다.

**05 셀 서식 잠금 변경하기** 변경된 사용료 기준을 더 이상 수정하지 못하도록 시트 보호를 설정해보 겠습니다. 시트에서 일부 셀 데이터만 보호하고자 할 때는 해당하는 셀만 잠금을 설정합니다. ❶ 시트 전체를 선택한 후 ❷ 마우스 오른쪽 버튼을 클릭하여 ❸ [셀 서식]을 선택합니다. [셀 서식] 대화상자에 서 ❹ [보호] 탭을 선택하고 ❺ [잠금]의 체크 표시를 해제한 후 ❻ [확인]을 클릭합니다.

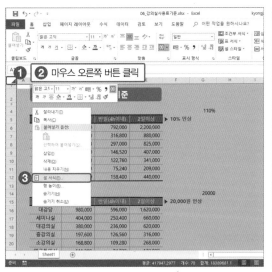 

**ılıl 실력향상** 엑셀의 모든 셀에는 기본적으로 [잠금]이 설정되어 있습니다. 보호할 셀만 [잠금]이 되어 있어야 하므로 전체 셀을 먼저 잠금 해제한 후 보호할 셀만 다시 [잠금]을 설정합니다.

**06** ❶ [C6:E12] 셀 범위를 선택한 후 ❷ Ctrl 을 누른 상태에서 [C16:E22] 셀 범위를 추가로 선택합 니다. ❸ 마우스 오른쪽 버튼을 클릭한 후 ❹ [셀 서식]을 선택합니다. [셀 서식] 대화상자에서 ❺ [보호] 탭을 선택한 후 ❻ [잠금]에 체크 표시합니다. ❼ [확인]을 클릭합니다. 셀 서식에서 잠금을 설정하더라 도 시트 보호를 하지 않으면 셀 내용은 계속 수정할 수 있습니다.

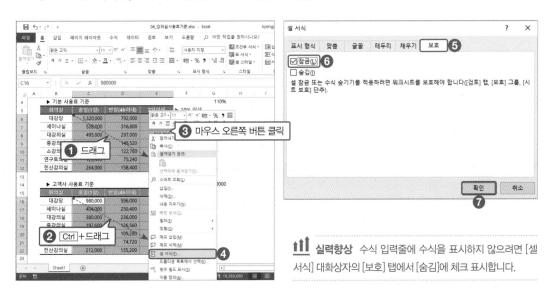

**ılıl 실력향상** 수식 입력줄에 수식을 표시하지 않으려면 [셀 서식] 대화상자의 [보호] 탭에서 [숨김]에 체크 표시합니다.

**07 시트 보호하기** 잠금된 셀 데이터를 수정할 수 없도록 ❶ [검토] 탭-[보호] 그룹-[시트 보호]를 클릭합니다. [시트 보호] 대화상자에서 ❷ 시트 보호 해제 암호를 **1234**로 입력하고, ❸ [워크시트에서 허용할 내용] 중 원하는 항목에 체크 표시합니다. ❹ [확인]을 클릭합니다.

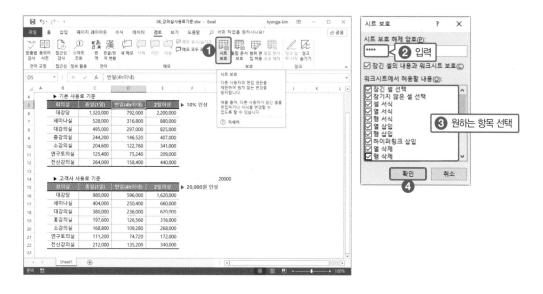

**02** ❶ [암호 확인] 대화상자에서 앞에서 입력한 암호를 한 번 더 입력하고 ❷ [확인]을 클릭합니다. 시트 보호가 완료됩니다. 보호된 셀을 수정하려고 하면 수정할 수 없다는 메시지가 나타납니다. ❸ [확인]을 클릭합니다.

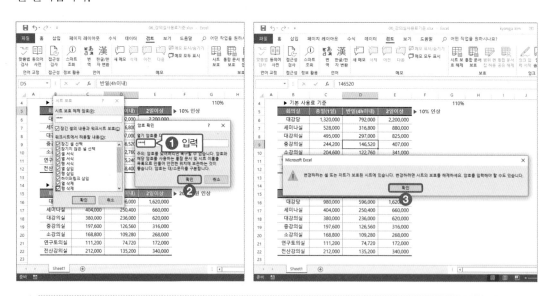

**📊 실력향상** 보호된 시트를 해제할 때는 [검토] 탭-[보호] 그룹-[시트 보호 해제]를 클릭합니다. 암호가 설정되어 있으면 암호를 정확하게 입력해야 시트 보호를 해제할 수 있습니다.

# 소계와 합계를 한 번에 구하고 결과 복사하기

실습 파일 | Part01/Chapter02/07_사업비지출내역.xlsx
완성 파일 | Part01/Chapter02/07_사업비지출내역(완성).xlsx

집계표를 작성할 때 그룹별 소계를 구한 후 소계의 합을 다시 계산하여 전체 총계를 구하는 경우가 많습니다. 하나의 표에서 소계와 합계를 구할 때 그룹별로 범위를 미리 설정해두면 [합계] 도구를 한 번 클릭하는 것만으로 소계와 합계를 모두 구할 수 있습니다.

데이터
편집과
서식

수식과
함수

차트
작성과
편집

데이터
관리

## 미리 보기

회사에서
바로 통하는
키워드

소계와 합계, 자동 합계,
연결하여 붙여넣기

한눈에
보는
작업순서

그룹별
범위
선택하기 ▶ 소계와
합계
구하기 ▶ 소계와
합계만
선택하기 ▶ 연결하여
수식으로
붙여넣기

## 01 그룹별 범위 선택하기
[지출내역] 시트의 사업비 지출내역에서 소계와 합계를 한 번에 구하고, 그 결과를 수식으로 연결하여 [정산내역] 시트로 복사해보겠습니다. [지출내역] 시트에서 ❶ [D5:G11] 셀 범위를 선택하고 ❷ Ctrl 을 누른 상태로 [D12:G15], ❸ [D16:G21], ❹ [D22:G27], ❺ [D28:G31], ❻ [D32:G36], ❼ [D37:G37] 셀 범위를 각각 선택합니다.

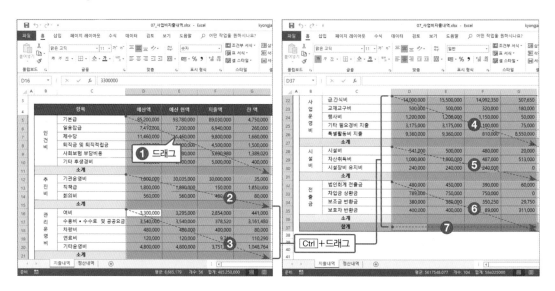

## 02 소계와 합계 구하기
[홈] 탭-[편집] 그룹-[합계∑]를 클릭합니다. 소계와 합계가 모두 구해집니다.

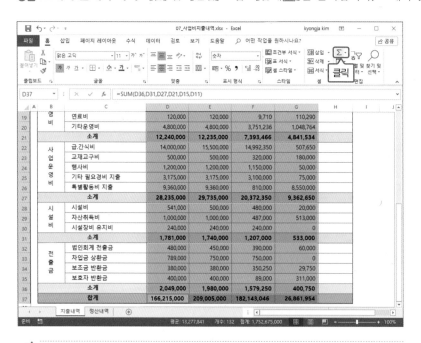

**실력향상** [합계] 도구는 셀 범위에 숫자가 연속적으로 입력되어 있고 마지막 행이 빈 행이면 범위의 마지막 행에 자동으로 합계를 표시합니다. 또한 같은 열에서 SUM으로 계산된 수식이 있을 때는 그 계산 결과만 다시 합계를 구해줍니다. 단, 같은 열에 숫자 데이터가 연속적으로 있어야 합니다.

## 03 소계와 합계만 선택하기

[지출내역] 시트의 소계와 합계만 복사하여 [정산내역] 시트로 붙여 넣어 보겠습니다. ❶ [D5:G37] 셀 범위를 선택합니다. ❷ [홈] 탭-[편집] 그룹-[찾기 및 선택]-[수식]을 선택합니다. 소계와 합계만 선택되었습니다. ❸ Ctrl + C 로 복사한 후 ❹ [정산내역] 시트를 선택합니다.

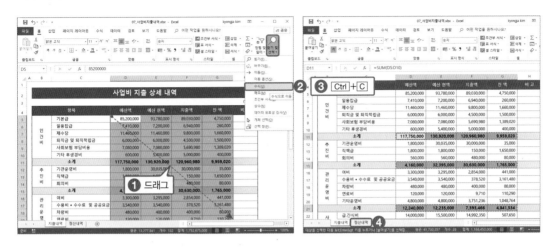

## 04 연결하여 수식으로 붙여넣기

❶ [C10] 셀을 선택한 후 ❷ 마우스 오른쪽 버튼을 클릭합니다. ❸ [붙여넣기 옵션]-[연결하여 붙여넣기 🔗]를 클릭합니다. 수식으로 연결되어 소계와 합계만 복사되었습니다.

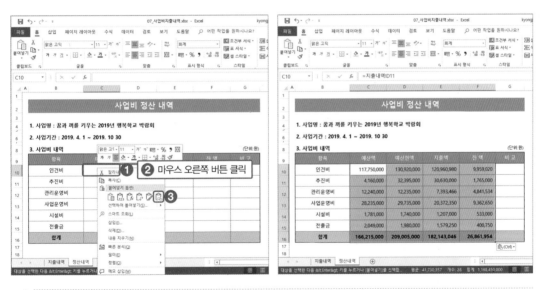

**📊 실력향상** [연결하여 붙여넣기]로 복사하면 '=시트명!셀주소'의 수식이 입력되므로 원본 데이터가 바뀌었을 때 자동으로 값이 변경됩니다. [선택하여 붙여넣기] 대화상자에서 [연결하여 붙여넣기]를 선택해도 됩니다. [선택하여 붙여넣기] 대화상자를 표시하는 단축키는 Ctrl + Alt + V 입니다.

# SECTION 08

## 서식 복사로 빠르게 셀 병합하고 ROUNDDOWN 함수로 근무수당 계산하기

실습 파일 | Part01/Chapter02/08_시간제근로자수당.xlsx
완성 파일 | Part01/Chapter02/08_시간제근로자수당(완성).xlsx

시간 데이터는 하루 24시간을 '0.0~1.0'범위의 소수로 환산하여 표시합니다. 따라서 표시되는 값과 계산할 때 사용하는 값이 달라 시간 표시 형식과 수식을 적용합니다. 이러한 데이터 특성을 고려해 근무 시간 합계를 계산한 후 누적 시간이 표시되도록 표시 형식을 설정하고 근무수당을 계산해보겠습니다.

### 미리 보기

| 사번 | 이름 | 일자<br>요일 | 3/1<br>금 | 3/2<br>토 | 3/3<br>일 | 3/4<br>월 | 3/5<br>화 | 3/6<br>수 | 3/7<br>목 | 근무시간<br>합계 | 근무수당 |
|---|---|---|---|---|---|---|---|---|---|---|---|
| 881991 | 황성란 | 출근시간 | 8:02 | 9:00 | 8:30 | 8:30 | 8:15 | 8:44 | 8:25 | 77:41 | 648,650 |
| | | 퇴근시간 | 19:52 | 21:00 | 19:00 | 19:52 | 18:50 | 17:33 | 21:00 | | |
| | | 근무시간 | 11:50 | 12:00 | 10:30 | 11:22 | 10:35 | 8:49 | 12:35 | | |
| 933704 | 이경희 | 출근시간 | 8:03 | 8:30 | 8:29 | 7:54 | 7:54 | 8:27 | 8:25 | 86:15 | 720,180 |
| | | 퇴근시간 | 21:25 | 21:00 | 20:30 | 20:26 | 20:26 | 19:50 | 20:20 | | |
| | | 근무시간 | 13:22 | 12:30 | 12:01 | 12:32 | 12:32 | 11:23 | 11:55 | | |
| 145100 | 박원중 | 출근시간 | 7:57 | 7:00 | 8:29 | 8:50 | 8:19 | 8:17 | 8:25 | 87:01 | 726,580 |
| | | 퇴근시간 | 20:30 | 21:00 | 19:50 | 20:03 | 20:00 | 19:55 | 23:00 | | |
| | | 근무시간 | 12:33 | 14:00 | 11:21 | 11:13 | 11:41 | 11:38 | 14:35 | | |
| 943812 | 박혜연 | 출근시간 | 9:00 | 9:00 | 9:00 | 8:30 | 9:00 | 9:00 | 9:00 | 66:10 | 552,490 |
| | | 퇴근시간 | 17:30 | 21:30 | 17:30 | 19:40 | 17:30 | 17:30 | 17:30 | | |
| | | 근무시간 | 8:30 | 12:30 | 8:30 | 11:10 | 8:30 | 8:30 | 8:30 | | |
| 871818 | 김길홍 | 출근시간 | 9:00 | 9:00 | 9:00 | 13:00 | 9:00 | 9:00 | 9:00 | 76:10 | 635,990 |
| | | 퇴근시간 | 20:00 | 19:55 | 23:00 | 20:10 | 20:12 | 19:50 | 20:03 | | |
| | | 근무시간 | 11:00 | 10:55 | 14:00 | 7:10 | 11:12 | 10:50 | 11:03 | | |
| 923464 | 조영수 | 출근시간 | 8:00 | 6:30 | 8:30 | 8:24 | 8:28 | 8:32 | 8:25 | 87:29 | 730,480 |
| | | 퇴근시간 | 21:30 | 20:10 | 21:30 | 19:20 | 20:20 | 19:58 | 21:30 | | |
| | | 근무시간 | 13:30 | 13:40 | 13:00 | 10:56 | 11:52 | 11:26 | 13:05 | | |
| 448121 | 박상은 | 출근시간 | 8:05 | 9:00 | 8:40 | 8:24 | 8:24 | 8:18 | 8:20 | 68:31 | 572,110 |
| | | 퇴근시간 | 17:00 | 21:00 | 21:15 | 17:20 | 8:24 | 20:13 | 22:30 | | |
| | | 근무시간 | 8:55 | 12:00 | 12:35 | 8:56 | 0:00 | 11:55 | 14:10 | | |
| 994483 | 허명회 | 출근시간 | 8:00 | 8:04 | 8:30 | 9:00 | 8:23 | 9:00 | 8:20 | 84:41 | 707,100 |
| | | 퇴근시간 | 21:00 | 20:00 | 20:00 | 23:33 | 19:15 | 20:00 | 20:10 | | |
| | | 근무시간 | 13:00 | 11:56 | 11:30 | 14:33 | 10:52 | 11:00 | 11:50 | | |
| 874512 | 강현선 | 출근시간 | 8:00 | 8:20 | 8:35 | 8:31 | 8:22 | 9:00 | 8:10 | 77:29 | 646,980 |
| | | 퇴근시간 | 17:35 | 20:20 | 21:00 | 20:20 | 20:42 | 18:00 | 18:30 | | |
| | | 근무시간 | 9:35 | 12:00 | 12:25 | 11:49 | 12:20 | 9:00 | 10:20 | | |
| | | 출근시간 | 8:02 | 9:00 | 8:30 | 8:30 | 8:15 | 8:44 | 8:25 | | |

회사에서
바로 통하는
**키워드**

셀 병합, 서식 복사,
시간 합계, 시간 표시 형식,
ROUNDDOWN

**한눈에
보는
작업순서**

셀 병합 서식
복사하기 ▶ 근무시간 합계
계산하기 ▶ 시간 표시 형식
변경하기 ▶ 근무수당
계산하기

**01 셀 병합 서식 복사하기** K열과 L열은 세 개의 행씩 병합해야 하는데, 일일이 병합하지 않고 [서식 복사]를 이용해보겠습니다. ❶ [K6:K8] 셀 범위를 선택한 후 ❷ Ctrl 을 누른 상태에서 [L6:L8] 셀 범위를 추가로 선택합니다. ❸ [홈] 탭-[맞춤] 그룹-[병합하고 가운데 맞춤圈]을 클릭합니다.

**02** ❶ [K6:L8] 셀 범위를 선택한 후 ❷ [홈] 탭-[클립보드] 그룹-[서식 복사🖌]를 클릭합니다. 마우스 포인터가 서식 복사⊞🖌로 표시되면 ❸ [K9:L59] 셀 범위를 드래그합니다.

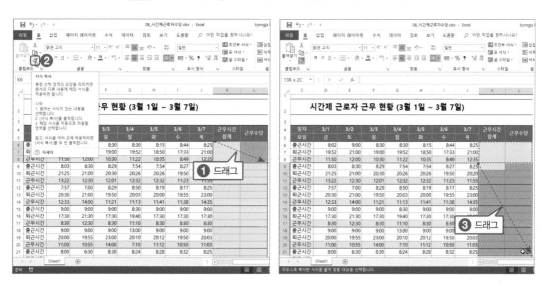

⏱ **시간단축** [서식 복사]를 두 번 클릭하면 동일한 서식을 여러 곳에 적용할 수 있습니다. 서식 복사를 완료한 후 [서식 복사]를 다시 한 번 클릭하거나 Esc 를 누르면 서식 복사가 종료됩니다.

📶 **실력향상** 복사할 데이터를 셀 단위로 선택했으면 서식 복사를 붙여넣기할 때 셀 단위로 드래그하고 행과 열 단위로 선택했으면 붙여 넣을 때 행과 열 단위로 드래그합니다.

## 03 근무시간 합계 계산하기 ❶ [K6] 셀을 선택한 후 ❷ [홈] 탭-[편집] 그룹-[합계Σ]를 클릭합니다. '=SUM(D6:J6)'으로 수식이 입력되면 ❸ [D8:J8] 셀 범위를 드래그합니다. ❹ Enter 를 누릅니다.

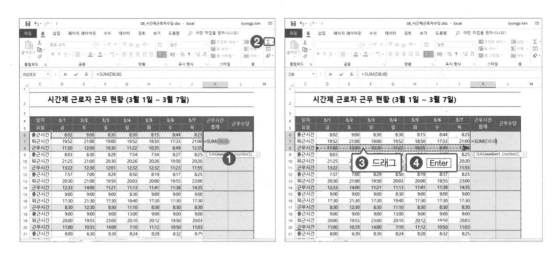

⏱ **시간단축** 함수 입력에 사용된 셀 범위가 깜빡거리고 있을 때는 셀 범위를 변경할 수 있는 상태로 다른 셀 범위를 드래그하면 괄호 안에 입력되는 셀 주소가 변경됩니다.

## 04 시간 표시 형식 변경하기 근무시간 합계가 계산되었는데 시간이 너무 적게 표시되었습니다. 일반적인 시간 표시 형식은 24시간이 초과되면 일수로 환산되고 나머지 시간만 셀에 표시되기 때문입니다. 셀에 누적 시간이 표시되도록 변경해보겠습니다. ❶ [K6] 셀을 선택한 후 ❷ 마우스 오른쪽 버튼을 클릭하여 ❸ [셀 서식]을 선택합니다. [셀 서식] 대화상자의 [표시 형식] 탭에서 ❹ [사용자 지정]을 선택합니다. ❺ [형식] 입력란에 **[h]:mm**을 입력한 후 ❻ [확인]을 클릭합니다.

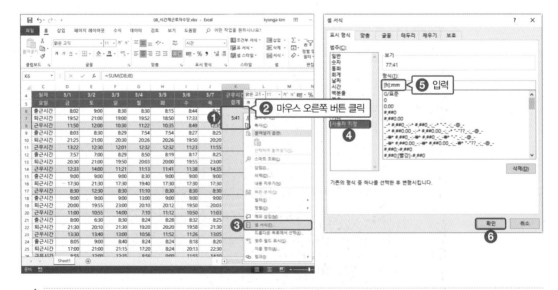

📊 **실력향상** 시간 표시 형식을 [h]로 대괄호를 묶어서 지정하면 24시간이 초과되더라도 1일이 증가하지 않고 모든 시간을 시 단위로 표시합니다.

**05 근무수당 계산하기** 근무수당을 계산하여 일 단위에서 내림하기 위해 ROUNDDOWN 함수를 이용해보겠습니다. ❶ [L6] 셀을 선택합니다. ❷ [수식] 탭-[함수 라이브러리] 그룹-[수학/삼각]을 클릭하여 ❸ [ROUNDDOWN]을 선택합니다. ❹ [함수 인수] 대화상자에서 [Number] 인수 입력란을 클릭한후 **K6*24*8350**을 입력하고 ❺ [Num_digits] 인수 입력란을 클릭하여 **–1**을 입력합니다. ❻ [확인]을클릭합니다.

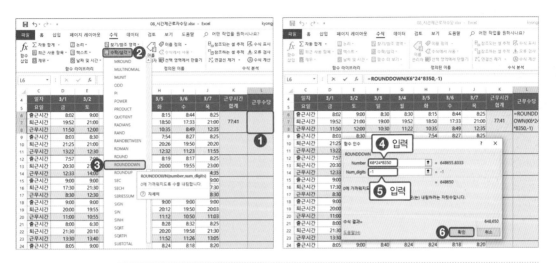

📊 **실력향상** '근무시간 합계'로 표시된 시간 데이터는 하루 24시간을 소수로 환산한 값이므로 일반 숫자로 만들기 위해 24를 곱합니다. 그 결과에 시간당 수당인 8,350원을 곱하면 총 근무수당이 구해집니다. ROUNDDOWN 함수에서 자릿수를 음수로 지정하면 0을 기준으로 왼쪽 방향의 숫자인 일 단위, 십 단위, 백 단위로 값에 따라 자릿수가 높아집니다.

**06** ❶ [K6:L8] 셀 범위를 선택한 후 ❷ 채우기 핸들을 더블클릭합니다. 수식이 복사되어 모든 근무시간 합계와 근무수당이 계산됩니다.

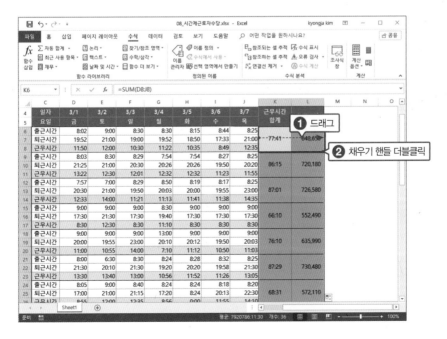

반올림, 올림, 내림하는 ROUND, ROUNDUP, ROUNDDOWN 함수

ROUND 함수는 셀에 입력된 숫자 데이터나 수식의 결과를 반올림하여 지정한 자릿수가 4 이하면 버리고, 5 이상이면 올립니다. ROUNDUP 함수는 값에 상관없이 올림한 값을 표시하고 ROUNDDOWN 함수는 내림한 값을 표시합니다.

| 함수 형식 | =ROUND(Number, Num_digits)<br>=ROUND(반올림할 수식이나 숫자, 자릿수) |
| | =ROUNDUP(Number, Num_digits)<br>=ROUNDUP(올림할 수식이나 숫자, 자릿수) |
| | =ROUNDDOWN(Number, Num_digits)<br>=ROUNDDOWN(내림할 수식이나 숫자, 자릿수) |
| 인수 | • Number : 반올림할 숫자로 숫자가 입력된 셀 주소, 결과가 숫자로 표시되는 수식 등이 입력됩니다.<br>• Num_digits : 반올림할 자릿수입니다. 0을 기준으로 양의 정수 또는 음의 정수를 입력합니다. |

자릿수를 지정하는 Num_digits 인수에 0을 기준으로 1, 2, 3과 같이 양수를 지정하면 해당하는 숫자만큼의 소수 자릿수가 표시되고, −1, −2, −3과 같이 음수를 지정하면 정수에서 한 자리씩 높아지면서 일 단위, 십 단위, 백 단위에서 반올림됩니다.

# 병합된 셀 개수가 다를 때 함수로 번호 매기기

실습 파일 | Part01/Chapter02/09_일자별채권목록.xlsx
완성 파일 | Part01/Chapter02/09_일자별채권목록(완성).xlsx

병합된 셀에 차례대로 번호를 입력하려고 합니다. 병합된 셀의 개수가 일정하면 자동 채우기로 입력할 수 있지만 병합된 셀 개수가 각각 다르면 자동 채우기를 사용할 수 없습니다. 이때는 COUNTA 함수를 이용해 번호를 입력하면 행이 추가되거나 삭제되어도 번호가 자동으로 업데이트됩니다.

## 미리 보기

| 번호 | 고유번호 | 내고일 | 만기일 | 송장번호 | 선적일 | 통화 | 금액 | 결재일 | 비고 |
|---|---|---|---|---|---|---|---|---|---|
| | | | | 201902K007 | 2019-02-25 | USD | 16,136.40 | 2019-05-25 | |
| 1 | 820-028152778 | 2019-04-23 | 2019-07-23 | 201903K007 | 2019-03-21 | USD | 3,570.00 | 2019-05-25 | |
| | | | | 201904K001 | 2019-04-11 | USD | 16,136.40 | 2019-05-25 | |
| 2 | 820-028467749 | 2019-07-09 | 2019-10-08 | 201905K006 | 2019-05-23 | USD | 3,570.00 | 2019-09-27 | |
| 3 | 820-028584236 | 2019-07-31 | 2019-10-29 | 201907K001 | 2019-07-11 | USD | 3,570.00 | 2019-09-27 | |
| | | | | 201907K013 | 2019-07-21 | USD | 10,200.00 | 2019-09-07 | |
| 4 | 820-028584239 | 2019-08-20 | 2019-11-20 | 201907K013 | 2019-07-21 | USD | 10,200.00 | 2019-09-07 | |
| 5 | 820-028793887 | 2019-09-19 | 2019-12-18 | 201908K021 | 2019-08-31 | USD | 225,000.00 | 2019-02-18 | |
| | | | | 201908K021 | 2019-08-31 | USD | 80,504.61 | 2019-02-18 | |
| 6 | 820-028816970 | 2019-09-25 | 2019-12-24 | 201908K021 | 2019-08-31 | USD | 80,504.61 | 2019-12-15 | |
| | | | | 201908K002 | 2019-08-17 | USD | 4,284.00 | 2019-12-17 | |
| 7 | 276-71-107565 | 2019-01-07 | 2019-06-05 | 201912Q012 | 2019-12-15 | EUR | 347.13 | 2019-02-24 | |
| | | | | 201912Q011 | 2019-12-27 | EUR | 13,559.79 | 2019-03-09 | |
| 8 | FET1-475-000083 | 2019-01-25 | 2019-05-25 | 201912Q013 | 2019-01-17 | EUR | 22,292.50 | 2019-03-30 | |
| 9 | FET1-475-000178 | 2019-02-25 | 2019-05-26 | 201901Q011 | 2019-01-31 | EUR | 14,077.48 | 2019-04-19 | |
| | | | | 201902Q012 | 2019-02-05 | EUR | 153.98 | 2019-04-19 | |
| | | | | 201902Q013 | 2019-02-16 | EUR | 189.00 | 2019-04-19 | |
| 10 | 276-71-110840 | 2019-03-08 | 2019-06-05 | 201902Q014 | 2019-02-26 | EUR | 415.80 | 2019-04-28 | |
| | | | | 201902Q014 | 2019-02-28 | EUR | 7,153.56 | 2019-04-28 | |
| | | | | 201902Q015 | 2019-02-28 | EUR | 7,851.75 | 2019-04-28 | |
| 11 | FET1-475-000332 | 2019-03-31 | 2019-07-08 | 201903Q012 | 2019-03-12 | EUR | 119.80 | 2019-05-10 | |
| | | | | 201903Q011 | 2019-03-21 | EUR | 26,133.61 | 2019-05-03 | |
| 12 | FET1-475-000373 | 2019-04-14 | 2019-07-13 | 201904Q011 | 2019-04-11 | EUR | 23,867.56 | 2019-06-09 | |
| 13 | FET1-475-000419 | 2019-04-25 | 2019-07-25 | 201904Q018 | 2019-04-18 | EUR | 12,342.72 | 2019-06-15 | |
| 14 | 276-71-113590 | 2019-05-03 | 2019-07-31 | 201904Q013 | 2019-04-25 | EUR | 12,198.63 | 2019-06-23 | |
| | | | | 201905Q011 | 2019-05-07 | EUR | 1,821.60 | 2019-07-07 | |
| | | | | 201904Q115 | 2019-05-21 | EUR | 327.60 | 2019-07-22 | |
| 15 | FET1-475-000605 | 2019-06-09 | 2019-09-07 | 201904Q116 | 2019-05-21 | EUR | 163.96 | 2019-08-18 | |
| | | | | 201905Q012 | 2019-05-30 | EUR | 13,983.20 | 2019-08-18 | |
| | | | | 201906Q011 | 2019-05-01 | EUR | 189.00 | 2019-07-07 | |
| 16 | 276-71-115710 | 2019-06-24 | 2019-09-21 | 201906Q011 | 2019-06-08 | EUR | 214.02 | 2019-08-18 | |
| | | | | 201906Q114 | 2019-06-14 | EUR | 454.72 | 2019-08-18 | |
| | | | | 201906Q014 | 2019-06-18 | EUR | 1,656.00 | 2019-08-18 | |

회사에서
바로 통하는
**키워드**

COUNTA,
병합된 셀 수식 복사

**한눈에
보는
작업순서**

COUNTA 함수
입력하기 ▶ 행 추가하여
번호 업데이트하기 ▶ 병합된 셀에
수식 복사하기

**01 COUNTA 함수 입력하기** 일자별 채권 목록표는 '고유번호'를 기준으로 병합되어 있습니다. B열 '번호'는 병합된 셀의 개수가 제각각이어서 자동 채우기 기능이 실행되지 않습니다. 이 때 COUNTA 함수를 이용하여 번호를 입력하면 됩니다. ❶ [B4:B135] 셀 범위를 선택합니다. ❷ **=COUNTA($C$4:C4)**를 입력한 후 ❸ Ctrl + Enter 를 누릅니다. 병합된 셀 개수가 다를 때는 채우기 핸들로 수식을 복사할 수 없으므로 수식을 입력하기 전에 미리 범위를 선택한 후 Ctrl + Enter 로 수식을 입력합니다.

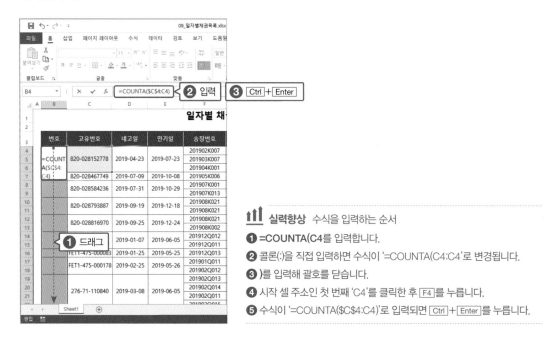

**실력향상** 수식을 입력하는 순서
❶ =COUNTA(C4를 입력합니다.
❷ 콜론(:)을 직접 입력하면 수식이 '=COUNTA(C4:C4'로 변경됩니다.
❸ )를 입력해 괄호를 닫습니다.
❹ 시작 셀 주소인 첫 번째 'C4'를 클릭한 후 F4 를 누릅니다.
❺ 수식이 '=COUNTA($C$4:C4)'로 입력되면 Ctrl + Enter 를 누릅니다.

**02** 번호가 모두 입력되었습니다.

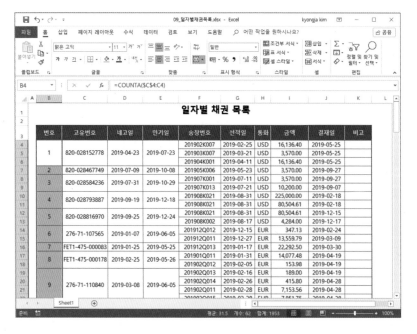

**실력향상** 범위의 셀 개수를 세는 함수로 COUNT, COUNTA, COUNTBLANK, COUNTIF가 있습니다. 숫자 개수를 셀 때는 COUNT 함수를, 비어 있지 않은 셀의 개수를 셀 때는 COUNTA 함수를, 빈 셀의 개수를 셀 때는 COUNTBLANK 함수를, 조건에 맞는 셀의 개수를 셀 때는 COUNTIF 함수를 사용합니다.

**03 행 추가하여 번호 업데이트하기** 함수로 번호를 입력하면 행이 추가되거나 삭제되더라도 번호가 자동으로 업데이트됩니다. 행을 추가하여 다른 채권 목록을 입력한 후 추가 된 행에만 수식을 복사해보겠습니다. ❶ 10행 머리글을 선택한 후 ❷ 마우스 오른쪽 버튼을 클릭하여 ❸ [삽입]을 선택합니다. 빈 행이 삽입됩니다. 삽입된 ❹ [C10] 셀에 임의의 고유번호를 입력합니다. [B11:B135] 셀 범위의 번호가 업데이트됩니다.

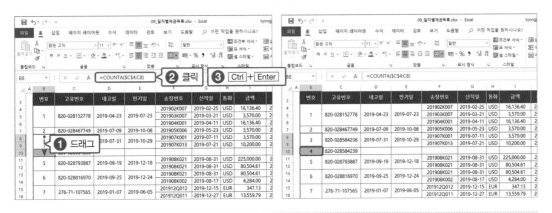

**ılıl 실력향상** 빈 행을 삽입만 했을 때는 번호가 업데이트되지 않습니다. 하지만 COUNTA 함수가 C열의 고유번호를 세로로 C열에 데이터가 입력되어야 번호가 업데이트됩니다.

---

**04 병합된 셀 수식 복사하기** 추가된 [B10] 셀에 번호를 표시하는 COUNTA 함수를 입력해야 하는데 [B8] 셀과 병합된 셀 크기가 다르므로 [자동 채우기]를 사용할 수 없습니다. 범위를 선택한 후 Ctrl +Enter로 복사해보겠습니다. ❶ [B8:B10] 셀 범위를 선택한 후 ❷ 수식 입력줄을 클릭합니다. ❸ Ctrl +Enter를 누릅니다. [B10] 셀에 수식이 입력됩니다.

**ılıl 실력향상** [B8:B10] 셀 범위를 선택한 후 수식 입력줄을 클릭하면 범위의 첫 번째 셀인 [B8] 셀의 수식이 수식 입력줄에 표시됩니다. 이때 Ctrl +Enter를 누르면 수식을 다시 입력한 것처럼 동시에 입력됩니다.

# COUNTIF와 COUNTIFS 함수로 그룹별 개수 구하기

실습 파일 | Part01/Chapter02/10_구입현황집계.xlsx    완성 파일 | Part01/Chapter02/10_구입현황집계(완성).xlsx

조건에 만족하는 셀 개수를 구할 때 COUNTIF와 COUNTIFS 함수를 사용합니다. 고객별 구입금액 집계표에서 COUNTIF 함수를 이용하여 거주지별로 고객 인원수를 구하고, COUNTIFS 함수를 이용하여 거주지와 고객 구분별로 각각 인원수를 구해보겠습니다.

## 미리 보기

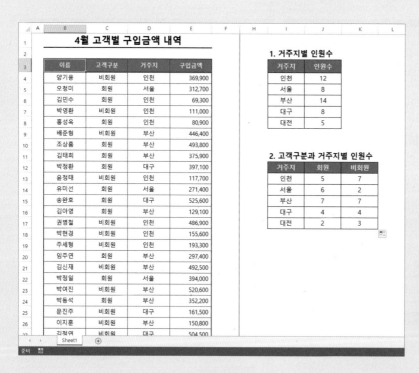

회사에서
바로 통하는
**키워드**

COUNTIF, COUNTIFS,
선택 영역에서 이름 만들기,
혼합 참조

**한눈에
보는
작업순서**

거주지별 인원수
구하기 ▶ 선택 영역에서
이름 만들기 ▶ 구분과 거주지별
인원수 구하기

**01 거주지별 인원수 구하기** ❶ [J4] 셀을 선택합니다. ❷ [수식] 탭-[함수 라이브러리] 그룹-[함수 더 보기]를 클릭한 후 ❸ [통계]-[COUNTIF]를 선택합니다. [함수 인수] 대화상자에서 ❹ [Range] 인수 입력란을 클릭한 후 ❺ [D4:D50] 셀 범위를 드래그합니다. 절대 참조로 사용하기 위해 ❻ F4 를 누르면 '$D$4:$D$50'로 변경됩니다. 이 수식은 아래 방향으로 복사해야 하므로 [Range] 인수의 셀 범위를 절대 참조로 지정해야 합니다. ❼ [Criteria] 인수 입력란을 클릭한 후 ❽ [I4] 셀을 클릭하여 입력합니다. ❾ [확인]을 클릭합니다.

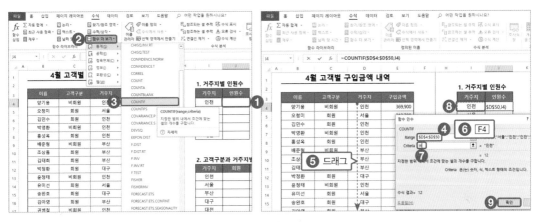

**실력향상** 수식 입력줄에서 [함수 삽입]을 클릭한 후 [함수 마법사] 대화상자의 [범주 선택]에서 [통계]를 선택하고 나타나는 [함수 선택]에서 [COUNTIF]를 선택할 수도 있습니다. 이때 [Criteria] 인수에 셀 주소를 입력하지 않고 상수를 입력할 때는 큰따옴표를 묶어 서 "서울", ")=100", "2019-3-1"로 입력합니다.

**02** [J4] 셀의 채우기 핸들을 더블 클릭하여 수식을 복사합니다.

| J4 | | × ✓ fx | =COUNTIF($D$4:$D$50,I4) | | | | | | |
| A | B | C | D | E | F | G | H | I | J |
| | | **4월 고객별 구입금액 내역** | | | | | | **1. 거주지별 인원수** | |
| | 이름 | 고객구분 | 거주지 | 구입금액 | | | | 거주지 | 인원수 |
| | 양기용 | 비회원 | 인천 | 369,900 | | | | 인천 | 12 |
| | 오청미 | 회원 | 서울 | 312,700 | | | | | |
| | 김민수 | 회원 | 인천 | 69,300 | | | | 채우기 핸들 더블클릭 | |
| | 박영환 | 비회원 | 인천 | 111,000 | | | | 대구 | 8 |
| | 홍성욱 | 회원 | 인천 | 80,900 | | | | 대전 | 5 |
| | 배준형 | 비회원 | 부산 | 446,400 | | | | | |

★★★
**비법노트**   **조건에 맞는 셀 개수를 구하는 COUNTIF, COUNTIFS 함수**

COUNT 함수 뒤에 조건을 의미하는 IF가 붙은 COUNTIF 함수는 셀 범위에서 한 개 조건에 맞는 셀의 개수를 구하고, COUNTIF 함수 뒤에 'S(복수형)'가 붙은 COUNTIFS 함수는 셀 범위에서 두 개 이상의 조건에 맞는 셀의 개수를 구합니다.

| 함수 형식 | =COUNTIF(Range,Criteria)<br>=COUNTIF(셀 범위, 조건)<br>=COUNTIFS(Criteria_range1, Criteria1, [Criteria_range2], [Criteria2],…)<br>=COUNTIFS(셀 범위1, 조건1, [셀 범위2], [조건2],…) |
|---|---|
| 인수 | • Range : 조건이 맞는지 비교할 셀 범위입니다.<br>• Criteria : 개수를 구할 조건으로 셀 주소, 상수, 비교 연산자를 포함한 조건 등이 입력될 수 있습니다. |

**03 선택 영역에서 이름 만들기** COUNTIFS 함수를 사용하여 고객구분과 거주지별 인원수를 구해보 겠습니다. 이 함수에 사용될 '고객구분'과 '거주지' 셀 범위는 절대 참조가 사용되므로 이름을 정의하여 함수를 입력해보겠습니다. ❶ [C3:E50] 셀 범위를 선택합니다. ❷ [수식] 탭-[정의된 이름] 그룹-[선택 영역에서 만들기]를 클릭합니다. [선택 영역에서 이름 만들기] 대화상자에서 ❸ [첫 행]에만 체크 표시 합니다. ❹ [확인]을 클릭합니다.

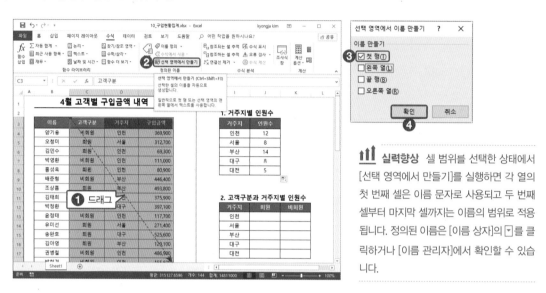

**실력향상** 셀 범위를 선택한 상태에서 [선택 영역에서 만들기]를 실행하면 각 열의 첫 번째 셀은 이름 문자로 사용되고 두 번째 셀부터 마지막 셀까지는 이름의 범위로 적용 됩니다. 정의된 이름은 [이름 상자]의 ⍍를 클릭하거나 [이름 관리자]에서 확인할 수 있습 니다.

**04 구분과 거주지별 인원수 구하기** ❶ [J13] 셀을 선택합니다. ❷ [수식] 탭-[함수 라이브러리] 그 룹-[함수 더 보기]를 클릭한 후 ❸ [통계]-[COUNTIFS]를 선택합니다. ❹ [함수 인수] 대화상자에서 [Criteria_range1] 인수 입력란에는 **거주지**를 입력하고, [Criteria] 인수 입력란에는 **$I13** 셀을 열 고정 혼합 참조로 지정하여 입력합니다. [Criteria_range2] 인수 입력란에는 **고객구분**을 입력하고, [Criteria] 인수 입력란에는 **J$12** 셀을 행 고정 혼합 참조로 지정하여 입력합니다. ❺ [확인]을 클릭합니다.

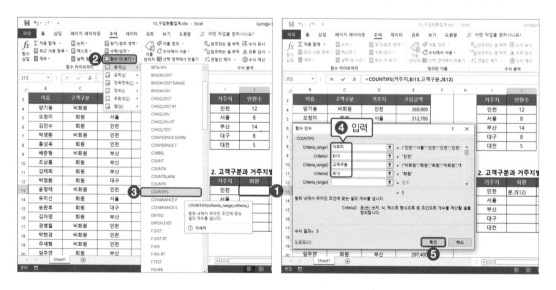

**05** ❶ [J13] 셀의 채우기 핸들을 [K13] 셀까지 드래그합니다. ❷ [J13:K13] 셀 범위가 선택된 상태에서 채우기 핸들을 더블클릭하여 수식을 복사합니다.

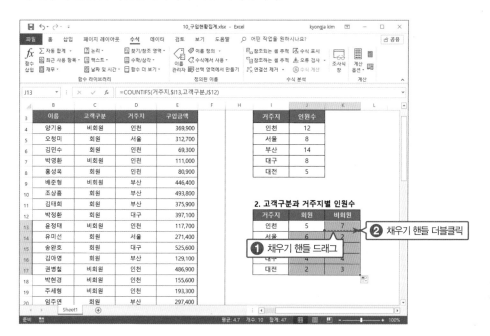

# SECTION 11

# SUMIF와 SUMIFS 함수로 월별, 자재별 합계 구하기

실습 파일 | Part01/Chapter02/11_매출액VS매출원가.xlsx
완성 파일 | Part01/Chapter02/11_매출액VS매출원가(완성).xlsx

조건에 맞는 데이터만 찾아서 합계를 구할 때 SUMIF와 SUMIFS 함수를 사용합니다. 제품매출액과 원가금액을 비교하는 표에서 SUMIF 함수를 이용하여 매출월별 수량합계를 구하고, SUMIFS 함수를 이용하여 월별 자재그룹 매출합계와 원가금액을 구해보겠습니다.

## 미리 보기

회사에서
바로 통하는
**키워드**

SUMIF, SUMIFS,
선택 영역에서 이름 만들기

**한눈에 보는 작업순서**

매출월별 수량합계 구하기 ▶ 선택 영역에서 이름 만들기 ▶ 월별 자재그룹 매출합계 구하기 ▶ 월별 자재그룹 원가합계 구하기

**01 매출월별 수량합계 구하기** 월별로 판매된 자재의 수량합계를 구해보겠습니다. ❶ [K6] 셀을 선택합니다. ❷ [수식] 탭-[함수 라이브러리] 그룹-[수학/삼각]-[SUMIF]를 선택합니다.

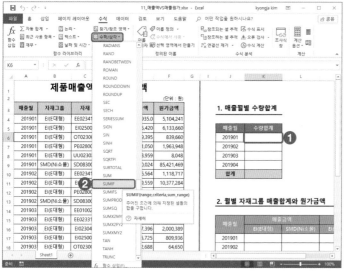

**02** [함수 인수] 대화상자에서 ❶ [Range] 인수 입력란에는 매출월 범위인 ❷ [A4:A31] 셀 범위를 드래그하여 입력한 후 F4를 누릅니다. 지정한 셀 범위가 절대 참조로 변경되어 **$A$4:$A$31**로 입력됩니다. ❸ [Criteria] 인수 입력란에는 ❹ [J6] 셀을 선택하여 입력하고 ❺ [Sum_range] 인수 입력란에는 합을 구할 수량의 범위인 ❻ [D4:D31] 셀 범위를 드래그하여 입력한 후 F4를 누릅니다. 지정한 셀 범위가 절대 참조로 변경되어 **$D$4:$D$31**로 입력됩니다. ❼ [확인]을 클릭합니다. ❽ [K6] 셀의 채우기 핸들을 [K9] 셀까지 드래그하여 수식을 복사합니다.

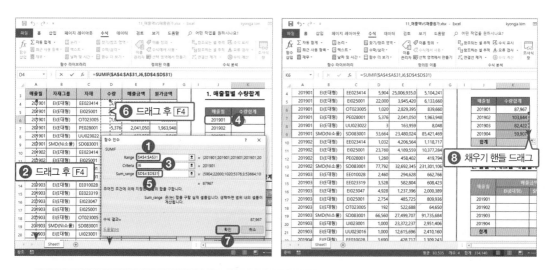

📊 **실력향상** [Range] 인수와 [Sum_range] 인수는 수식을 복사했을 때 항상 동일한 셀 범위를 참조해야 하므로 절대 참조로 지정합니다. 범위를 드래그로 입력한 후 F4를 누르면 지정한 셀 범위 전체가 절대 참조로 변경됩니다.

**03 선택 영역에서 이름 만들기** 월별 자재그룹 매출합계와 원가금액은 SUMIFS 함수로 구할 때 네 개의 절대 참조 범위와 두 개의 혼합 참조 셀이 사용됩니다. 수식이 복잡해지지 않도록 이름을 정의하여 구해보겠습니다. 절대 참조로 수식에 사용할 셀 범위는 매출월, 자재그룹, 매출금액, 원가금액입니다. ❶ [A3:B31] 셀 범위를 선택한 후 ❷ Ctrl 을 누른 상태에서 [E3:F31] 셀 범위를 추가로 선택합니다. ❸ [수식] 탭-[정의된 이름] 그룹-[선택 영역에서 만들기]를 클릭합니다. [선택 영역에서 이름 만들기] 대화상자에서 ❹ [첫 행]에만 체크 표시합니다. ❺ [확인]을 클릭합니다.

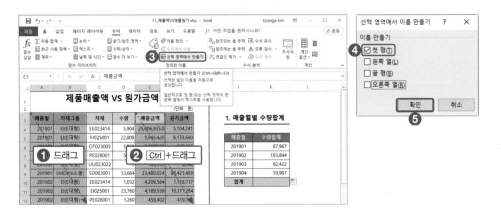

**04 월별 자재그룹 매출합계 구하기** ❶ [K17] 셀을 선택합니다. ❷ [수식] 탭-[함수 라이브러리] 그룹-[수학/삼각]-[SUMIFS]를 선택합니다. ❸ [함수 인수] 대화상자에서 [Sum_range] 인수 입력란에는 **매출금액**, [Criteria_range1] 인수 입력란에는 **매출월**, [Criteria1] 인수 입력란에는 **$J17** 셀을 열 고정 혼합 참조로 지정하여 입력합니다. [Criteria_range2] 인수 입력란에는 **자재그룹**, [Criteria2] 인수 입력란에는 **K$16** 셀을 행 고정 혼합 참조로 지정하여 입력합니다. ❹ [확인]을 클릭합니다.

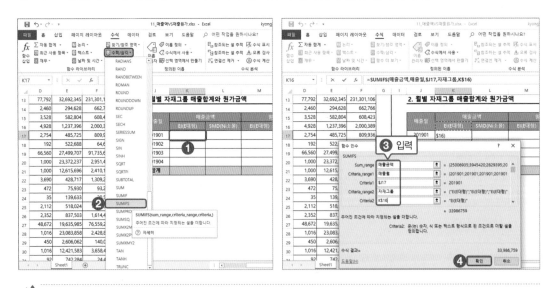

**📶 실력향상** 함수 마법사에서 인수를 입력하는 중에 정의한 이름이 생각나지 않으면 [수식] 탭-[정의된 이름] 그룹-[수식에서 사용]을 이용합니다. [수식에서 사용]을 클릭하면 현재 통합 문서에 정의된 모든 이름 목록이 나타나고 이때 사용할 이름을 선택하면 이름이 자동으로 수식에 입력됩니다.

## 05 ① [K17] 셀의 채우기 핸들을 [L17] 셀까지 드래그합니다. [K17:L17] 셀 범위가 선택된 상태에서 ② 채우기 핸들을 [L20] 셀까지 드래그합니다.

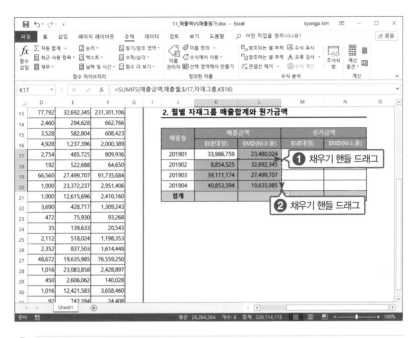

⏱ **시간단축** 입력한 SUMIFS 함수를 복사할 때 채우기 핸들을 더블클릭하면 '합계'가 입력된 21행까지 복사되므로 드래그하여 20행까지만 복사합니다.

---

### ★★★ 비법노트    SUMIF와 SUMIFS 함수

SUMIF 함수는 SUM 함수 뒤에 조건을 뜻하는 'IF'가 붙은 것처럼 전체 합계가 아니라 조건에 맞는 데이터만 찾아서 합계를 구할 때 사용합니다. 또한 조건이 두 개 이상일 경우에는 복수형을 의미하는 'S'가 붙은 SUMIFS 함수를 사용합니다. SUMIF 함수는 '합을 구할 범위' 인수가 마지막에 입력되지만, SUMIFS 함수는 첫 번째 인수로 '합을 구할 범위'를 입력합니다.

| 함수 형식 | =SUMIF(Range, Criteria, [Sum_range])<br>=SUMIF(조건 범위, 조건, [합을 구할 범위]) |
| --- | --- |
| | =SUMIFS(Sum_range, Criteria_range1, Criteria1, [Criteria_range2, Criteria2], …)<br>=SUMIFS(합을 구할 범위, 조건 범위1, [조건1, 조건 범위2], [조건2], …) |
| 인수 | • Range : 조건을 비교할 범위입니다.<br>• Criteria : 합계를 구할 조건입니다.<br>• Sum_range : 실제 합을 구할 범위로 조건을 비교할 범위가 실제 합을 구할 범위일 경우 생략할 수 있습니다. |

**06 월별 자재그룹 매출합계와 원가합계 구하기**　원가금액도 SUMIFS 함수를 사용하여 구해보겠습니다. ❶ [M17] 셀을 선택합니다. ❷ [수식] 탭-[함수 라이브러리] 그룹-[수학/삼각]-[SUMIFS]를 선택합니다. ❸ [함수 인수] 대화상자에서 [Sum_range] 인수 입력란에는 **원가금액**, [Criteria_range1] 인수 입력란에는 **매출월**, [Criteria1] 인수 입력란에는 **$J17** 셀을 열 고정 혼합 참조로 지정하여 입력합니다. [Criteria_range2] 인수 입력란에는 **자재그룹**, [Criteria2] 인수 입력란에는 **M$16** 셀을 행 고정 혼합 참조로 지정하여 입력합니다. ❹ [확인]을 클릭합니다.

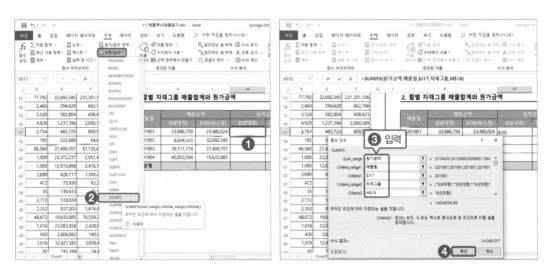

**07** ❶ [M17] 셀의 채우기 핸들을 [N17] 셀까지 드래그합니다. [M17:N17] 셀 범위가 선택된 상태에서 ❷ 채우기 핸들을 [N20] 셀까지 드래그합니다.

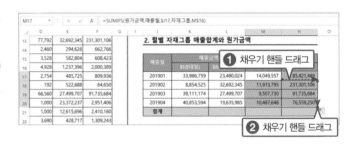

**08** 합계를 구해보겠습니다. ❶ [K10] 셀을 선택한 후 ❷ Ctrl 를 누른 상태에서 [K21:N21] 셀 범위를 추가 선택합니다. ❸ [수식] 탭-[함수 라이브러리] 그룹-[자동 합계]를 클릭합니다. 각 항목의 합계가 입력됩니다.

# SECTION
# 12

# IF 함수로
# 입출금 내역 정리하기

실습 파일 | Part01/Chapter02/12_입출금내역.xlsx    완성 파일 | Part01/Chapter02/12_입출금내역(완성).xlsx

IF 함수는 엑셀에서 SUM 함수 다음으로 가장 많이 사용하는 함수로 조건에 따라 서로 다른 값을 셀에 표시할 수 있습니다. 입출금 통장거래 내역을 엑셀에서 관리하기 위해 숫자로 되어 있는 입출력 구분을 입금, 출금, 취소로 변경하고 중첩 IF 함수를 사용하여 잔액을 구해보겠습니다.

## 미리 보기

### 2019년 상반기 입출금 내역

| 거래일자 | 구분 | 항목 | 금액 | 잔액 | 비고 |
|---|---|---|---|---|---|
| | | 이월잔액 | | 1,300,000 | |
| 2019-01-02 | 입금 | 현금입금 | 1,825,000 | 3,125,000 | 지성동 |
| 2019-01-02 | 입금 | 전자금융 | 1,807,000 | 4,932,000 | 312251 |
| 2019-01-02 | 입금 | 전자금융 | 8,355,950 | 13,287,950 | 815270 |
| 2019-01-02 | 출금 | 모바일뱅킹 | 6,025,000 | 7,262,950 | 동탄동 |
| 2019-01-02 | 출금 | 모바일뱅킹 | 1,189,000 | 6,073,950 | 동탄동 |
| 2019-01-02 | 출금 | 모바일뱅킹 | 3,025,000 | 3,048,950 | 동탄동 |
| 2019-01-02 | 출금 | 모바일뱅킹 | 825,000 | 2,223,950 | 동탄동 |
| 2019-01-05 | 입금 | 현금입금 | 4,025,000 | 6,248,950 | 강남 |
| 2019-01-05 | 입금 | 현금입금 | 825,000 | 7,073,950 | 동탄동 |
| 2019-01-05 | 출금 | 모바일뱅킹 | 5,025,000 | 2,048,950 | 동탄동 |
| 2019-01-05 | 입금 | CD공동입금 | 325,000 | 2,373,950 | 059310 |
| 2019-01-05 | 출금 | ATM출금 | 675,000 | 1,698,950 | 대치동 |
| 2019-01-08 | 출금 | ATM출금 | 115,000 | 1,583,950 | 대치동 |
| 2019-01-08 | 출금 | CMS공동 | 133,527 | 1,450,423 | 인터넷뱅킹 |
| 2019-01-09 | 입금 | PC뱅킹 | 455,000 | 1,905,423 | 동탄역 |
| 2019-01-10 | 출금 | 대출이자 | 54,076 | 1,851,347 | 068097 |
| 2019-01-12 | 입금 | PC뱅킹 | 1,475,000 | 3,326,347 | 대치동 |
| 2019-01-12 | 입금 | ATM이체 | 325,000 | 3,651,347 | 대치동 |
| 2019-01-12 | 입금 | PC뱅킹 | 1,525,000 | 5,176,347 | 대치동 |
| 2019-01-12 | 입금 | PC뱅킹 | 75,000 | 5,251,347 | 대치동 |
| 2019-01-12 | 출금 | ATM출금 | 125,000 | 5,126,347 | 동탄역 |
| 2019-01-12 | 출금 | BC출금 | 679,756 | 4,446,591 | 동탄동 |
| 2019-01-12 | 출금 | 모바일뱅킹 | 425,600 | 4,020,991 | 동탄동 |
| 2019-01-12 | 출금 | CMS공동 | 630,592 | 3,390,399 | 인터넷뱅킹 |

회사에서
바로 통하는
**키워드**

바꾸기, IF, 중첩 IF

**한눈에
보는
작업순서**

구분 항목
바꾸기 ▶ IF 함수로
잔액 구하기

**01 구분 항목 바꾸기** 구분 항목의 숫자 1을 '입금'으로 바꿔보겠습니다. ❶[B6:B473] 셀 범위를 선택합니다. ❷[홈] 탭–[편집] 그룹–[찾기 및 선택]–[바꾸기]를 선택합니다. [찾기 및 바꾸기] 대화상자에서 ❸[찾을 내용]에 **1**, [바꿀 내용]에 **입금**을 입력합니다. ❹[모두 바꾸기]를 클릭합니다. 바꾼 개수를 보여주는 메시지가 나타나면 ❺[확인]을 클릭합니다.

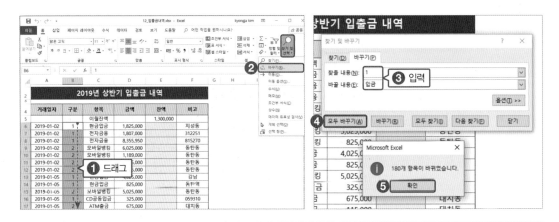

**실력향상** [바꾸기]를 사용할 때 셀 범위를 선택하지 않으면 현재 시트 전체 범위에서 바꾸기가 실행되므로 [바꾸기]를 실행할 셀 범위를 먼저 선택해줍니다.

**시간단축** [B6] 셀을 선택한 후 Ctrl+Shift+↓를 누르면 빠르게 셀 범위를 선택할 수 있습니다.

**02** 구분 항목의 숫자 2를 '출금'으로 바꿔보겠습니다. [찾기 및 바꾸기] 대화상자에서 ❶[찾을 내용]에 **2**, 바꿀 내용에 **출금**을 입력합니다. ❷[모두 바꾸기]를 클릭합니다. 바꾼 개수를 보여주는 메시지가 나타나면 ❸[확인]을 클릭합니다. 같은 방법으로 구분 항목의 숫자 3을 '취소'로 바꿔보겠습니다. [찾기 및 바꾸기] 대화상자에서 ❹[찾을 내용]에 **3**, [바꿀 내용]에 **취소**를 입력합니다. ❺[모두 바꾸기]를 클릭합니다. 바꾼 개수를 보여주는 메시지가 나타나면 ❻[확인]을 클릭합니다. [찾기 및 바꾸기] 대화상자에서 ❼[닫기]를 클릭합니다.

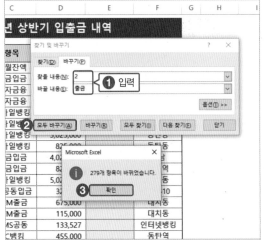
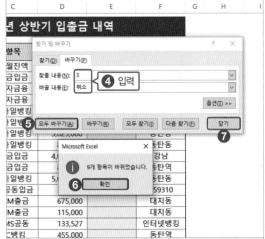

**03 IF 함수로 잔액 구하기**  C열에서 바뀐 입금, 출금, 취소 구분을 기준으로 일자별 잔액을 구해보겠습니다. 잔액은 구분이 '입금'이면 이전 잔액에 금액을 더하고, 구분이 '출금'이면 이전 잔액에 금액을 빼고, 구분이 '취소'면 이전 잔액을 그대로 표시합니다. ❶ [E6] 셀을 선택합니다. ❷ [수식] 탭─[함수 라이브러리] 그룹─[논리]─[IF]를 선택합니다. [함수 인수] 대화상자에서 ❸ [Logical_test] 인수 입력란에는 첫 번째 조건식인 **B6="입금"**을 입력하고, [Value_if_true] 인수 입력란에는 **E5+D6** 수식을 입력합니다. ❹ [Value_if_false] 인수 입력란을 클릭하고 다시 IF 함수를 불러오기 위해 수식 입력줄에서 ❺ [이름 상자]의 [IF] 함수를 클릭합니다.

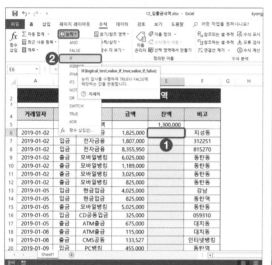
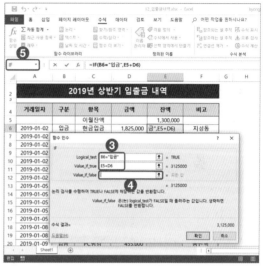

**📶 실력향상**  [Value_if_false] 인수 입력란을 클릭하지 않고 두 번째 인수인 [Value_if_true] 인수 입력란에 커서가 있는 상태에서 IF 함수를 불러오면 수식 입력줄에 '=IF(B6="입금",E5+D6+IF( )'가 입력됩니다.

---

**★★★**
**비법노트**

**IF 함수**

IF 함수는 지정한 조건에 맞으면 참(TRUE)값을, 맞지 않으면 거짓(FALSE)값을 반환합니다. 참과 거짓에 해당하는 인수는 숫자, 문자, 수식 등 다양하게 지정할 수 있습니다.

| 함수 형식 | =IF(Logical_test, [Value_if_true], [Value_if_false])<br>=IF(조건식, [참일 때 값], [거짓일 때 값]) |
|---|---|
| 인수 | • Logical_test : 참과 거짓을 판단할 수 있는 값이나 식으로 비교 연산자(>, < > =, <=, <>)를 함께 사용합니다.<br>• Value_if_true : 조건식의 결과가 참일 때 셀에 입력할 값이나 계산할 수식으로 생략하면 TRUE가 입력됩니다.<br>• Value_if_false : 조건식의 결과가 거짓일 때 셀에 입력할 값이나 계산할 수식으로 생략하면 FALSE가 입력됩니다. |

**04** 다시 나타나는 [IF] 함수 대화상자에서 **①** [Logical_test] 인수 입력란에는 두 번째 조건식인 **B6="출금"**을 입력하고, [Value_if_true] 인수 입력란에는 **E5-D6**, [Value_if_false] 인수 입력란에는 **E5**를 입력합니다. **②** [확인]을 클릭하면 수식이 완성됩니다.

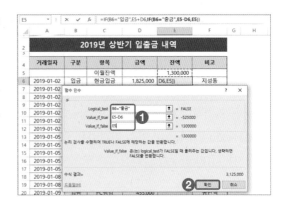

**05** **①** [E6] 셀의 채우기 핸들을 더블클릭하여 수식을 복사합니다. 수식을 복사하면서 마지막 셀 [E473] 셀의 테두리가 점선으로 변경됩니다. 서식은 제외하고 복사하기 위해 **②** [채우기 옵션]에서 **③** [서식 없이 채우기]를 선택합니다.

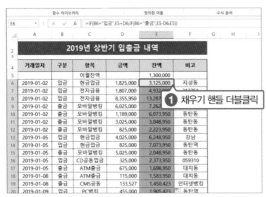

---

★ ★ ★
**비법노트**　　조건이 두 개 이상인 IF 함수

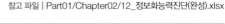

참고 파일 | Part01/Chapter02/12_정보화능력진단(완성).xlsx

IF 함수 첫 번째 인수에 지정해야 하는 조건이 두 개 이상이고 이 조건들을 동시에 비교해야 할 때가 있습니다. 이렇게 여러 조건을 동시에 비교할 때는 IF 함수를 중첩하는 것보다 AND, OR 함수를 중첩하여 사용합니다. AND 함수는 여러 조건을 모두 만족할 때 참값을 반환하고, OR 함수는 여러 조건 중에 하나라도 만족하면 참값을 반환합니다. 예제의 근무자 정보화 능력진단표에서 보고서 작성, 프레젠테이션, 엑셀통계 세 과목 중 한 과목

이라도 60점 미만의 점수가 있으면 보충교육 대상자로 '●'를 표시하려고 합니다. IF 함수만 중첩하면 **=IF(D4<60,"●",IF(E4<60,"●",IF(F4<60,"●","")))** 수식을 입력해야 하지만 IF 함수와 OR 함수를 함께 중첩하면 **=IF(OR(D4<60,E4<60,F4<60),"●","")**로 입력할 수 있습니다. 비교 조건이 더 복잡해지는 것을 감안한다면 동시에 비교할 조건이 두 개 이상일 경우 IF 함수만 중첩하는 것보다 IF와 OR, AND를 함께 중첩하는 것이 좋습니다.

---

실습 파일 | Part01/Chapter02/13_영업소매출분석.xlsx
완성 파일 | Part01/Chapter02/13_영업소매출분석(완성).xlsx

# SECTION 13

# IFERROR 함수로 오류 처리하기

영업소별 매출 증감률표에서 '증감률'을 구하려고 합니다. 증감률 수식은 '증감/4월' 수식으로 입력해야 하는데 4월 실적이 없는 영업소에는 '0'이 입력되어 있어 수식에서 '#DIV/0' 오류가 표시됩니다. 이때 오류 대신 빈 셀이 표시되도록 IFERROR 함수를 사용해보겠습니다.

## 미리 보기

### 영업소별 매출 증감률

| 번호 | 영업소 | 4월 | 5월 | 증감 | 증감률 |
|---|---|---|---|---|---|
| 1 | 강동영업소 | 26,132,000 | 28,070,000 | 1,938,000 | 7.42% |
| 2 | 구로영업소 | 32,821,000 | 30,976,000 | -1,845,000 | -5.62% |
| 3 | 마포영업소 | - | 41,399,000 | 41,399,000 | |
| 4 | 사당영업소 | 32,857,000 | 32,857,000 | 0 | 0.00% |
| 5 | 서초영업소 | 22,058,000 | 30,254,000 | 8,196,000 | 37.16% |
| 6 | 성북영업소 | 38,495,000 | 39,321,000 | 826,000 | 2.15% |
| 7 | 송파영업소 | - | 36,559,000 | 36,559,000 | |
| 8 | 신촌영업소 | 27,941,000 | 31,907,000 | 3,966,000 | 14.19% |
| 9 | 용산영업소 | 30,231,000 | 30,516,000 | 285,000 | 0.94% |
| 10 | 종로영업소 | 44,274,000 | 35,325,000 | -8,949,000 | -20.21% |
| 11 | 중랑영업소 | - | 34,878,000 | 34,878,000 | |
| 12 | 영등포영업소 | 33,466,800 | 35,088,836 | 1,622,036 | 4.85% |
| 13 | 관악영업소 | 34,695,400 | 34,695,400 | 0 | 0.00% |
| 14 | 강북영업소 | - | 35,510,509 | 35,510,509 | |
| 15 | 금천영업소 | 37,152,600 | 35,721,345 | -1,431,255 | -3.85% |
| 16 | 동작영업소 | 38,381,200 | 35,932,182 | -2,449,018 | -6.38% |

회사에서
바로 통하는
**키워드**

IFERROR

**한눈에 보는 작업순서**

IFERROR 함수로 오류 해결하기 ▶ 표시 형식 설정하기

## 01 IFERROR 함수로 오류 해결하기
❶ [G4] 셀을 선택합니다. ❷ [수식] 탭–[함수 라이브러리] 그룹 –[논리]–[IFERROR]를 선택합니다. ❸ [함수 인수] 대화상자에서 [Value] 인수 입력란에는 **F4/D4**를 입력하고, [Value_if_error] 인수 입력란에는 빈 셀을 뜻하는 **""**를 입력합니다. ❹ [확인]을 클릭합니다.

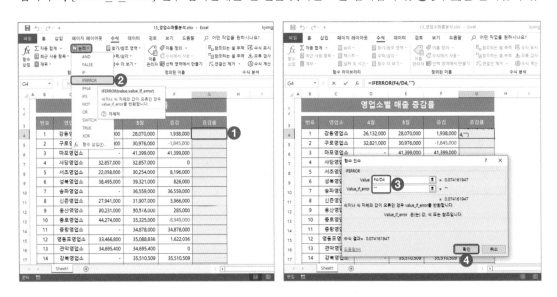

## 02 표시 형식 설정하기
❶ [홈] 탭–[표시 형식] 그룹–[백분율 %]을 클릭합니다. ❷ [자릿수 늘림 %]을 두 번 클릭해서 소수점 둘째 자리까지 값을 표시합니다. ❸ [G4] 셀의 채우기 핸들을 더블클릭하여 수식을 복사합니다. 4월에 값이 없는 영업소는 '#DIV/0'가 나타나지 않고 빈 셀로 대체되었습니다.

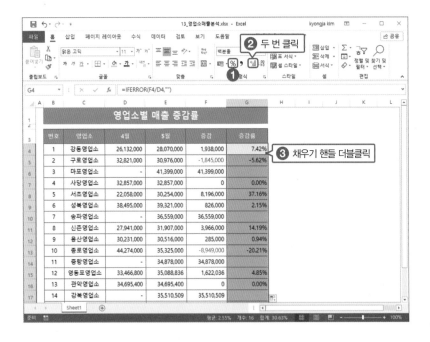

## 비법노트 ★★★ 오류를 대체해주는 IFERROR 함수

수식을 사용하다보면 #Value!, #N/A, #DIV/0 등과 같은 오류가 나타날 때가 있습니다. 이럴 때는 IFERROR 함수를 사용하여 오류가 없을 때는 수식의 결과를 표시하고, 오류가 발생하면 다른 값으로 대체할 수 있습니다.

| 함수 형식 | =IFERROR(Value, Value_if_error)<br>=IFERROR(오류를 검사할 수식, 오류가 발생했을 때 대체할 값) |
|---|---|
| 인수 | • Value : 오류가 발생했는지 확인하는 수식으로 오류가 없을 때는 셀에 이 수식의 결과가 표시됩니다.<br>• Value_if_error : Value 인수의 결과가 오류일 때 대체해서 셀에 입력할 값이나 계산할 수식입니다. |

## 비법노트 ★★★ 오류를 확인해주는 ISERROR 정보 함수

IS로 시작되는 정보 함수는 주로 IF 함수와 같이 사용되며 셀 값이나 수식 결과의 오류를 검사해서 오류가 발생하면 참 값을 반환하고 오류가 발생하지 않으면 거짓값을 반환합니다. 이러한 정보 함수에는 ISBLANK, ISERR, ISNA, ISERROR, ISEVEN, ISFORMULA, ISODD, ISLOGICAL, ISNUMNER, ISNOTEXT, ISTEXT, ISREF가 있습니다. 이 중에서 모든 오류에 대해 검사하는 ISERROR 함수와 빈 셀인지 검사하는 ISBLANK 함수가 많이 사용됩니다.

| 함수 형식 | =ISERROR(Value)<br>=ISERROR(수식) |
|---|---|
| 인수 | • Value : 오류가 있는지 검사할 수식이나 셀 주소 |

### 정보 함수 종류

| 함수 | 참 값을 반환하는 경우 |
|---|---|
| ISBLANK | 값이 빈 셀을 참조하는 경우 |
| ISERR | 값이 #N/A를 제외한 오류 값을 참조하는 경우 |
| ISERROR | 값이 임의의 오류 값(#N/A, #Value!, #REF!, #DIV/0!, #NUM!, #NAME?, #NULL!)을 참조하는 경우 |
| ISEVEN | 값이 짝수를 참조하는 경우 |
| ISFORMULA | 수식을 포함하는 셀을 참조하는 경우 |
| ISLOGICAL | 값이 논리값을 참조하는 경우 |
| ISNA | 값이 #N/A(사용할 수 없는 값) 오류 값을 참조하는 경우 |
| ISNONTEXT | 값이 텍스트가 아닌 항목을 참조하는 경우로 이 함수는 값이 빈 셀을 참조하는 경우에 TRUE를 반환합니다. |
| ISNUMBER | 값이 숫자를 참조하는 경우 |
| ISODD | 값이 홀수를 참조하는 경우 |
| ISREF | 값이 참조를 참조하는 경우 |
| ISTEXT | 값이 텍스트를 참조하는 경우 |

# VLOOKUP 함수로 품명에 따른 단위와 단가 찾아오기

실습 파일 | Part01/Chapter02/14_전산소모품발주서.xlsx
완성 파일 | Part01/Chapter02/14_전산소모품발주서(완성).xlsx

VLOOKUP 함수는 데이터 목록의 첫 열에서 찾고자 하는 기준 값을 검색한 후 세로 방향으로 원하는 항목을 찾아 셀에 표시합니다. 발주서를 작성할 때 품명을 입력하거나 선택하면 해당 품명의 단위와 단가가 자동으로 입력될 수 있도록 VLOOKUP 함수를 사용해보겠습니다.

**미리 보기**

### 전산소모품 구매 발주서

| 번호 | 품명 | 수량 | 단위 | 단가 | 금액 | 비고 |
|---|---|---|---|---|---|---|
| 1 | USB메모리 | | 개 | 6,200 | | |
| 2 | 복사용지 | | BOX | 25,000 | | |
| 3 | 광마우스 | | 개 | 12,500 | | |
| 4 | 마우스패드 | | 묶음 | 11,000 | | |
| 5 | 블루투스키보드 | | 개 | 27,000 | | |
| 6 | 블루투스헤드셋 | | 개 | 20,700 | | |
| 7 | 키보드마우스 | | 세트 | 12,900 | | |
| 8 | | | | | | |
| 9 | | | | | | |
| 10 | | | | | | |
| 합계 | | | | | | |

### 품명별 단가와 단위

| 품명 | 단위 | 단가 |
|---|---|---|
| 복사용지 | BOX | 25,000 |
| 광마우스 | 개 | 12,500 |
| 마우스패드 | 묶음 | 11,000 |
| 키보드마우스 | 세트 | 12,900 |
| 블루투스키보드 | 개 | 27,000 |
| USB메모리 | 개 | 6,200 |
| 마우스패드 | 개 | 18,100 |
| 블루투스헤드셋 | 개 | 20,700 |
| LCD크리닝키드 | 세트 | 5,000 |
| 화상카메라 | 대 | 18,100 |
| 스피커(2채널) | 대 | 10,500 |

회사에서
바로 통하는
**키워드**

VLOOKUP, 데이터 유효성 검사,
이름 정의, IFERROR

**한눈에
보는
작업순서**

품명 데이터
유효성 검사 설정하기 ▶ 기준 범위
이름으로 정의하기 ▶ VLOOKUP 함수로
단위와 단가 찾기

**01 품명 데이터 유효성 검사 설정하기** ❶ [C5:C14] 셀 범위를 선택합니다. ❷ [데이터] 탭–[데이터 도구] 그룹–[데이터 유효성 검사 📋]를 클릭합니다. [데이터 유효성] 대화상자의 [설정] 탭에서 ❸ [제한 대상]을 [목록]으로 선택합니다. ❹ [원본] 입력란을 클릭한 후 ❺ [L5:L15] 셀 범위를 드래그해 입력합니다.

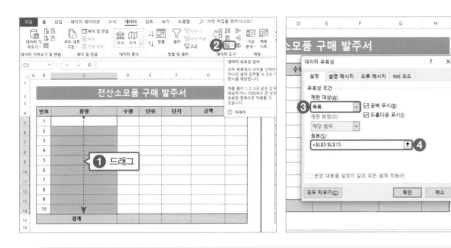

**📊 실력향상** VLOOKUP 함수를 사용할 때 찾을 기준이 되는 인수에 잘못된 데이터가 입력되면 오류가 발생할 수 있습니다. 이런 오류를 방지하려면 찾을 기준이 되는 값을 항상 목록에서 선택하도록 유효성 검사 기능을 함께 사용하면 편리합니다.

**02** ❶ [오류 메시지] 탭을 선택합니다. ❷ [오류 메시지] 입력란에 **품명은 목록에 있는 내용만 입력 가능합니다. 목록에서 선택하세요**를 입력합니다. ❸ [확인]을 클릭합니다. 품명을 입력하는 셀에 유효성 검사가 설정되어 ❹ 목록에서 품명을 선택하면 셀에 입력됩니다.

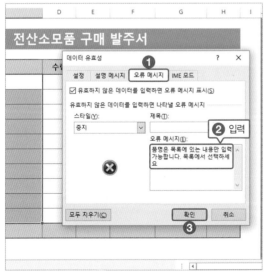

## 03 기준 범위 이름으로 정의하기

VLOOKUP 함수에 사용할 기준 범위로 [L4:N15] 셀 범위를 사용하는데, 절대 침조로 지정해야 하므로 먼저 이름을 정의하겠습니다. ❶ [L4:N15] 셀 범위를 선택합니다. ❷ [이름 상자]에 **품명기준**을 입력한 후 Enter를 누릅니다.

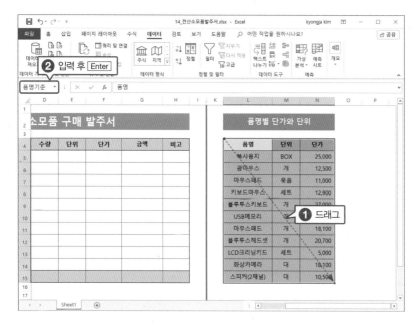

> 💪 **실력향상** [이름 상자]에 이름을 입력한 후 반드시 Enter를 눌러야 이름 정의가 완료됩니다. 정의된 이름은 이름 상자의 목록 단추를 클릭하거나 [수식] 탭-[정의된 이름] 그룹-[이름 관리자]에서 확인할 수 있습니다.

## 04 VLOOKUP 함수로 단위와 단가 찾기

단위에 VLOOKUP 함수를 입력하여 선택한 품명의 단위를 찾아 표시해보겠습니다. ❶ [E5] 셀을 선택합니다. ❷ [수식] 탭-[함수 라이브러리] 그룹-[찾기/참조 영역]-[VLOOKUP]을 선택합니다. ❸ [함수 인수] 대화상자에서 [Lookup_value] 인수 입력란에 **C5**, [Table_array] 인수 입력란에 **품명기준**, [Col_index_num] 인수 입력란에 **2**, [Range_lookup] 인수 입력란에 **0**을 입력합니다. ❹ [확인]을 클릭합니다. [E5] 셀에 단위가 표시됩니다.

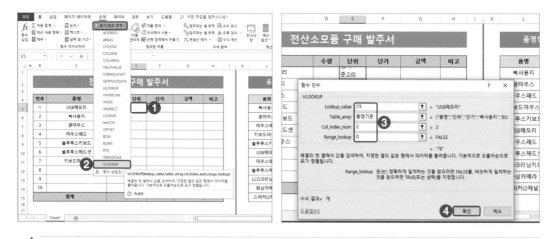

> 💪 **실력향상** [Range_lookup] 인수에 0을 입력하면 찾을 기준값이 기준 범위 첫 열에 없을 경우 '#N/A'의 오류가 표시됩니다. 그러나 1을 입력하거나 생략을 하면 찾을 값이 없을 경우 한 단계 낮은 값(문자는 ㄱ,ㄴ,ㄷ순)의 단위가 표시됩니다. 이때 기준 범위 첫 열이 항상 오름차순으로 정렬되어야 합니다.

**05** 단가를 찾아 표시해보겠습니다. ❶ [F5] 셀을 선택합니다. ❷ [수식] 탭-[함수 라이브러리] 그룹-[찾기/참조 영역]-[VLOOKUP]을 선택합니다. ❸ [함수 인수] 대화상자에서 [Lookup_value] 인수 입력란에 **C5**, [Table_array] 인수 입력란에 **품명기준**, [Col_index_num] 인수 입력란에 **3**, [Range_lookup] 인수 입력란에 **0**을 입력합니다. ❹ [확인]을 클릭합니다.

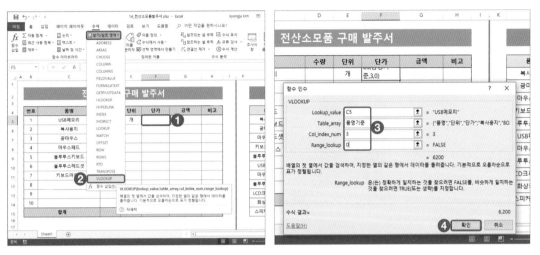

⏱ **시간단축** 수식을 입력하다가 정의한 이름이 생각나지 않을 때는 [수식] 탭-[정의된 이름] 그룹-[수식에서 사용]을 클릭합니다. 현재 통합 문서에 정의된 모든 이름이 나타나고 원하는 이름을 클릭하면 수식에 자동으로 입력됩니다.

---

★ ★ ★
**비법노트**　　**VLOOKUP 함수**

데이터 목록에서 지정한 데이터와 일치하거나 조건에 맞는 데이터를 찾아와 그 값에 따라 계산해야 할 경우 찾기/참조 범주의 함수를 사용합니다. 데이터 목록의 첫 열에서 찾고자 하는 기준값을 검색한 후 세로(Vertical) 방향으로 원하는 항목을 찾아 셀에 표시해야 할 때 VLOOKUP 함수를 사용합니다. 만약 기준값을 검색한 후 가로(Horizontal) 방향으로 원하는 항목을 찾아 셀에 표시해야 한다면 HLOOKUP 함수를 사용합니다.

| 함수 형식 | =VLOOKUP(Lookup_value, Table_array, Col_index_num, [Range_lookup])<br>=VLOOKUP(찾을 기준 값, 기준 범위, 가져올 열 번호, [찾는 방법]) |
|---|---|
| 인수 | • Lookup_value : 데이터 목록의 첫 열에 있는 값 중에서 찾을 기준 값을 지정합니다.<br>• Table_array : 찾고자 하는 데이터가 있는 목록입니다. 찾을 기준 값과 셀에 표시할 값이 모두 포함되어 있는 데이터 목록입니다.<br>• Col_index_num : 셀에 표시할 항목이 있는 열 번호를 지정하는 인수로 Table_array에 지정된 데이터 목록 중 몇 번째 열 값을 셀에 표시할 것인지 숫자로 지정합니다.<br>• Range_lookup : 찾을 방법을 지정하는 인수로 **FALSE** 또는 **0**을 입력하면 정확하게 일치하는 값을 찾고, **TRUE** 혹은 **1**을 입력하거나 생략하면 한 단계 낮은 근삿값을 찾습니다. |

**06** [F5] 셀에 단가가 표시됩니다. ❶ [E5:F5] 셀 범위를 선택한 후 ❷ 채우기 핸들을 [F11] 셀까지 드래그하여 수식을 복사합니다.

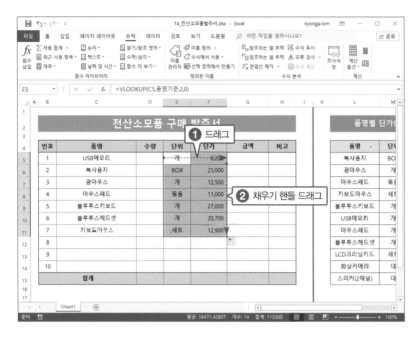

**실력향상** 단위와 단가에 입력된 VLOOKUP 수식을 14행까지 복사하면 품명이 선택되지 않은 행에는 #N/A 오류가 발생합니다. 14행까지 복사해도 오류가 발생하지 않도록 하려면 VLOOKUP 함수와 IFERROR 함수를 함께 사용해야 합니다.

---

**비법노트** ★★★

**품명이 선택되지 않은 행에 오류가 표시되지 않도록 IFERROR 함수 중첩하기**

C열에 품명이 선택되지 않은 상태에서 VLOOKUP 함수가 입력되면 단위와 단가에 오류가 발생합니다. 오류가 발생하지 않도록 VLOOKUP 함수에 IFERROR 함수를 중첩합니다. 품명이 선택되지 않으면 '단위'는 빈 셀, '단가'는 '0'으로 표시됩니다.

- **단위** : =IFERROR(VLOOKUP(C5,품명기준,2,0),"")
- **단가** : =IFERROR(VLOOKUP(C5,품명기준,3,0),0)

▲ VLOOKUP 함수만 사용했을 경우　　　　　　　　▲ VLOOKUP과 IFERROR 함수를 중첩했을 경우

---

# OFFSET 함수로 월별 평균대비 실적 분석하기

실습 파일 | Part01/Chapter02/15_평균대비분석.xlsx   완성 파일 | Part01/Chapter02/15_평균대비분석(완성).xlsx

OFFSET 함수는 지정한 셀을 기준으로 지정한 행수와 열수만큼 떨어진 데이터를 찾아옵니다. 월 평균대비 실적분석표의 [B4] 셀에서 분석월을 선택하면 해당 월 데이터를 전체 실적표에서 찾아올 수 있도록 OFFSET 함수를 적용해보겠습니다.

**미리 보기**

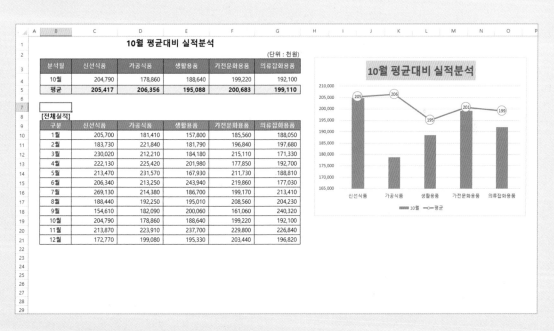

회사에서
바로 통하는
**키워드**
데이터 유효성 검사, 사용자 지정 표시 형식,
OFFSET

**한눈에
보는
작업순서**
분석월에
유효성 검사
설정하기
▶
사용자 지정
표시 형식
설정하기
▶
OFFSET 함수로
선택한 월의
실적 찾아오기

**01 분석월에 유효성 검사 설정하기** [B4] 셀에서 비교할 월을 입력해야 하는데 1월~12월만 입력되도록 유효성 검사를 설정해보겠습니다. ❶ [B4] 셀을 선택한 후 ❷ [데이터] 탭-[데이터 도구] 그룹-[데이터 유효성 검사 📝]를 클릭합니다. [데이터 유효성] 대화상자 [설정] 탭에서 ❸ [제한 대상]은 [목록]을 선택합니다. ❹ 원본 입력란을 클릭한 후 ❺ [B10:B21] 셀 범위를 드래그해 입력합니다.

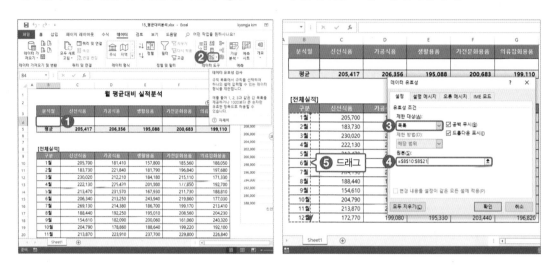

**02** ❶ [오류 메시지] 탭을 선택합니다. ❷ [오류 메시지] 입력란에 **분석월은 목록에서 선택하거나 1~12 숫자만 입력합니다**를 입력합니다. ❸ [확인]을 클릭합니다. [B4] 셀에 유효성 검사가 설정되어 ❹ 목록에서 월을 선택하면 셀에 입력됩니다.

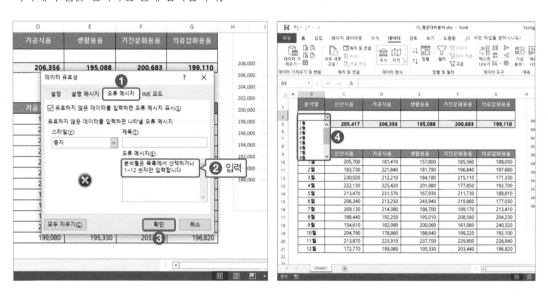

## 03 사용자 지정 표시 형식 설정하기

목록에서는 '1월, 2월, 3월, …' 형식으로 보이지만 셀에 입력된 데이터는 '1, 2, 3, …'으로 표시됩니다. [B10:B21] 셀 범위에는 숫자만 입력되어 있고 '월' 문자는 셀 서식의 표시 형식으로 설정했기 때문입니다. [B4] 셀에도 '월' 문자가 함께 표시되도록 [표시 형식]을 설정해보겠습니다. ❶ [B4] 셀을 클릭합니다. ❷ 마우스 오른쪽 버튼을 클릭하여 ❸ [셀 서식]을 선택합니다. [셀 서식] 대화상자의 ❹ [표시 형식] 탭에서 [사용자 지정] 범주를 선택하고 ❺ [형식] 입력란에 **0월**을 입력합니다. ❻ [확인]을 클릭합니다.

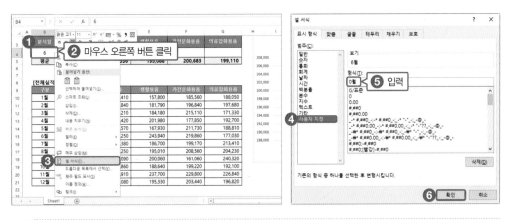

**실력향상** 표시 형식 기호에서 '0'은 숫자의 자릿수를 표시하는 기호로 '0월'로 형식을 지정하면 항상 한 자리 이상의 숫자가 표시되고 숫자 뒤에 '월' 문자가 추가로 표시됩니다.

## 04 OFFSET 함수로 선택한 월의 실적 찾아오기

❶ [C4] 셀을 선택합니다. ❷ [수식] 탭-[함수 라이브러리] 그룹-[찾기/참조 영역]-[OFFSET]을 선택합니다. ❸ [함수 인수] 대화상자에서 [Reference] 인수 입력란에는 데이터를 찾을 '출발 셀'로 **C9**, [Rows] 인수 입력란에는 이동할 행수로 분석하고자 하는 월이 입력된 **$B$4** 셀을 절대 참조로 입력하고, [Cols] 인수 입력란에는 이동할 열수로 **0**을 입력합니다. ❹ [확인]을 클릭합니다.

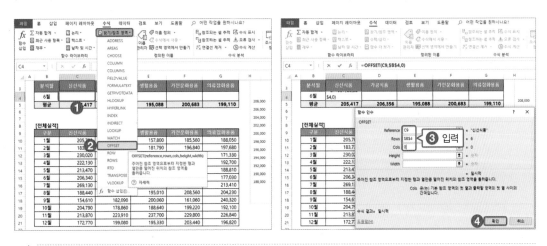

**실력향상** [C9] 셀을 기준으로 분석월이 '1월'이면 행수만 한 칸 이동하고, '5월'이면 행수만 5칸 이동하여 각 월의 데이터를 찾아옵니다. 열은 이동하지 않습니다. 가져올 행수와 열수 인수를 입력하지 않으면 한 개 셀을 찾아옵니다.

**05** ❶[C4] 셀의 채우기 핸들을 [G4] 셀까지 드래그하여 수식을 복사합니다. ❷[B4] 셀의 월을 변경하면 [C4:G4] 셀 범위의 값과 차트가 변경됩니다.

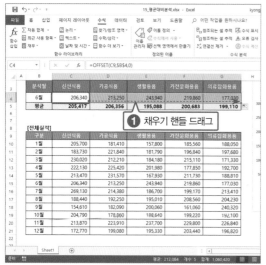
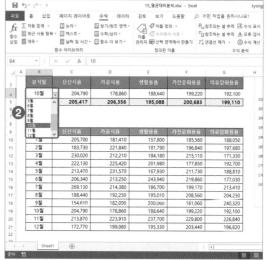

---

★★★
**비법노트**

## OFFSET 함수

OFFSET 함수는 지정한 셀을 기준으로 지정한 행수와 열수 만큼 떨어진 데이터를 찾아오는 함수입니다. 데이터 목록을 변경해가면서 데이터를 분석할 때 주로 사용합니다. 예를 들어 1월~12월까지의 데이터 목록을 한 시트에 모두 나타내게 되면 복잡해지므로 월별로, 분기별로 선택하면서 해당 데이터를 찾아 분석할 때 사용할 수 있습니다.

| 함수 형식 | =OFFSET(Reference, Rows, Cols, [Height], [Width])<br>=OFFSET(출발 셀 또는 범위, 이동 행수, 이동 열수, [가져올 행수], [가져올 열수]) |
|---|---|
| 인수 | • Reference : 찾아 올 데이터가 있는 첫 셀 또는 첫 셀을 포함한 셀 범위를 지정합니다.<br>• Rows : Reference 인수에서 지정한 셀에서 몇 개의 행을 이동할 것인지 지정합니다. 0은 이동하지 않고 양수는 아래쪽으로, 음수는 위쪽으로 이동합니다.<br>• Cols : Reference 인수에서 지정한 셀에서 몇 개의 열을 이동할 것인지 지정합니다. 0은 이동하지 않고 양수는 오른쪽으로, 음수는 왼쪽으로 이동합니다.<br>• Height : 가져올 높이로 행의 개수를 지정합니다. 생략하면 한 셀 값을 찾아옵니다.<br>• Width : 가져올 너비로 열의 개수를 지정합니다. 생략하면 한 셀 값을 찾아옵니다. |

# SECTION
# 16

# INDEX와 MATCH 함수로
# 직급별, 출장지별 금액 찾아오기

실습 파일 | Part01/Chapter02/16_해외출장비.xlsx  완성 파일 | Part01/Chapter02/16_해외출장비(완성).xlsx

해외 출장비 지급 기준표에서 MATCH 함수로 구한 직책의 행 번호와 출장지의 열 번호를 이용하여 INDEX 함수로 '1일 출장비'를 구해보겠습니다. INDEX 함수와 MATCH 함수에 사용되는 각 셀 범위가 모두 절대 참조이므로 각 셀 범위를 이름으로 정의한 후 함수를 적용하겠습니다.

## 미리 보기

### 해외 출장비 지급 기준

(단위:$)

| 출장지\직급 | 인도 | 싱가폴 | 중국 | 기타 |
|---|---|---|---|---|
| 사장 | 702 | 702 | 577 | 536 |
| 전무 | 660 | 660 | 536 | 494 |
| 부장 | 619 | 577 | 494 | 452 |
| 차장 | 577 | 536 | 452 | 411 |
| 과장 | 536 | 494 | 411 | 369 |
| 대리 | 494 | 452 | 369 | 327 |
| 사원 | 452 | 411 | 352 | 327 |

### 해외 출장비 계산

| 이름 | 직급 | 출장지 | 직급행번호 | 출장지열번호 | 1일 출장경비 (INDEX) | 1일 출장경비 (MATCH,INDEX) |
|---|---|---|---|---|---|---|
| 이준원 | 전무 | 중국 | 2 | 3 | 536 | 536 |
| 주지영 | 대리 | 중국 | 6 | 3 | 369 | 369 |
| 양만금 | 사장 | 중국 | 1 | 3 | 577 | 577 |
| 이승진 | 차장 | 인도 | 4 | 1 | 577 | 577 |
| 이민진 | 부장 | 기타 | 3 | 4 | 452 | 452 |
| 최현정 | 사원 | 싱가폴 | 7 | 2 | 411 | 411 |
| 이신영 | 과장 | 인도 | 5 | 1 | 536 | 536 |

회사에서
바로 통하는
키워드

이름 정의, INDEX,
MATCH

한눈에
보는
작업순서

셀 범위
이름 정의하기
▶
MATCH 함수로
직급 행 번호와
출장비 열 번호 구하기
▶
INDEX 함수로
출장경비 구하기
▶
INDEX와 MATCH를
중첩하여 출장경비
한 번에 구하기

**01 셀 범위 이름 정의하기** ❶ [C5:F11] 셀 범위를 선택합니다. ❷ [이름 상자]에 **출장경비**를 입력한 후 Enter 를 누릅니다. ❸ [B5:B11] 셀 범위를 선택합니다. ❹ [이름 상자]에 **직급**을 입력한 후 Enter 를 누릅니다.

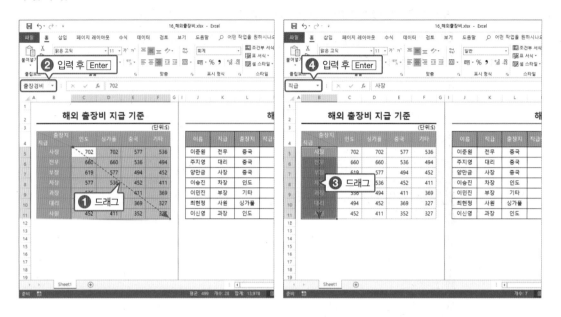

**02** ❶ [C4:F4] 셀 범위를 선택합니다. ❷ [이름 상자]에 **출장지**를 입력한 후 Enter 를 누릅니다.

🔼🔼🔼 **실력향상** 정의된 이름은 [이름 상자]의 ▾을 클릭하여 한 개씩 선택해봅니다. 이름 정의에 오류가 없다면 해당 이름의 범위가 정확하게 선택됩니다.

**03 MATCH 함수로 직급 행 번호와 출장비 열 번호 구하기** ① [M5] 셀을 선택합니다. ② [수식] 탭-[함수 라이브러리] 그룹-[찾기/참조 영역]-[MATCH]를 선택합니다. ③ [함수 인수] 대화상자에서 [Lookup_value] 인수 입력란에는 기준값으로 **K5**, [Lookup_array] 인수 입력란에는 찾을 데이터가 있는 범위로 **직급**, [Match_type] 인수 입력란에는 정확하게 일치하는 값을 찾기 위해 **0**을 입력합니다. ④ [확인]을 클릭합니다.

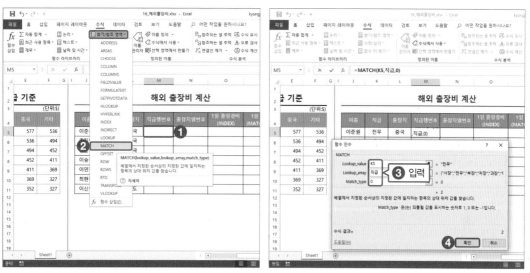

**04** ① [N5] 셀을 선택합니다. ② [수식] 탭-[함수 라이브러리] 그룹-[찾기/참조 영역]-[MATCH]를 선택합니다. ③ [함수 인수] 대화상자에서 [Lookup_value] 인수 입력란에는 찾을 기준값으로 **L5**, [Lookup_array] 인수 입력란에는 찾을 데이터가 있는 범위로 **출장지**, [Match_type] 인수 입력란에는 정확하게 일치하는 값을 찾기 위해 **0**을 입력합니다. ④ [확인]을 클릭합니다.

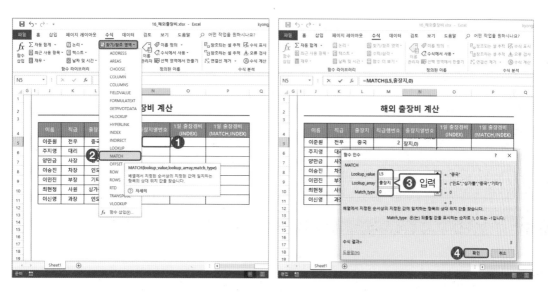

## 05 INDEX 함수로 출장경비 구하기

MATCH 함수로 구해놓은 직급의 행 번호와 출장지의 열 번호를 이용하여 INDEX 함수로 출장경비를 찾아 표시해보겠습니다. ❶ [O5] 셀을 선택합니다. ❷ [수식]탭-[함수 라이브러리] 그룹-[찾기/참조 영역]-[INDEX]를 선택합니다. ❸ [인수 선택] 대화상자에서첫 번째 목록을 선택하고 ❹ [확인]을 클릭합니다.

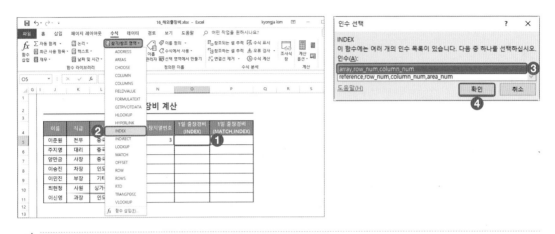

**실력향상** INDEX 함수는 한 개의 셀 범위를 지정하는 배열형과 두 개 이상의 셀 범위를 지정하는 참조형으로 구분됩니다. 첫 번째 항목인 [array,row_num,column_num]는 배열형으로 한 개의 셀 범위를 지정하고, 두 번째 항목인 [reference,row_num,column_num,area_num]는 참조형으로 두 개 이상의 셀 범위를 지정할 수 있습니다. 여기서는 한 개의 셀 범위를 지정하는 배열형을 선택합니다.

## 06

❶ [함수 인수] 대화상자에서 [Array] 인수 입력란에 이름으로 정의한 **출장경비**, [Row_num] 인수입력란에 직급 행 번호가 있는 **M5**, [Column_num] 인수 입력란에 출장지 열 번호가 있는 **N5**를 입력합니다. ❷ [확인]을 클릭합니다. ❸ [M5:O5] 셀 범위를 선택한 후 ❹ 채우기 핸들을 더블클릭하여 수식을 복사합니다.

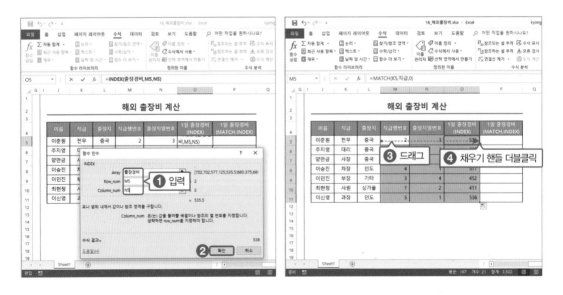

**07 INDEX와 MATCH를 중첩하여 출장경비 한 번에 구하기** INDEX 함수의 두 번째와 세 번째 인수로 MATCH 함수를 중첩하여 '1일 출장경비'를 구해보겠습니다. ❶ [P5] 셀을 선택합니다. ❷ [수식] 탭-[함수 라이브러리] 그룹-[찾기/참조 영역]을 클릭한 후 ❸ [INDEX]를 선택합니다. ❹ [인수 선택] 대화상자에서 첫 번째 목록을 선택합니다. ❺ [확인]을 클릭합니다.

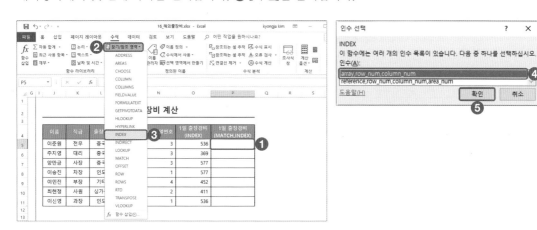

---

★★★
**비법노트**　　**MATCH 함수와 INDEX 함수**

MATCH 함수는 지정된 범위 내에서 찾는 값이 몇 번째에 위치하는지 찾아 위치 번호를 반환합니다. 범위는 행 또는 열로 한 방향으로만 지정할 수 있습니다. INDEX 함수는 데이터 목록에서 지정한 행 번호와 열 번호의 데이터를 찾아오는 함수입니다. INDEX 함수의 행 번호와 열 번호 인수로 MATCH 함수를 중첩하여 사용할 수 있습니다.

| 함수 형식 | =MATCH(Lookup_value, Lookup_array, [Match_type])<br>=MATCH(찾을 값, 범위, [찾는 방법]) |
|---|---|
| 인수 | • Lookup_value : 찾고자 하는 데이터를 지정합니다.<br>• Lookup_array : 찾을 데이터가 있는 셀 범위로 행이 두 개 이상이면 열이 한 개여야 하고, 열이 두 개 이상이면 행이 한 개여야 합니다.<br>• Match_type : 찾는 방법으로 세 가지 중에서 선택할 수 있습니다.<br>　0 : 정확하게 일치하는 값을 찾습니다.<br>　1 또는 생략 : 찾을 값이 없는 경우 찾을 값보다 한 단계 낮은 근삿값을 찾습니다. 범위는 오름차순으로 정렬되어 있어야 합니다.<br>　-1 : 찾을 값이 없는 경우 찾을 값보다 한 단계 높은 근삿값을 찾습니다. 범위는 내림차순으로 정렬되어 있어야 합니다. |

| 함수 형식 | =INDEX(Array, Row_num, [Column_num])<br>=INDEX(범위, 행 번호, [열 번호]) |
|---|---|
| 인수 | • Array : 데이터 목록의 셀 범위를 지정합니다.<br>• Row_num : 데이터 목록에서 찾아올 데이터의 행 번호입니다. 행이 하나인 목록이면 생략할 수 있습니다.<br>• Column_num : 데이터 목록에서 찾아올 데이터의 열 번호입니다. 열이 하나인 목록이면 생략할 수 있습니다.<br><br>INDEX 함수의 데이터 목록이 행과 열이 모두 두 개 이상이라면 행 번호와 열 번호를 모두 지정하고, 행 또는 열의 단방향 목록이라면 행 번호나 열 번호 중 하나만 지정합니다. |

**08** ❶[함수 인수] 대화상자에서 [Array] 인수 입력란에 이름으로 정의한 **출장경비**, [Row_num] 인수 입력란에 **MATCH(K5,직급,0)**, [Column_num] 인수 입력란에 **MATCH(L5,출장지,0)**을 입력합니다. ❷[확인]을 클릭합니다. ❸[P5] 셀의 채우기 핸들을 더블클릭하여 수식을 복사합니다.

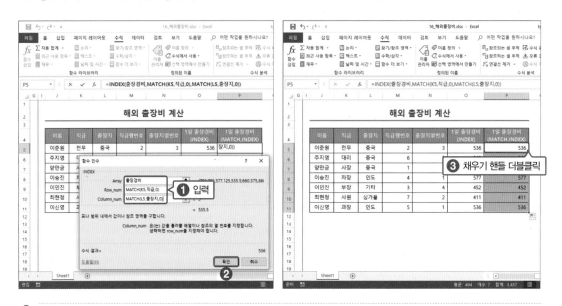

⏱ **시간단축** MATCH 함수를 두 개의 인수에 각각 입력해야 하므로 함수 마법사를 사용하면 오히려 불편합니다. 인수 입력란에서 직접 입력하는 것이 편리합니다.

CHAPTER

# 03

# 데이터
# 특성에 맞는
# 차트 작성과
# 편집 기능

차트는 워크시트의 숫자 데이터를 시각화할 수 있어서 숫자로만 되어 있는 표에서 드러나지 않던 부분까지 직관적으로 표현할 수 있습니다. 표 내용에 따른 차트 선택이 중요하며 작성한 차트를 어떠한 형태로 편집하느냐에 따라 시각화 결과물이 달라집니다. 데이터 특성에 맞는 차트를 작성하고 편집하는 핵심 기능에 대해 알아보겠습니다.

# 편차가 큰 데이터는 중간을 생략한 차트로 표현하기

실습 파일 | Part01/Chapter03/01_교육훈련비실적.xlsx
완성 파일 | Part01/Chapter03/01_교육훈련비실적(완성).xlsx

차트에 사용되는 셀 데이터의 최솟값과 최댓값의 차이가 클 경우 막대 차트를 작성하면 값의 편차가 심해 데이터 분석이 어렵습니다. 이때 세로 막대 차트의 세로 축 레이블을 로그 눈금 간격으로 표현 하면 최솟값과 최댓값의 편차를 줄일 수 있습니다.

## 미리 보기

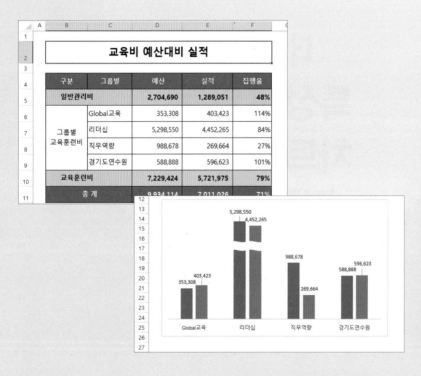

회사에서
바로 통하는
**키워드**

묶은 세로 막대형 차트,
세로 축 로그 눈금,
도형 삽입

**한눈에 보는 작업순서**

묶은 세로 막대 차트 작성하기 ▶ 세로 축 서식 변경하기 ▶ 차트 요소 추가와 삭제하기 ▶ 이중 물결 도형 삽입하기

**01 묶은 세로 막대 차트 작성하기** ❶ [C4:E4] 셀 범위를 선택한 후 ❷ Ctrl을 누른 상태에서 [C6:E9] 셀 범위를 추가 선택합니다. ❸ [삽입] 탭–[차트] 그룹–[세로 또는 가로 막대형 차트 삽입🔳]을 클릭한 후 ❹ [2차원 세로 막대형]–[묶은 세로 막대형]을 선택합니다.

⏱ **시간단축** 차트를 작성할 셀 범위를 선택한 상태에서 Alt + F1을 누르면 현재 워크시트에 2차원 묶은 세로 막대형 차트가 삽입 되고, F11을 누르면 새 차트 시트에 삽입됩니다.

📊 **실력향상** 차트를 작성할 때 차트 종류 위에 마우스 포인터를 올리면 만들어질 차트가 워크시트 중앙에 미리 보기됩니다.

**02** ❶ 삽입된 차트의 윤곽선을 드래그하여 원하는 위치로 이동한 후 ❷ 크기 조절점에서 드래그하여 적절한 크기로 변경합니다.

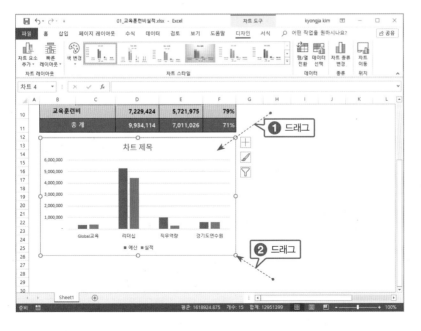

**03 세로 축 서식 변경하기** 세로 축 눈금을 로그 단위로 변경하여 최솟값과 최댓값의 차이를 줄여보 겠습니다. ❶ [세로 축]에서 마우스 오른쪽 버튼을 클릭한 후 ❷ [축 서식]을 선택합니다. ❸ [축 서식] 작 업 창의 [축 옵션]에서 [최소값] 입력란에 **100000**을 입력하고, ❹ [로그 눈금 간격]에 체크 표시합니다. ❺ 작업 창을 닫습니다.

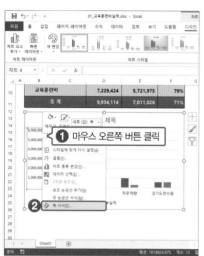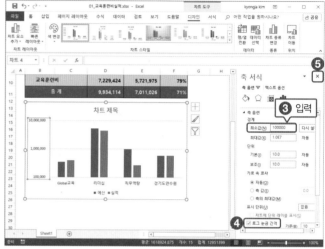

**실력향상** [로그 눈금 간격]을 설정하면 [세로 축]의 단위가 '1, 10, 100, 1000, 10000,…'으로 표시되어 십만 단위와 백만 단위 의 데이터가 비슷한 크기로 표시됩니다. 이때 [최소값]을 '100000'으로 변경하면 차이를 넓힐 수 있습니다.

**시간단축** [세로 축]을 더블클릭해도 [축 서식] 작업 창이 표시됩니다.

**04 차트 요소 추가와 삭제하기** 차트에 필요하지 않은 구성 요소들을 삭제한 후 [데이터 레이블]을 추 가해보겠습니다. ❶ [세로 축]을 선택하고 ❷ Delete 를 눌러 삭제합니다. 세로 축의 레이블이 삭제됩니 다. ❸ [차트 제목]과 [범례]도 각각 선택하여 ❹ Delete 를 눌러 삭제합니다.

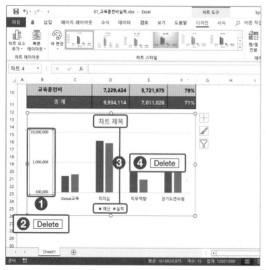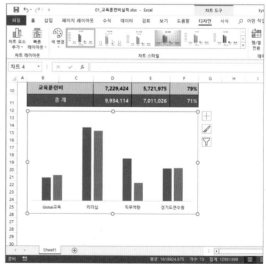

**05** ❶[차트 요소⊞]를 클릭한 후 ❷[데이터 레이블]에 체크 표시합니다. 차트에 [값]이 표시됩니다. ❸[실적] 계열의 [Global교육] 레이블을 클릭한 후 다시 한 번 더 클릭합니다. 한 개의 레이블만 선택된 상태에서 ❹위로 드래그하여 이동합니다. 같은 방법으로 ❺[실적] 계열의 [경기도연수원] 레이블과 [예산] 계열의 [리더십] 레이블도 위로 이동합니다.

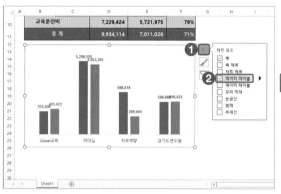 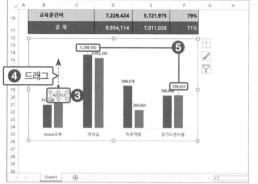

📊 **실력향상** 레이블을 한 번 클릭하면 같은 계열의 레이블이 모두 선택됩니다. 이때 다시 한 번 클릭하면 요소 단위로 한 개씩 선택할 수 있습니다.

**06** **이중 물결 도형 삽입하기**  [리더십] 항목에 이중 물결 도형을 삽입해보겠습니다. ❶[차트 도구]-[서식] 탭-[도형 삽입] 그룹에서 [자세히⊟]를 클릭한 후 ❷[별 및 현수막]-[이중 물결▧]을 선택합니다.

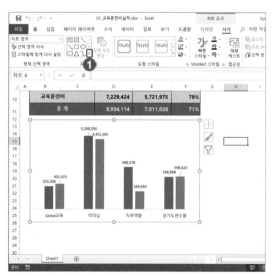 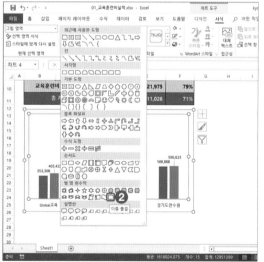

📊 **실력향상** 삽입한 차트를 클릭해야 [차트 도구] 메뉴가 표시됩니다.

**07** ❶[리더십] 항목 막대 위에 드래그하여 삽입합니다. 삽입한 [이중 물결] 도형이 선택된 상태에서 ❷[그리기 도구]-[서식] 탭-[도형 스타일] 그룹에서 [도형 채우기]를 클릭하여 [흰색, 배경 1]을 선택하고, ❸[도형 윤곽선]-[윤곽선 없음]을 선택합니다.

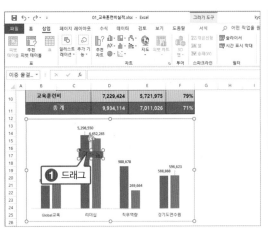
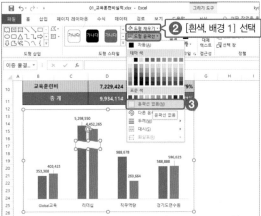

---

★★★
**비법노트**

## 차트 구성 요소 살펴보기

차트를 구성하고 있는 요소들의 종류와 기능을 알고 있어야 차트를 편집할 수 있습니다.

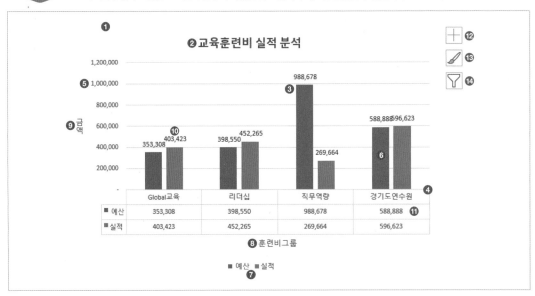

❶ **차트 영역** 차트 전체를 의미하며 차트 전체를 수정하거나 이동, 크기를 조절할 때 차트 영역을 선택해야 합니다.

❷ **차트 제목** 차트의 주제 또는 차트를 설명할 문구를 나타내는 곳으로 사용자가 임의로 수정할 수 있습니다.

❸ **그림 영역** 차트 내의 그래프가 표시되는 곳으로 데이터 계열이 이 영역에 그림 형태로 표현되며 눈금선, 데이터 레이블도 그림 영역 내에 표시됩니다.

❹ **기본 가로 축** 차트에 표시되는 항목들을 나타내는 축입니다.

❺ **기본 세로 축** 데이터 계열의 값이 표시되는 곳으로 왼쪽은 기본 축으로 사용하며, 데이터 값 단위가 다른 데이터 계열은 오른쪽에 보조 축으로 추가 설정할 수 있습니다.

**6** **데이터 계열** 데이터가 막대, 선 등의 요소로 표현되며 같은 계열의 요소들을 모아 하나의 데이터 계열로 표현합니다.

**7** **범례** 차트에 표현된 데이터 계열을 색과 이름을 구분하여 설명하는 표식입니다.

**8** **가로 축 제목** 가로 축의 항목 내용을 대표하는 문구로 임의로 수정할 수 있습니다.

**9** **세로 축 제목** 세로 축의 내용을 설명하는 문구로 임의로 수정할 수 있습니다.

**10** **데이터 레이블** 데이터 계열의 값이 표시되는 곳으로 항목, 계열, 값, 백분율 등을 표시합니다.

**11** **데이터 테이블** 차트에 사용된 원본 데이터를 표로 표시합니다.

**12** **차트 요소** 차트를 구성하는 요소를 선택 또는 선택 해제하여 표시 여부를 결정합니다.

**13** **차트 스타일** 차트의 스타일과 색상 구성을 변경할 수 있습니다.

**14** **차트 필터** 차트에 표시된 가로 축, 세로 축의 요소들을 선택 또는 선택 해제하여 표시 여부를 결정합니다.

# 겹친 막대 차트 작성하여 서식 파일로 저장하기

실습 파일 | Part01/Chapter03/02_사업비내역.xlsx    완성 파일 | Part01/Chapter03/02_사업비내역(완성).xlsx

묶은 세로 막대형 차트에서 두 개의 계열을 기본 축, 보조 축으로 나눠 설정하면 계열 간격 너비를 다르게 설정할 수 있고, 항목 요소를 겹쳐서 표현할 수 있습니다. 예산 대비 실적을 직관적으로 분석할 수 있는 겹친 세로 막대형 차트를 작성하고 서식 파일로 등록해 활용해보겠습니다.

## 미리 보기

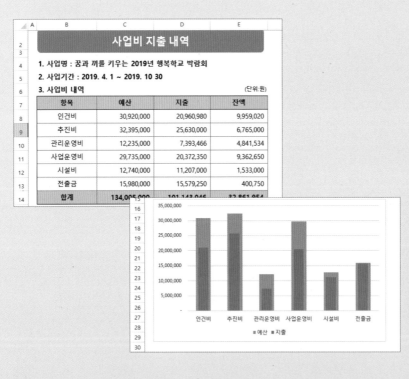

회사에서
바로 통하는
**키워드**

묶은 세로 막대형 차트,
보조 축, 계열 간격,
서식 파일로 저장

**한눈에
보는
작업순서**

묶은 세로 막대 차트
작성하기 ▶ 계열 서식
변경하기 ▶ 서식 파일로
저장하기

**01 묶은 세로 막대 차트 작성하기** ❶ [B7:D13] 셀 범위를 선택합니다. ❷ [삽입] 탭-[차트] 그룹-[세로 또는 가로 막대형 차트 삽입📊]을 클릭한 후 ❸ [2차원 세로 막대형]-[묶은 세로 막대형]을 선택합니다.

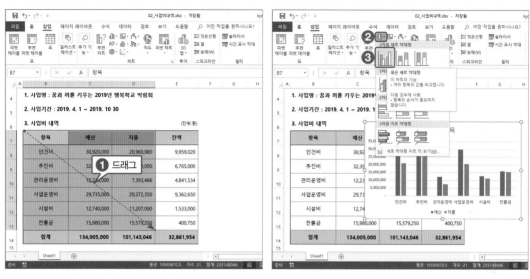

**02** ❶ 삽입된 차트의 윤곽선을 드래그하여 원하는 위치로 이동한 후 ❷ 크기 조절점에서 드래그하여 적절한 크기로 변경합니다.

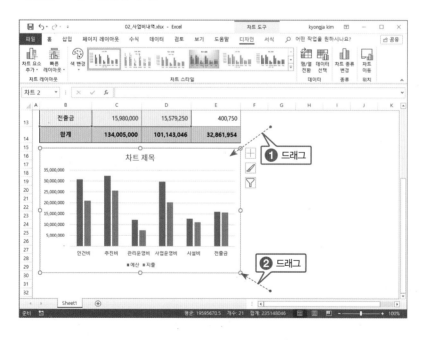

**03 계열 서식 변경하기** [실적] 계열은 보조 축으로 설정하고 [예산] 계열은 간격 너비를 변경해보겠습니다. ❶ [실적] 계열에서 마우스 오른쪽 버튼을 클릭한 후 ❷ [데이터 계열 서식]을 선택합니다. ❸ [데이터 계열 서식] 작업 창에서 [계열 옵션]의 [데이터 계열 지정] 항목에서 [보조 축]을 선택합니다. ❹ 보조 축이 표시되고, 두 계열의 막대는 겹쳐집니다.

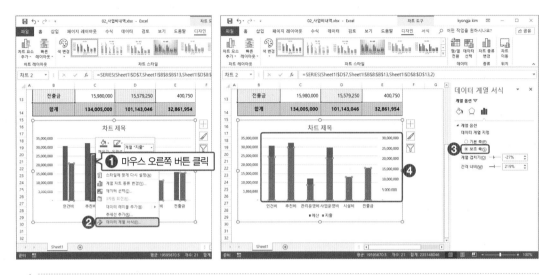

🔼 **실력향상** [예산]과 [실적] 계열을 겹치게 표시하고 [간격 너비]를 다르게 지정하려면 한 개의 계열은 [보조 축]으로 설정해야 합니다. 두 계열이 겹쳤을 때 [보조 축]으로 설정한 계열이 위로 정렬됩니다.

**04** ❶ [예산] 계열을 선택한 후 ❷ [데이터 계열 서식] 작업 창에서 [계열 옵션]의 [간격 너비]를 **115%**로 변경합니다. ❸ [채우기 및 선🖌]을 클릭한 후 ❹ [채우기]를 클릭합니다. ❺ [단색 채우기]를 선택한 후 ❻ [색]에서 [밝은 회색, 배경2, 25% 더 어둡게]를 클릭합니다. ❼ 작업 창을 닫습니다.

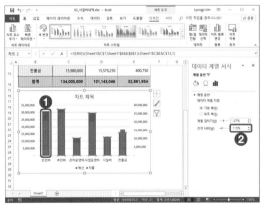
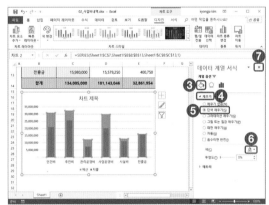

**05** [기본 축]과 [보조 축]의 최댓값과 눈금이 서로 다릅니다. 같은 기준이 적용되어야 하므로 [보조 축]의 눈금을 삭제해보겠습니다. ❶ [보조 세로 축]을 클릭한 후 ❷ Delete 를 눌러 삭제합니다. [실적] 계열이 [기본 축]의 최댓값과 눈금 기준으로 표시됩니다. ❸ [차트 제목]도 선택한 후 ❹ Delete 를 눌러 삭제합니다.

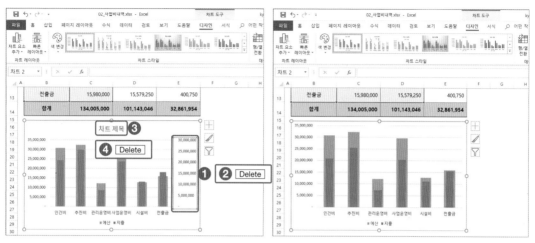

📊 **실력향상** [보조 축]을 삭제하지 않고 그대로 표시된 상태에서 최댓값과 주 눈금의 단위를 변경해도 됩니다. [보조 축]에서 마우스 오른쪽 버튼을 클릭한 후 [축 서식]을 선택합니다. [축 서식] 작업 창에서 [최대값]을 **35,000,000**으로 변경하고, [단위]의 기본을 **5,000,000**으로 변경합니다.

**06 서식 파일로 저장하기** 편집 완료된 차트를 다음에 계속 사용할 수 있도록 서식 파일로 저장해보겠습니다. ❶ 차트 영역에서 마우스 오른쪽 버튼을 클릭한 후 ❷ [서식 파일로 저장]을 선택합니다. [차트 서식 파일 저장] 대화상자에서 ❸ [파일 이름]에 **겹친막대차트**를 입력한 후 ❹ [저장]을 클릭합니다.

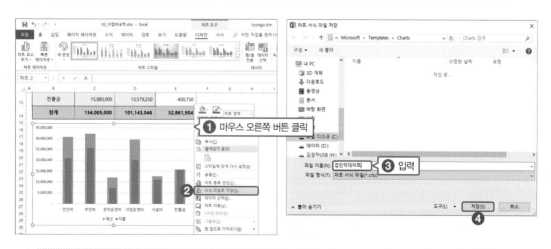

📊 **실력향상** [서식 파일로 저장] 메뉴는 [차트 영역]이나 [그림 영역]에서 마우스 오른쪽 버튼을 클릭해야 표시됩니다. 엑셀 2010 버전은 [차트 도구]–[디자인] 탭–[서식 파일로 저장]을 선택합니다. [차트 서식 파일 저장] 대화상자에서 [저장 경로]는 자동으로 표시되는 C:₩Users₩사용자₩AppData₩Roaming₩Microsoft₩Templates₩Charts 폴더를 그대로 사용합니다. 폴더를 변경하면 [모든 차트]–[서식 파일]에 등록되지 않습니다.

**07** 서식 파일로 저장된 [겹친막대차트]를 삽입해보겠습니다. ❶ [B7:D13] 셀 범위를 선택한 후 ❷ [삽입] 탭-[차트] 그룹-[모든 차트 보기 ⬚]를 클릭합니다. ❸ [차트 삽입] 대화상자에서 [모든 차트] 탭을 선택한 후 ❹ [서식 파일]을 선택합니다. ❺ [겹친막대차트]를 클릭한 후 ❻ [확인]을 클릭합니다.

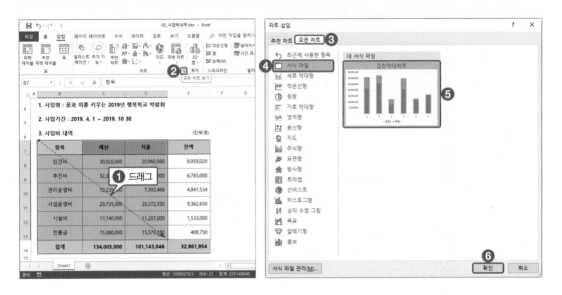

**08** 서식 파일로 저장되었던 [겹친막대차트]가 삽입됩니다.

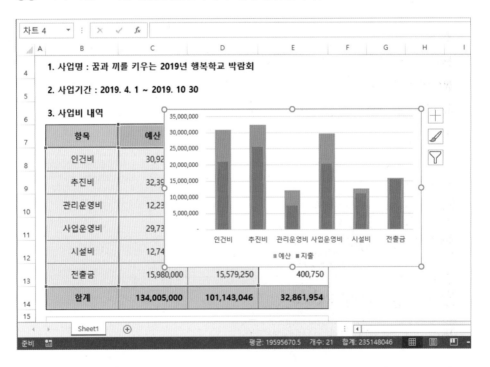

# SECTION 03

# 폭포 차트로
# 증감률 분석하기

실습 파일 | Part01/Chapter03/03_매출증감분석.xlsx   완성 파일 | Part01/Chapter03/03_매출증감분석(완성).xlsx

폭포 차트는 양수와 음수를 막대의 색으로 구분해 표현하는 차트입니다. 보통 증가와 감소의 누계를
나타내어 양수나 음수의 값에 의해 어떤 영향을 받는지 분석할 때 주로 사용합니다. 폭포 차트를 작
성하여 전월 대비 당월의 매출 증감을 분석하는 차트를 작성해보겠습니다.

## 미리 보기

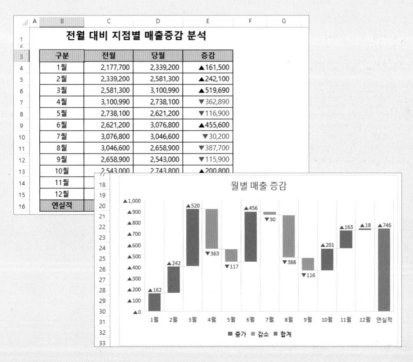

회사에서
바로 통하는
**키워드**

폭포 차트, 합계로 표시,
차트 서식 변경,
축 눈금 단위 변경

**한눈에 보는 작업순서**

폭포 차트 작성하기 ▶ 연실적 합계로 변경하기 ▶ 차트 요소 추가하고 삭제하기 ▶ 차트 색과 서식 변경하기

## 01 폭포 차트 작성하기 ❶ [B3:B16] 셀 범위를 선택한 후 ❷ Ctrl 을 누른 상태에서 [E3:E16] 셀 범위를 추가 선택합니다. ❸ [삽입] 탭−[차트] 그룹−[폭포, 깔대기형, 주식형, 표면형 또는 방사형 차트 삽입]을 클릭한 후 ❹ [폭포]−[폭포]를 선택합니다.

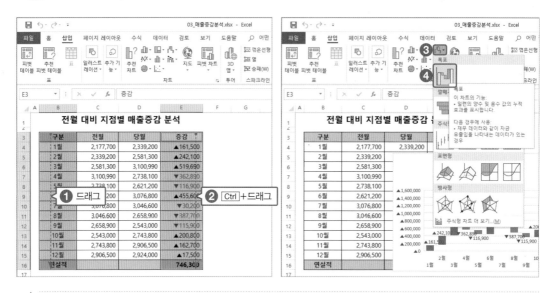

ⅲⅲ **실력향상** [폭포 차트]는 엑셀 2016 버전부터 작성할 수 있는 차트입니다.

## 02 ❶ 삽입된 차트의 윤곽선을 드래그하여 원하는 위치로 이동한 후 ❷ 크기 조절점에서 드래그하여 적절한 크기로 변경합니다. ❸ [차트 제목]을 **월별 매출 증감**으로 변경합니다.

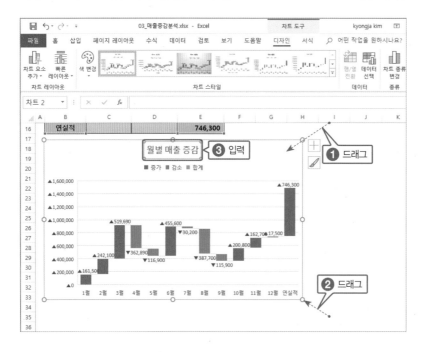

**03 연실적 합계로 변경하기** [연실적] 항목을 합계로 변경하여 누계로 표시되지 않도록 설정해보겠습니다. ❶ [연실적] 항목을 클릭한 후 다시 한 번 더 클릭합니다. [연실적] 요소만 선택된 상태에서 ❷ 마우스 오른쪽 버튼을 클릭한 후 ❸ [합계로 설정]을 선택합니다.

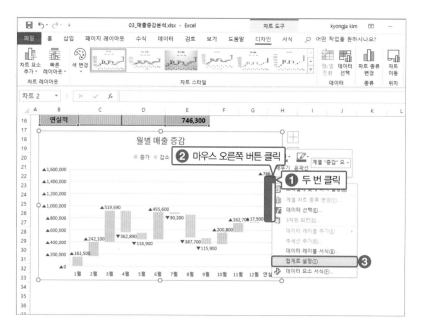

🔢 **실력향상** [연실적] 항목을 한 번 클릭하면 [증감] 계열 모두가 선택됩니다. 이때 다시 한 번 더 클릭하면 요소 단위로 선택할 수 있습니다.

**04 차트 요소 변경하기** ❶ [차트 요소⊞]를 클릭한 후 ❷ [눈금선▶]을 클릭하여 ❸ [기본 주 가로 눈금선]의 체크 표시를 해제하고, ❹ [기본 주 세로 눈금선]에 체크 표시합니다. 가로 눈금선이 삭제되고 세로 눈금선이 표시됩니다. ❺ [차트 요소⊞]를 클릭하고 ❻ [범례▶]를 클릭한 후 ❼ [아래쪽]을 선택합니다.

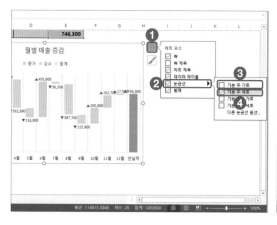

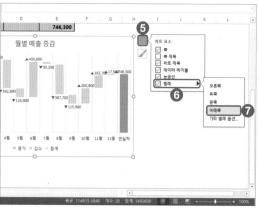

**05 차트 색과 서식 변경하기** ❶[차트 스타일 🖌]을 클릭한 후 ❷[색]을 클릭합니다. ❸[다양한 색상 표 2]를 선택합니다.

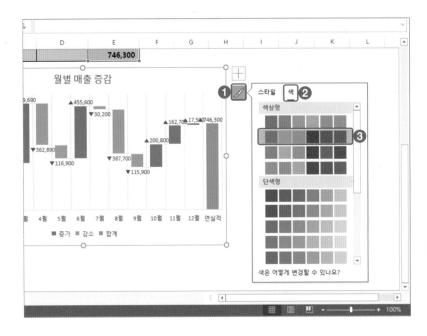

📊 **실력향상** 양수와 음수의 막대 색을 직접 변경하려면 [페이지 레이아웃] 탭-[테마] 그룹-[색]-[색 사용자 지정]에서 [강조1]과 [강조2]의 색을 변경합니다.

**06** ❶[연실적] 항목을 선택한 후 다시 한 번 더 클릭합니다. [연실적] 요소만 선택된 상태에서 ❷마우스 오른쪽 버튼을 클릭한 후 ❸[데이터 요소 서식]을 선택합니다. ❹[채우기 및 선🖊]을 클릭한 후 ❺[채우기]를 클릭합니다. ❻[채우기]-[단색 채우기]를 선택합니다. ❼[색]에서 [주황, 강조2]를 선택합니다. ❽[테두리]-[선 없음]을 선택합니다.

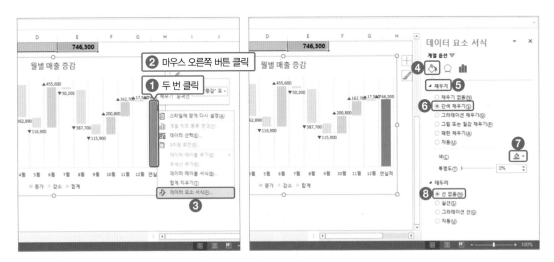

**07** ❶ [세로 축]을 선택한 후 ❷ [축 서식] 작업 창의 [축 옵션]을 클릭합니다. ❸ [표시 단위]를 [천]으로 선택한 후 ❹ 작업 창을 닫습니다.

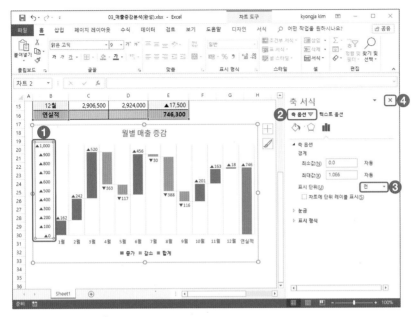

**실력향상** 작업 창이 표시된 상태에서 차트의 다른 구성 요소를 클릭하면 작업 창에 선택한 구성 요소의 서식이 표시됩니다. [축 서식]-[축 옵션]에서 [차트에 단위 레이블 표시]가 체크 표시되어 있으면 해제합니다.

# SECTION 04

# 데이터에 따라 평균선을 자동으로 표시하는 차트 작성하기

실습 파일 | Part01/Chapter03/04_설문조사분석.xlsx    완성 파일 | Part01/Chapter03/04_설문조사분석(완성).xlsx

설문조사 항목별 데이터를 전체 평균 기준으로 분석하기 위해 묶은 세로 막대형과 꺾은선형을 혼합하여 콤보 차트로 작성해보겠습니다. 전체 평균은 꺾은선형으로, 항목별 데이터는 세로 막대형으로 표현하면 전체 평균이 가로 선으로 표시되어 각 항목별 평균 대비를 직관적으로 확인할 수 있습니다.

## 미리 보기

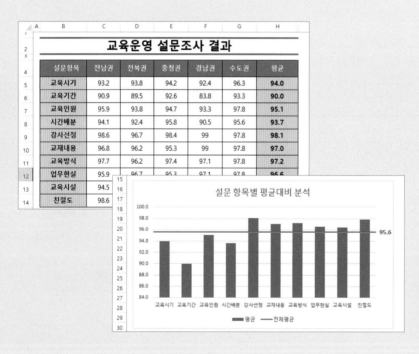

회사에서
바로 통하는
**키워드**

콤보 차트, 가로 축 눈금 서식,
데이터 레이블 표시,
숨겨진 셀 차트에 표시

**한눈에 보는 작업순서**

전체평균 계산하기 ▶ 콤보 차트 작성하기 ▶ 보조 가로 축 표시하고 서식 변경하기

▶ 전체평균 계열에 데이터 레이블 표시하기 ▶ 숨겨진 열 차트에 표시하기

**01 전체 평균 계산하기** ❶ [I4] 셀에 **전체평균**을 입력합니다. ❷ [I5:I14] 셀 범위를 선택한 후 ❸ **=AVERAGE($H$5:$H$14)**를 입력하고 Ctrl + Enter 를 누릅니다.

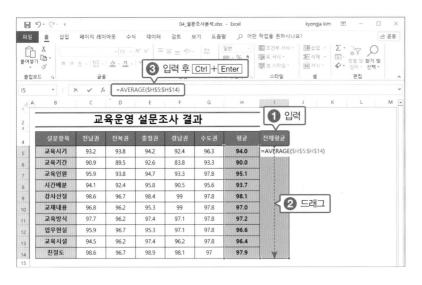

**실력향상** 전체 평균을 차트의 가로 선으로 표시하려면 설문 항목의 전체 평균이 모두 입력되어 있어야 합니다.

**02 콤보 차트 작성하기** ❶ [B4:B14] 셀 범위를 선택한 후 ❷ Ctrl 을 누른 상태에서 [H4:I14] 셀 범위를 추가 선택합니다. ❸ [삽입] 탭-[차트] 그룹-[콤보 차트 삽입📊]을 클릭한 후 ❹ [사용자 지정 콤보 차트 만들기]를 선택합니다. [차트 삽입] 대화상자에서 ❺ [모든 차트] 탭-[콤보]-[사용자 지정 조합] 항목에서 ❻ [전체평균] 계열의 [보조 축]에 체크 표시합니다. ❼ [확인]을 클릭합니다.

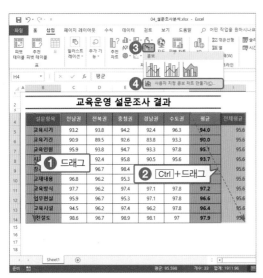
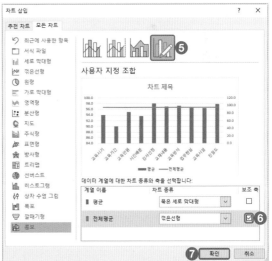

**실력향상** [전체평균] 계열을 보조 축으로 설정하면 [평균] 계열과 [전체평균] 계열의 가로 축 서식을 다르게 지정할 수 있습니다.

**03** 콤보 차트가 삽입되었습니다. ❶ 삽입된 차트를 선택하고 ❷ 드래그하여 원하는 위치로 이동한 후 ❸ 크기 조절점에서 드래그하여 적절한 크기로 변경합니다.

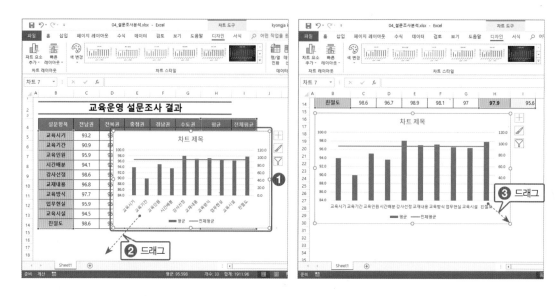

**04 보조 가로 축 표시하고 서식 변경하기**  [전체평균] 계열의 꺾은선을 세로 축 레이블 위치까지 늘이기 위해 보조 가로 축을 표시하고 서식을 변경해보겠습니다. ❶ [차트 요소⊞]를 클릭한 후 ❷ [축▶]을 클릭하여 ❸ [보조 가로]에 체크 표시합니다. 보조 가로 축이 표시됩니다.

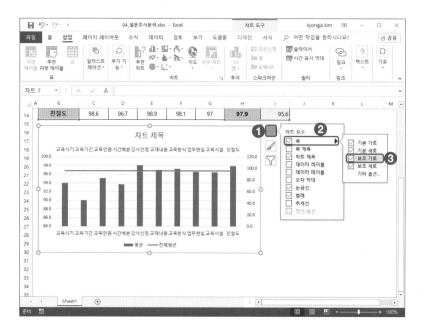

**05** ❶ [보조 가로 축]을 선택한 후 ❷ 마우스 오른쪽 버튼을 클릭하고 ❸ [축 서식]을 선택합니다. [축 서식] 작업 창의 [축 옵션]에서 ❹ [축 위치]–[눈금]을 선택합니다. [전체평균] 계열의 꺾은선이 세로 축 레이블 위치까지 늘어납니다.

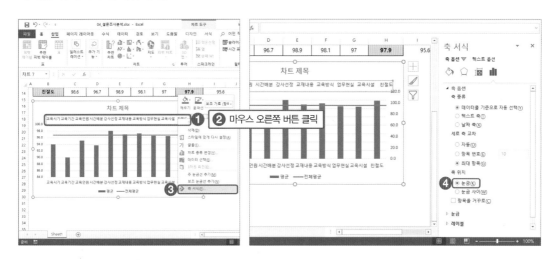

**06** [축 서식] 작업 창의 [축 옵션]에서 ❶ [눈금]–[주 눈금]을 [없음]으로 변경하고, ❷ [레이블]–[레이블 위치]도 [없음]으로 변경합니다. [보조 가로 축]이 표시되지 않습니다.

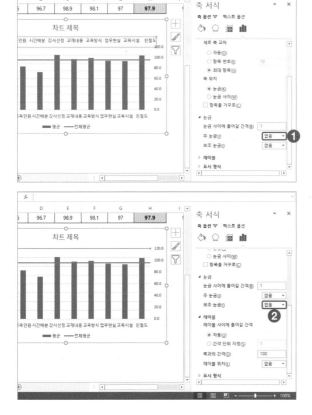

**⚑ 실력향상** [보조 가로 축]을 삭제하면 [전체평균] 계열이 [주 가로 축] 서식으로 변경되어 가로 선이 다시 짧아집니다.

데이터 편집과 서식

수식과 함수

차트 작성과 편집

데이터 관리

**07** ❶ [평균] 계열을 선택한 후 [데이터 계열 서식] 작업 창의 [계열 옵션⬛]에서 ❷ [간격 너비]를 **120%**로 변경합니다. ❸ [전체평균] 계열을 선택한 후 [채우기 및 선◈]에서 ❹ [선]−[색]을 [빨강]으로 변경합니다.

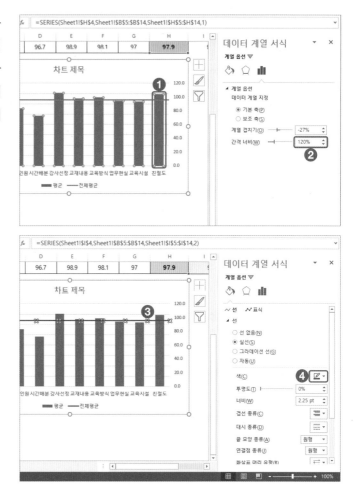

**08** ❶ [차트 제목]을 설문 항목별 평균대비 분석으로 변경하고, ❷ [세로 보조 축]을 선택한 후 ❸ Delete 를 눌러 삭제합니다.

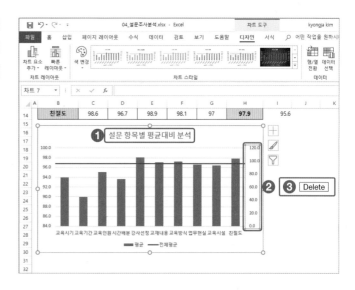

**09** **전체평균 계열에 데이터 레이블 표시하기** ❶ [전체평균] 계열을 선택한 후 ❷ [친절도] 항목만 다시 선택합니다. ❸ 마우스 오른쪽 버튼을 클릭한 후 ❹ [데이터 레이블 추가]–[데이터 레이블 추가]를 선택합니다. 차트에 데이터 레이블이 표시되었지만 [그림 영역]과 겹쳐서 표시됩니다. ❺ [그림 영역]을 선택한 후 ❻ 가로 크기를 줄입니다.

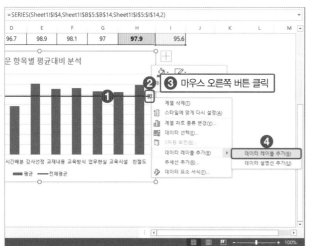 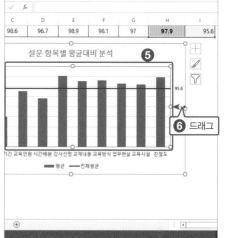

**실력향상** [데이터 레이블]은 한 개만 표시해야 하므로 [전체평균] 계열의 마지막 항목인 [친절도]를 클릭한 후 [데이터 레이블 추가]를 선택합니다.

**10** [전체평균]의 ❶ [데이터 레이블]을 선택한 후 [홈] 탭–[글꼴] 그룹에서 ❷ [굵게 가]를 클릭하고, ❸ [글꼴 색]을 [빨강]으로 변경합니다.

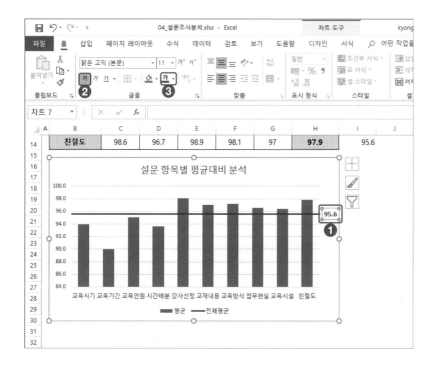

**11 숨겨진 열 차트에 표시하기** I열에 입력해둔 [전체평균]은 화면에 표시되지 않게 숨겨보겠습니다. ❶ I열 머리글을 선택한 후 ❷ 마우스 오른쪽 버튼을 클릭하여 ❸ [숨기기]를 선택합니다. I열을 숨기면 차트에 [전체평균] 계열이 표시되지 않습니다. ❹ 차트를 선택한 후 ❺ [차트 도구]-[디자인] 탭-[데이터] 그룹-[데이터 선택]을 클릭합니다.

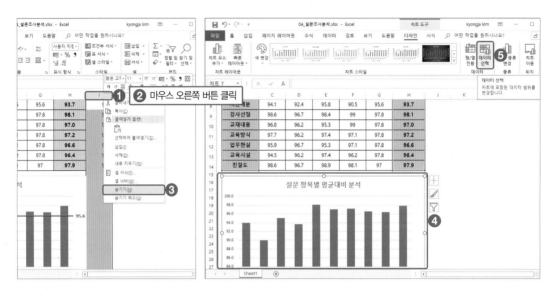

**12** [데이터 원본 선택] 대화상자에서 ❶ [숨겨진 셀/빈 셀]을 클릭한 후 [숨겨진 셀/빈 셀 설정] 대화상자에서 ❷ [숨겨진 행 및 열에 데이터 표시]에 체크 표시합니다. ❸ [확인]을 클릭합니다. 다시 나타난 [데이터 원본 선택] 대화상자에서도 ❹ [확인]을 클릭합니다. 차트에 [전체평균] 계열이 다시 표시됩니다.

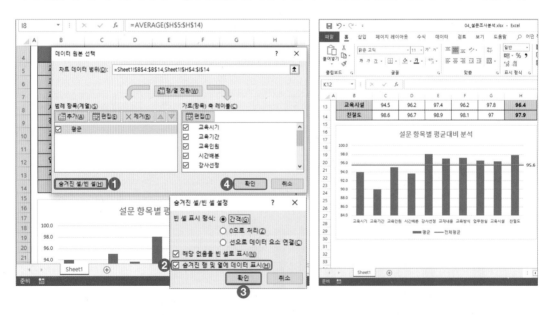

# SECTION 05

# 기간별 데이터의 추세를 분석하는 꺾은선 차트 작성하기

실습 파일 | Part01/Chapter03/05_환경기온추세.xlsx   완성 파일 | Part01/Chapter03/05_환경기온추세(완성).xlsx

꺾은선형 차트는 데이터의 흐름을 보다 분명하게 파악해주는 차트로 데이터의 기간별, 시간적 추이를 나타낼 때 주로 사용합니다. 연간 환경기온의 최고, 최저, 평균을 한눈에 분석할 수 있도록 꺾은선형 차트를 삽입하고 편집해보겠습니다.

## 미리 보기

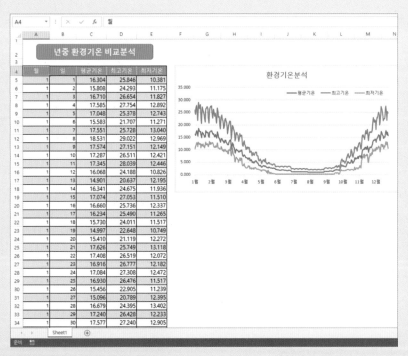

회사에서
바로 통하는
**키워드**

꺾은선형 차트, 가로 축 눈금,
가로 축 표시 형식,
범례 위치 변경

**한눈에 보는 작업순서**

꺾은선형 차트 작성하기 ▶ 가로 축 레이블 편집하기 ▶ 차트 제목과 범례 위치 변경하기

## 01 꺾은선형 차트 작성하기   ❶ [C4:E369] 셀 범위를 선택합니다. ❷ [삽입] 탭–[차트] 그룹–[꺾은선형 또는 영역형 차트 삽입 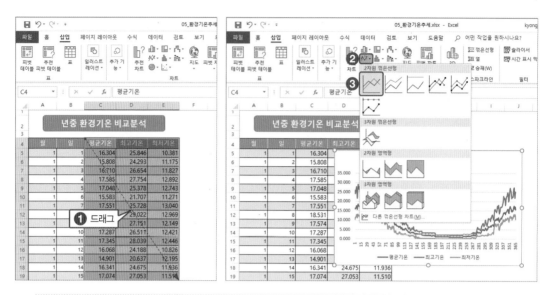]을 클릭하여 ❸ [2차원 꺾은선형]–[꺾은선형]을 선택합니다.

⏱ **시간단축** [C4:E4] 셀 범위를 선택한 후 Ctrl + Shift + ↓ 를 누르면 빠르게 범위를 선택할 수 있습니다.

📊 **실력향상** [C4] 셀부터 아래쪽 방향으로 범위 선택 후 차트를 삽입하면 352행에 차트가 삽입됩니다. 범위를 선택한 후 화면을 위로 스크롤한 후 차트를 삽입합니다.

## 02   ❶ 삽입된 차트의 윤곽선을 드래그하여 원하는 위치로 이동한 후 ❷ 크기 조절점에서 드래그하여 적절한 크기로 변경합니다.

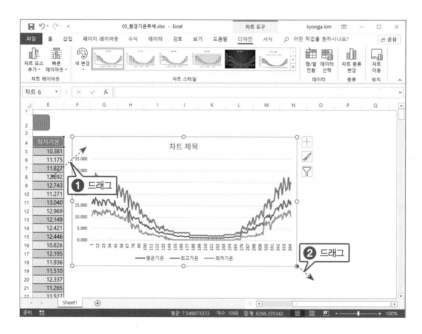

**03 가로 축 레이블 편집하기** 삽입된 꺾은선형 차트에는 가로축 레이블이 지정되지 않아서 '1, 2, 3, 4…'로 설정되어 있습니다. A열의 월 데이터를 가로축 레이블로 설정해보겠습니다. ❶ [차트 도구]−[디자인] 탭−[데이터] 그룹−[데이터 선택]을 클릭합니다. [데이터 원본 선택] 대화상자에서 ❷ [가로(항목) 축 레이블]의 [편집]을 클릭합니다. [축 레이블] 대화상자에서 ❸ [축 레이블 범위]의 입력란을 클릭한 후 ❹ [A5:A369] 셀 범위를 드래그하여 추가합니다. ❺ [확인]을 클릭한 후 [데이터 원본 선택] 대화상자에서도 ❻ [확인]을 클릭합니다.

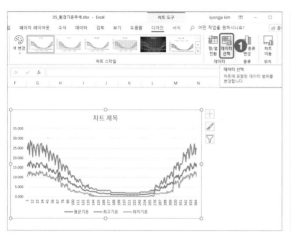 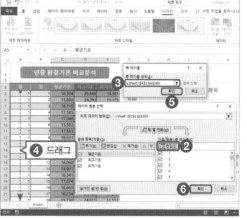

**04** 가로 축에서 ❶ 마우스 오른쪽 버튼을 클릭하여 ❷ [축 서식]을 선택합니다. [축 서식] 작업 창의 [축 옵션]에서 ❸ [눈금]−[눈금 사이에 들어갈 간격]을 **31**로 입력하고, ❹ [주 눈금]을 [바깥쪽]으로 변경합니다. ❺ [레이블]−[간격 단위 지정]을 선택한 후 ❻ **31**을 입력합니다.

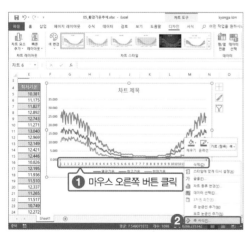 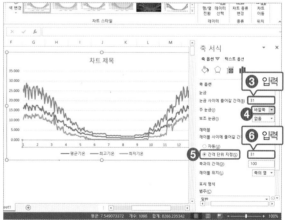

📊 **실력향상** [눈금 사이에 들어갈 간격]과 [간격 단위 지정]을 '31'로 설정하면 365개의 셀 데이터가 모두 표시되지 않고 31개 간격으로만 표시되어 가로 축 레이블과 눈금이 '1, 2, 3, 4, …,12'로 12개만 표시됩니다.

**05** [축 서식] 작업 창의 [축 옵션]에서 ❶[표시 형식]을 클릭합니다. ❷[서식 코드]에 **0월**을 입력한 후 ❸[추가]를 클릭합니다. ❹작업 창을 닫습니다.

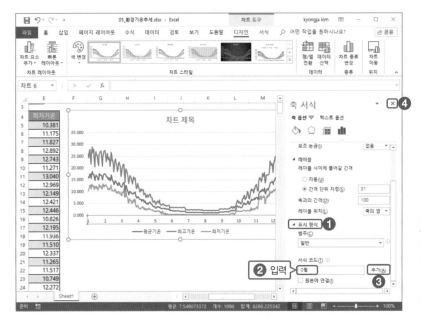

📊 **실력향상** 가로 축에 설정된 레이블 값은 숫자 데이터이므로 **0월** 표시 형식을 설정하면 숫자 데이터 뒤에 월이 모두 표시됩니다.

**06** **차트 제목과 범례 위치 변경하기** ❶[차트 제목]을 **환경기온분석**으로 변경하고 ❷[범례]를 오른쪽 위로 드래그하여 이동합니다. ❸[그림 영역]을 선택하여 높이를 조금 크게 변경합니다.

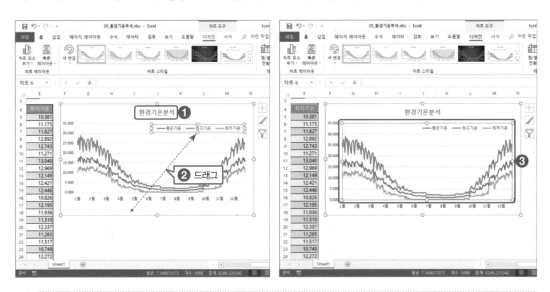

📊 **실력향상** [범례]의 위치를 범례 서식으로 변경하지 않고, 드래그로 이동하면 [그림 영역] 크기가 자동으로 변경되지 않습니다.

# 06

# 오차 막대를 이용하여
# 특정 구간 표시하기

실습 파일 | Part01/Chapter03/06_내국인송출실적.xlsx
완성 파일 | Part01/Chapter03/06_내국인송출실적(완성).xlsx

데이터의 기간별, 시간적 추이를 나타내는 꺾은선형 차트에서 특정 구간에 변수 데이터를 표현할 경우 오차 막대를 사용하면 편리합니다. 변수 데이터를 숫자로 변경하면 원하는 위치에 표식과 오차 막대의 선을 표시할 수 있습니다.

## 미리 보기

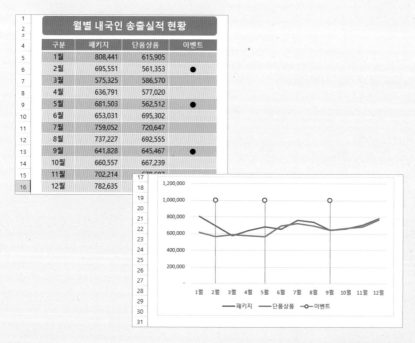

| 구분 | 패키지 | 단품상품 | 이벤트 |
|---|---|---|---|
| 1월 | 808,441 | 615,905 | |
| 2월 | 695,551 | 561,353 | ● |
| 3월 | 575,325 | 586,570 | |
| 4월 | 636,791 | 577,020 | |
| 5월 | 681,503 | 562,512 | ● |
| 6월 | 653,031 | 695,302 | |
| 7월 | 759,052 | 720,647 | |
| 8월 | 737,227 | 692,555 | |
| 9월 | 641,828 | 645,467 | ● |
| 10월 | 660,557 | 667,239 | |
| 11월 | 702,214 | | |
| 12월 | 782,635 | | |

회사에서
바로 통하는
**키워드**

꺾은선형 차트, 오차 막대,
숨겨진 셀 표시

**한눈에
보는
작업순서**

이벤트 셀 데이터 ▶ 표식이 있는 ▶ 계열 서식
숫자로 만들기 꺾은선형 차트 작성하기 변경하기

▶ 오차 막대 ▶ 숨겨진 열
추가하기 차트에 표시하기

**01 이벤트 셀 데이터 숫자로 만들기**    E열의 이벤트에는 문자가 입력되어 있는데, 차트에 계열로 사용하기 위해 숫자로 입력된 이벤트 데이터를 만들어보겠습니다. ❶ E열 미리글을 선택한 후 ❷ Ctrl + C 를 눌러 복사합니다. E열이 그대로 선택된 상태에서 ❸ 마우스 오른쪽 버튼을 클릭한 후 ❹ [복사한 셀 삽입]을 선택합니다. ❺ Ctrl 을 누른 상태에서 [E6], [E9], [E13] 셀을 선택한 후 ❻ **1000000**을 입력합니다. ❼ Ctrl + Enter 를 누릅니다.

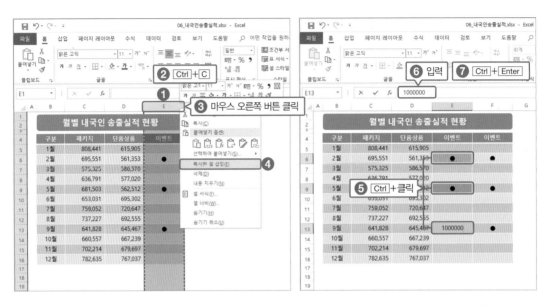

**02**    숫자 데이터로 된 이벤트 열이 만들어졌습니다.

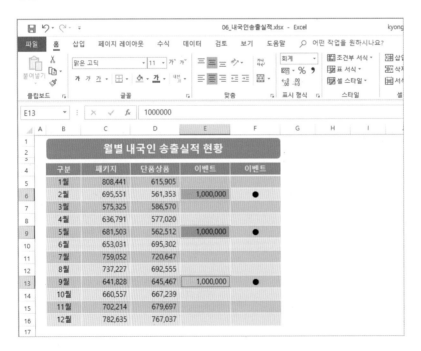

📊 **실력향상** 차트 작성이 완료되면 E열은 [숨기기]하여 화면에 표시되지 않도록 하는 것이 좋습니다.

## 03 표식이 있는 꺾은선형 차트 작성하기 ❶ [B4:E16] 셀 범위를 선택합니다. ❷ [삽입] 탭-[차트] 그룹-[꺾은선형 또는 영역형 차트 삽입⬚]을 클릭하여 ❸ [2차원 꺾은선형]-[표식이 있는 꺾은선형]을 선택합니다.

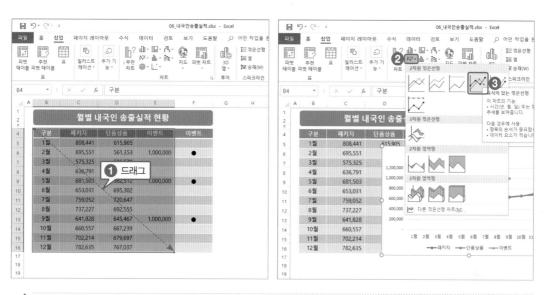

**실력향상** [꺾은선형]으로 차트를 작성하면 [이벤트] 계열은 빈 셀이 있기 때문에 차트에 표시되지 않습니다. [표식이 있는 꺾은선형]으로 작성해야 빈 셀이 포함된 계열의 표식이 차트에 나타납니다.

## 04 ❶ 삽입된 차트의 윤곽선을 드래그하여 원하는 위치로 이동한 후 ❷ 크기 조절점에서 드래그하여 적절한 크기로 변경합니다. ❸ [차트 제목]은 Delete 를 눌러 삭제합니다.

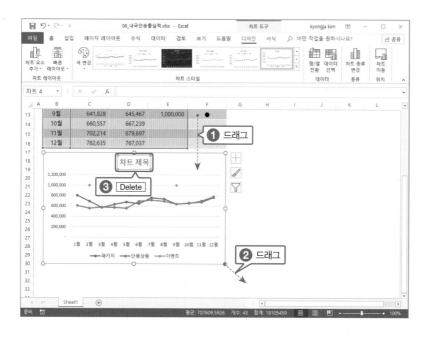

**05 계열 서식 변경하기** [패키지]와 [단품상품] 계열은 표식을 없애고, [이벤트] 계열은 표식을 강조해 보겠습니다. ❶ [패키지] 계열을 클릭한 후 ❷ 마우스 오른쪽 버튼을 클릭하여 ❸ [데이터 계열 서식]을 선택합니다. [데이터 계열 서식] 작업 창의 ❹ [채우기 및 선🖌]을 클릭한 후 ❺ [표식]을 클릭합니다. ❻ [표식 옵션]을 클릭한 후 ❼ [없음]을 선택합니다.

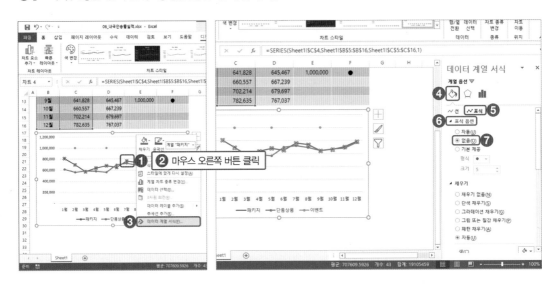

**06** ❶ [단품상품] 계열을 클릭합니다. ❷ [데이터 계열 서식] 작업 창에서 [표식 옵션]-[없음]을 클릭합니다. ❸ [이벤트] 계열을 클릭합니다. ❹ [표식 옵션]-[기본 제공]을 선택한 후 ❺ [크기]를 **7**로 변경합니다.

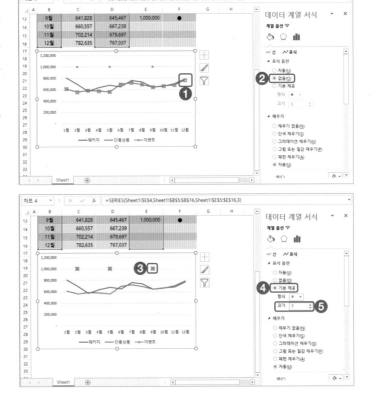

**07** ❶[채우기]를 클릭하여 ❷[단색 채우기]를 선택한 후 ❸[색]에서 [흰색, 배경1]을 선택합니다.

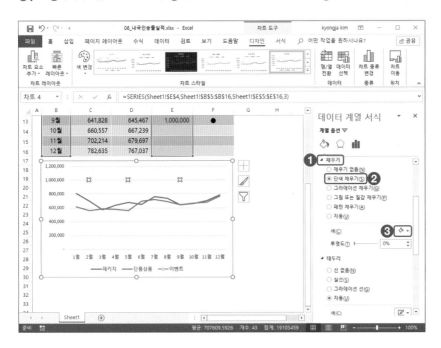

**08** ❶[테두리]를 클릭한 후 ❷[실선]을 선택합니다. ❸[색]은 [빨강], ❹[너비]는 [1.5pt]를 선택합니다. ❺작업 창을 닫습니다.

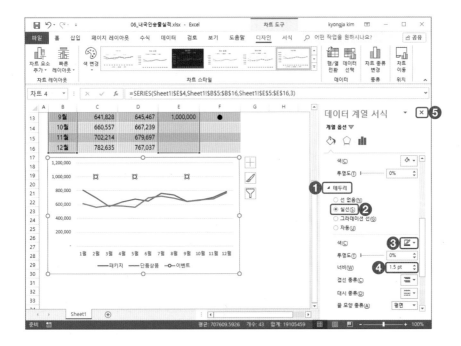

## 09 오차 막대 추가하기 ❶[이벤트] 계열을 선택한 후 ❷[차트 요소 ⊞]를 클릭합니다. ❸[오차 막대 ▶]를 클릭하여 ❹[기타 옵션]을 선택합니다.

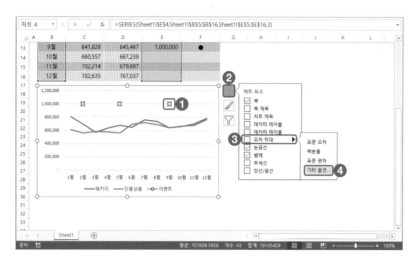

**10** [오차 막대 서식] 작업 창의 ❶[세로 오차 막대]–[방향]에서 [음의 값]을 선택합니다. ❷[오차량]에서 [백분율]을 선택한 후 ❸ **100**을 입력합니다. ❹[채우기 및 선 ◇]을 클릭합니다. ❺[선]–[실선]을 선택하고, ❻[색]은 [빨강], [너비]는 [0.5pt], [대시 종류]는 [사각 점선]을 선택합니다.

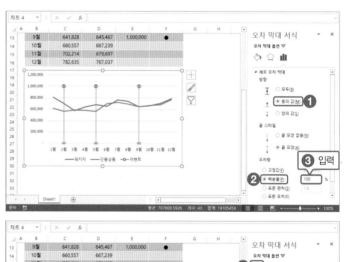

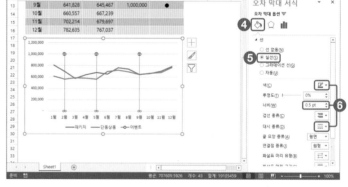

**📊 실력향상** [오차 막대] 방향을 [음의 값]으로 설정하면 표식에서부터 아래쪽 방향으로 오차 선이 표시되고 [오차량]을 100%로 설정하면 아래쪽 방향 끝까지 표시됩니다.

**11** ❶ [차트 영역]을 선택한 후 [차트 영역 서식] 작업 창에서 ❷ [크기 및 속성 ▣ ]을 클릭합니다. ❸ [속성]을 클릭한 후 ❹ [변하지 않음]을 선택합니다. ❺ 작업 창을 닫습니다.

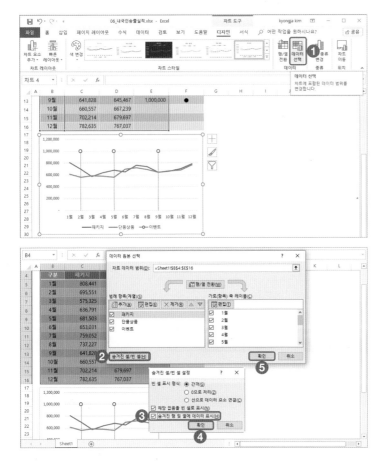

**📊 실력향상** 차트 속성을 [변하지 않음]으로 설정하면 차트가 표시된 행과 열이 숨기기되거나 크기가 변경되더라도 차트의 위치와 크기는 변하지 않습니다.

**12 숨겨진 열 차트에 표시하기** E열을 숨기면 차트에 [이벤트] 계열이 표시되지 않습니다. 숨겨진 셀도 차트에 표시되도록 변경해보겠습니다. 차트를 선택한 후 ❶ [차트 도구]-[디자인] 탭-[데이터] 그룹-[데이터 선택]을 클릭합니다. [데이터 원본 선택] 대화상자에서 ❷ [숨겨진 셀/빈 셀]을 클릭합니다. [숨겨진 셀/빈 셀 설정] 대화상자에서 ❸ [숨겨진 행 및 열에 데이터 표시]를 체크 표시합니다. ❹ [확인]을 클릭합니다. 다시 나타난 [데이터 원본 선택] 대화상자에서도 ❺ [확인]을 클릭합니다.

**13** ❶ E열 머리글을 선택한 후 ❷ 마우스 오른쪽 버튼을 클릭하여 ❸ [숨기기]를 선택합니다. E열이 숨겨졌지만 차트에는 [이벤트] 계열이 그대로 표시됩니다.

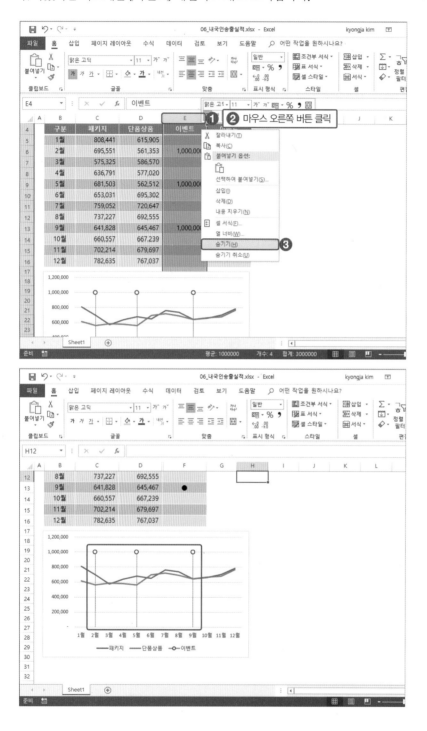

CHAPTER

# 04

# 빠르고 효율적인 데이터 관리 기능

많은 양의 데이터는 엑셀의 정렬, 필터, 부분합, 통합 관리 도구를 이용해 정리, 추출, 취합, 통계와 같은 결과로 쉽게 확인할 수 있습니다. 특히 관리 도구 중 피벗 테이블은 복잡한 엑셀 데이터를 요약하여 분석하거나 다양한 형식의 집계표로 만드는 데 효과적으로 이용할 수 있습니다. 이러한 엑셀의 도구를 활용하여 데이터를 빠르고 효과적으로 관리하는 방법에 대해 알아보겠습니다.

# SECTION 01

# 사용자가 원하는 목록순으로 데이터 정리하기

실습 파일 | Part01/Chapter04/01_거래업체수금내역.xlsx
완성 파일 | Part01/Chapter04/01_거래업체수금내역(완성).xlsx

데이터 내용이 많아 한눈에 파악하기 힘든 경우 [정렬] 기능으로 오름차순이나 내림차순 또는 사용자가 지정한 순서대로 데이터를 정리하여 볼 수 있습니다. 해외 업체 수금내역에서 거래하는 통화단위별로 정리한 후 사용자 지정 목록을 이용해 거래금액이 큰 거래처순으로 정리되도록 정렬해보겠습니다.

## 미리 보기

| ▲ | A | B | C | C | D | E | F | G | H | I | J | K |
|---|---|---|---|---|---|---|---|---|---|---|---|---|
| 1 | | | | | **해외 업체 수금내역(3분기)** | | | | | | | |
| 3 | | 일자 | 업체 | 판매구분 | 결제구분 | 통화단위 | 단가 | 수량 | 금액($) | 원화금액(₩) | | |
| 4 | | 2019-07-30 | ARTHURE | 직판매 | 선급금 | EUR | 1.35 | 51,840 | 69,984.0 | ☆ 89,572,521.6 | | |
| 5 | | 2019-08-04 | ARTHURE | 직판매 | 선급금 | EUR | 2.89 | 7,560 | 21,848.4 | ☆ 27,963,767.2 | | |
| 6 | | 2019-08-06 | ARTHURE | 직판매 | 선급금 | EUR | 6.32 | 1,890 | 11,944.8 | ☆ 15,288,149.5 | | |
| 7 | | 2019-08-15 | ARTHURE | 직판매 | 선급금 | EUR | 4.50 | 3,000 | 13,500.0 | 17,278,650.0 | | |
| 8 | | 2019-08-15 | ARTHURE | 직판매 | 선급금 | EUR | 2.57 | 10,000 | 25,700.0 | ☆ 32,893,430.0 | | |
| 9 | | 2019-09-17 | ARTHURE | 직판매 | 선수금 | EUR | 2.46 | 14,013 | 34,472.0 | ☆ 44,120,687.2 | | |
| 10 | | 2019-09-18 | ARTHURE | 직판매 | 선수금 | EUR | 2.33 | 5,120 | 11,929.6 | ☆ 15,268,695.0 | | |
| 11 | | 2019-09-28 | ARTHURE | 직판매 | 선수금 | EUR | 2.39 | 4,800 | 11,472.0 | ☆ 14,683,012.8 | | |
| 12 | | 2019-07-03 | UENO_E | 직판매 | D/A90 | EUR | 0.52 | 100 | 52.0 | ☆ 66,554.8 | | |
| 13 | | 2019-07-04 | UENO_E | 직판매 | T/T30 | EUR | 0.52 | 60 | 31.2 | 39,932.9 | | |
| 14 | | 2019-07-05 | UENO_E | 직판매 | T/T30 | EUR | 6.80 | 240 | 1,632.0 | ☆ 2,088,796.8 | | |
| 15 | | 2019-07-14 | UENO_E | 직판매 | 선급금 | EUR | 1.02 | 30,276 | 30,881.5 | ☆ 39,525,257.4 | | |
| 16 | | 2019-07-14 | UENO_E | 직판매 | 미수금 | EUR | 3.15 | 432 | 1,360.8 | ☆ 1,741,687.9 | | |
| 17 | | 2019-07-15 | SANWA | 직판매 | 미수금 | EUR | 28.11 | 270 | 7,589.7 | ☆ 9,714,057.0 | | |
| 18 | | 2019-07-15 | SANWA | 직판매 | 선급금 | EUR | 3.26 | 320 | 1,043.2 | ☆ 1,335,191.7 | | |
| 19 | | 2019-07-16 | SANWA | LC | 선급금 | EUR | 8.10 | 2,000 | 16,200.0 | ☆ 20,734,380.0 | | |
| 20 | | 2019-07-20 | SANWA | 직판매 | 미수금 | EUR | 29.23 | 240 | 7,015.2 | ☆ 8,978,754.5 | | |
| 21 | | 2019-07-21 | SANWA | 직판매 | 미수금 | EUR | 23.66 | 480 | 11,356.8 | ☆ 14,535,568.3 | | |
| 22 | | 2019-07-22 | SANWA | 직판매 | 미수금 | EUR | 2.29 | 10,080 | 23,083.2 | ☆ 29,544,187.7 | | |

수금내역 거래업체순위

준비

회사에서
바로 통하는
**키워드**

정렬, 사용자 지정 목록 등록, 사용자 지정 정렬, 다중 정렬,
중복 데이터 제거

**한눈에 보는 작업순서**

사용자 목록 직접 입력하여 정렬하기 ▶ 거래업체 데이터 중복 제거하여 목록 정리하기 ▶ 정리된 데이터 사용자 지정 목록에 범위로 등록하기 ▶ 여러 조건으로 데이터 정렬하기

**01 사용자 지정 목록 등록하고 정렬하기**  ❶ [B3] 셀을 선택한 후 ❷ [데이터] 탭-[정렬 및 필터] 그룹-[정렬]을 클릭합니다. ❸ [정렬] 대화상자의 [정렬 기준]에서 [통화단위], [셀 값], [사용자 지정 목록]을 선택합니다.

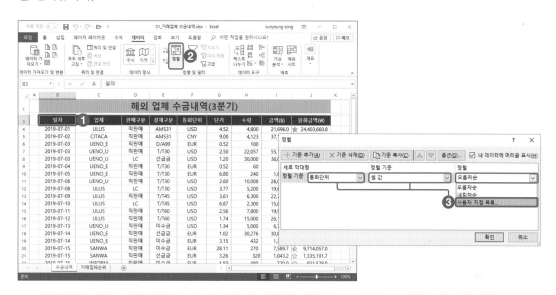

📊 **실력향상**  [B3] 셀을 클릭한 후 [정렬]을 선택하면 선택한 셀이 포함된 연속 데이터 범위가 자동으로 선택됩니다.

**02**  ❶ [사용자 지정 목록] 대화상자에서 [새 목록]을 선택합니다. ❷ [목록 항목]에 **EUR**, **USD**, **CNY**, **JPY**를 순서대로 Enter를 누르며 입력합니다. ❸ [추가]를 클릭하여 목록에 추가한 후 ❹ [확인]을 클릭합니다. ❺ [정렬] 대화상자에서 통화단위의 정렬 순서가 입력한 순으로 지정되어 있습니다. ❻ [확인]을 클릭합니다.

📊 **실력향상**  [사용자 지정 목록]에 등록한 목록은 사용자가 삭제하지 않으면 그대로 유지되어 사용할 수 있어 한 번만 등록하여 사용합니다.

**03 거래금액 순으로 거래업체 정리하기** 이번에는 수금내역이 큰 순서대로 거래업체 데이터를 정리하겠습니다. ❶ C열 머리글을 선택한 후 ❷ Ctrl 을 누른 상태에서 J열 머리글을 추가로 선택합니다. ❸ Ctrl + C 를 눌러 복사합니다.

**04** ❶ [거래업체순위] 시트를 선택합니다. ❷ B열 머리글을 선택한 후 ❸ Ctrl + V 를 눌러 붙여넣기합니다. ❹ [붙여넣기 옵션 🔽(Ctrl)▾]-[값 🔽]을 선택합니다.

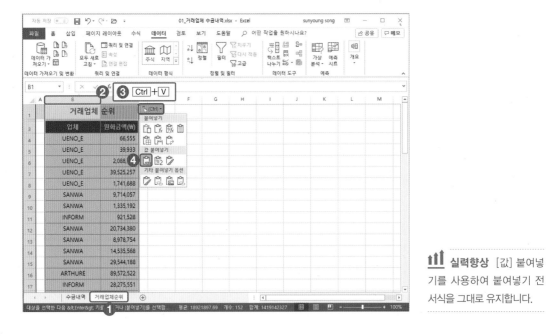

🔼 **실력향상** [값] 붙여넣기를 사용하여 붙여넣기 전 서식을 그대로 유지합니다.

**05** ❶ [C4] 셀을 선택한 후 ❷ [데이터] 탭-[정렬 및 필터] 그룹-[숫자 내림차순 정렬 ↓]을 클릭합니다.

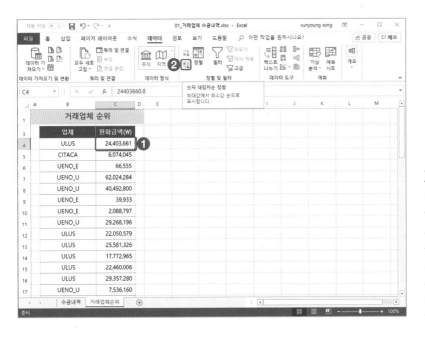

**🔰 실력향상** [정렬] 도구의 오름차순, 내림차순 메뉴는 데이터 유형에 따라 자동으로 [텍스트 오름차순/내림차순 정렬], [숫자 오름차순/내림차순 정렬], [날짜/시간 오름차순/내림차순 정렬]로 변경되어 표시됩니다.

**06** ❶ [데이터] 탭-[데이터 도구] 그룹-[중복된 항목 제거 ☷]를 클릭합니다. ❷ [중복된 항목 제거] 대화상자에서 [업체]에 체크 표시하고, [원화금액]은 체크 표시를 해제합니다. ❸ [확인]을 클릭합니다. ❹ 61개의 중복된 데이터가 제거되었다는 메시지가 나타나면 [확인]을 클릭합니다.

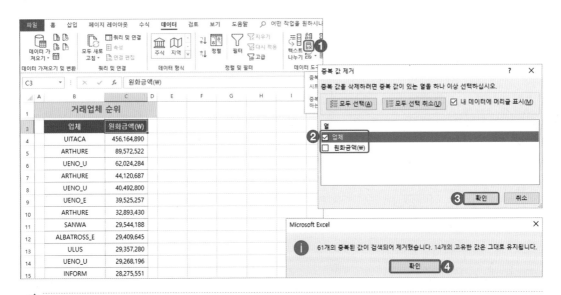

**🔰 실력향상** 중복된 항목 제거는 중복된 데이터 중 첫 번째 데이터만 남겨두고 나머지는 모두 제거하므로 거래금액이 큰 순서대로 내림차순 정렬한 후 업체의 중복된 항목을 제거합니다.

**07 정리한 데이터 사용자 지정 목록에 등록하기** ❶ [파일] 탭-[옵션]을 선택합니다. ❷ [Excel 옵션] 대화상자에서 [고급]을 선택하고 ❸ [일반]에서 [사용자 지정 목록 편집]을 클릭합니다.

**08** ❶ [사용자 지정 목록] 대화상자에서 [목록 가져올 범위]에 [B4:B17] 셀 범위를 드래그하여 입력합니다. ❷ [가져오기]를 클릭합니다. [목록 항목]에 거래금액이 큰 업체 순서대로 표시됩니다. ❸ [확인]을 클릭합니다. ❹ [Excel 옵션] 대화상자에서도 [확인]을 클릭합니다.

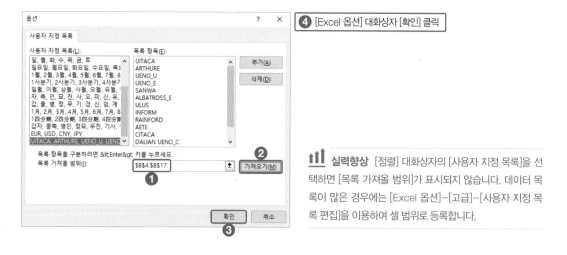

❹ [Excel 옵션] 대화상자 [확인] 클릭

**III 실력향상** [정렬] 대화상자의 [사용자 지정 목록]을 선택하면 [목록 가져올 범위]가 표시되지 않습니다. 데이터 목록이 많은 경우에는 [Excel 옵션]-[고급]-[사용자 지정 목록 편집]을 이용하여 셀 범위로 등록합니다.

**09 여러 조건으로 데이터 정렬하기** ❶ [수금내역] 시트를 선택합니다. ❷ [B3] 셀을 선택한 후 ❸ [데이터] 탭-[정렬 및 필터] 그룹-[정렬]을 클릭합니다. ❹ [정렬] 대화상자에서 [기준 추가]를 클릭하여 정렬 기준을 추가합니다. ❺ 두 번째 [다음 기준]에서 [업체], [셀 값], [사용자 지정 목록]을 선택합니다.

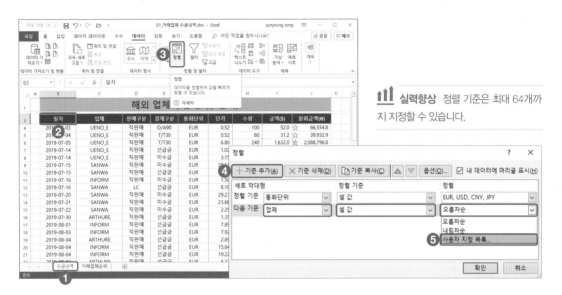

**실력향상** 정렬 기준은 최대 64개까지 지정할 수 있습니다.

**10** ❶ [사용자 지정 목록] 대화상자에서 거래금액순으로 정렬된 거래업체를 선택하고 ❷ [확인]을 클릭합니다. ❸ [정렬] 대화상자에서도 [확인]을 클릭합니다.

**11** EUR, USD, CNY, JPY 순으로 통화단위가 정렬되고, 같은 통화단위인 경우 정해놓은 업체 순서대로 정렬됩니다. 각 통화 단위와 거래금액이 큰 업체순으로 수금내역을 확인할 수 있습니다.

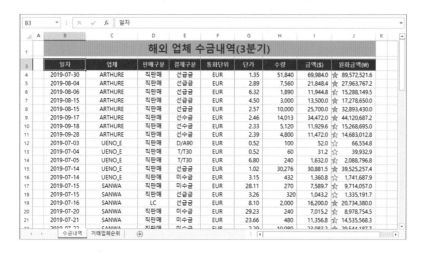

데이터 정렬 방법과 순서

특정 필드를 기준으로 데이터를 정렬하는 [정렬] 기능은 오름차순, 내림차순, 사용자 지정 목록 또는 색상이나 아이콘을 기준으로 정렬할 수 있습니다. 데이터 정렬 방법과 순서는 다음과 같습니다.

**데이터 정렬 방법**

| 정렬 방법 | 정렬 기준 |
|---|---|
| 오름차순 | 작은 수에서 큰 수 순서대로 정렬 |
| 내림차순 | 큰 수에서 작은 수 순서대로 정렬 |
| 사용자 지정 정렬 | 사용자가 지정한 순서대로 정렬 |
| 색상으로 정렬 | 셀의 채우기 색, 글꼴 색으로 데이터 정렬 |
| 조건부 서식 아이콘 | 조건부 서식의 아이콘으로 데이터 정렬 |

**데이터 정렬 순서** 혼합된 데이터인 경우 시간, 숫자, 날짜, 특수 문자, 영문, 한글, 논리값 순으로 정렬됩니다. 공백은 항상 아래쪽에 표시됩니다.

| 오름차순 | 내림차순 |
|---|---|
| 시간 | 논리값 |
| 숫자 | 한글 |
| 날짜 | 영문 |
| 특수 문자 | 특수 문자 |
| 영문 | 날짜 |
| 한글 | 숫자 |
| 논리값 | 시간 |
| 공백 | 공백 |

# SECTION 02

# 함수와 자동 필터로 명단 추출하기

실습 파일 | Part01/Chapter04/02_하반기직무교육명단.xlsx
완성 파일 | Part01/Chapter04/02_하반기직무교육명단(완성).xlsx

직원명단에서 상반기 교육을 받지 않은 직원을 구분해 하반기 교육 대상자 명단을 만들려고 합니다.
상반기 교육을 이수한 직원 명단과 COUNTIF 함수를 이용하여 교육 이수 횟수를 표시하고, 자동 필터 기능으로 교육을 이수하지 못한 직원을 추출해 하반기 교육 대상자 명단을 작성해보겠습니다.

## 미리 보기

| | A | B | C | D | E | F | G |
|---|---|---|---|---|---|---|---|
| 2 | | 하반기 사내교육 대상자 | | | | | |
| 4 | 사번 | 성명 | 근무부서 | 직위 | | | |
| 5 | mdS213357 | 장영희 | CS경영팀 | 상무 | | | |
| 6 | mdS114233 | 강미경 | CS경영팀 | 부장 | | | |
| 7 | mdS043359 | 이상연 | CS경영팀 | 차장 | | | |
| 8 | mdS070926 | 송마리 | 경영감사팀 | 과장 | | | |
| 9 | mdS124376 | 오수 | 경영감사팀 | 과장 | | | |
| 10 | mdS212226 | 안선희 | 경영감사팀 | 과장 | | | |
| 11 | mdS219661 | 김현국 | 경영기획팀 | 상무 | | | |
| 12 | mdS219105 | 정민국 | 경영컨설팅팀 | 상무 | | | |
| 13 | mdS215650 | 김종주 | 교육지원팀 | 차장 | | | |
| 14 | mdS060130 | 이덕영 | 교육지원팀 | 차장 | | | |
| 15 | mdS039563 | 박정아 | 국제인증팀 | 과장 | | | |
| 16 | mdS134719 | 선우진 | 기획조정실 | 전무 | | | |
| 17 | mdS217561 | 황오연 | 기획조정실 | 상무 | | | |
| 18 | mdS213838 | 이재현 | 기획조정실 | 부장 | | | |
| 19 | mdS133903 | 구유정 | 미래전략연구실 | 전무 | | | |
| 20 | mdS141162 | 김진영 | 미래전략연구실 | 상무 | | | |
| 21 | mdS139329 | 홍순우 | 미래전략연구실 | 차장 | | | |
| 22 | mdS123449 | 김은정 | 미래전략연구실 | 과장 | | | |
| 23 | mdS138025 | 선유명 | 미래전략연구실 | 대리 | | | |

◀ ▶ 직원명단 │ 상반기교육 이수자 │ 하반기교육 대상자 ⊕

준비

회사에서
바로 통하는
**키워드**

자동 필터, 데이터 추출,
COUNTIF, 이름 지정

**한눈에 보는 작업순서**

| 상반기 교육 이수자 명단 이름 지정하기 | ▶ | COUNTIF 함수로 교육이수 횟수 확인하기 | ▶ | 자동 필터로 교육 이수하지 못한 직원 추출하기 | ▶ | 하반기 교육 대상자 명단 만들기 |
|---|---|---|---|---|---|---|

**01 이름 정의하기** ❶ [상반기교육 이수자] 시트를 선택하고 ❷ [C5:C1266] 셀 범위를 선택합니다. ❸ [이름 상자]에 **교육이수자**를 입력합니다. ❹ Enter 를 누릅니다.

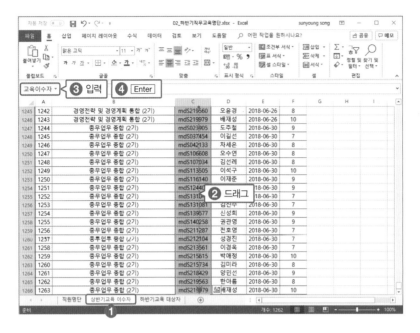

⏱️ **시간단축** [C5] 셀을 선택한 후 Ctrl + Shift + ↓ 를 눌러 [C5:C1266] 셀 범위를 쉽게 선택할 수 있습니다.

📊 **실력향상** 정의된 이름은 [수식] 탭-[정의된 이름] 그룹-[이름 관리자]에서 확인할 수 있습니다.

**02 교육 이수 횟수 확인하기** ❶ [직원명단] 시트의 ❷ [E5] 셀을 선택합니다. ❸ [수식] 탭-[함수 라이브러리] 그룹-[함수 더 보기]를 클릭한 후 ❹ [통계]-[COUNTIF]를 선택합니다. ❺ [함수 인수] 대화상자에서 [Range] 인수 입력란에 **교육이수자**를 입력합니다. ❻ [Criteria] 인수 입력란에 **A5**를 입력합니다. ❼ [확인]을 클릭합니다.

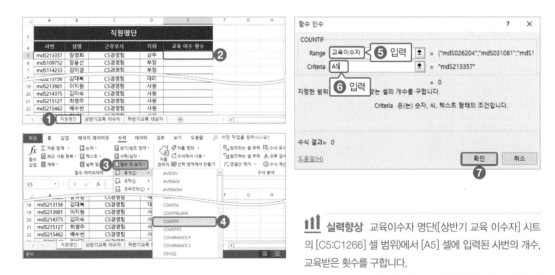

📊 **실력향상** 교육이수자 명단([상반기 교육 이수자] 시트의 [C5:C1266] 셀 범위)에서 [A5] 셀에 입력된 사번의 개수, 교육받은 횟수를 구합니다.

📊 **실력향상** [Criteria] 인수 입력란에 커서를 위치한 후 [A5] 셀을 클릭하여 쉽게 입력할 수 있습니다.

**03** [E5] 셀의 채우기 핸들을 더블클릭하여 수식을 복사합니다.

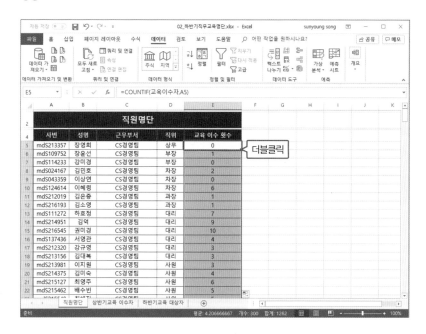

**04 교육 이수하지 못한 직원 추출하기** ❶ [A4] 셀을 선택합니다. ❷ [데이터] 탭-[정렬 및 필터] 그룹-[필터]를 클릭합니다. [필터]가 설정되었습니다. ❸ [교육 이수 횟수] 필드명의 ▼를 클릭합니다. ❹ [모두 선택]의 체크 표시를 해제하고 [0]에 체크 표시합니다. ❺ [확인]을 클릭합니다.

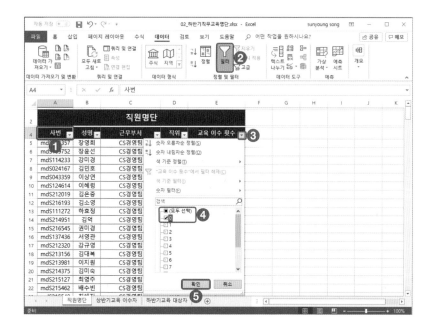

**05 하반기 교육 대상자 명단 만들기** 교육 이수 횟수가 '0'인 명단이 필터되었습니다. ❶ Ctrl + A 를 눌러 필터된 셀 범위를 선택합니다. ❷ Ctrl + C 를 눌러 복사합니다.

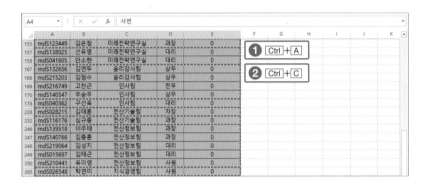

**실력향상** 조건을 설정한 필드의 필터 목록은 🔽으로 표시됩니다. 필터 해제는 🔽를 클릭하여 ['교육 이수 횟수'에서 필터 해제]를 선택하거나 [데이터] 탭-[정렬 및 필터] 그룹-[지우기]를 클릭하여 해제할 수 있습니다.

**06** ❶ [하반기교육 대상자] 시트를 선택하고 ❷ [A4] 셀을 선택합니다. ❸ Ctrl + V 를 눌러 붙여 넣습니다. ❹ E열 머리글을 선택한 후 ❺ 마우스 오른쪽 버튼을 클릭하여 ❻ [삭제]를 선택합니다.

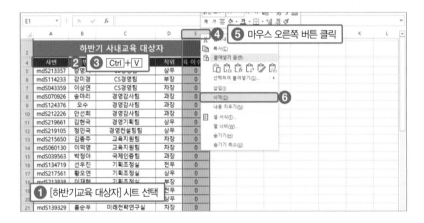

---

★★★
**비법노트**

**자동 필터**

필터로 지정한 조건에 맞는 데이터를 추출합니다. 여러 필드에 조건을 지정하면 AND 조건으로 추출되며, 대화상자를 이용한 조건은 최대 두 개까지 지정할 수 있습니다.

**데이터 형식에 따른 필터**

❶ **텍스트 필터** 같음, 같지 않음, 시작 문자, 끝 문자, 포함, 포함하지 않음 중 조건을 선택하거나 사용자 지정 필터를 이용하여 직접 조건을 입력할 수 있습니다.

❷ **숫자 필터** 같음, 같지 않음, 보다 큼, 크거나 같음, 보다 작음, 작거나 같음 중 조건을 선택하거나 해당 범위로 특정 숫자 범위를 지정할 수 있습니다. 그 외 상위 데이터, 평균 초과/미만, 사용자가 직접 조건을 입력하는 [사용자 지정 필터]가 있습니다.

❸ **날짜 필터** 같음, 이전/이후, 해당 범위, 일별, 주별, 월별, 분기별, 연도별 중 선택하여 날짜별로 필터하거나 [사용자 지정 필터]를 이용하여 직접 조건을 입력할 수 있습니다.

❹ **색 기준 필터** 표 안에 여러 셀 색과 글꼴 색상을 사용한 경우 기본색과 설정해놓은 색을 구분하여 데이터를 필터할 수 있습니다. 따로 설정한 색상 없이 기본 셀 색, 글꼴 색으로만 되어 있으면 [색 기준 필터] 메뉴는 비활성화되어 보입니다.

---

# SECTION 03

## 다양한 조건을 만족하는 데이터 추출하기

실습 파일 | Part01/Chapter04/03_중고차 매물목록.xlsx
완성 파일 | Part01/Chapter04/03_중고차 매물목록(완성).xlsx

자동 필터는 AND 조건으로만 데이터가 필터링되고 두 개 이상의 조건을 한 번에 적용할 수 없습니다. 그래서 조건을 여러 개 지정하거나 OR 조건으로 데이터를 추출할 때는 고급 필터를 사용합니다. 중고차 매물 목록에서 고급 필터의 사용법에 대해 알아보겠습니다.

## 미리 보기

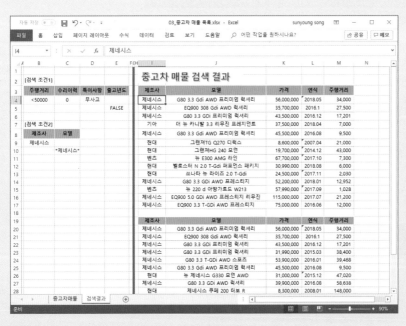

회사에서
바로 통하는
**키워드**

이름 정의, 고급 필터,
AND 조건,
OR 조건,
와일드카드 조건

**한눈에
보는
작업순서**

원본 데이터 범위,
이름 지정하기 ▶ 고급 필터 조건
지정하기 ▶ 고급 필터로
데이터 검색하기

▶ 고급 필터 와일드카드 조건
지정하기 ▶ 고급 필터로
데이터 검색하기

**01 이름 정의하기** 고급 필터에서 사용할 데이터 목록에 이름을 지정하겠습니다. ❶ [중고차매물] 시트를 선택합니다. ❷ [A4] 셀을 선택한 후 ❸ Ctrl + A 를 눌러 진체 데이터 범위를 선택합니다. ❹ [이름 상자]에 **매물목록**을 입력하고 Enter 를 누릅니다.

**02 AND 조건 입력하기** 중고차 매물 목록에서 주행거리가 짧으면서 수리이력이 없는 무사고 차량이거나 2017년 이후 출고된 차량을 검색해보겠습니다. ❶ [F4] 셀을 선택합니다. ❷ Ctrl 을 누른 상태에서 [K4], [L4] 셀을 선택한 후 ❸ Ctrl + C 를 누릅니다.

**03** ❶ [검색결과] 시트를 선택합니다. ❷ [B3] 셀을 선택한 후 Ctrl+V를 눌러 복사한 내용을 붙여 넣기합니다. ❸ [B4] 셀에 **<50000**, [C4] 셀에 **0**, [D4] 셀에 **무사고**를 각각 입력합니다.

**04 OR 조건 입력하기** ❶ [E3] 셀에 **출고년도**를 입력합니다. ❷ [E5] 셀을 선택합니다. ❸ [수식] 탭-[함수 라이브러리] 그룹-[텍스트]-[LEFT]를 선택합니다. ❹ [함수 인수] 대화상자에서 [Text] 인수 입력란을 클릭한 후 [중고차매물] 시트의 [D5] 셀을 선택합니다. ❺ [Num_chars] 인수 입력란에 **4**를 입력합니다. ❻ [확인]을 클릭합니다.

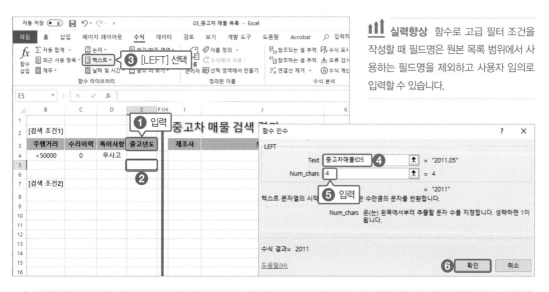

**ııı 실력향상** 함수로 고급 필터 조건을 작성할 때 필드명은 원본 목록 범위에서 사용하는 필드명을 제외하고 사용자 임의로 입력할 수 있습니다.

**ııı 실력향상** LEFT 함수를 이용하여 연식에서 왼쪽의 연도를 표시하는 네 자리만 표시합니다.

**05** [중고차매물] 시트의 [D5] 셀의 출고년도 '2011'이 표시됩니다. 수식 입력줄을 클릭하고 함수식 뒤에 **\*1)=2017**을 추가로 입력합니다.

**실력향상** LEFT 함수로 추출한 텍스트 형식의 출고년도에 1을 곱하여 숫자 형식으로 변환합니다.

**실력향상** 숫자형식으로 변환된 출고년도에 >=2017 비교식을 입력하여 '2017년 이후' 출고된 차량만 추출되도록 비교식을 직성합니다.

**06 데이터 추출하기** ❶ [검색결과] 시트의 [I5] 셀을 선택한 후 ❷ [데이터] 탭–[정렬 및 필터] 그룹–[고급]을 클릭합니다. ❸ [고급 필터] 대화상자에서 [다른 장소에 복사]를 선택하고 ❹ [목록 범위]에 **매물목록**을 입력한 후 [조건 범위]에 [B3:E5], [복사 위치]에 [I3:M3] 셀 범위를 선택합니다. ❺ [확인]을 클릭합니다.

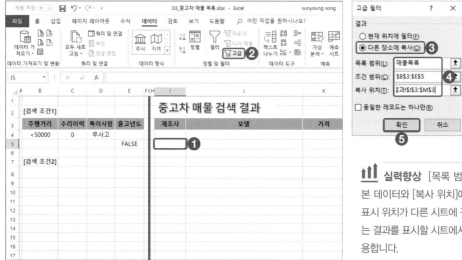

**실력향상** [목록 범위]에 입력할 원본 데이터와 [복사 위치]에 입력할 결과를 표시 위치가 다른 시트에 구분되어 있을 때는 결과를 표시할 시트에서 고급 필터를 사용합니다.

**실력향상** [복사 위치]에 빈 셀을 지정하면 원본 데이터의 제조사, 모델, 가격, 연식, 배기량 등 모든 필드명과 해당 데이터가 모두 표시됩니다. 결과로 볼 데이터가 따로 있는 경우엔 필드명을 미리 입력해두고 [복사 위치]에 지정합니다.

**실력향상** 모든 결과가 아닌 제조사, 모델명, 가격, 연식, 주행거리 결과만 보기 위해 머리글을 미리 지정해둡니다.

**07** 주행거리가 5만 미만이면서 수리이력이 없는 무사고 차량이거나 2017년 이후 출고된 차량들이 검색됩니다.

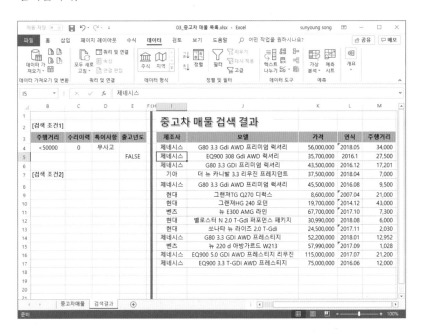

**08 와일드카드 조건 입력하기** 제네시스 명칭이 들어간 중고차량을 검색해보겠습니다. ❶ [중고차매물] 시트를 선택합니다. ❷ [A4:B4] 셀 범위를 선택한 후 ❸ Ctrl + C 를 누릅니다. ❹ [검색결과] 시트를 선택합니다. ❺ [B8] 셀을 선택한 후 Ctrl + V 를 눌러 복사한 내용을 붙여넣기합니다. ❻ [B9] 셀에 **제네시스**, [C10] 셀에 ***제네시스***를 각각 입력합니다.

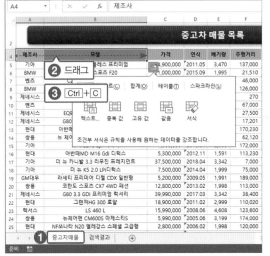 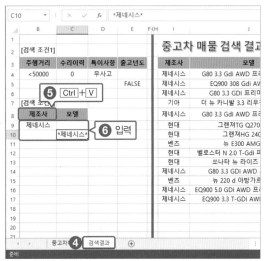

**실력향상** 와일드카드를 이용하여 *제네시스*로 조건을 입력하면 '제네시스'라는 단어가 포함된 데이터를 검색합니다.

## 09 데이터 추출하기 ❶ [I3:M3] 셀 범위를 선택합니다. ❷ Ctrl + C 를 눌러 복사합니다. ❸ [I19] 셀
을 선택한 후 ❹ Ctrl + V 를 눌러 붙여 넣습니다.

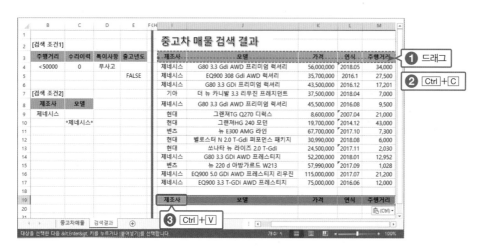

## 10 ❶ [I21] 셀을 선택한 후 ❷ [데이터] 탭-[정렬 및 필터] 그룹-[고급]을 클릭합니다. ❸ [고급 필터]
대화상자에서 [다른 장소에 복사]를 선택합니다. ❹ [목록 범위]에 **매물목록**, [조건 범위]에 [B8:C10],
[복사 위치]에 [I19:M19] 셀을 선택한 후 ❺ [확인]을 클릭합니다. 제조사가 '제네시스'이거나 모델명에
'제네시스'가 포함된 차량들이 검색되었습니다.

**ℹ️ 실력향상** 머리글이 입력된 [I19] 셀 또는 머리글 아래의 [I20] 셀을 선택 후 고급 필터를 사용하면 오류 메시지
가 표시됩니다. 고급 필터는 두 행 이상의 연속된 데이터 범위 또는 데이터가 없는 셀을 선택한 후 사용합니다.

**고급 필터의 조건 입력 방법**

고급 필터의 조건은 필드명과 필드명 아래에 해당 조건을 입력하며, 필드명은 데이터베이스의 필드명과 같게 입력해야 합니다. 단, 함수로 조건을 입력할 때는 데이터베이스의 필드명과 같지 않게 사용자 임의대로 필드명을 입력합니다. 조건은 AND 조건과 OR 조건으로 구분하여 입력합니다.

**① AND 조건** 여러 조건이 모두 만족되는 데이터를 추출할 때 사용하며, 조건들을 모두 같은 행에 입력합니다. 수리이력이 '0' 이고, 특이사항이 '무사고'인 두 조건이 모두 일치하는 데이터만 필터합니다.

| 수리이력 | 특이사항 |
|---|---|
| 0 | 무사고 |

**② OR 조건** 여러 조건 중 하나의 조건이라도 만족하는 데이터를 추출할 때 사용하며, 각 조건을 각각 다른 행에 입력합니다. 가격이 3천만 원 이하이거나 주행거리가 5만km 미만 중 하나의 조건이라도 일치하는 데이터를 모두 필터합니다.

| 가격 | 주행거리 |
|---|---|
| 〈=30000000 | |
| | 〈50000 |

# 통합 도구로
# 그룹별 통계 구하기

실습 파일 | Part01/Chapter04/04_연간매출현황.xlsx   완성 파일 | Part01/Chapter04/04_연간매출현황(완성).xlsx

여러 시트에 입력된 지역별 매출금액의 합계를 구하려고 합니다. 각 지역의 매출금액은 입력 방법이 통일되지 않고, 품목의 위치가 다르거나 월별 위치도 달라 함수로 계산하기가 쉽지 않습니다. 이때 참조 영역을 지정하여 하나의 데이터로 통계를 구해주는 통합 기능을 알아보겠습니다.

## 미리 보기

회사에서
바로 통하는
**키워드**

통합,
왼쪽에서 오른쪽으로 정렬,
이동 옵션, Ctrl + Enter

**한눈에 보는 작업순서**

통합으로
연간 총 매출현황
구하기
▶
행 머리글을
1월~12월순으로
정렬하기
▶
빈 셀에
0값
채우기
▶
통합으로 구분별
연간 매출현황
구하기

**01 연간 총 매출현황 통합 구하기** ❶[연간 총 매출현황] 시트를 선택합니다. ❷[A4] 셀을 선택합니다. ❸[데이터] 탭-[데이터 도구] 그룹-[통합 🔲]을 클릭합니다. ❹[통합] 대화상자의 [함수]에서 [합계]를 선택하고 ❺[참조] 입력란을 클릭합니다.

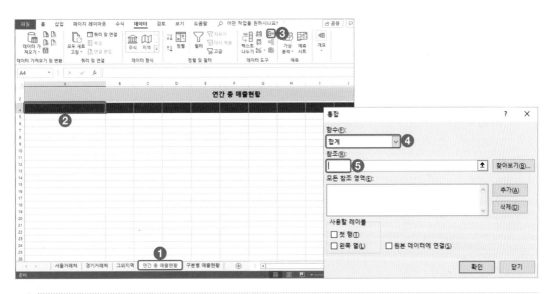

**ıll 실력향상** 서울 거래처와 경기 거래처, 그 외 지역 거래처의 품목별 월별 합계를 구하기 위해 [합계]를 선택합니다.

**02** ❶[서울거래처] 시트를 선택합니다. ❷[A4] 셀을 선택한 후 Ctrl+A를 눌러 서울 거래처 매출현황 범위를 선택합니다. ❸[통합] 대화상자에서 [추가]를 클릭하여 [모든 참조 영역]에 추가합니다.

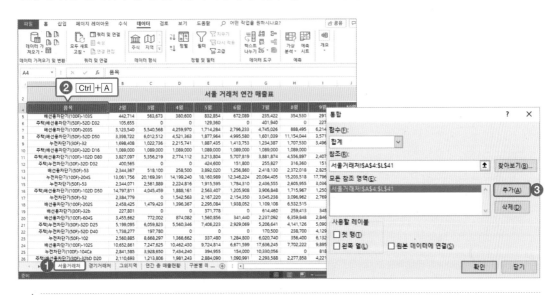

**ıll 실력향상** [모든 참조 영역]에 추가된 범위는 삭제하지 않으면 그대로 유지됩니다. 참조할 범위가 변경되었거나 사용하지 않는 경우 범위를 선택하고 [삭제]로 제거한 후 필요한 범위는 다시 추가합니다.

**03** ❶[경기거래처] 시트를 선택합니다. ❷[A4] 셀을 선택한 후 Ctrl + A 를 눌러 경기 거래처 매출현황 범위를 선택합니다. ❸추가를 클릭하여 [모든 참조 영역]에 추가합니다.

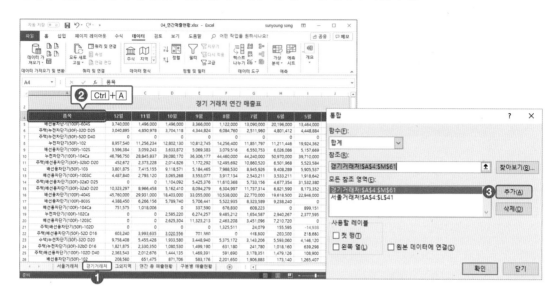

**04** ❶[그외지역] 시트를 선택합니다. ❷[A4] 셀을 선택한 후 Ctrl + A 를 눌러 그 외 지역 매출현황 범위를 선택합니다. ❸[추가]를 클릭하여 [모든 참조 영역]에 추가합니다. ❹[첫 행]과 [왼쪽 열]에 각각 체크 표시한 후 ❺[확인]을 클릭합니다.

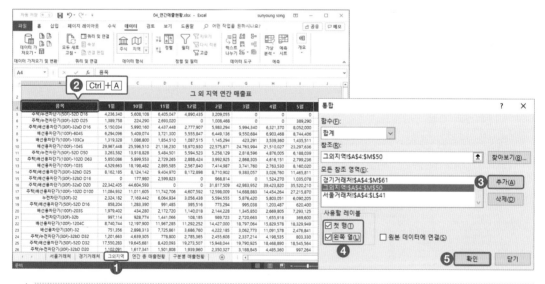

📊 **실력향상** 첫 행과 왼쪽 열을 체크 표시하여 [모든 참조 영역]에 저장된 데이터 범위의 제목 행과 제목 열을 기준으로 데이터를 통합합니다.

**05 1월~12월순으로 정렬하기** 매출현황 결과가 12월~1월순으로 표시되어 보입니다. 1월~12월순으로 수정하겠습니다. **❶** [B4] 셀을 선택합니다. **❷** Ctrl + Shift + → 를 눌러 월 데이터 오른쪽 끝까지 **❸** Ctrl + Shift + ↓ 를 눌러 아래쪽 끝까지 범위 선택합니다. **❹** [데이터] 탭-[정렬 및 필터] 그룹-[정렬]을 클릭합니다. **❺** [정렬] 대화상자의 [옵션]을 클릭합니다. **❻** [정렬 옵션] 대화상자의 [방향]을 [왼쪽에서 오른쪽]으로 선택합니다. **❼** [확인]을 클릭합니다.

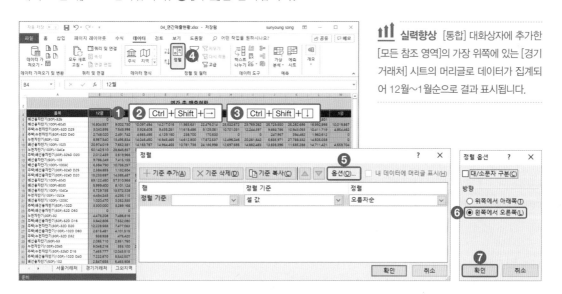

**실력향상** [통합] 대화상자에 추가한 [모든 참조 영역]의 가장 위쪽에 있는 [경기거래처] 시트의 머리글로 데이터가 집계되어 12월~1월순으로 결과 표시됩니다.

**06** **❶** [정렬] 대화상자에서 [정렬 기준]을 [행 4], [셀 값], [사용자 지정 목록]으로 선택합니다. **❷** [사용자 지정 목록] 대화상자에서 [1월 ~ 12월] 목록을 선택하고 **❸** [확인]을 클릭합니다.

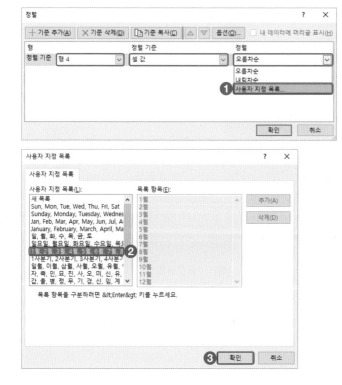

**07** ❶ [정렬] 대화상자의 정렬이 1월~12월순으로 지정되었습니다. ❷ [확인]을 클릭합니다. ❸ [A4] 셀에 **품목**을 입력합니다.

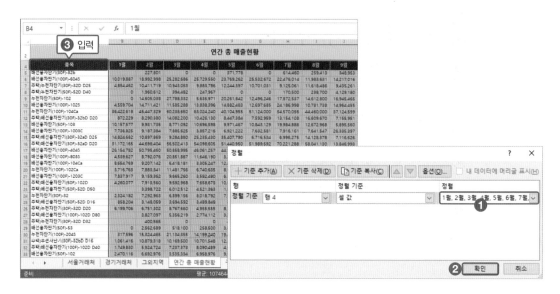

**08 빈 셀에 0값 입력하기** 몇몇 품목들은 1월 매출현황이 없어 0이 아닌 빈 셀로 표시되어 있습니다. 빈 셀에 **0**을 입력하겠습니다. ❶ 표 범위 전체가 선택된 상태에서 [홈] 탭-[편집] 그룹-[찾기 및 선택]-[이동 옵션]을 선택합니다. ❷ [이동 옵션] 대화상자에서 [빈 셀]을 선택하고 ❸ [확인]을 클릭합니다.

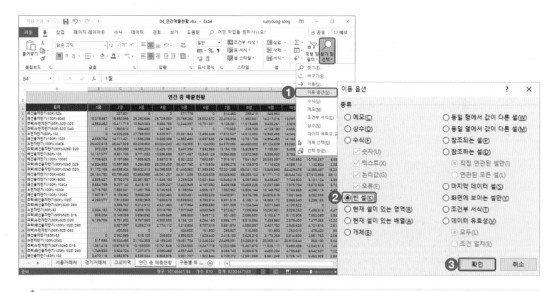

📶 **실력향상** 서울 거래처에 1월 매출 자체가 없어 서울 거래처에서만 있던 품목들의 1월 값은 빈 셀로 표시되어 보입니다.

**09** ❶ 빈 셀들만 선택된 상태에서 **0**을 입력하고 ❷ Ctrl + Enter 를 누릅니다. 서울 거래처와 경기 거래처, 그 외 지역 거래처의 품목별, 월별 총 매출현황 집계표가 완성되었습니다.

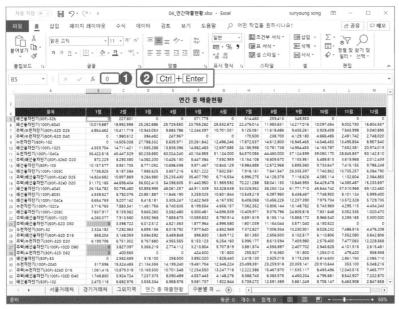

**10 품목 구분별 총 매출현황 통합 구하기** 여러 품목 중 '누전차단기'와 '배선용차단기', 구분별 하반기 매출현황을 구해보겠습니다. ❶ [구분별 매출현황] 시트를 선택합니다. ❷ [B4] 셀에 **6월**을 입력합니다. ❸ [B4]을 클릭한 후 [H4] 셀까지 자동 채우기하여 '6월~12월'의 데이터를 입력합니다. ❹ [A4:H10] 셀 범위를 선택합니다. ❺ [데이터] 탭-[데이터 도구] 그룹-[통합 🖽]을 클릭합니다. ❻ [통합] 대화상자의 [함수]에서 [합계]를 선택하고 ❼ [참조] 입력란을 클릭합니다.

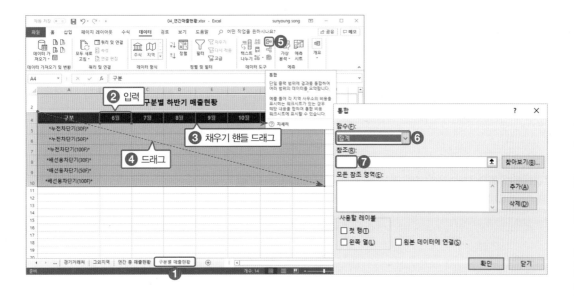

**11** ❶[서울거래처] 시트를 선택합니다. ❷[A4] 셀을 선택한 후 Ctrl+A를 눌러 서울 거래처 매출현황 범위를 선택합니다. ❸[추가]를 클릭하여 [모든 참조 영역]에 추가합니다.

**12** ❶[경기거래처] 시트를 선택합니다. ❷[A4] 셀을 선택한 후 Ctrl+A를 눌러 경기 거래처 매출현황 범위를 선택합니다. ❸[추가]를 클릭하여 [모든 참조 영역]에 추가합니다.

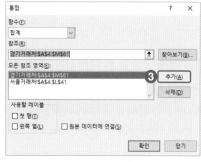

**13** ❶[그외지역] 시트를 선택합니다. ❷[A4] 셀을 선택한 후 Ctrl+A를 눌러 그 외 지역 매출현황 범위를 선택합니다. ❸[추가]를 클릭하여 [모든 참조 영역]에 추가합니다. ❹[첫 행]과 [왼쪽 열]에 각각 체크 표시한 후 ❺[확인]을 클릭합니다.

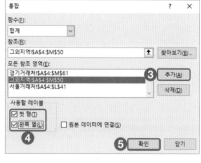

**14** 서울 거래처와 경기 거래처, 그 외 지역 거래처의 '누전차단기'와 '배선용차단기'의 구분별, 하반기 매출현황 집계표가 완성되었습니다.

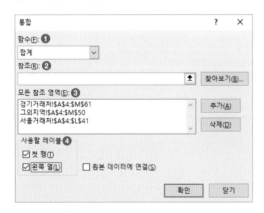

| 구분 | 6월 | 7월 | 8월 | 9월 | 10월 | 11월 | 12월 |
| --- | --- | --- | --- | --- | --- | --- | --- |
| *누전차단기(30F)* | 75,207,760 | 82,692,720 | 99,740,920 | 84,193,975 | 63,297,135 | 56,080,812 | 47,682,250 |
| *누전차단기(50F)* | 32,537,150 | 40,074,724 | 44,427,660 | 40,235,633 | 46,873,046 | 51,366,436 | 31,163,460 |
| *누전차단기(100F)* | 121,569,894 | 151,817,118 | 150,431,802 | 141,863,811 | 130,845,818 | 96,862,507 | 112,268,812 |
| *배선용차단기(30F)* | 167,589,496 | 202,478,607 | 200,476,372 | 139,466,676 | 145,485,883 | 91,485,965 | 117,962,944 |
| *배선용차단기(50F)* | 81,595,385 | 93,758,310 | 97,057,379 | 85,546,715 | 101,046,345 | 76,872,444 | 78,115,928 |
| *배선용차단기(100F)* | 315,110,592 | 312,597,657 | 275,010,132 | 337,940,663 | 258,809,191 | 224,373,976 | 236,962,300 |

★ ★ ★
**비법노트**

### 데이터를 모으고 계산해주는 통합

[통합]은 흩어져있는 동일한 구조의 표를 하나의 표로 합치거나 흩어져 있는 동일한 구조인 표의 통계값을 계산할 때 사용하는 기능입니다. 동일한 구조의 표는 첫 행이나 왼쪽 열을 기준으로 모아지고 통계 결과가 구해집니다.

① **함수** 통합에서 사용되는 함수로 합계, 개수, 평균 등 총 11가지 함수가 있으며, 데이터를 모으는 용도로 사용할 때는 합계 함수를 선택합니다.

② **참조** 통합할 표의 일시적인 범위를 지정합니다. 범위 지정 후 [추가]를 클릭하여 모든 참조 영역에 보관합니다.

③ **모든 참조 영역** 다른 시트나 다른 파일의 흩어져 있는 표 범위를 보관합니다. [참조]에서 범위 지정 후 [추가]를 클릭하여 모든 참조 영역에 추가합니다. 보관된 참조 범위를 제거할 때는 [삭제]를 클릭하여 제거합니다.

④ **사용할 레이블** 표 범위의 데이터들을 모으거나 계산 작업 시 기준이 될 머리글을 선택하는 메뉴로, 첫 행이나 왼쪽 열을 기준으로 데이터를 모으거나 계산됩니다.

SECTION
# 05 부분합을 이용한 데이터 요약 방법 알아보기

실습 파일 | Part01/Chapter04/05_지점별직원수와실적합계.xlsx
완성 파일 | Part01/Chapter04/05_지점별직원수와실적합계(완성).xlsx

부분합은 특정 필드를 기준으로 데이터를 그룹화하여 합계, 평균 등을 자동으로 계산하는 기능입니다. 부분합을 이용하여 지점별 실적 합계와 부서별 인원수를 구하겠습니다. 부분합 결과는 상세 내역을 제외한 통계 결과만 따로 정리한 후 지점의 합계는 조건부 서식을 이용하여 따로 구분하겠습니다.

## 미리 보기

A1 | 지점별 직원수와 2018, 2019년 실적 합계

| | A | B | C | D | E |
|---|---|---|---|---|---|
| 1 | 지점별 직원수와 2018, 2019년 실적 합계 | | | | |
| 2 | | | | | |
| 3 | 지점 | 부서명 | 인원수 | 2018년 실적 | 2019년 실적 |
| 4 | 경기 지점 | 영업1팀 | 9 | | |
| 5 | | 영업2팀 | 10 | | |
| 6 | | 영업3팀 | 6 | | |
| 7 | | 실적합계 | | 869,475,100 | 881,393,480 |
| 8 | 광주 지점 | 영업1팀 | 7 | | |
| 9 | | 영업2팀 | 9 | | |
| 10 | | 영업3팀 | 4 | | |
| 11 | | 실적합계 | | 856,796,600 | 788,254,540 |
| 12 | 대구 지점 | 영업1팀 | 11 | | |
| 13 | | 영업2팀 | 11 | | |
| 14 | | 실적합계 | | 792,984,262 | 734,053,700 |
| 15 | 대전 지점 | 영업1팀 | 8 | | |
| 16 | | 영업2팀 | 10 | | |
| 17 | | 실적합계 | | 577,155,250 | 623,128,106 |
| 18 | 부산 지점 | 영업1팀 | 7 | | |
| 19 | | 영업2팀 | 6 | | |
| 20 | | 영업3팀 | 6 | | |
| 21 | | 실적합계 | | 664,706,800 | 640,583,240 |



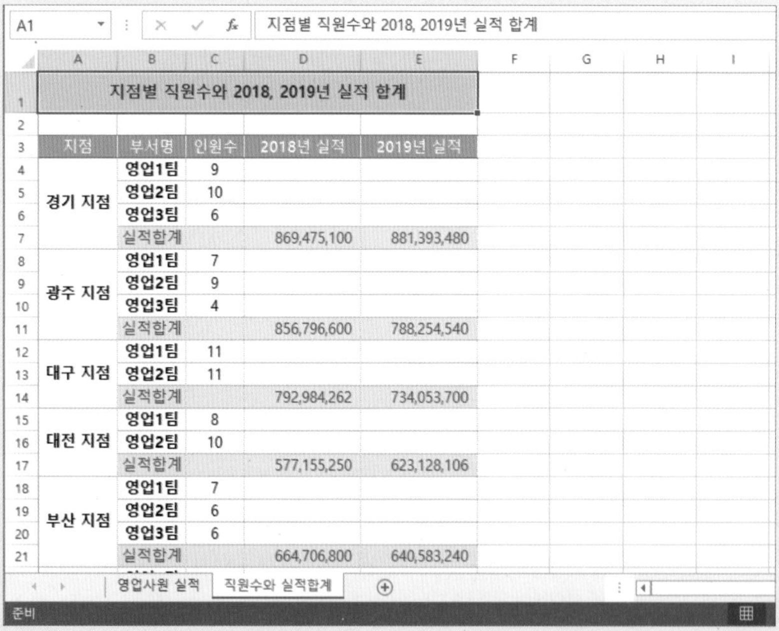

회사에서 바로 통하는 **키워드**

정렬, 부분합, 이동 옵션, 화면에 보이는 셀만 선택, 조건부 서식

**한눈에 보는 작업순서**

필드 정렬하기 ▶ 지점별 실적 합계 부분합 구하기 ▶ 각 지점의 부서별 인원수 부분합 구하기 ▶ 화면에 보이는 부분합 결과로 집계표 작성하기 ▶ 합계 영역에 조건부 서식 지정하기

**01 지점별, 부서명별로 필드 정렬하기** ❶ [영업사원 실적] 시트의 [A3] 셀을 선택합니다. ❷ [데이터] 탭-[정렬 및 필터] 그룹-[정렬]을 클릭합니다. ❸ [정렬] 대화상자의 첫 번째 [정렬 기준]에서 [지점], [셀 값], [오름차순]을 선택합니다. ❹ [기준 추가]를 클릭합니다. ❺ 추가된 두 번째 [정렬 기준]에서 [부서명], [셀 값], [오름차순]을 선택합니다. ❻ [확인]을 클릭합니다.

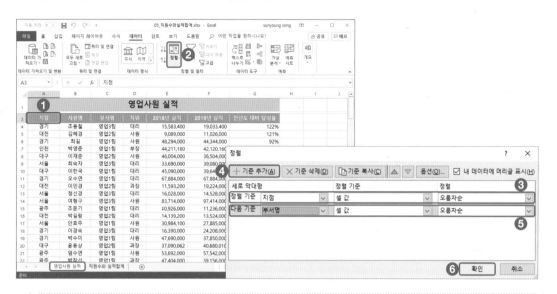

**실력향상** 지점별 합계와 각 지점의 부서별 인원수를 구하기 위해 지점, 부서명순으로 정렬합니다.

**02 부분합으로 지점별 실적합계 구하기** 지점별 2018년, 2019년 실적의 합계를 구하겠습니다. ❶ [A3] 셀을 클릭한 후 ❷ [데이터] 탭-[개요] 그룹-[부분합]을 클릭합니다. ❸ [부분합] 대화상자에서 [그룹화할 항목]으로 [지점], ❹ [사용할 함수]로 [합계]를 선택하고 ❺ [부분합 계산 항목]은 [2018년 실적], [2019년 실적]에만 각각 체크 표시합니다. ❻ [확인]을 클릭합니다.

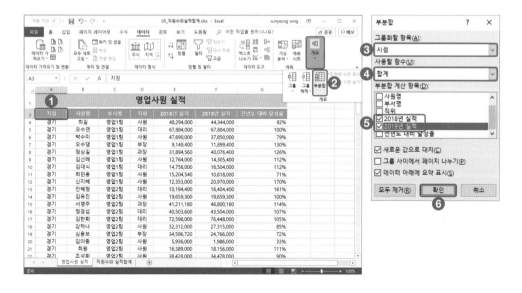

## 03 하위 부분합으로 부서별 인원수 추가하기
부서명별 인원수를 구하겠습니다. ❶ [데이터] 탭-[개요] 그룹-[부분합]을 클릭합니다. ❷ [부분합] 대화상지에서 [그룹화할 항목]으로 [부서명], ❸ [사용할 함수]로 [개수]를 선택하고 ❹ [부분합 계산 항목]은 [직위]에만 체크 표시합니다. ❺ [새로운 값으로 대치]의 체크 표시를 해제한 후 ❻ [확인]을 클릭합니다.

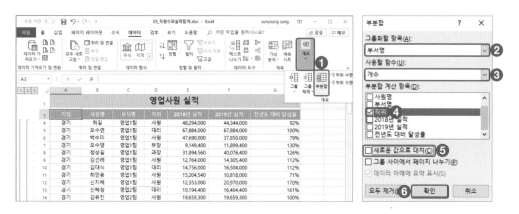

**ill 실력향상** [새로운 값으로 대치]의 체크 표시를 해제해야 이전에 설정한 지점별 실적 합계가 삭제되지 않습니다. [새로운 값으로 대치]를 체크 표시한 상태에서 부분합을 구하면 이전에 설정한 부분합이 제거되고 부서명별 개수만 구해집니다.

## 04 부분합 결과 선택하기
지점별 실적합계와 각 지점의 부서별 인원수 부분합이 구해집니다. ❶ 윤곽선 단추 중 [3]을 클릭하면 지점별 실적의 합계와 부서명별 인원수만 표시됩니다. ❷ 결과가 표시된 [A3:F186] 셀 범위를 선택한 후 ❸ [홈] 탭-[편집] 그룹-[찾기 및 선택]-[이동 옵션]을 선택합니다.

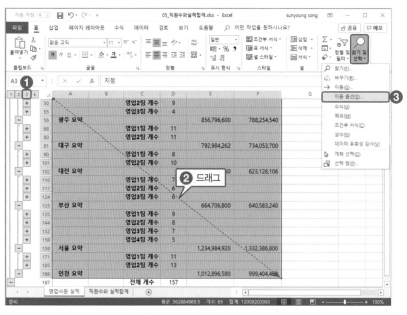

**ill 실력향상** 부분합 윤곽선 단추 중 [1]을 클릭하면 지점 총 실적합계와 부서 총 인원수, [2]를 클릭하면 각 지점 실적합계와 부서 총 인원수, [3]을 클릭하면 각 지점 실적합계와 지점의 각 부서별 인원수, [4]를 클릭하면 모든 데이터가 표시됩니다.

**05 화면에 보이는 셀만 선택하기** ❶ [이동 옵션] 대화상자에서 [화면에 보이는 셀만]을 선택하고 ❷ [확인]을 클릭합니다. ❸ [Ctrl]+[C]를 눌러 선택된 범위만 복사합니다.

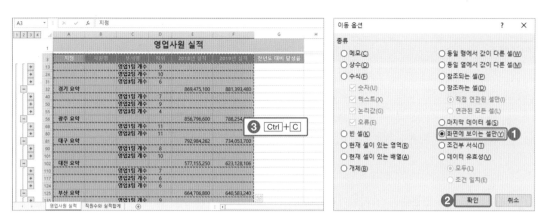

**ıll 실력향상** [Alt]+[ : ]을 누르면 화면에 보이는 셀만 바로 선택됩니다.

**06 집계표 정리하기** ❶ [직원수와 실적합계] 시트를 선택합니다. ❷ [A3] 셀을 선택한 후 ❸ [Ctrl]+[V]를 눌러 붙여 넣습니다. ❹ [B3] 셀을 선택한 후 ❺ [홈] 탭-[셀] 그룹-[삭제]-[시트 열 삭제]를 선택하여 B열을 삭제합니다.

**07** ❶ [홈] 탭-[편집] 그룹-[찾기 및 선택]-[바꾸기]를 선택합니다. ❷ [찾기 및 바꾸기] 대화상자에서 [찾을 내용]에 **요약**, ❸ [바꿀 내용]에 **지점**을 입력한 후 ❹ [모두 바꾸기]를 클릭합니다. ❺ 7개의 항목이 바뀌었다는 메시지가 나타나면 [확인]을 클릭합니다.

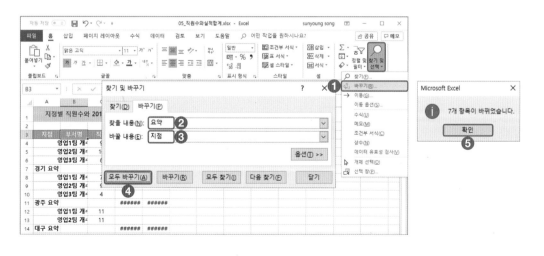

**08** '개수' 텍스트도 수정하겠습니다. ❶ [찾기 및 바꾸기] 대화상자의 [찾을 내용]에 **개수**, ❷ [바꿀 내용]에는 아무것도 입력하지 않습니다. ❸ [모두 바꾸기]를 클릭합니다. ❹ 19개의 항목이 바뀌었다는 메시지가 나타나면 [확인]을 클릭합니다. ❺ [찾기 및 바꾸기] 대화상자에서 [닫기]를 클릭합니다.

**09** ❶ [C3] 셀에 **인원수**를 입력합니다. ❷ [A:E] 열 머리글 범위를 선택한 후 ❸ [홈] 탭-[셀] 그룹-[서식]-[열 너비 자동 맞춤]을 선택하여 열 너비를 조절합니다.

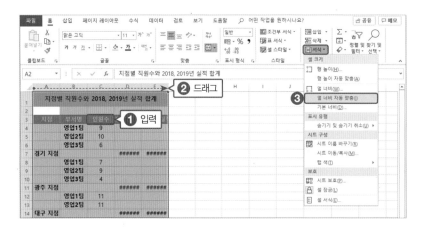

**10** ❶ [A4:A7] 셀 범위를 선택합니다. ❷ Ctrl 을 누른 상태에서 [A8:A11], [A12:A14], [A15:A17] [A18:A21], [A22:A26], [A27:A29] 셀 범위를 추가로 선택합니다. ❸ [홈] 탭-[맞춤] 그룹-[병합하고 가운데 맞춤 ⊞]을 클릭합니다.

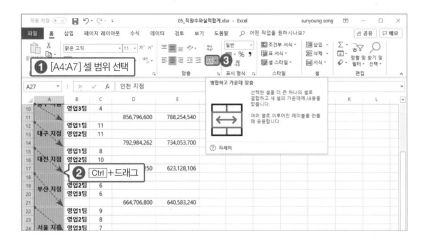

**11** ❶ [B7] 셀을 선택합니다. ❷ Ctrl 을 누른 상태에서 [B11], [B14], [B17] [B21], [B26], [B29] 셀을 추가로 선택합니다. 범위가 선택된 상태에서 ❸ **실적합계**를 입력하고 ❹ Ctrl + Enter 를 눌러 한 번에 데이터를 입력합니다.

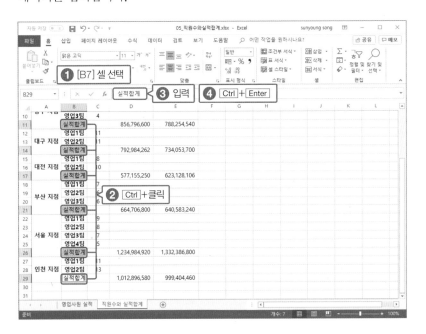

**12 합계에 조건부 서식 지정하기** ❶ [B3] 셀을 선택한 후 ❷ Ctrl + Shift + ↓ 를 누릅니다. [B3:B29] 셀 범위가 선택됩니다. ❸ Ctrl + Shift + → 를 눌러 [B3:E29] 셀 범위를 선택합니다. ❹ [홈] 탭-[스타일] 그룹-[조건부 서식]-[새 규칙]을 선택합니다.

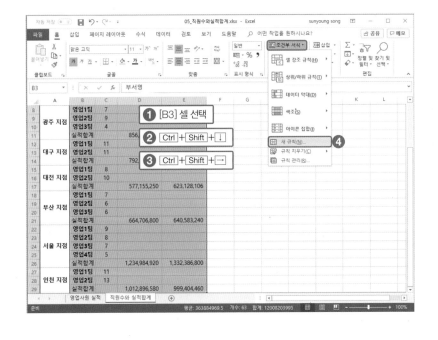

**13** ❶ [새 서식 규칙] 대화상자의 [규칙 유형 선택]에서 [수식을 사용하여 서식을 지정할 셀 결정]을 선택합니다. ❷ [다음 수식이 참인 값의 서식 지정]에 **=$C3=""**을 입력합니다. ❸ [서식]을 클릭합니다. ❹ [셀 서식] 대화상자에서 [글꼴] 탭을 선택합니다. ❺ [색]에서 글꼴 색을 [파랑, 강조 5, 50% 더 어둡게]로 선택합니다.

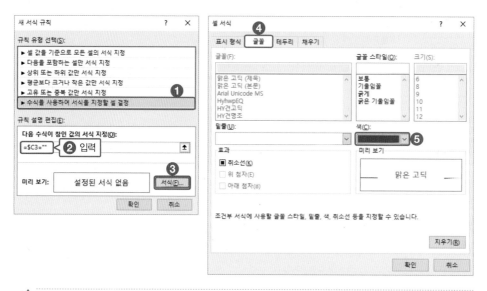

💪 **실력향상** [B3:E29] 셀 범위 내의 C열 데이터가 비어 있는 경우 서식을 적용하도록 수식 작성합니다. [C3] 셀부터 [C29] 셀까지 모두 적용하기 위해 열 고정 혼합 참조로 지정합니다.

**14** ❶ [셀 서식] 대화상자의 [채우기] 탭을 선택합니다. ❷ [배경색]으로 [파랑, 강조 5, 80% 더 밝게]를 선택하고 ❸ [확인]을 클릭합니다. ❹ [새 서식 규칙] 대화상자에서도 [확인]을 클릭합니다.

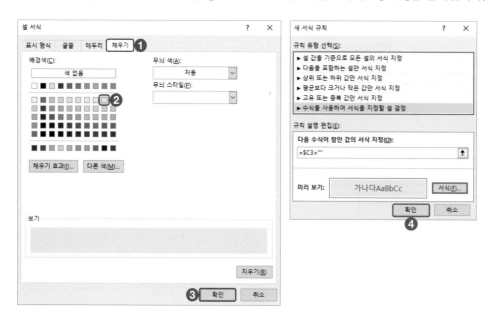

**15** 지점별 실적합계와 부서별 인원수를 확인할 수 있습니다.

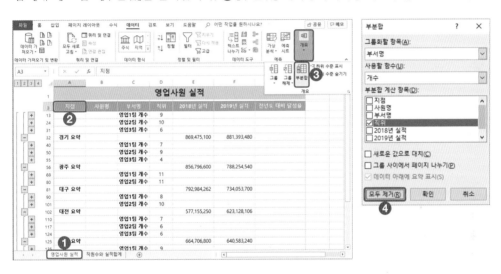

**16 부분합 제거하기** ❶ [영업사원 실적] 시트를 선택합니다. ❷ [A3] 셀을 선택한 후 ❸ [데이터] 탭-[개요] 그룹-[부분합]을 클릭합니다. ❹ [부분합] 대화상자에서 [모두 제거]를 클릭합니다.

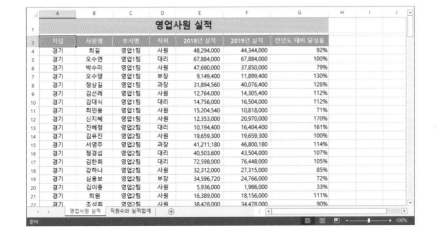

**17** 부분합이 제거되었습니다.

| | A | B | C | D | E | F | G | H | I | J |
|---|---|---|---|---|---|---|---|---|---|---|
| 1 | | | | 영업사원 실적 | | | | | | |
| 3 | 지점 | 사원명 | 부서명 | 직위 | 2018년 실적 | 2019년 실적 | 전년도 대비 달성율 | | | |
| 4 | 경기 | 최길 | 영업1팀 | 사원 | 48,294,000 | 44,344,000 | 92% | | | |
| 5 | 경기 | 오수연 | 영업1팀 | 대리 | 67,884,000 | 67,884,000 | 100% | | | |
| 6 | 경기 | 박수미 | 영업1팀 | 사원 | 47,690,000 | 37,850,000 | 79% | | | |
| 7 | 경기 | 오수댕 | 영업1팀 | 부장 | 9,149,400 | 11,899,400 | 130% | | | |
| 8 | 경기 | 정상길 | 영업1팀 | 과장 | 31,894,560 | 40,076,400 | 126% | | | |
| 9 | 경기 | 김선례 | 영업1팀 | 사원 | 12,764,000 | 14,305,400 | 112% | | | |
| 10 | 경기 | 김대식 | 영업1팀 | 대리 | 14,756,000 | 16,504,000 | 112% | | | |
| 11 | 경기 | 최민용 | 영업1팀 | 사원 | 15,204,540 | 10,818,000 | 71% | | | |
| 12 | 경기 | 신지혜 | 영업1팀 | 사원 | 12,353,000 | 20,970,000 | 170% | | | |
| 13 | 경기 | 진혜정 | 영업2팀 | 대리 | 10,194,400 | 16,404,400 | 161% | | | |
| 14 | 경기 | 김유진 | 영업2팀 | 사원 | 19,659,300 | 19,659,300 | 100% | | | |
| 15 | 경기 | 서영주 | 영업2팀 | 과장 | 41,211,180 | 46,800,180 | 114% | | | |
| 16 | 경기 | 정경섭 | 영업2팀 | 대리 | 40,503,600 | 43,504,000 | 107% | | | |
| 17 | 경기 | 김한회 | 영업2팀 | 대리 | 72,598,000 | 76,448,000 | 105% | | | |
| 18 | 경기 | 강하나 | 영업2팀 | 사원 | 32,312,000 | 27,315,000 | 85% | | | |
| 19 | 경기 | 김용보 | 영업2팀 | 부장 | 34,596,720 | 24,766,000 | 72% | | | |
| 20 | 경기 | 김이종 | 영업2팀 | 사원 | 5,936,000 | 1,986,000 | 33% | | | |
| 21 | 경기 | 최원 | 영업2팀 | 사원 | 16,389,000 | 18,156,000 | 111% | | | |
| 22 | 경기 | 조성회 | 영업2팀 | 사원 | 38,428,000 | 34,478,000 | 90% | | | |

**★ ★ ★ 비법노트** **선택한 필드를 기준으로 데이터 요약 및 소계를 구하는 부분합**

특정 필드를 그룹으로 묶어 합계, 평균, 개수 등 부분 계산을 해주는 기능입니다. 그룹으로 묶어볼 특정 필드는 정렬되어 있어야 합니다.

**①** **그룹화할 항목** 그룹으로 묶어 볼 기준 필드를 선택합니다.

**②** **사용할 함수** [그룹화할 항목]에서 선택한 필드로 부분합 계산 시 사용할 함수를 선택합니다.

**③** **부분합 계산 항목** 선택한 함수로 계산할 필드를 선택합니다. 여러 개의 열을 선택할 수 있으며, 텍스트 형식의 필드는 개수 계산만 가능합니다.

**④** **새로운 값으로 대치** 이전에 계산한 부분합을 유지할 것인지 삭제할 것인지 선택합니다. 체크 표시하면 이전에 계산 부분합은 제거되고 현재 선택한 부분합 결과만 표시됩니다.

**⑤** **그룹 사이에서 페이지 나누기** 그룹화한 항목을 기준으로 페이지를 구분합니다.

**⑥** **데이터 아래에 요약 표시** 그룹별 계산 결과 위치를 선택합니다. 체크 표시하면 그룹 아래쪽에 계산 결과가 표시됩니다.

**⑦** **모두 제거** 계산해놓은 부분합을 모두 세서할 때 사용합니다.

# SECTION
# 06

# 피벗 테이블로
# 데이터 요약 분석하기

실습 파일 | Part01/Chapter04/06_소모품신청내역.xlsx
완성 파일 | Part01/Chapter04/06_소모품신청내역(완성).xlsx

여러 필드로 구성된 데이터를 요약하고 통계를 내려면 다양한 함수를 사용하는 복잡한 과정을 거쳐야 합니다. 피벗 테이블은 데이터를 요약하여 집계표를 구성하고 통계로 간단하게 확인할 수 있습니다. 피벗 테이블을 이용해 분기별, 월별 집계표를 작성하고 분기별 비율도 확인해보겠습니다.

## 미리 보기

| O36 | | | | | | | | |
|---|---|---|---|---|---|---|---|---|
| | A | B | C | D | E | F | G | H |
| 1 | 신청부서 | (모두) | | | | | | |
| 2 | | | | | | | | |
| 3 | 분기 | 신청일 | 신청금액 합계 | 월/분기 비율 | | | | |
| 4 | 1사분기 | | 2,605,760 | 38.20% | | | | |
| 5 | | 1월 | 825,980 | 12.11% | | | | |
| 6 | | 2월 | 786,600 | 11.53% | | | | |
| 7 | | 3월 | 993,180 | 14.56% | | | | |
| 8 | 2사분기 | | 828,830 | 12.15% | | | | |
| 9 | | 4월 | 774,530 | 11.35% | | | | |
| 10 | | 5월 | 54,300 | 0.80% | | | | |
| 11 | 3사분기 | | 472,200 | 6.92% | | | | |
| 12 | | 8월 | 149,350 | 2.19% | | | | |
| 13 | | 9월 | 322,850 | 4.73% | | | | |
| 14 | 4사분기 | | 2,914,640 | 42.73% | | | | |
| 15 | | 10월 | 625,760 | 9.17% | | | | |
| 16 | | 11월 | 628,880 | 9.22% | | | | |
| 17 | | 12월 | 1,660,000 | 24.34% | | | | |
| 18 | | | | | | | | |
| 19 | | | | | | | | |
| 20 | | | | | | | | |
| 21 | | | | | | | | |
| 22 | | | | | | | | |

Sheet1 | 신청내역

준비

회사에서
바로 통하는
**키워드**

피벗 테이블 보고서,
날짜 그룹 설정,
전체 대비 비율,
피벗 테이블 서식 설정

**한눈에 보는 작업순서**

피벗 테이블 삽입하고 레이아웃 지정하기 ▶ 날짜, 월과 분기 형식으로 표시하기 ▶ 값 영역 데이터 전체 대비 비율 표시하기 ▶ 피벗 테이블 서식 설정하기

## 01 피벗 테이블 만들기 ❶ [B3] 셀을 선택합니다. ❷ [삽입] 탭-[표] 그룹-[피벗 테이블]을 클릭합니다. [피벗 테이블 만들기] 대화상자의 분석할 데이터에 [표 또는 범위 선택]이 기본 선택되어 있으며 [표/범위]에 [B3:L258] 셀 범위가 자동 설정되어 있습니다. ❸ 피벗 테이블 보고서를 넣을 위치로 [새 워크시트]가 선택되어 있는지 확인한 후 ❹ [확인]을 클릭합니다.

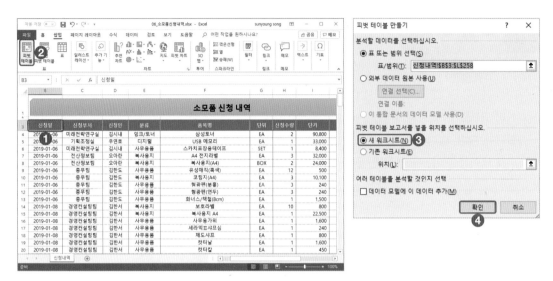

## 02 피벗 테이블 레이아웃 설정하기 [Sheet1] 이름을 가진 새로운 시트가 추가되고 피벗 테이블 작업 영역이 표시됩니다. 오른쪽에는 [피벗 테이블 필드] 작업 창이 나타납니다. ❶ 작업 창의 필드 목록에서 [신청부서] 필드는 [필터] 영역으로 ❷ [신청일] 필드는 [행] 영역으로 드래그합니다. ❸ [금액] 필드는 [Σ 값] 영역으로 드래그합니다.

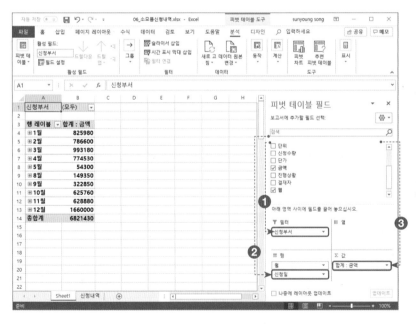

📊 **실력향상** 날짜 데이터가 입력된 필드를 행/열 레이블 영역으로 드래그하면 자동으로 그룹 설정됩니다. 날짜가 입력된 범위에 따라 [월], [분기], [연] 그룹이 설정되어 표시됩니다.

## 03 신청일 필드, 그룹 수정하기

[월]로 그룹 설정된 [신청일] 필드를 수정하겠습니다. 피벗 테이블 작업 영역에서 ❶ [A4] 셀을 선택한 후 ❷ 마우스 오른쪽 버튼을 클릭합니다. ❸ [그룹]을 선택합니다. ❹ [그룹화] 대화상자의 [단위] 영역에서 [월]과 [분기]를 선택하고 ❺ [확인]을 클릭합니다.

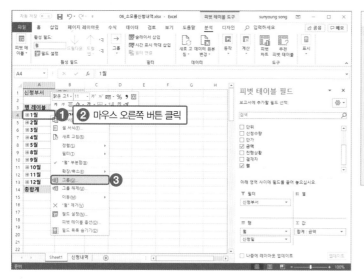

**▲▲▲ 실력향상** [그룹화] 대화상자의 단위 목록에는 날짜 또는 시간 단위를 선택할 수 있으며, 선택한 단위로 그룹이 설정됩니다. 날짜 단위는 여러 개를 중복 선택할 수 있습니다.

---

## ★★★ 비법노트 — 피벗 테이블 작업 창

❶ **필드 목록** 원본 데이터의 필드 목록이 표시됩니다. 필드를 드래그하거나 확인란에 체크 표시하여 [필터], [열], [행], [값] 영역에 추가할 수 있습니다. 확인란을 체크 표시하여 추가 시 데이터 형식이 문자이면 [행] 영역에 숫자이면 [값] 영역에 자동으로 추가됩니다.

❷ **필터** 피벗 테이블 보고서에서 필터하여 볼 필드를 삽입합니다.

❸ **열** 피벗 테이블 보고서에서 열 방향(가로)으로 표시할 필드를 삽입합니다.

❹ **행** 피벗 테이블 보고서에서 행 방향(세로)으로 표시할 필드를 삽입합니다.

❺ **Σ 값** 행과 열이 교차하는 위치에 계산할 필드를 추가하며 합계, 평균 등이 계산됩니다. 데이터 형식이 문자인 필드를 값 영역에 위치시키면 개수가 계산됩니다.

**04 [Σ 값] 영역 필드, 이름과 표시 형식 수정하기** [피벗 테이블 필드] 작업 창에서 ❶ [Σ 값] 영역의 [합계 : 금액]을 클릭합니다. ❷ [값 필드 설정]을 선택합니다. ❸ [값 필드 설정] 대화상자의 [사용자 지정 이름]에 **신청금액 합계**를 입력합니다. ❹ [표시 형식]을 클릭합니다.

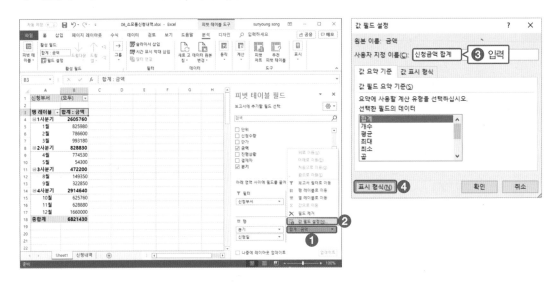

**05** ❶ [셀 서식] 대화상자의 [범주]에서 [숫자]를 선택하고 ❷ [1000 단위 구분 기호(,) 사용]에 체크 표시합니다. ❸ [확인]을 클릭합니다. ❹ [값 필드 설정] 대화상자에서도 [확인]을 클릭합니다.

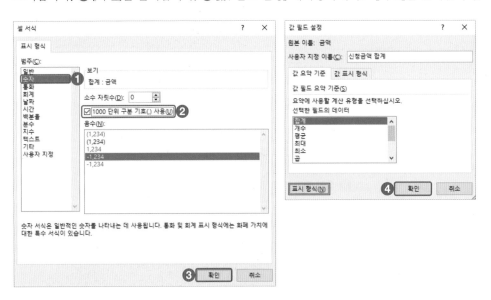

**06 분기와 월, 전체 대비 비율 표시하기** 작업 창의 필드 목록에서 ❶ [금액] 필드를 [Σ 값] 영역으로 드래그합니다. ❷ [Σ 값] 영역에 추가된 [합계 : 금액]을 클릭합니다. ❸ [값 필드 설정]을 선택합니다. ❹ [값 필드 설정] 대화상자의 [사용자 지정 이름]에 **월/분기 비율**을 입력합니다. ❺ [값 표시 형식] 탭을 선택한 후 ❻ [값 표시 형식]에서 [열 합계 비율]을 선택합니다. ❼ [확인]을 클릭합니다.

📊 **실력향상** [값 표시 형식]은 [Σ 값] 영역에 적용할 수 있는 표시 형식으로 비율, 순위, 누계 등을 표시할 수 있습니다.

📊 **실력향상** 총합계의 값을 100%로 설정하여 열 합계 대비 비율, 월/분기별 금액을 비율로 표시합니다.

**07 피벗 테이블 서식 설정하기** [피벗 테이블 도구]-[디자인] 탭-[레이아웃] 그룹-[보고서 레이아웃]-[개요 형식으로 표시]를 선택합니다.

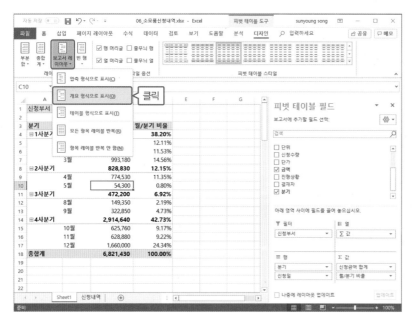

📊 **실력향상** 피벗 테이블 작업 영역 안에 셀 포인터가 위치해 있어야 [피벗 테이블 도구] 메뉴와 [피벗 테이블 필드] 작업 창이 표시됩니다.

**08** [피벗 테이블 도구]–[디자인] 탭–[레이아웃] 그룹–[총합계]–[행 및 열의 총합계 해제]를 선택합니다.

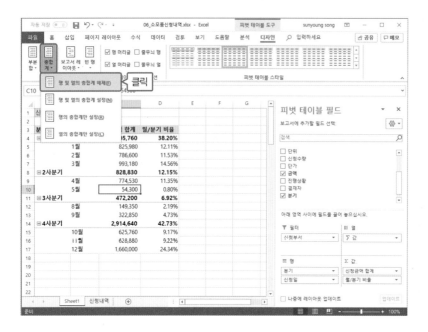

**보고서 레이아웃 종류 알아보기**

❶ **압축 형식으로 표시** 행 영역에 있는 필드 데이터가 하나의 열에 표시됩니다.

| 행 레이블 | 신청금액 합계 | 월/분기 비율 |
|---|---|---|
| ⊟1사분기 | 2605760 | 38.20% |
| 1월 | 825980 | 12.11% |
| 2월 | 786600 | 11.53% |
| 3월 | 993180 | 14.56% |

❷ **개요 형식으로 표시** 행 영역에 있는 필드 데이터가 다른 열에 표시되며 상위 필드와 하위 필드가 구분되어 표시됩니다.

| 분기 | 신청일 | 신청금액 합계 | 월/분기 비율 |
|---|---|---|---|
| ⊟1사분기 | | 2605760 | 38.20% |
| | 1월 | 825980 | 12.11% |
| | 2월 | 786600 | 11.53% |
| | 3월 | 993180 | 14.56% |

❸ **테이블 형식으로 표시** 행 영역에 있는 필드 데이터가 다른 열에 표시되며, 상위 필드 기준으로 부분합이 함께 표시됩니다.

| 분기 | 신청일 | 신청금액 합계 | 월/분기 비율 |
|---|---|---|---|
| ⊟1사분기 | 1월 | 825980 | 12.11% |
| | 2월 | 786600 | 11.53% |
| | 3월 | 993180 | 14.56% |
| 1사분기 요약 | | 2605760 | 38.20% |

# SECTION 07

# 슬라이서로 두 개의
# 피벗 테이블 연결하기

실습 파일 | Part01/Chapter04/07_제품수량현황.xlsx   완성 파일 | Part01/Chapter04/07_제품수량현황(완성).xlsx

여러 개의 피벗 테이블을 이용하여 데이터를 분석할 때 각 피벗 테이블마다 동일한 필터를 선택하기 번거롭습니다. 이때 슬라이서를 사용하면 여러 피벗 테이블을 동시에 제어하고 필터 조건을 설정할 수 있습니다. 슬라이서를 사용하여 보고서를 연결하는 방법에 대해 알아보겠습니다.

## 미리 보기

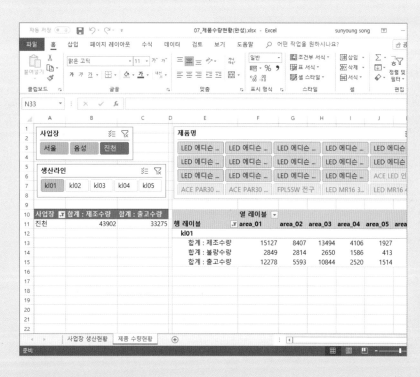

회사에서
바로 통하는
**키워드**

피벗 테이블 보고서,
슬라이서,
슬라이서로 피벗 테이블
보고서 연결,
슬라이서 서식 설정,
피벗 테이블 서식 설정

**한눈에
보는
작업순서**

사업장별 수량 현황
피벗 테이블 만들기 ▶ 생산라인,
구역별 수량 현황
피벗 테이블 만들기 ▶ 피벗 테이블에
슬라이서 추가하기 ▶ 슬라이서로
보고서 연결하기

**01 피벗 테이블 만들기** ❶ [B4] 셀을 선택한 후 ❷ [삽입] 탭-[표] 그룹-[피벗 테이블]을 클릭합니다. ❸ [피벗 테이블 만들기] 대화상자의 분석할 데이터는 [표 또는 범위 선택]으로 [표/범위]는 [사업장 생산현황] 시트의 [B4:I1223] 셀 범위가 자동으로 지정되어 있습니다. ❹ 피벗 테이블 보고서를 넣을 위치를 [기존 워크시트]로 선택합니다. ❺ [위치]는 [제품 수량현황] 시트의 [A10] 셀을 선택한 후 ❻ [확인]을 클릭합니다.

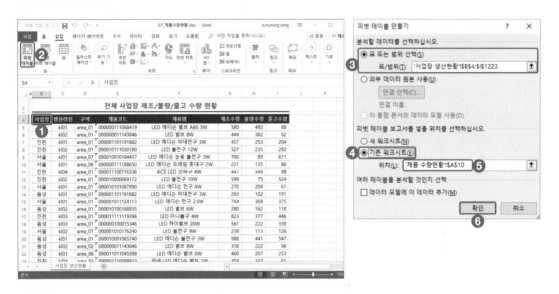

**02 피벗 테이블 레이아웃 설정하기** [제품 수량현황] 시트에 피벗 테이블 작업 영역이 표시됩니다. 오른쪽에는 [피벗 테이블 필드] 작업 창이 나타납니다. ❶ 작업 창의 필드 목록에서 [사업장] 필드는 [행] 영역으로 ❷ [제조수량], [출고수량] 필드는 [Σ 값] 영역으로 드래그합니다.

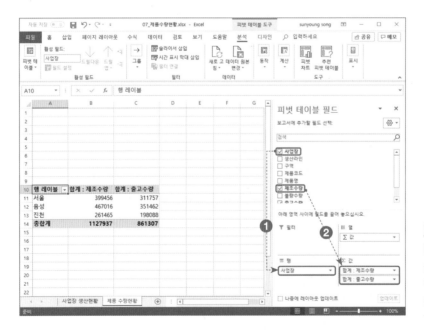

**실력향상** [제조수량]과 [출고수량] 필드의 데이터는 숫자 형식이어서 체크 표시하면 [Σ 값] 영역에 자동으로 추가됩니다.

## 03 피벗 테이블 서식 설정하기 ❶

[피벗 테이블 도구]-[디자인] 탭-[피벗 테이블 스타일] 그룹-[자세히☑]를 클릭한 후 ❷ [연한 파랑, 피벗 스타일 보통 9]를 선택합니다.

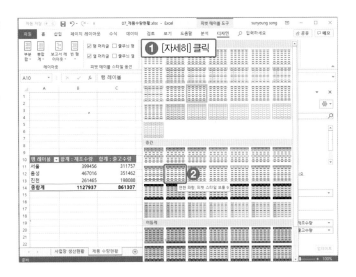

## 04

[피벗 테이블 도구]-[디자인] 탭-[레이아웃] 그룹-[보고서 레이아웃]-[테이블 형식으로 표시]를 선택합니다.

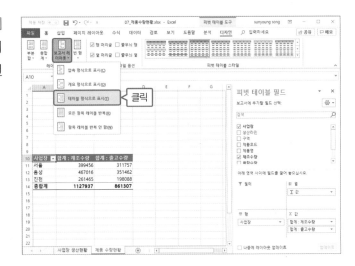

## 05

[피벗 테이블 도구]-[디자인] 탭-[레이아웃] 그룹-[총합계]-[행 및 열의 총합계 해제]를 선택합니다.

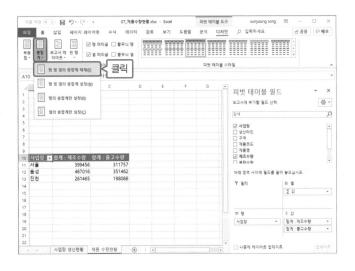

## 06 생산라인, 구역별 수량 현황 피벗 테이블 만들기

**06 생산라인, 구역별 수량 현황 피벗 테이블 만들기** ❶ [사업장 생산현황] 시트를 선택한 후 ❷ [B4] 셀을 선택합니다. ❸ [삽입] 탭-[표] 그룹-[피벗 테이블]을 클릭합니다. [피벗 테이블 만들기] 대화상자의 분석할 데이터는 [표 또는 범위 선택]으로 [표/범위]는 [사업장 생산현황] 시트의 [B4:I1223] 셀 범위가 자동으로 지정되어 있습니다. ❹ 피벗 테이블 보고서를 넣을 위치를 [기존 워크시트]로 선택합니다. ❺ [위치]는 [제품 수량현황] 시트의 [E10] 셀을 선택한 후 ❻ [확인]을 클릭합니다.

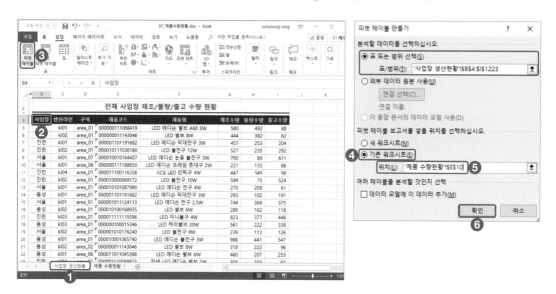

**07** [제품 수량현황] 시트에 두 번째 피벗 테이블 작업 영역이 표시됩니다. ❶ 작업 창의 필드 목록에서 [구역] 필드는 [열] 영역으로 ❷ [생산라인] 필드는 [행] 영역, ❸ [제조수량], [불량수량], [출고수량] 필드는 [Σ 값] 영역으로 드래그합니다. ❹ [열] 영역에 추가된 [Σ 값] 필드를 [행] 영역으로 드래그하여 이동합니다.

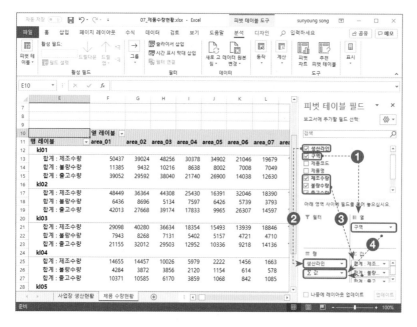

**실력향상** [Σ 값] 영역에 두 개 이상 필드를 추가하면 [Σ 값] 영역의 통계값이 [열], 세로 형태로 표시됩니다. [Σ 값] 영역의 통계값을 가로 형태로 수정할 때는 [행] 영역으로 이동합니다.

## 08 피벗 테이블 서식 설정하기 ❶

[피벗 테이블 도구]–[디자인] 탭–[피벗 테이블 스타일] 그룹–[자세히☑]를 클릭한 후 ❷ [밝은 회색, 피벗 스타일 밝게 15]를 선택합니다.

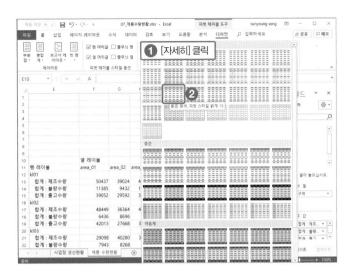

## 09

[피벗 테이블 도구]–[디자인] 탭–[레이아웃] 그룹–[총합계]–[행 및 열의 총합계 해제]를 선택합니다.

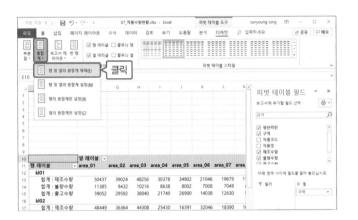

## 10 슬라이서 삽입하기

왼쪽에 위치한 피벗 테이블 보고서에서 사용할 슬라이서를 삽입하겠습니다. ❶ [A10] 셀을 선택합니다. ❷ [피벗 테이블 도구]–[분석] 탭–[필터] 그룹–[슬라이서 삽입]을 클릭합니다. ❸ [슬라이서 삽입] 대화상자에서 [사업장]과 [생산라인]에 각각 체크 표시하고 ❹ [확인]을 클릭합니다.

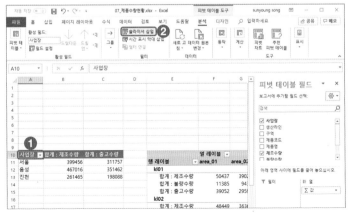

**실력향상** 필터해서 볼 필드를 여러 개 선택할 수 있습니다.

**11**  오른쪽에 위치한 피벗 테이블 보고서에서 사용할 슬라이서를 삽입하겠습니다. ❶ [E10] 셀을 선택합니다. ❷ [피벗 테이블 도구]-[분석] 탭-[필터] 그룹-[슬라이서 삽입]을 클릭합니다. ❸ [슬라이서 삽입] 대화상자에서 [제품명]에 체크 표시하고 ❹ [확인]을 클릭합니다.

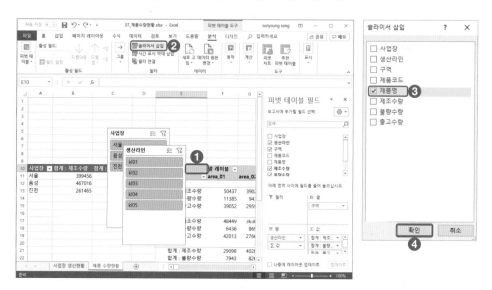

**12 슬라이서 편집하고 이동하기**  [사업장] 슬라이서를 선택합니다. ❶ [사업장] 슬라이서를 왼쪽 위로 드래그하여 위치를 이동하고 ❷ 크기를 조정합니다. ❸ [슬라이서 도구]-[옵션] 탭-[단추] 그룹-[열]을 3으로 수정합니다. ❹ [연한 파랑, 슬라이스 스타일 어둡게 1]을 선택합니다.

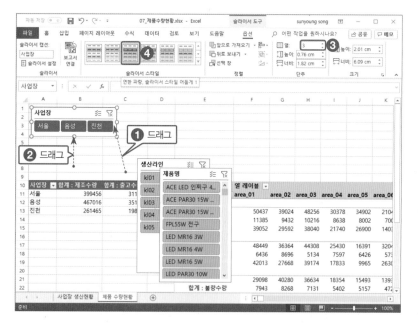

📊 **실력향상** [슬라이서 도구]-[옵션] 탭-[단추] 그룹에서 슬라이서의 열 개수, 각 열의 높이와 너비 값을 입력하여 크기를 지정할 수 있습니다.

**13** [생산라인] 슬라이서를 선택합니다. ❶ [생산라인] 슬라이서를 [사업장] 슬라이스 아래쪽으로 드래그하여 위치를 이동하고 ❷ 크기를 조정합니다. ❸ [슬라이서 도구]-[옵션] 탭-[단추] 그룹-[열]을 5로 수정합니다.

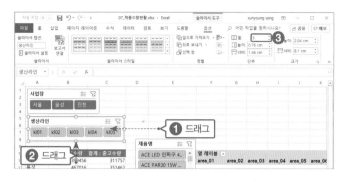

**14** [제품명] 슬라이서를 선택합니다. ❶ [제품명] 슬라이서를 드래그하여 적당한 위치로 옮깁니다. ❷ [슬라이서 도구]-[옵션] 탭-[단추] 그룹-[열]을 5로 수정합니다. ❸ [슬라이서 도구]-[옵션] 탭-[슬라이서 스타일] 그룹-[자세히⋁]를 클릭한 후 [연한 노랑, 슬라이스 스타일 밝게 4]를 선택합니다. ❹ D열의 너비를 좁게 조절합니다.

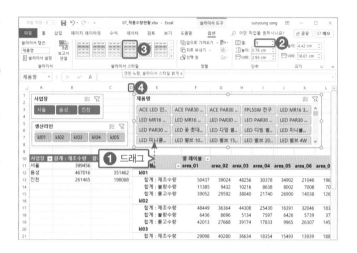

**15 피벗 테이블 보고서 연결하기** ❶ [사업장] 슬라이서를 선택합니다. ❷ [슬라이서 도구]-[옵션] 탭-[슬라이서] 그룹-[보고서 연결]을 클릭합니다. ❸ [보고서 연결(사업장)] 대화상자에서 [피벗 테이블2]에 체크 표시한 후 ❹ [확인]을 클릭합니다.

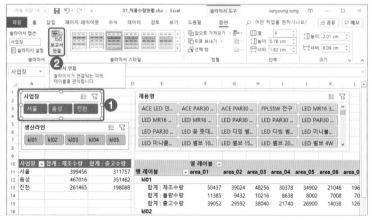

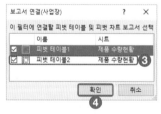

📊 **실력향상** 피벗 테이블 이름은 [피벗 테이블 도구]-[분석] 탭-[피벗 테이블] 그룹에서 확인할 수 있습니다.

📊 **실력향상** [사업장] 슬라이서는 두 개의 피벗 테이블에 모두 연결됩니다. [사업장] 슬라이서에서 특정 사업장을 선택하면 사업장의 총 제조수량과 출고수량, 사업장의 생산라인별, 구역별 제조, 불량, 출고수량을 한 번에 확인할 수 있습니다.

**16** ❶ [생산라인] 슬라이서를 선택합니다. ❷ [슬라이서 도구]-[옵션] 탭-[슬라이서] 그룹-[보고서 연결]을 클릭합니다. ❸ [보고서 연결(사업장)] 대화상자에서 [피벗 테이블2]를 체크 표시한 후 ❹ [확인]을 클릭합니다.

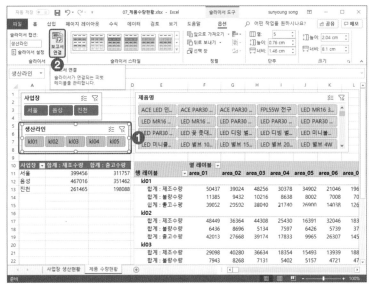

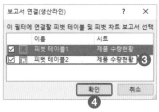

**실력향상** [생산라인] 슬라이서도 두 개의 피벗 테이블에 모두 연결됩니다.

**17 보고서 연결 확인하기** ❶ [사업장] 슬라이서에서 [진천] 사업장을 선택하여 진천 사업장의 생산라인과 제품들을 확인합니다. ❷ [생산라인] 슬라이서에서 [kl01] 생산라인을 선택하여 ❸ 1번 생산라인의 총 제조수량과 출고수량, 1번 생산라인의 구역들과 각 구역별 제조, 출고, 불량수량을 확인할 수 있습니다.

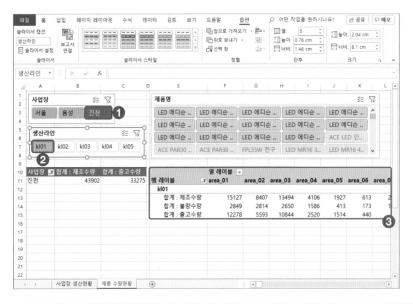

**실력향상** 여러 항목을 선택할 때는 Ctrl 을 누른 상태에서 항목을 클릭하여 추가 선택합니다. 또는 슬라이서 창 오른쪽의 [다중 선택 ☱]을 선택한 후 항목을 클릭하여 추가 선택합니다.

**실력향상** 필터를 삭제할 때는 슬라이서 창 오른쪽의 [필터 지우기 ▽] 를 선택하여 필터 해제합니다.

## 슬라이서의 데이터가 없는 항목 숨기기 설정

선택한 항목에 포함되지 않는 항목들은 희미한 색상으로 구분되어 표시됩니다. 포함되지 않는 항목들을 표시되지 않도록 설정해보겠습니다.

❶ [제품명] 슬라이서를 선택합니다. [슬라이서 도구]-[옵션] 탭-[슬라이서] 그룹-[슬라이서 설정]을 클릭합니다.

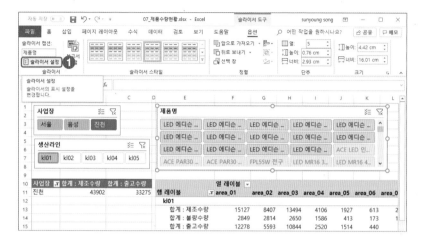

❷ [슬라이서 설정] 대화상자에서 [데이터가 없는 항목 숨기기]를 체크 표시합니다.

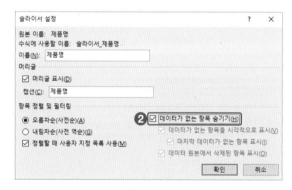

❸ 선택한 항목에 포함되는 내용들만 표시됩니다.

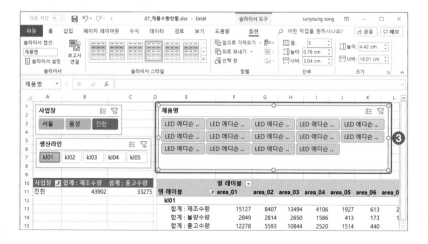

# 피벗 테이블에서
# 수식으로 새로운 필드 작성하기

실습 파일 | Part01/Chapter04/08_업체별수금실적표.xlsx
완성 파일 | Part01/Chapter04/08_업체별수금실적표(완성).xlsx

업체에서 구입한 제품과 받아야할 수금금액, 입금된 금액 등이 기록된 표가 있습니다. 이 표를 피벗 테이블의 계산 필드를 사용하여 총 수금해야 할 금액과 입금액, 미수금, 특정 조건이 만족되는 경우 미수금을 할인하여 표시해보겠습니다.

## 미리 보기

| | A | B | C | D | E |
|---|---|---|---|---|---|
| O72 | | | | | |
| 1 | | | | | |
| 2 | | | | | |
| 3 | 업체명 | 총 수금금액 | 입금금액 | 미수금액 | 실 수금 계획금액 |
| 4 | HS전기조명상사 | 4,671,947,559 | 3,012,030,960 | 1,659,916,599 ✔ | 1,327,933,279 |
| 5 | 가교상사 | 7,666,595,801 | 3,678,801,771 | 3,987,794,030 ✘ | 3,987,794,030 |
| 6 | 결성전기조명 | 5,866,694,927 | 3,017,816,474 | 2,848,878,453 ▮ | 2,848,878,453 |
| 7 | 고려전기상사 | 4,770,426,596 | 2,036,547,199 | 2,733,879,397 ▮ | 2,733,879,397 |
| 8 | 광명전기 | 3,705,059,106 | 2,099,364,763 | 1,605,694,343 ✔ | 1,605,694,343 |
| 9 | 국제전기 | 1,769,140,405 | 625,296,113 | 1,143,844,292 ✔ | 1,143,844,292 |
| 10 | 대성전업 | 2,663,496,661 | 1,135,479,922 | 1,528,016,739 ✔ | 1,528,016,739 |
| 11 | 대야전기조명 | 3,410,682,786 | 1,023,905,072 | 2,386,777,714 ▮ | 2,386,777,714 |
| 12 | 동양전기 | 4,721,478,203 | 2,062,261,506 | 2,659,216,697 ▮ | 2,659,216,697 |
| 13 | 동해전기백화 | 4,255,784,201 | 2,829,390,407 | 1,426,393,794 ✔ | 1,141,115,035 |
| 14 | 명장전기 | 1,958,593,479 | 903,723,079 | 1,054,870,400 ▮ | 1,054,870,400 |
| 15 | 미광이엔아이 | 2,367,052,746 | 1,654,129,194 | 712,923,552 ✔ | 570,338,842 |
| 16 | 미래이엔에프 | 3,469,552,944 | 1,785,109,877 | 1,684,443,067 ✔ | 1,684,443,067 |
| 17 | 미래전기 | 5,027,910,587 | 3,210,400,315 | 1,817,510,272 ✔ | 1,454,008,218 |
| 18 | 보국 | 3,502,353,444 | 2,385,901,397 | 1,116,452,047 ✔ | 893,161,638 |
| 19 | 비즈케이블 | 3,468,448,206 | 1,778,472,370 | 1,689,975,836 ▮ | 1,689,975,836 |
| 20 | 삼덕전기 | 2,386,602,567 | 1,623,420,750 | 763,181,817 ✔ | 610,545,454 |
| 21 | 상원전기 | 7,286,644,247 | 4,998,623,330 | 2,288,020,917 ▮ | 1,830,416,734 |
| 22 | 상진전기 | 2,189,350,741 | 665,902,170 | 1,523,448,571 ✔ | 1,523,448,571 |

업체별 미수금액 | 수금 계획실적표

준비

회사에서
바로 통하는
**키워드**

피벗 테이블, 계산 필드 작성,
IF, 아이콘 집합 조건부 서식,
피벗 테이블 서식 설정

**한눈에
보는
작업순서**

피벗 테이블
만들기 ▶ 기존 필드로
계산 필드 작성하기 ▶ 기존 필드와 함수로
계산 필드 작성하기

▶ 표시 형식과 레이블
수정하기 ▶ 조건부 서식으로
데이터 구분하기

**01 피벗 테이블 만들기** ❶ [B4] 셀을 선택합니다. ❷ [삽입] 탭-[표] 그룹-[피벗 테이블]을 클릭합니다. [피벗 테이블 만들기] 대화상자의 분석할 데이터에 [표 또는 범위 선택]이 기본 선택되어 있으며 [표/범위]에 [B4:I1919] 셀 범위가 자동 설정되어 있습니다. ❸ 피벗 테이블 보고서를 넣을 위치로 [새 워크시트]가 선택되어 있는지 확인한 후 ❹ [확인]을 클릭합니다.

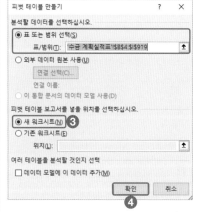

**02 피벗 테이블 레이아웃 설정하기** [Sheet1] 이름을 가진 새로운 시트가 추가되고 피벗 테이블 작업 영역이 표시됩니다. 오른쪽에는 [피벗 테이블 필드] 작업 창이 나타납니다. ❶ 작업 창의 필드 목록에서 [업체명] 필드는 [행] 영역으로 ❷ [수금계획]과 [입금액] 필드는 [Σ 값] 영역으로 드래그합니다.

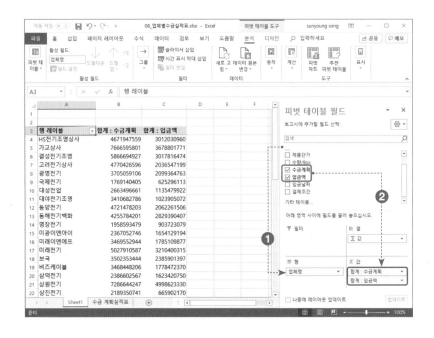

## 03 미수금 계산필드 추가하기 ❶ [피벗 테이블 도구]-[분석] 탭-[계산] 그룹-[필드, 항목 및 집합]을 클릭한 후 ❷ [계산 필드]를 선택합니다. ❸ [계산 필드 삽입] 대화상자의 [이름]에 **미수금** ❹ [수식]에 **= 수금계획-입금액**을 입력합니다. ❺ [확인]을 클릭합니다.

**▲ 실력향상** [계산 필드 삽입] 대화상자의 [이름] 입력란에는 계산 필드의 이름을 입력하며 기존 필드 이름과 동일한 이름은 입력할 수 없습니다. [수식] 입력란에는 기존 필드들로 계산식을 입력하며 수식은 직접 입력하거나 필드 목록의 필드를 더블클릭하여 입력할 수 있습니다.

**▲ 실력향상** 계산 필드를 여러 개 입력하는 경우 [계산 필드 삽입] 대화상자의 [추가]를 클릭하여 추가한 후 연속하여 계산 필드를 작성할 수 있습니다.

## 04 업체별 전체 수금 계획금액에서 입금액을 뺀 미수금이 계산되었습니다.

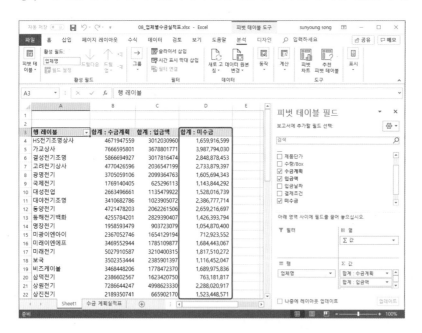

**05 수금 계획금액 계산필드 추가하기** ❶ [피벗 테이블 도구]-[분석] 탭-[계산] 그룹-[필드, 항목 및 집합]을 클릭한 후 ❷ [계산 필드]를 선택합니다. ❸ [계산 필드 삽입] 대화상자의 [이름]에 **수금 계획금액** ❹ [수식]에 **=IF(입금액)=수금계획*0.6,미수금-(미수금*0.2), 미수금)**을 입력합니다. ❺ [확인]을 클릭합니다.

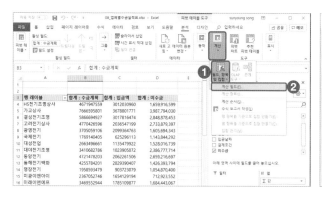
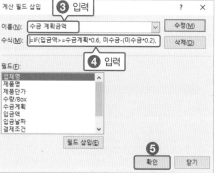

📊 **실력향상** **=IF(입금액)=수금계획*0.6,미수금-(미수금*0.2), 미수금)** 수식은 계획된 수금금액의 60% 이상 입금된 업체는 총 미수금액에서 20%를 할인한 금액을 미수금액으로 그렇지 않은 업체는 기존 미수금액을 그대로 표시하는 수식입니다.

**06 피벗 테이블 서식 설정하기** ❶ [A3] 셀을 선택한 후 **업체명**으로 레이블을 수정합니다. ❷ [B3] 셀은 **총 수금금액**으로 [C3] 셀은 **입금금액**으로 [D3] 셀은 **미수금액**, [E4] 셀은 **실 수금 계획금액**으로 각각 수정합니다. ❸ [Sheet1] 시트명을 더블클릭합니다. ❹ **업체별 미수금액**으로 시트명을 수정합니다. ❺ [B:E] 열 머리글 범위를 선택한 후 열 너비를 적절히 조절합니다.

**07** ❶ [A3:E3] 셀 범위를 선택합니다. ❷ [홈] 탭-[맞춤] 그룹-[가운데 맞춤▤]을 클릭합니다. ❸ [B4] 셀을 클릭한 후 ❹ Ctrl + Shift + → 를 누르고 Ctrl + Shift + ↓ 를 눌러 [B4:E56] 셀 범위를 선택합니다. ❺ [홈] 탭-[표시 형식] 그룹-[쉼표 스타일▮]을 클릭합니다.

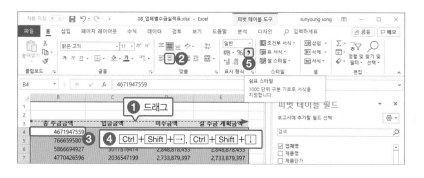

데이터 편집과 서식

수식과 함수

차트 작성과 편집

데이터 관리

**08** ❶[피벗 테이블 도구]-[디자인] 탭-[피벗 테이블 스타일] 그룹-[자세히⬇]를 클릭한 후 ❷[연한 파랑, 피벗 스타일 보통 6]을 선택합니다. ❸[피벗 테이블 도구]-[디자인] 탭-[피벗 테이블 스타일 옵션] 그룹-[줄무늬 행]에 체크 표시합니다.

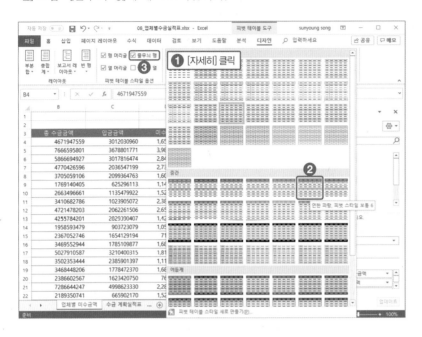

**09 조건부 서식 설정하기** 업체별로 받을 수금금액을 조건부 서식의 아이콘으로 표시해보겠습니다 ❶[E4] 셀을 클릭합니다. ❷[홈] 탭-[스타일] 그룹-[조건부 서식]-[아이콘 집합]을 선택합니다. ❸ 아이콘 집합의 [기타 규칙]을 선택합니다.

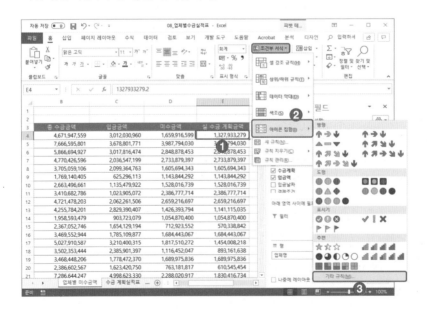

**10** ❶ [새 서식 규칙] 대화상자에서 [규칙 적용 대상]을 ["업체명"에 대해 "실 수금 계획금액" 값을 표시하는 모든 셀]로 선택합니다. ❷ [아이콘 스타일]은 [3가지 기호(원 없음)]를 선택합니다. ❸ [아이콘 순서 거꾸로]를 클릭하여 아이콘 순서를 변경합니다. ❹ [확인]을 클릭합니다.

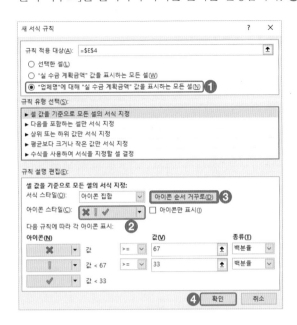

**실력향상** 규칙 적용 대상에서 ["실 수금 계획금액" 값을 표시하는 모든 셀]을 선택하면 [E4:E56] 셀 범위에 조건부 서식이 적용됩니다. [E56] 셀의 합계금액까지 포함되므로 아이콘이 제대로 표시되지 않습니다. ["업체명"에 대해 "실 수금 계획금액" 값을 표시하는 모든 셀]을 선택하면 [E4:E55] 셀 범위에 조건부 서식이 적용됩니다. 실제 수금 계획금액에 아이콘이 표시되어 아이콘 모양으로 계획금액, 미수금이 많은 업체인지 아닌지 확인할 수 있습니다.

**11** 업체별 미수금액 현황이 표시되고 미수 금액이 많은 업체와 적은 업체에 아이콘이 구분 표시됩니다.

# 필드 안의 데이터로
# 계산 항목 작성하기

실습 파일 | Part01/Chapter04/09_품목입출고내역.xlsx
완성 파일 | Part01/Chapter04/09_품목입출고내역(완성).xlsx

피벗 테이블의 계산 항목은 필드 안의 데이터로 새 항목을 만들고 계산하는 기능입니다. 한 필드에
입력되어 구분이 어려운 품목 입출고 내역 표의 제천(JC)공장 입고, 군산(GS)공장 입고, 출고, 파손
개수를 품목별로 총입고, 출고, 파손 개수로 정리하고 재고까지 표시해보겠습니다.

## 미리 보기

| | A | B | C | D | E | F | G | H |
|---|---|---|---|---|---|---|---|---|
| 1 | **품목 입출고 내역** | | | | | | | |
| 4 | 품목 ▼ | 총입고 | 출고 | 파손 | 재고 | | | |
| 5 | A002T | - 502 | 788 | 278 | - 1,568 | | | |
| 6 | A0117 | 6,794 | 1,991 | 140 | 4,663 | | | |
| 7 | BI450 | - 6,657 | 2,726 | 815 | - 10,198 | | | |
| 8 | D0256T | 2,198 | 460 | 1,244 | 494 | | | |
| 9 | D040X | 4,883 | 3,898 | 926 | 59 | | | |
| 10 | D054R | - 3,049 | 2,157 | 390 | - 5,596 | | | |
| 11 | D1009 | 481 | 3,410 | 641 | - 3,570 | | | |
| 12 | D608Y | 402 | 3,476 | 1,097 | - 4,171 | | | |
| 13 | DN2390 | 1,498 | 1,852 | 676 | - 1,030 | | | |
| 14 | DU030 | - 2,472 | 2,887 | 2,171 | - 7,530 | | | |
| 15 | EU0492 | - 264 | 2,734 | 2,337 | - 5,335 | | | |
| 16 | JS1007 | 479 | 2,939 | 526 | - 2,986 | | | |
| 17 | KJ107 | - 3,331 | 1,445 | 1,862 | - 6,638 | | | |
| 18 | M006T | 3,059 | 3,178 | 887 | - 1,006 | | | |
| 19 | PK9902 | 3,645 | 4,205 | 853 | - 1,413 | | | |
| 20 | S00926 | - 1,065 | 3,963 | 865 | - 5,893 | | | |
| 21 | T001S | - 2,755 | 4,889 | | - 7,644 | | | |
| 22 | T092 | 1,736 | 3,336 | 3,269 | - 4,869 | | | |
| 23 | T153Z | 907 | 884 | 1,270 | - 3,061 | | | |

일자별 품목 입출고내역    품목 입출고 내역    ⊕

준비

회사에서
바로 통하는
**키워드**

피벗 테이블, 계산 항목 추가,
피벗 테이블 서식 설정

**한눈에
보는
작업순서**

피벗 테이블 ▶ 계산 항목 ▶ 계산 항목 표시 여부와 ▶ 피벗 테이블 서식
만들기          추가하기        순서 정하기             설정하기

**01 피벗 테이블 만들기** ❶ [B3] 셀을 선택합니다. ❷ [삽입] 탭-[표] 그룹-[피벗 테이블]을 클릭합니다. [피벗 테이블 만들기] 대화상자의 분석할 데이터에 [표 또는 범위 선택]이 기본 선택되어 있으며 [표/범위]에 [B3:F398] 셀 범위가 자동 설정되어 있습니다. ❸ 피벗 테이블 보고서를 넣을 위치를 [기존 워크시트]로 선택합니다. ❹ [위치]에서 [품목 입출고 내역] 시트의 [A3] 셀을 선택한 후 ❺ [확인]을 클릭합니다.

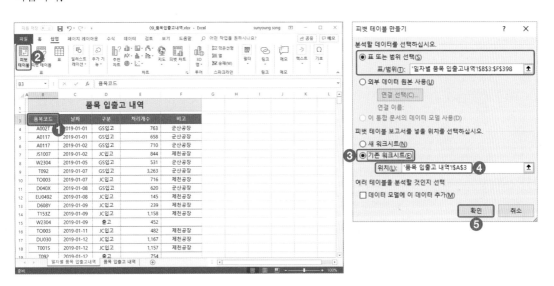

**02 피벗 테이블 레이아웃 설정하기** [품목 입출고 내역] 시트에 피벗 테이블 작업 영역이 표시됩니다. 오른쪽에는 [피벗 테이블 필드] 작업 창이 나타납니다. ❶ 작업 창의 필드 목록에서 [품목코드] 필드는 [행] 영역으로 ❷ [구분] 필드는 [열] 영역으로 ❸ [처리개수]는 [Σ 값] 영역으로 드래그합니다.

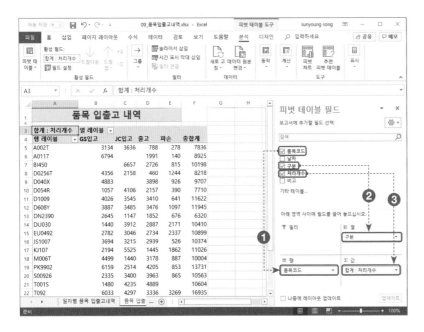

**03 총입고 계산 항목 추가하기** 　열 레이블의 공장별 입고 개수로 총입고 항목을 추가하겠습니다. ❶ [B4] 셀을 선택합니다. ❷ [피벗 테이블 도구]–[분석] 탭–[계산] 그룹–[필드, 항목 및 집합]을 클릭한 후 ❸ [계산 항목]을 선택합니다. ❹ ["구분"에 계산 항목 삽입] 대화상자의 [이름]에 **총입고** ❺ [수식]에 **=GS입고+JC입고**를 입력합니다. ❻ [추가]를 클릭합니다.

**🏋 실력향상** 구분 데이터가 표시된 [B4:E4]셀 범위 안의 셀을 선택해야 [계산 항목] 메뉴가 표시됩니다.

**🏋 실력향상** ["구분"에 계산 항목 삽입] 대화상자에 선택한 [구분] 필드와 [구분] 필드 안의 데이터, [항목]들이 표시되어 보입니다. 수식을 작성할 때 [항목]을 더블클릭하여 쉽게 수식을 작성할 수 있습니다.

**04** ❶ ["구분"에 계산 항목 삽입] 대화상자의 [이름]에 **재고** ❷ [수식]에 **=총입고–출고–파손**을 입력합니다. ❸ [추가]를 클릭한 후 ❹ [확인]을 클릭합니다.

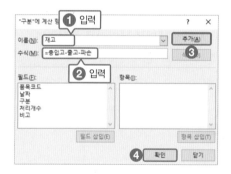

**05 항목 표시여부와 순서 변경하기**
❶ [열 레이블]의 ▼를 클릭합니다. ❷ 구분 항목 중 [GS입고]와 [JC입고]의 체크 표시를 해제하고 ❸ [확인]을 클릭합니다. ❹ 다시 [열 레이블]의 ▼를 클릭한 후 ❺ [텍스트 오름차순 정렬]을 선택합니다.

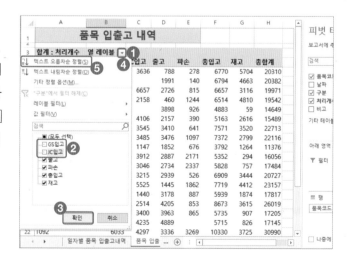

**06** ❶ 재고가 표시된 [B4] 셀을 선택합니다. ❷ 파손 데이터 뒤로 이동합니다.

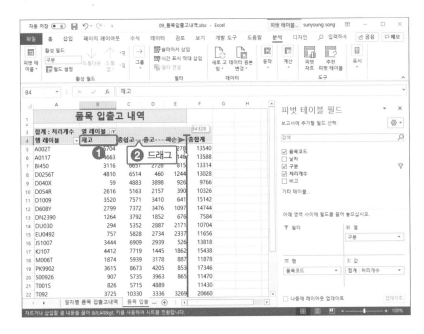

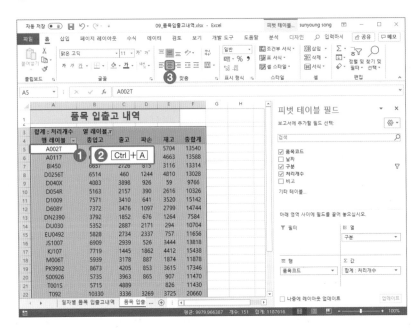

📊 **실력향상** 항목의 위치를 옮길 때는 텍스트가 입력된 셀을 선택 후 드래그하여 수동으로 이동합니다.

**07 피벗 테이블 서식 설정하기** ❶ [A5] 셀을 선택한 후 ❷ Ctrl + A 를 눌러 표 전체를 선택합니다. ❸ [홈] 탭-[맞춤] 그룹-[가운데 맞춤 ≡]을 선택합니다.

**08** ❶[B5] 셀을 선택합니다. ❷ Ctrl + Shift + → 을 누른 후 ❸ Ctrl + Shift + ↓ 를 눌러 숫자 데이터 범위를 선택합니다. ❹[홈] 탭-[표시 형식] 그룹-[쉼표 스타일 **⁹**]을 클릭합니다.

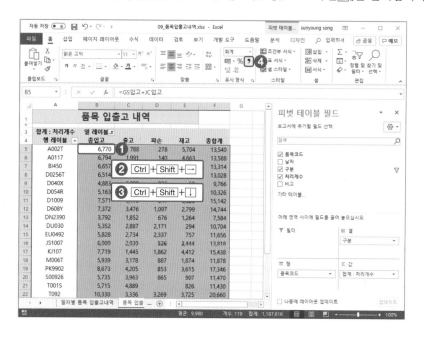

**09** ❶[피벗 테이블 도구]-[디자인] 탭-[피벗 테이블 스타일] 그룹-[자세히 ⊡]를 클릭한 후 ❷[연한 녹색, 피벗 스타일 보통 7]을 선택합니다. ❸[피벗 테이블 도구]-[디자인] 탭-[피벗 테이블 스타일 옵션] 그룹-[줄무늬 행]과 [줄무늬 열]의 체크 표시를 해제합니다.

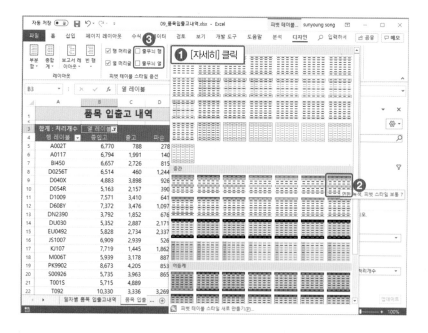

**10** ❶ [A4] 셀을 선택한 후 **품목**을 입력합니다. ❷ [피벗 테이블 도구]-[디자인] 탭-[레이아웃] 그룹-[총합계]-[행 및 열의 총합계 해제]를 선택합니다.

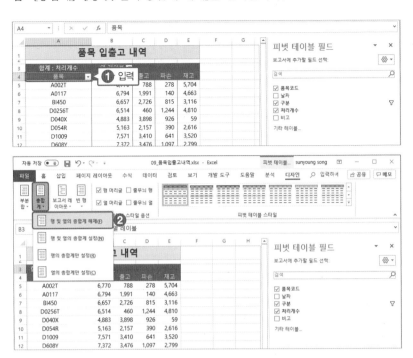

**11** ❶ [B:E] 열 머리글 범위를 선택한 후 열 너비를 적절히 조절합니다. ❷ 3행 머리글을 선택한 후 ❸ 마우스 오른쪽 버튼을 클릭합니다. ❹ [숨기기]를 선택합니다.

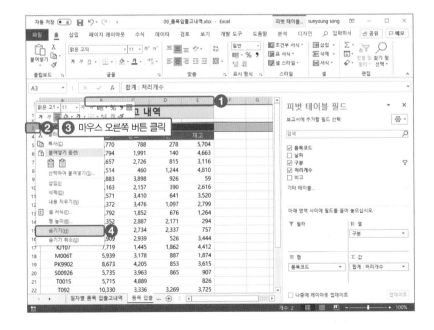

# OFFSET과 COUNTA 함수로 범위가 자동으로 변경되는 피벗 테이블 작성하기

실습 파일 | Part01/Chapter04/10_회원명단.xlsx  완성 파일 | Part01/Chapter04/10_회원명단(완성).xlsx

피벗 테이블을 작성한 원본 데이터가 추가 또는 삭제되어 셀 범위가 변경되면 피벗 테이블의 [원본 데이터 범위]를 매번 수정해야 합니다. 원본 데이터 범위가 변경되면 피벗 테이블의 [원본 데이터 범위]도 함께 변경된 범위를 인식하도록 범위를 이름으로 지정하여 피벗 테이블 보고서를 만들어보겠습니다.

## 미리 보기

| 가입월 | 2015년 | 2016년 | 2017년 | 2018년 | 2019년 | 총합계 |
|---|---|---|---|---|---|---|
| 1월 | | 4,719,800 | 5,670,400 | 9,600,900 | | 19,991,100 |
| 2월 | | | | | 2,876,600 | 2,876,600 |
| 3월 | | 4,556,600 | 8,287,900 | 1,912,600 | 14,526,900 | 29,284,000 |
| 4월 | 3,806,300 | | | | | 3,806,300 |
| 5월 | | | 858,600 | 2,185,200 | | 3,043,800 |
| 6월 | 4,792,800 | 1,088,100 | 2,822,100 | 2,703,700 | | 11,406,700 |
| 7월 | 11,003,900 | 3,841,400 | 3,472,000 | 1,921,600 | | 20,238,900 |
| 8월 | 8,725,200 | 6,833,400 | 797,400 | | | 16,356,000 |
| 9월 | 881,100 | 1,971,100 | 3,638,000 | 12,404,100 | | 18,894,300 |
| 10월 | 2,853,200 | | | | | 2,853,200 |
| 11월 | | 3,502,800 | 2,680,800 | 2,989,100 | | 9,172,700 |
| 12월 | | 871,200 | | | | 871,200 |
| 총합계 | 32,062,500 | 27,384,400 | 28,227,200 | 33,717,200 | 17,403,500 | 138,794,800 |

가입비현황 | 회원명단 | 2019년 회원명단

준비

**회사에서 바로 통하는 키워드**
피벗 테이블, 이름 설정, OFFSET, COUNTA, 범위 자동 변경, 피벗 테이블 서식 설정

**한눈에 보는 작업순서**
OFFSET 함수와 COUNTA 함수로 동적 범위 이름 설정하기 ▶ 이름으로 피벗 테이블 작성하기 ▶ 피벗 테이블 서식 설정하기 ▶ 동적 범위 변경 확인하기

## 01 함수로 이름 설정하기 ❶ [수식] 탭-[정의된 이름] 그룹-[이름 관리자]를 클릭합니다. ❷ [이름 관리자] 대화상자의 [새로 만들기]를 클릭합니다.

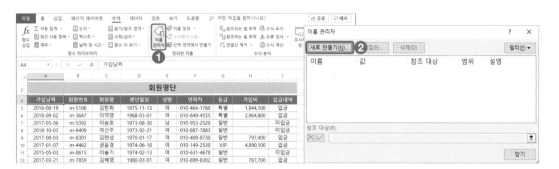

## 02 ❶ [새 이름] 대화상자의 [이름]은 **피벗범위**로 입력합니다. ❷ [참조 대상]은 **=OFFSET(회원명단!$A$4,0,0,COUNTA(회원명단!$A:$A)-1,9)**를 입력합니다. ❸ [확인]을 클릭합니다. ❹ [이름 관리자] 대화상자의 [닫기]를 클릭합니다.

📶 **실력향상** [이름 관리자] 대화상자의 [참조 대상]에서 입력한 수식 전체를 확인할 수 있습니다.

📶 **실력향상** OFFSET 함수는 Reference, Rows, Cols, [Height], [Width] 인수로 구성되어 있습니다. 해당 수식은 [회원명단] 시트의 [A4] 셀에서 행/열 방향으로는 이동하지 않고 높이는 COUNTA 함수로 A열에 입력된 데이터 총개수 90에서 '회원명단' 제목을 뺀 89개 [4:92] 행, 너비는 9개 [A:I] 열, 즉 [A4:I92] 셀 범위를 참조합니다.

## 03 이름으로 피벗 테이블 만들기 ❶ [A4] 셀을 선택합니다. ❷ [삽입] 탭-[표] 그룹-[피벗 테이블]을 클릭합니다. ❸ [피벗 테이블 만들기] 대화상자의 [표 또는 범위 선택]의 [표/범위]에 **피벗범위**를 입력합니다. ❹ 피벗 테이블 보고서를 넣을 위치로 [새 워크시트]가 선택되어 있습니다. ❺ [확인]을 클릭합니다.

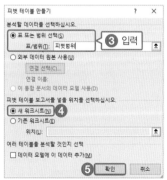

**04** [Sheet1] 이름을 가진 새로운 시트가 추가되고 피벗 테이블 작업 영역이 표시됩니다. 오른쪽에는 [피벗 테이블 필드] 작업 창이 나타납니다. ❶ 작업 창의 필드 목록에서 [가입날짜] 필드는 [행] 영역으로 ❷ [가입비] 필드는 [∑ 값] 영역으로 드래그합니다. ❸ [행] 영역에 자동 추가된 [연] 필드는 [열] 영역으로 드래그하여 이동하고 ❹ [분기] 필드는 [피벗 테이블 필드] 작업 창 바깥으로 드래그하여 제거합니다.

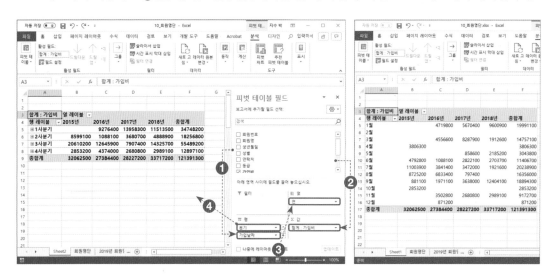

🏔 **실력향상** 날짜 데이터에 다른 연도의 날짜가 입력되어 있으면 자동으로 [월], [분기], [연]으로 그룹 설정되어 표시됩니다.

🏔 **실력향상** 필드를 [피벗 테이블 필드] 작업 창 밖으로 드래그할 때 마우스 포인터가 🔀 모양이 되면 '드래그한 필드를 삭제하겠다.'는 의미입니다.

**05 피벗 테이블 서식 설정하기** ❶ [피벗 테이블 도구]-[디자인] 탭-[피벗 테이블 스타일] 그룹-[자세히▾]를 클릭한 후 ❷ [연한 파랑, 피벗 스타일 보통 2]를 선택합니다. ❸ [피벗 테이블 도구]-[디자인] 탭-[피벗 테이블 스타일 옵션] 그룹-[줄무늬 행]에 체크 표시합니다.

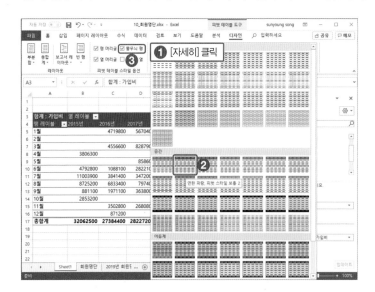

**06** ❶3행 머리글을 선택합니다. ❷마우스 오른쪽 버튼을 클릭한 후 ❸[숨기기]를 선택합니다.

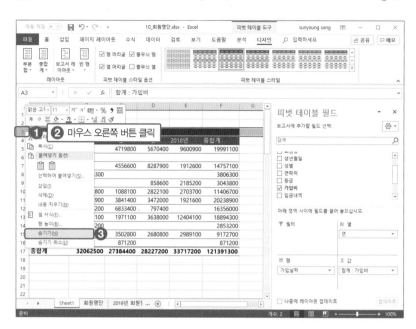

**07** ❶[Sheet1] 시트명을 더블클릭합니다. ❷**가입비현황**으로 수정합니다. ❸[A4] 셀에 **가입월**을 입력합니다. ❹[A4:F17] 셀 범위를 선택합니다. ❺[홈] 탭-[맞춤] 그룹-[가운데 맞춤▤]을 클릭한 후 ❻[홈] 탭-[표시 형식] 그룹-[쉼표 스타일▮]을 클릭합니다.

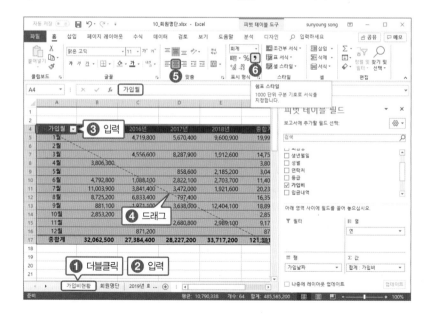

## 08 데이터 추가하여 범위 자동 변경 확인하기  ❶ [2019년 회원명단] 시트를 선택하고 ❷ [A5:I15] 셀 범위를 선택합니다. ❸ Ctrl + C 를 눌러 복사합니다.

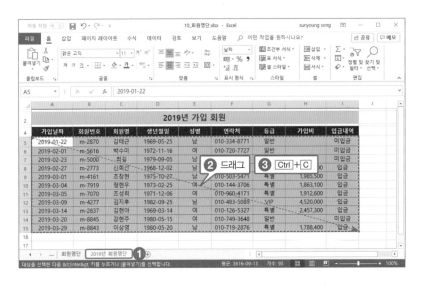

## 09  ❶ [회원명단] 시트를 선택합니다. ❷ [A93] 셀을 선택한 후 ❸ Ctrl + V 를 눌러 맨 마지막 데이터 아래에 붙여 넣기합니다. ❹ [가입비현황] 시트를 선택합니다. ❺ [피벗 테이블 도구]-[분석] 탭-[데이터] 그룹-[새로 고침]을 클릭합니다. 추가된 2019년 데이터도 함께 표시됩니다.

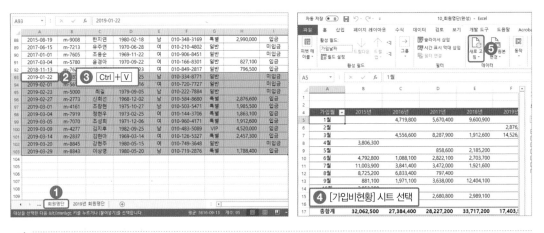

📊 **실력향상**  단축키 Alt + F5 를 눌러 새로 고침합니다.

📊 **실력향상**  [회원명단] 시트의 [A4] 셀을 선택한 후 Ctrl + ↓ 를 눌러 데이터 아래로 한 번에 이동합니다.

## SECTION

## 11

# 피벗 테이블의 데이터를 GETPIVOTDATA로 가져와 보고서 작성하기

실습 파일 | Part01/Chapter04/11_배선기구연간실적보고서.xlsx
완성 파일 | Part01/Chapter04/11_배선기구연간실적보고서(완성).xlsx

피벗 테이블로 작성된 표는 필드 위치를 이동하거나 사용자 임의로 형태를 수정할 수 없습니다. 피벗 테이블로 필요한 데이터를 정리한 후 서식이 완성된 표에 GETPIVOTDATA 함수를 이용하여 피벗 테이블의 데이터를 참조하여 표시해보겠습니다.

## 미리 보기

회사에서
바로 통하는
**키워드**

피벗 테이블,
GETPIVOTDATA,
이동 옵션,
오류 표시된 셀 선택,
자동 합계

**한눈에
보는
작업순서**

피벗 테이블
보고서 작성하기 ▶ GETPIVOTDATA 함수로
보고서 작성하기 ▶ 오류 표시되는
셀 선택하여
삭제하기 ▶ 기본 함수로
합계 계산하기

**01 피벗 테이블 만들기** ❶ [A4] 셀을 선택합니다. ❷ [삽입] 탭-[표] 그룹-[피벗 테이블]을 클릭합니다. [피벗 테이블 만들기] 대화상자의 분석할 데이터에 [표 또는 범위 선택]이 기본 선택되어 있으며 [표/범위]에 [A4:H1114] 셀 범위가 자동으로 설정되어 있습니다. ❸ 피벗 테이블 보고서를 넣을 위치로 [새 워크시트]가 선택되어 있는지 확인한 후 ❹ [확인]을 클릭합니다.

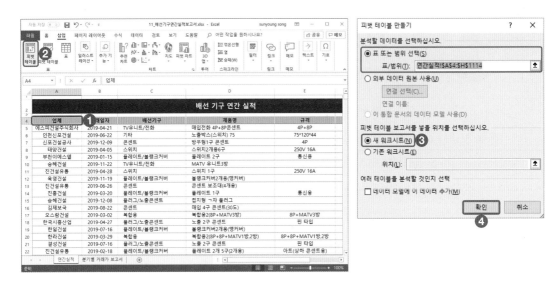

**02 피벗 테이블 레이아웃 설정하기** [Sheet1] 이름을 가진 새로운 시트가 추가되고 피벗 테이블 작업 영역이 표시됩니다. 오른쪽에는 [피벗 테이블 필드] 작업 창이 나타납니다. ❶ 작업 창의 필드 목록에서 [배선기구] 필드는 [행] 영역으로 ❷ [거래일자] 필드는 [열] 영역으로 ❸ [거래가격] 필드는 [Σ 값] 영역으로 드래그합니다.

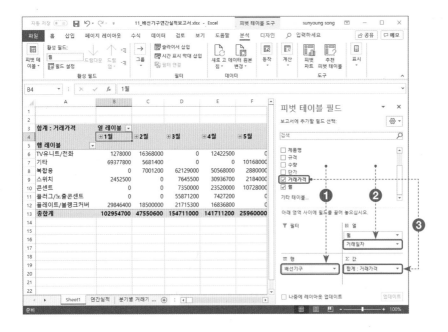

**03** 월로 표시된 날짜를 분기 그룹으로 수정하겠습니다. ❶ [B4] 셀을 선택한 후 ❷ 마우스 오른쪽 버튼을 클릭하여 ❸ [그룹]을 선택합니다. ❹ [그룹] 대화상자에서 [분기]를 선택합니다. ❺ [확인]을 클릭합니다.

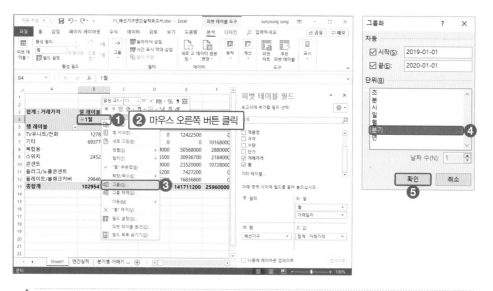

**↑↑↑ 실력향상** 날짜 데이터가 입력된 필드를 행/열 레이블 영역으로 드래그하면 자동으로 그룹 설정됩니다. 날짜가 입력된 범위에 따라 [월], [분기], [연] 그룹 설정되어 표시됩니다.

**04 GETPIVOTDATA 함수로 보고서 작성하기** ❶ [분기별 거래가 보고서] 시트를 선택한 후 ❷ [D5] 셀을 선택합니다. ❸ [수식] 탭–[라이브러리] 그룹–[찾기/참조 영역]–[GETPIVOTDATA]를 선택합니다.

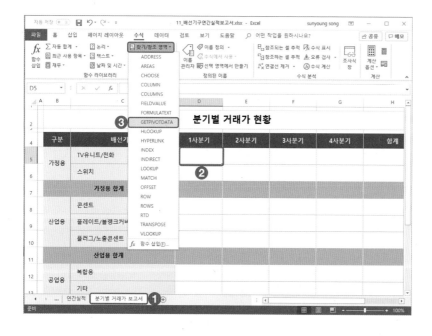

**05** ❶ [함수 인수] 대화상자에서 [Data_field] 인수 입력란에 **거래가격**을 입력합니다. ❷ [Pivot_table] 인수 입력란에는 **Sheet1!$A$3**, ❸ [Field1]에는 **거래일자**, [Item1]에는 **D$4** 셀을 입력합니다. ❹ [Field2]에는 **배선기구**, [Item2]에는 **$C5** 셀을 입력합니다. ❺ [확인]을 클릭합니다.

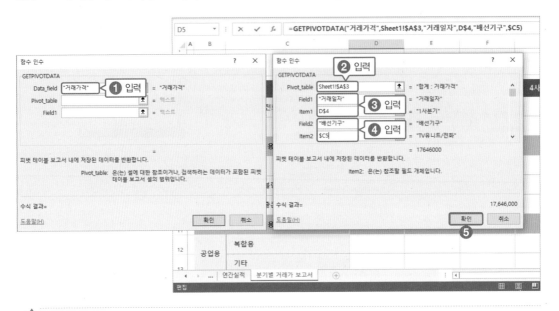

**실력향상** GETPIVOTDATA 함수는 피벗 테이블의 데이터를 참조하는 함수입니다. [Sheet1] 시트의 [A3] 셀의 피벗 테이블을 참조하며 [거래일자] 필드는 [D4] 셀의 '1사분기'를 조건으로, [배선기구] 필드는 [C5] 셀의 'TV유니트/전화'를 조건으로 하여 [거래금액]을 표시합니다. [C5] 셀은 열 고정 혼합 참조로 [D4] 셀은 행 고정 혼합 참조로 지정합니다.

**06** ❶ [D5] 셀의 채우기 핸들을 [G5] 셀까지 드래그합니다. ❷ [D5:G5] 셀 범위가 선택된 상태에서 [G14] 셀까지 드래합니다. ❸ [자동 채우기 옵션📋]를 클릭하고 ❹ [서식 없이 채우기]를 선택합니다.

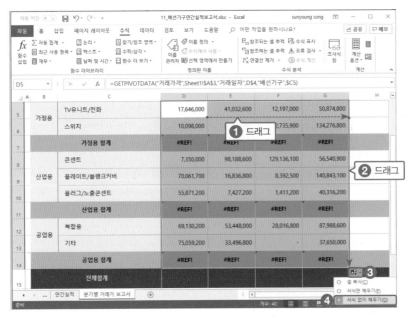

**실력향상** 가정용, 산업용, 공업용 합계 값이 피벗 테이블에 없으므로 오류 표시됩니다.

**07 오류 표시되는 셀 선택하여 삭제하기** ① [홈] 탭-[편집] 그룹-[찾기 및 선택]-[이동 옵션]을 선택합니다. ② [이동 옵션] 대화상자의 [수식]을 선택한 후 ③ [오류]에만 체크 표시하고 나머지는 모두 체크 표시를 해제합니다. ④ [확인]을 클릭합니다. ⑤ Delete 를 눌러 선택된 오류 표시된 셀들의 데이터를 모두 지웁니다.

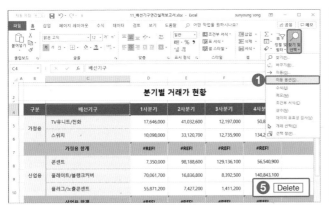
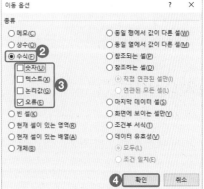

**08 기본함수로 합계 계산하기** ① [D5:H7] 셀 범위를 선택합니다. ② Ctrl 을 누른 상태에서 [D8:H11] 셀 범위, ③ [D12:H14] 셀 범위, ④ [D15:H15] 셀 범위를 추가로 선택합니다. ⑤ [수식] 탭-[함수 라이브러리] 그룹-[자동 합계]를 클릭합니다.

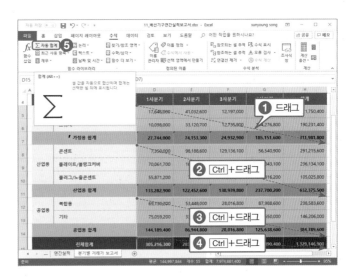

★★★
**비법노트**  **GETPIVOTDATA 함수**

피벗 테이블 보고서 내의 집계 값을 참조할 때 사용하는 함수입니다.

| 함수 형식 | =GETPIVOTDATA(Data_field, Pivot_table, [Field1, Item1], [Field2, Item2] ⋯) |
|---|---|
| 인수 | • Data_fieid : 피벗 테이블의 [값] 영역에서 참조할 필드명을 입력합니다.<br>• Pivot_table : 참조할 피벗 테이블이 작성된 셀 주소를 입력합니다.<br>• Field : 행/열 영역에 위치한 참조할 필드 이름을 입력합니다. 참조할 필드 이름은 여러 개 지정할 수 있으며 Item 과 세트로 구성됩니다.<br>• Item : 행/열 영역에 위치한 참조할 필드 내 항목 이름을 입력합니다. |

# 다중 통합 범위로
# 피벗 테이블 작성하기

실습 파일 | Part01/Chapter04/12_분기별가맹점판매현황.xlsx
완성 파일 | Part01/Chapter04/12_분기별가맹점판매현황(완성).xlsx

가맹점별 제품 판매 현황이 분기별로 정리된 데이터는 양식이 일정하지 않고 위치도 제각각이어서 통합 도구를 이용하기 힘듭니다. 리본 메뉴에 표시되어 있지 않은 [피벗 테이블/피벗 차트 마법사] 기능의 다중 통합 범위 기능을 이용해 분리된 데이터를 하나의 피벗 테이블 보고서로 작성해보겠습니다.

## 미리 보기

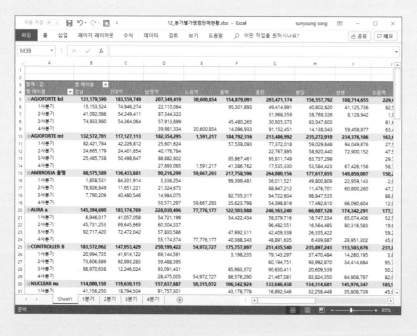

회사에서
바로 통하는
**키워드**

피벗 테이블, 다중 통합 범위,
피벗 테이블/피벗 차트 마법사,
피벗 테이블 서식 설정

**한눈에
보는
작업순서**

[피벗 테이블/피벗 차트 마법사] 메뉴
등록하기
▶
다중 통합 범위로
피벗 테이블
작성하기
▶
피벗 테이블의
필드 위치
변경하기

**01 피벗 테이블/차트 마법사 메뉴 빠른 실행 도구 모음에 등록하기** ❶ [파일] 탭-[옵션]을 선택합니다. ❷ [Excel 옵션] 대화상자에서 [빠른 실행 도구 모음]을 선택합니다. ❸ [명령 선택]에서 [리본 메뉴에 없는 명령]을 선택합니다. 리본 메뉴에 표시되지 않은 메뉴들이 목록으로 표시됩니다. 메뉴 목록 중 ❹ [피벗 테이블/피벗 차트 마법사] 메뉴를 더블클릭하여 [빠른 실행 도구 모음]에 추가합니다. ❺ [빠른 실행 도구 모음 사용자 지정]에 [피벗 테이블/피벗 차트 마법사]가 추가된 것을 확인하고 ❻ [확인]을 클릭합니다.

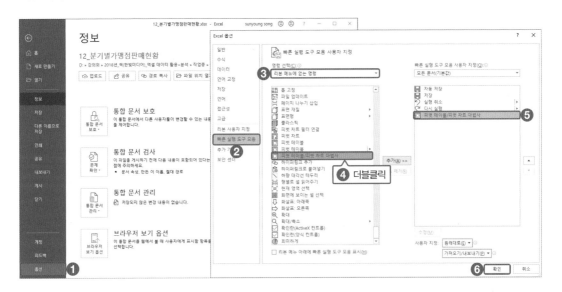

**02 다중 통합 범위로 피벗 테이블 보고서 작성하기** ❶ [1분기] 시트의 [B4] 셀을 선택합니다. ❷ 왼쪽 위 [빠른 실행 도구 모음]의 [피벗 테이블/피벗 차트 마법사⬚]를 클릭합니다. ❸ [피벗 테이블/피벗 차트 마법사 - 1단계] 대화상자의 분석할 데이터 위치는 [다중 통합 범위]를 선택합니다. ❹ [다음]을 클릭합니다.

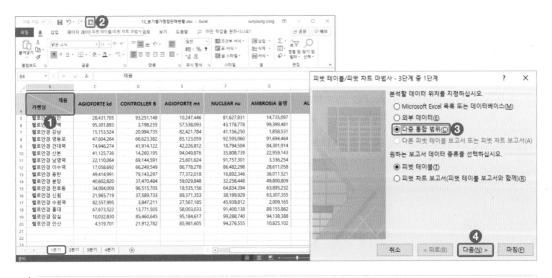

📊 **실력향상** [다중 통합 범위]는 [통합] 도구와 유사하게 여러 표를 하나로 취합하여 피벗 테이블 보고서를 작성할 수 있습니다.

**03** ① [피벗 테이블/피벗 차트 마법사 – 2A단계] 대화상자에서 [하나의 페이지 필드 만들기]를 선택하고 ② [다음]을 클릭합니다.

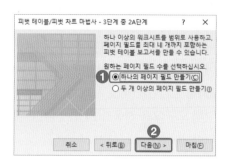

**04** ① [피벗 테이블/피벗 차트 마법사 – 2B단계] 대화상자의 [범위]를 클릭합니다. ② [1분기] 시트의 [B4] 셀을 선택하고 ③ Ctrl + A 를 눌러 1분기 데이터 범위 [B4:H20] 셀 범위를 모두 선택합니다. ④ [추가]를 클릭하여 [모든 범위]에 추가합니다.

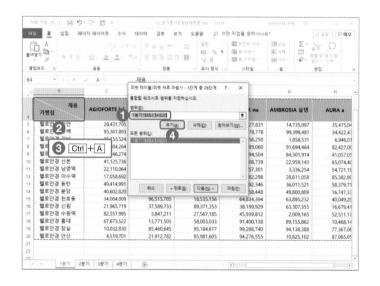

**05** ① [2분기] 시트의 [B4:H17] 셀 범위, [3분기] 시트의 [B4:H18] 셀 범위, [B4:H17] 셀 범위도 같은 방법으로 [B4] 셀을 선택하고 Ctrl + A 를 눌러 [모든 범위]에 추가합니다. ② [다음]을 클릭합니다. ③ [피벗 테이블/피벗 차트 마법사 – 3단계] 대화상자의 피벗 테이블 보고서 작성 위치를 [새 워크시트]로 선택하고 ④ [마침]을 클릭합니다.

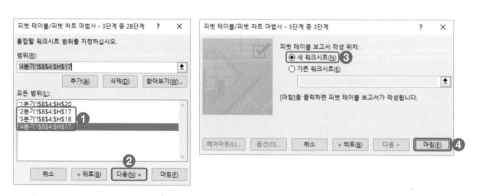

**06** [1분기]~[4분기] 시트의 데이터가 하나로 합쳐져 피벗 테이블 보고서가 작성되었습니다. [피벗 테이블 필드] 작업 창의 [필터] 영역에 있는 [페이지1]은 시트명에 입력된 1분기~4분기에 해당됩니다. [열] 영역에 있는 [열]은 제품명, [행] 영역에 있는 [행]은 가맹점에 해당됩니다.

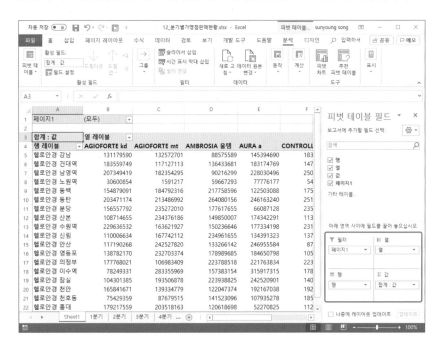

**07 필드 위치 변경하기** ❶ [열] 영역에 있는 [열] 필드를 드래그하여 [행] 영역으로 이동합니다. ❷ [필터] 영역에 있던 [페이지1] 필드는 [행] 영역의 [열] 필드 아래로, [행] 필드는 [열] 영역으로 드래그하여 이동합니다. ❸ [A6] 셀에 **1사분기**를 입력합니다. [A7] 셀에는 **2사분기**, [A8] 셀에는 **3사분기**, [A9] 셀에는 **4사분기**를 입력합니다.

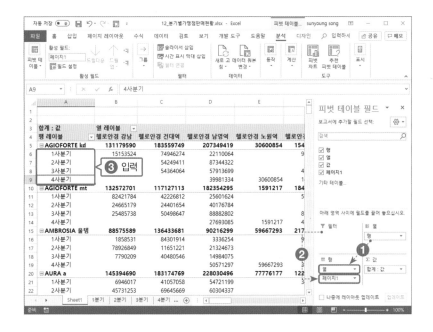

**08** ❶ [홈] 탭-[편집] 그룹-[찾기 및 선택]-[바꾸기]를 선택합니다. ❷ [바꾸기] 대화상자의 [찾을 내용]에는 **헬로안경**을 입력합니다. ❸ [바꿀 내용]에는 아무것도 입력하지 않고 ❹ [모두 바꾸기]를 클릭합니다. ❺ [닫기]를 클릭합니다.

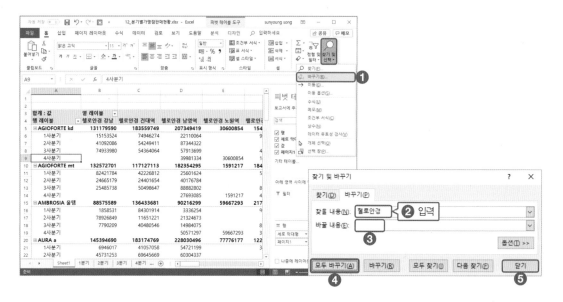

**09 피벗 테이블 서식 설정하기** ❶ [B5] 셀을 선택합니다. ❷ 마우스 오른쪽 버튼을 클릭한 후 ❸ [필드 표시 형식]을 선택합니다. ❹ [셀 서식] 대화상자의 [범주]에서 [숫자]를 선택합니다. ❺ [1000 단위 구분 기호(,) 사용]에 체크 표시합니다. ❻ [확인]을 클릭합니다.

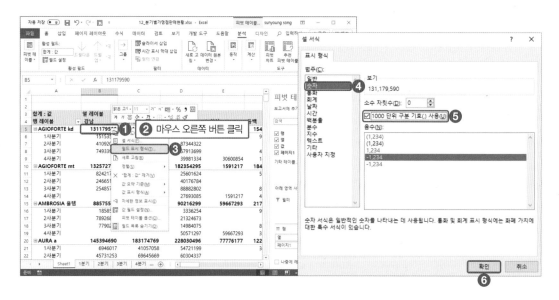

**10** ❶ [피벗 테이블 도구]-[디자인] 탭-[피벗 테이블 스타일] 그룹-[자세히]를 클릭하고 ❷ [연한 녹색, 피벗 스타일 보통 14]를 선택합니다.

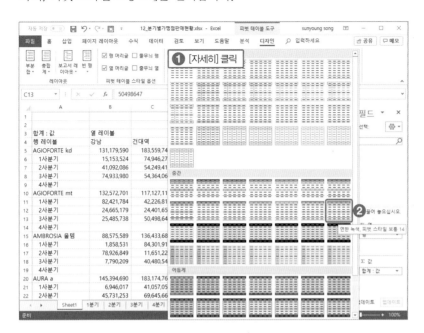

**11** 각 제품의 지점별, 분기별 판매 현황을 확인할 수 있습니다.

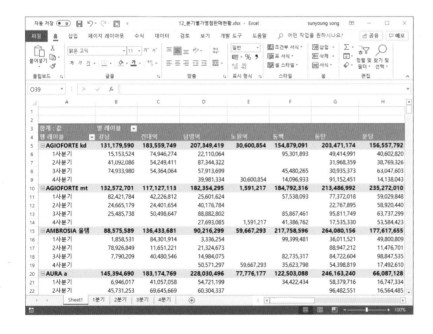

통합된 피벗 테이블 보고서를 데이터베이스로 만들기

**1** [열 레이블]에서 [강남], [건대역], [남영역], [노원역] 항목만 필터하고 총 합계가 표시된 [F20] 셀을 더블클릭합니다.

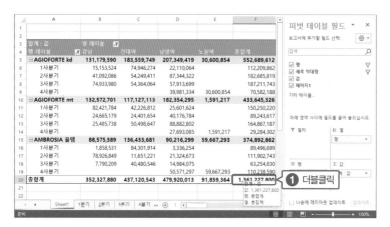

**2** [A1] 셀에 **가맹점**, [B1] 셀에 **제품**, [C1] 셀에 **판매금액**, [D1] 셀에 **분기**를 입력합니다. 열 너비는 적당히 조절합니다.

**3** Ctrl + A 를 누릅니다. [바꾸기] 대화상자의 [찾을 내용]에는 **항목 1**, [바꿀 내용]에는 **1사분기** 입력 후 [모두 바꾸기]를 클릭합니다. 항 목2는 2사분기로, 항목3은 3사분기로, 항목4는 4사분기로 각각 수 정합니다.

**4** 열 위치를 바꾸어 분기, 가맹점별 제품의 판매금액 데이터베이스로 완성합니다.

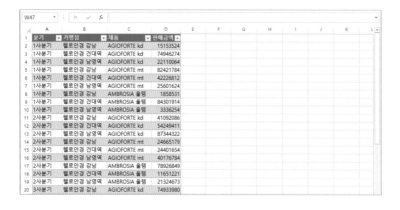

**SECTION**

**13**

# 중복된 데이터의 고유 개수를 표시하는 피벗 테이블 작성하기

실습 파일 | Part01/Chapter04/13_제품주문내역.xlsx   완성 파일 | Part01/Chapter04/13_제품주문내역(완성).xlsx

제품 주문 상세 내역표에는 한 번에 여러 상품을 주문한 경우 여러 상품에 같은 주문번호가 부여되어 고객의 총 주문횟수를 파악하기가 힘듭니다. 이때 엑셀 2013 버전부터 제공되는 [데이터 모델]을 이용하면 중복되는 주문번호의 고유 개수를 파악하여 총 주문횟수를 구할 수 있습니다.

**미리 보기**

| | A | B | C |
|---|---|---|---|
| 1 | **고객별 주문횟수** | | |
| 3 | **고객명** ▼ | **고객ID** ▼ | **주문횟수** ▼ |
| 4 | 강미경 | (10000001) | 7회 |
| 5 | 고경희 | (10000003) | 8회 |
| 6 | 권민정 | (10000005) | 7회 |
| 7 | 김미선 | (10000009) | 8회 |
| 8 | 김민호 | (10000010) | 5회 |
| 9 | 김보성 | (10000011) | 5회 |
| 10 | 김선례 | (10000012) | 6회 |
| 11 | 김선희 | (10000013) | 1회 |
| 12 | 김시내 | (10000014) | 6회 |
| 13 | 김은정 | (10000016) | 9회 |
| 14 | 김이종 | (10000017) | 12회 |
| 15 | 김익겸 | (10000018) | 8회 |
| 16 | 김지후 | (10000035) | 4회 |
| 17 | 김태근 | (10000020) | 15회 |
| 18 | 김한수 | (10000024) | 13회 |
| 19 | 김희숙 | (10000027) | 6회 |
| 20 | 도주철 | (10000029) | 9회 |
| 21 | 박정아 | (10000034) | 5회 |
| 22 | 윤서진 | (10000051) | 11회 |

Sheet1 / 주문상세내역

회사에서
바로 통하는
**키워드**

피벗 테이블, 고유 개수,
데이터 모델에 추가,
피벗 테이블 서식 설정

**한눈에 보는 작업순서**

피벗 테이블 만들기 ▶ 피벗 테이블 레이아웃 설정하기 ▶ 값 요약 기준, 고유 개수로 수정하기 ▶ 피벗 테이블 서식 설정하기

# 01 피벗 테이블 만들기 ❶ [A3] 셀을 선택합니다. ❷ [삽입] 탭-[표] 그룹-[피벗 테이블]을 클릭합니다. ❸ [피벗 테이블 만들기] 대화상자에서 [표 또는 범위 선택]의 [표/범위]에 자동으로 입력된 [A3:K1551] 셀 범위를 확인하고 ❹ 피벗 테이블 보고서를 넣을 위치는 [새 워크시트]를 선택합니다. ❺ [데이터 모델에 이 데이터 추가]에 체크 표시합니다. ❻ [확인]을 클릭합니다.

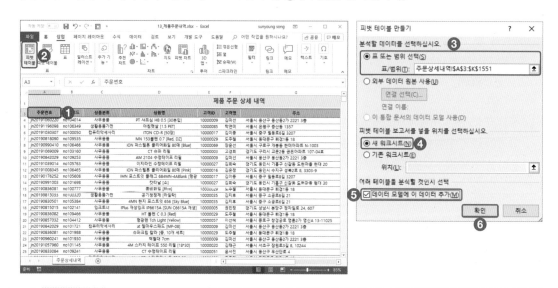

**실력향상** 데이터 모델에 표가 등록되어 있어야 '고유 개수'를 계산할 수 있습니다.

---

★★★
**비법노트**

### 데이터 모델

데이터 모델은 관계로 연결된 데이터 집합을 따로 관리할 수 있는 기능입니다. 표의 관계를 파악하여 연결하려는 경우에는 피벗 테이블 작성 시 [데이터 모델에 이 데이터 추가]에 체크 표시하여 피벗 테이블을 만들어 사용합니다.

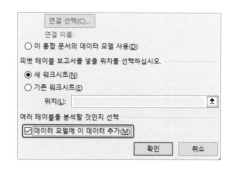

이미 만들어진 피벗 테이블 보고서를 사용하는 경우에는 [피벗 테이블 필드] 작업 창의 필드 아래쪽의 [기타 테이블]을 클릭하여 데이터 모델에 표를 추가하여 사용합니다. 데이터 모델은 엑셀 2013 버전부터 사용할 수 있습니다.

**02 피벗 테이블 레이아웃 설정하기** [Sheet1] 이름을 가진 새로운 시트가 추가되고 피벗 테이블 작업 영역이 표시됩니다. 오른쪽에는 [피벗 테이블 필드] 작업 창이 나타납니다. ❶ 작업 창의 필드 목록에서 [고객명] 필드와 [고객ID] 필드는 [행] 영역으로 ❷ [주문번호] 필드는 [Σ 값] 영역으로 드래그합니다.

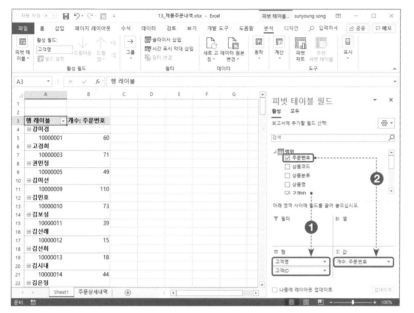

> **실력향상** 표가 데이터 모델에 등록되어 표 이름이 **범위**로 [피벗 테이블 필드] 작업 창의 필드 목록에 표시됩니다.

**03 값 요약 기준과 표시 형식 수정하기** ❶ [Σ 값] 영역의 [개수 : 주문번호]를 클릭합니다. ❷ 메뉴 목록 중 [값 필드 설정]을 선택합니다. ❸ [값 필드 설정] 대화상자의 [값 요약 기준] 탭의 계산 유형을 [고유 개수]로 선택합니다. ❹ [사용자 지정 이름]에는 **주문횟수**를 입력합니다. ❺ [확인]을 클릭합니다.

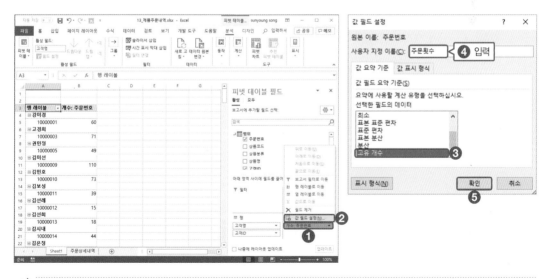

> **실력향상** [고유 개수] 계산 유형은 데이터 모델에 등록된 표로 집계하는 경우에만 표시됩니다.

**04 피벗 테이블 서식 설정하기**  ❶ [피벗 테이블 도구]–[디자인] 탭–[피벗 테이블 스타일] 그룹–[자세히⊡]를 클릭합니다. ❷ [연한 녹색, 피벗 스타일 밝게 7]를 선택합니다. ❸ [피벗 테이블 도구]–[디자인] 탭–[피벗 테이블 스타일 옵션] 그룹–[줄무늬 행]에 체크 표시합니다.

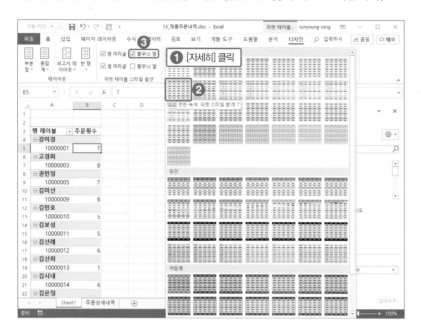

**05**  [피벗 테이블 도구]–[디자인] 탭–[레이아웃] 그룹–[보고서 레이아웃]–[테이블 형식으로 표시]를 선택합니다.

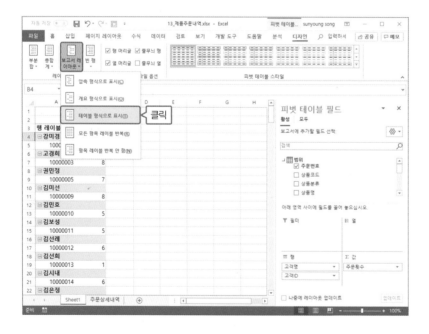

## 06 표시 형식과 셀 서식 설정하기  ❶[B4:B27] 셀 범위를 선택합니다. ❷마우스 오른쪽 버튼을 클릭한 후 ❸[셀 서식]을 선택합니다. ❹[셀 서식] 대화상자의 [표시 형식] 탭에서 [사용자 지정]을 선택합니다. ❺[형식]에 (00000000)을 입력합니다. ❻[확인]을 클릭합니다.

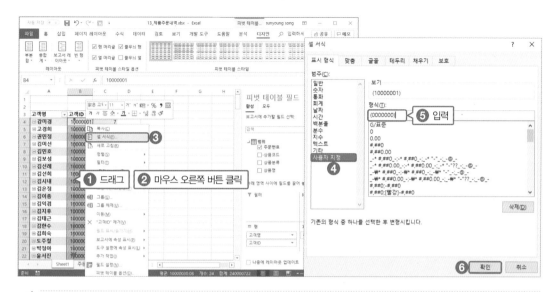

**실력향상** 8개의 숫자 데이터로 구성된 고객 ID 앞뒤에 괄호를 붙여 표시하기 위해 (00000000)로 형식란에 입력합니다. 0은 숫자 데이터를 표현하는 표시 형식입니다.

## 07 ❶[C4] 셀을 선택합니다. ❷마우스 오른쪽 버튼을 클릭한 후 ❸[필드 표시 형식]을 선택합니다. ❹[셀 서식] 대화상자의 [표시 형식] 탭에서 [사용자 지정]을 선택합니다. ❺[형식]에 0회를 입력합니다. ❻[확인]을 클릭합니다.

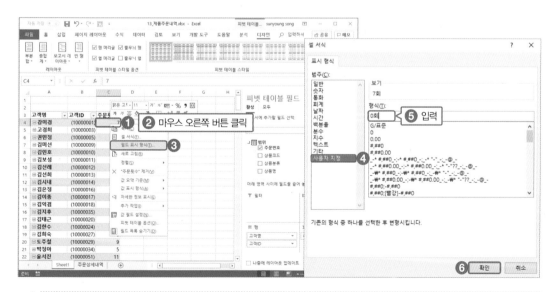

**실력향상** 주문횟수는 [Σ 값] 영역에 위치하고 있어 데이터가 입력된 셀 선택 후 [필드 표시 형식]에서 바로 표시 형식을 설정할 수 있습니다.

**08** ❶ [A1] 셀에 **고객별 주문횟수**를 입력합니다. ❷ [A1:C1] 셀 범위를 선택합니다. ❸ [홈] 탭–[맞춤] 그룹–[병합하고 가운데 맞춤 🔛]을 클릭합니다. ❹ [홈] 탭–[글꼴] 그룹에서 [글꼴 크기]는 **14**로, [굵게 🔳], [채우기 색]은 [연한 녹색]으로 설정합니다. ❺ 행의 높이와 너비를 조절합니다.

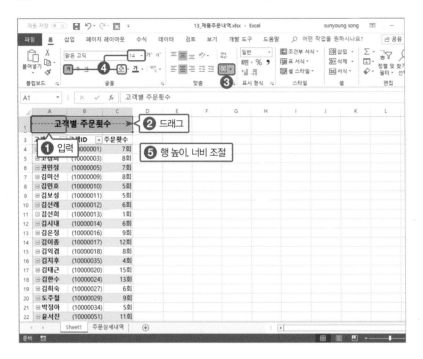

SECTION 14

# 두 개의 표에 관계 설정하여 피벗 테이블 작성하기

실습 파일 | Part01/Chapter04/14_고객별결제금액내역.xlsx
완성 파일 | Part01/Chapter04/14_고객별결제금액내역(완성).xlsx

연관 데이터가 각각 다른 표에 구분되어 있는 경우, 공통 필드로 두 표를 논리적으로 연결하여 하나의 표처럼 사용할 수 있는 기능을 관계 설정이라고 합니다. 주문내역표와 고객정보 표에서 공통으로 사용하는 필드인 고객ID로 관계 설정하고 필요한 고객 ID, 이름, 결제 금액을 구해보겠습니다.

## 미리 보기

고객별 결제금액 내역

| 고객ID | 이름 | 결제 금액 |
|---|---|---|
| CU00001 | 강미경 | 5,798,392 |
| CU00002 | 강민도 | 6,904,163 |
| CU00003 | 고경희 | 4,865,820 |
| CU00004 | 구선옥 | 3,823,685 |
| CU00005 | 권민정 | 6,556,336 |
| CU00006 | 권은아 | 659,110 |
| CU00007 | 김기란 | 3,034,147 |
| CU00008 | 김대식 | 603,213 |
| CU00009 | 김미선 | 455,669 |
| CU00010 | 김민호 | 1,895,033 |
| CU00011 | 김보성 | 211,536 |
| CU00012 | 김선례 | 854,599 |
| CU00013 | 김선희 | 766,042 |
| CU00014 | 김시내 | 2,774,104 |
| CU00015 | 김우리 | 427,745 |
| CU00016 | 김은정 | 3,330,825 |
| CU00017 | 김이종 | 1,026,638 |
| CU00018 | 김익겸 | 1,204,334 |
| CU00019 | 김재도 | 940,020 |



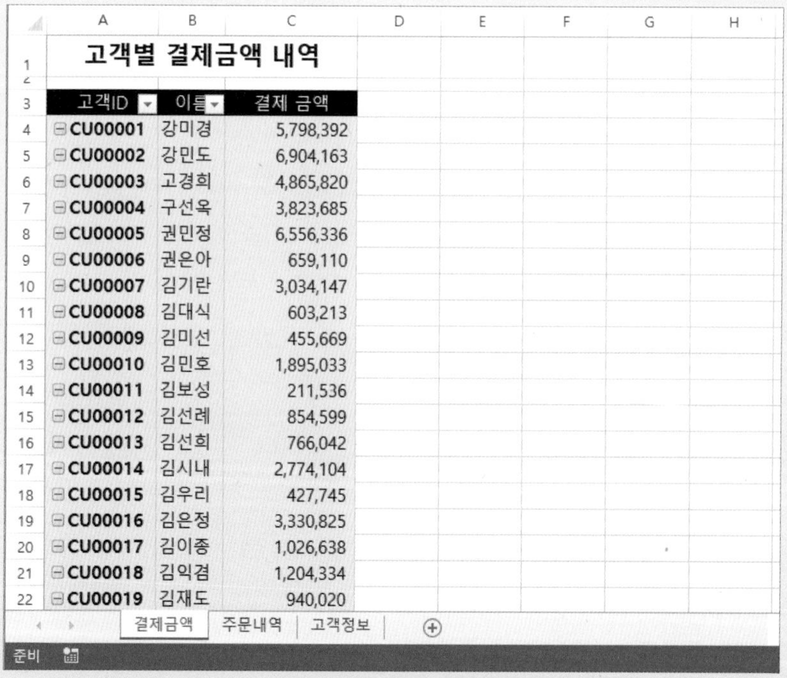

회사에서 바로 통하는 **키워드**

피벗 테이블, 표 서식, 엑셀 표, 관계 설정

**한눈에 보는 작업순서**

데이터베이스에 표 서식 적용하기 ▶ 두 개의 표, 관계 설정하기 ▶ 관계 설정된 두 개의 표로 피벗 테이블 만들기

**01 데이터베이스를 엑셀 표로 등록하기**   ❶ [주문내역] 시트의 [A4] 셀을 선택합니다. ❷ [홈] 탭–[스타일] 그룹–[표 서식]–[흰색, 표 스타일 밝게 11]을 선택합니다. ❸ [표 서식] 대화상자의 표 범위에 [A4:J1562] 셀 범위가 자동으로 설정되고 [머리글 포함]이 체크되어 있습니다. 범위와 머리글을 확인한 후 ❹ [확인]을 클릭합니다.

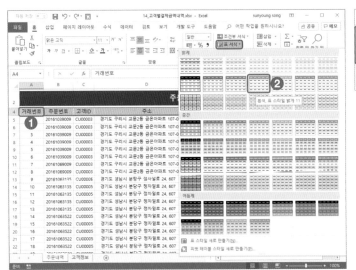

**📶 실력향상** 표를 관계로 연결하려면 연결할 표들이 모두 [표 서식]으로 등록되어 있어야 합니다. [표 서식] 기능을 이용하여 표로 등록합니다.

**📶 실력향상** 표의 서식을 제거할 때는 [표 도구]–[디자인] 탭–[표 스타일] 그룹–표 스타일의 [자세히⚃]를 클릭한 후 [지우기]를 선택하여 자동으로 설정된 서식을 제거합니다.

**02**   [고객정보] 시트에도 [표 서식]을 적용하겠습니다. ❶ [고객정보] 시트를 선택한 후 ❷ [A4] 셀을 선택합니다. ❸ [홈] 탭–[스타일] 그룹–[표 서식]–[녹색, 표 스타일 밝게 14]를 선택합니다. ❹ [표 서식] 대화상자의 표 범위에 [A4:J1562] 셀 범위가 자동으로 설정되고 [머리글 포함]이 체크되어 있습니다. 범위와 머리글을 확인한 후 ❺ [확인]을 클릭합니다.

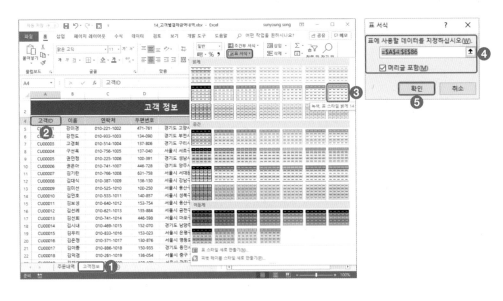

**03 관계 설정하기**  [고객정보] 시트의 [A4] 셀이 선택된 상태에서 ❶ [데이터] 탭-[데이터 도구] 그룹-[관계 🖳]를 클릭합니다. ❷ [관계 관리] 대화상자에서 [새로 만들기]를 클릭합니다.

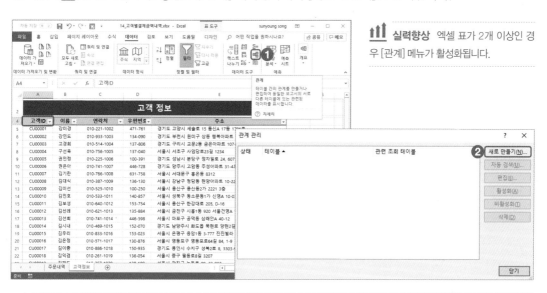

**ili 실력향상**  엑셀 표가 2개 이상인 경우 [관계] 메뉴가 활성화됩니다.

**ili 실력향상**  관계는 여러 개의 테이블을 연결하여 하나의 표처럼 사용할 수 있도록 제공되는 기능입니다. 관계로 테이블을 연결하여 피벗 테이블 보고서 작성 시 사용되며 엑셀 2013 버전 이상에서만 사용할 수 있습니다.

**04**  ❶ [관계 만들기] 대화상자의 [테이블]에는 [워크시트 표:표1]을 [열(외래)]에는 [고객ID]를 선택합니다. ❷ [관련 표]는 [워크시트 표 : 표2]를 [관련 열(기본)]에는 [고객ID]를 선택합니다. ❸ [확인]을 클릭합니다. [관계 관리] 대화상자에 설정한 관계가 표시됩니다. ❹ [닫기]를 클릭합니다.

**ili 실력향상**  [관계 만들기] 대화상자의 [테이블]에서는 두 표를 연결할 때 기준이 되는 표, 피벗 테이블 보고서 작성 시 필요한 데이터를 선택합니다. [관련 표]는 기준 표에서 필요한 추가 데이터가 있는 표를 선택합니다. [열(외래)]와 [관련 열(기본)]은 두 표에서 모두 사용할 관련된 필드를 선택합니다.

**ili 실력향상**  표 이름은 [표 도구]-[디자인] 탭-[속성] 그룹에서 표 이름을 확인할 수 있습니다.

**05 관계로 연결된 표로 피벗 테이블 만들기** ❶ [주문내역] 시트를 선택합니다. ❷ [삽입] 탭-[표] 그룹-[피벗 테이블]을 클릭합니다. ❸ [피벗 테이블 만들기] 대화상자의 분석할 데이터는 [이 통합 문서의 데이터 모델 사용]을 선택합니다. ❹ 피벗 테이블 보고서를 넣을 위치로 [새 워크시트]가 선택되어 있는지 확인한 후 ❺ [확인]을 클릭합니다.

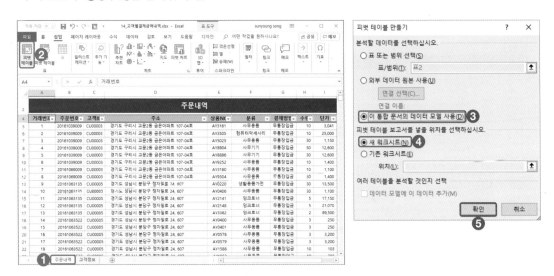

**III 실력향상** [이 통합 문서의 데이터 모델 사용] 옵션은 엑셀 2016 버전부터 제공됩니다. 엑셀 2013 버전에서는 [외부 데이터 원본 사용]을 선택하고 [연결 선택]을 클릭하여 연결한 테이블을 선택하여 사용합니다.

**III 실력향상** 선택한 시트 앞쪽에 피벗 테이블을 만드는 새 워크시트가 삽입되므로 [주문내역] 시트를 선택하고 피벗 테이블 메뉴를 선택합니다.

**06** [피벗 테이블 필드] 작업 창에 데이터 모델에 존재하는 표 이름 [표1]과 [표2]가 표시되어 있습니다. ❶ [표1]을 선택합니다. ❷ [고객ID] 필드는 [행] 영역에 ❸ [결제금액] 필드는 [Σ 값] 영역에 위치시킵니다.

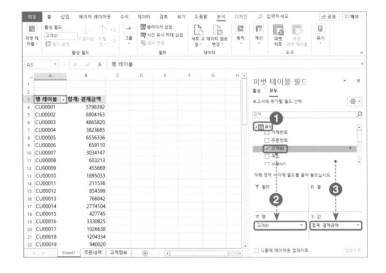

**07** ❶[표2]를 클릭합니다. ❷[이름] 필드를 행 영역, [고객ID] 밑으로 드래그하여 위치시킵니다.

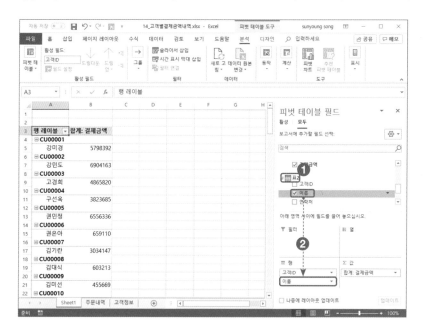

## 08 피벗 테이블 서식 설정하기 ❶[피벗 테이블 도구]–[디자인] 탭–[피벗 테이블 스타일] 그룹–[자세히▼]를 클릭한 후 ❷[연한 파랑, 피벗 스타일 보통 20]을 선택합니다.

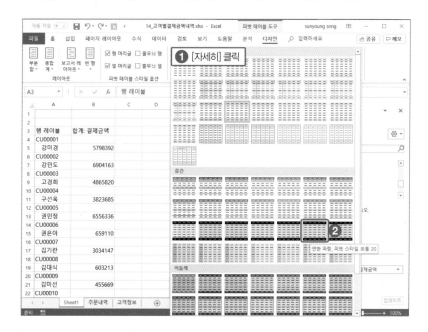

**09** [피벗 테이블 도구]–[디자인]
탭–[레이아웃] 그룹–[보고서 레이
아웃]–[테이블 형식으로 표시]를 선
택합니다.

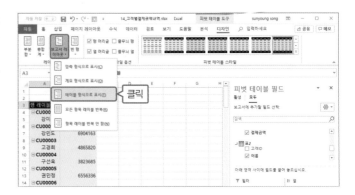

**10** ❶[C4] 셀을 선택합니다. ❷마우스 오른쪽 버튼을 클릭한 후 ❸[필드 표시 형식]을 선택합니다.
❹[셀 서식] 대화상자의 [표시 형식] 탭에서 [숫자]를 선택한 후 ❺[1000 단위 구분 기호(,) 사용]에 체
크 표시합니다. ❻[확인]을 클릭합니다.

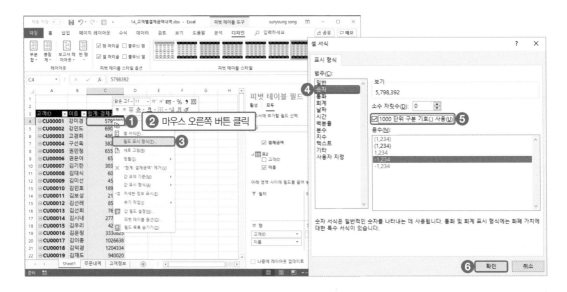

**11** ❶[A1] 셀에 **고객별 결제금액
내역**을 입력합니다. ❷[A1:C1] 셀
범위를 선택하고 ❸[홈] 탭–[맞춤]
그룹–[병합하고 가운데 맞춤 🔲]
을 클릭합니다. ❹[홈] 탭–[글꼴] 그
룹–[글꼴 크기]는 **16**으로, ❺[굵게
**가**]를 선택하여 서식을 설정합니다.

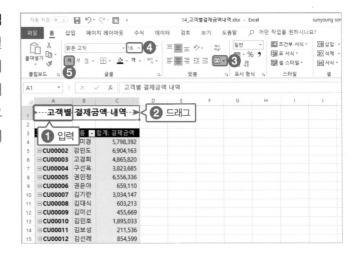

**12** ① 2행의 높이를 좁게 조절합니다. ② [C3] 셀에 **결제 금액**을 입력합니다. ③ [A3:C3] 셀 범위를 선택한 후 ④ [홈] 탭-[맞춤] 그룹-[가운데 맞춤] 을 클릭합니다. ⑤ [Sheet1] 시트명을 더블클릭한 후 ⑥ **결제금액**으로 시트명을 수정합니다.

★★★
**비법노트**

### 관계

두 개의 데이터표를 관계로 연결하여 하나의 표처럼 사용할 수 있는 기능으로 두 개의 표에 모두 존재하는 필드를 이용해 관계로 연결한 후 사용합니다.

**주문내역표**

| 주문번호 | 고객ID | 상품번호 | 주소 | 결제금액 |
|---|---|---|---|---|
| 1 | 0001 | A | 서울시 | 100,000 |
| 2 | 0002 | B | 경기도 | 200,000 |
| 3 | 0002 | C | 경기도 | 300,000 |
| 4 | 0003 | D | 인천 | 400,000 |
| 5 | 0001 | E | 서울시 | 500,000 |

| 고객ID | 고객명 | 연락처 |
|---|---|---|
| 0001 | 김지후 | 010-12 |
| 0002 | 김민서 | 010-34 |
| 0003 | 송제니 | 010-56 |

주문내역표, 고객ID : 열(외래), 다른 테이블과 연결할 때 사용할 필드

고객정보표, 고객ID : 열(기본), 고객정보표에서 데이터를 식별할 기준이 되는 필드

**연결하여 고객의 총 결제금액 확인**

| 고객ID | 고객명 | 총 결제금액 |
|---|---|---|
| 0001 | 김지후 | 600,000 |
| 0002 | 김민서 | 500,000 |
| 0003 | 송제니 | 400,000 |

# 피벗 테이블 데이터 VBA로 새로 고침 설정하기

실습 파일 | Part01/Chapter04/15_영업실적현황.xlsx    완성 파일 | Part01/Chapter04/15_영업실적현황(완성).xlsx

피벗 테이블 보고서는 원본 데이터, 참조하는 셀의 값이 수정되어도 자동으로 변경되지 않습니다. 꼭 [새로 고침]을 클릭해야만 보고서가 수정되는데 원본 데이터의 셀값이 자주 변동된다면 VBA 코드로 매크로를 작성하여 자동으로 피벗 테이블 보고서가 새로 고침되도록 설정하는 깃이 편리합니다.

## 미리 보기

| ⏷ | A | B | C | D | E | F | G | H |
|---|---|---|---|---|---|---|---|---|
| 1 | | | | | | | | |
| 2 | | | | | | | | |
| 3 | 영업팀 ⏷ | 매출 예상금액 | 매출금액 | | | | | |
| 4 | 영업1팀 | 102,178,548 | 83,353,320 | | | | | |
| 5 | 영업2팀 | 85,283,207 | 57,262,649 | | | | | |
| 6 | 영업3팀 | 86,794,889 | 59,288,575 | | | | | |
| 7 | 영업4팀 | 98,675,828 | 55,811,799 | | | | | |
| 8 | 영업5팀 | 79,479,711 | 52,606,054 | | | | | |
| 9 | 영업6팀 | 86,968,906 | 69,498,608 | | | | | |
| 10 | 총합계 | 539,381,089 | 377,821,004 | | | | | |
| 11 | | | | | | | | |
| 12 | | | | | | | | |
| 13 | | | | | | | | |
| 14 | | | | | | | | |
| 15 | | | | | | | | |
| 16 | | | | | | | | |
| 17 | | | | | | | | |
| 18 | | | | | | | | |
| 19 | | | | | | | | |
| 20 | | | | | | | | |
| 21 | | | | | | | | |
| 22 | | | | | | | | |

팀별 매출금액    영업 계획    ⊕

**회사에서 바로 통하는 키워드**

피벗 테이블, 개발 도구 메뉴, VBA 편집기, 자동으로 데이터 새로 고침, 코드 입력된 파일 저장하기

**한눈에 보는 작업순서**

피벗 테이블 만들기 ▶ 피벗 테이블 서식 설정하기 ▶ 개발 도구 메뉴 표시하기

▶ VBA 코드 입력하기 ▶ 새로 고침 확인 후 파일 저장하기

**01 피벗 테이블 만들기** ❶ [A5] 셀을 선택한 후 ❷ [삽입] 탭-[표] 그룹-[피벗 테이블]을 클릭합니다. ❸ [피벗 테이블 만들기] 대화상자의 분석할 데이터는 [표 또는 범위 선택]으로 [표/범위]는 [수량현황] 시트의 [A5:F75] 셀 범위가 자동으로 지정되어 있습니다. ❹ 피벗 테이블 보고서를 넣을 위치를 [새 워크시트]로 선택합니다. ❺ [확인]을 클릭합니다.

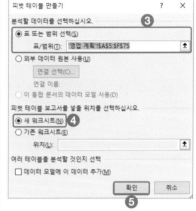

**02 피벗 테이블 레이아웃 설정하기** 새 시트에 피벗 테이블 작업 영역이 표시됩니다. 오른쪽에는 [피벗 테이블 필드] 작업 창이 나타납니다. ❶ 작업 창의 필드 목록에서 [영업팀] 필드는 [행] 영역으로 ❷ [예상 매출금액], [실 매출금액] 필드는 [Σ 값] 영역으로 드래그합니다.

**03** ❶[A3] 셀에 **영업팀**을 입력합니다. [B3] 셀에 **매출 예상금액**, [C3] 셀에 **매출금액**을 입력합니다. ❷[B4:C10] 셀 범위를 선택합니다. ❸[홈] 탭–[표시 형식] 그룹–[쉼표 스타일 **9**]을 클릭합니다. ❹ [Sheet1] 시트명을 더블클릭한 후 ❺**팀별 매출금액**으로 수정합니다.

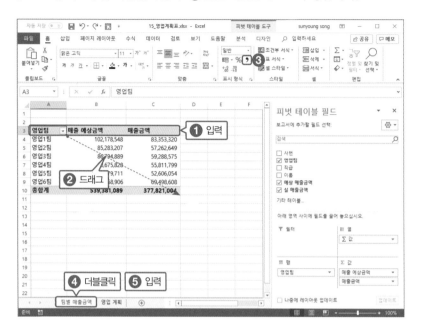

**04 개발 도구 메뉴 표시하기** ❶[파일] 탭–[옵션]을 선택합니다. ❷[Excel 옵션] 대화상자에서 [리본 사용자 지정]을 선택합니다. ❸[리본 메뉴 사용자 지정]에서 [개발 도구]에 체크 표시합니다. ❹[확인] 을 클릭합니다.

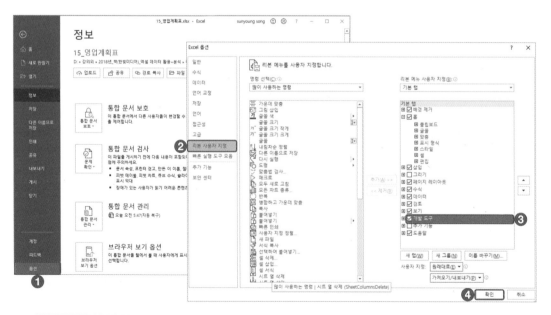

**실력향상** 앞선 내용의 실습에서 [개발 도구] 탭을 활성화했다면 해당 단계를 생략해도 됩니다.

## 05 VBA 코드 작성하기  [영업 계획] 시트의 데이터가 변경되면 피벗 테이블이 업데이트되도록 코드 작성하겠습니다. [개발 도구] 탭-[코드] 그룹-[Visual Basic]을 클릭합니다.

**🏋 실력향상** Visual Basic 편집기 창은 Alt + F11 을 눌러 표시할 수도 있습니다.

## 06  ❶ Visual Basic 편집기 창의 프로젝트 탐색기 창에서 [Sheet1 (영업 계획)] 시트를 더블클릭합니다. ❷ 코드 창의 [개체]에서 [Worksheet]를 선택합니다. ❸ [프로시저]에서는 [Change]를 선택합니다.

**🏋 실력향상** [Worksheet] 개체를 선택하면 자동으로 [SelectionChange] 프로시저가 표시되어 보입니다. 사용하지 않는 경우에는 삭제해도 상관없습니다.

**🏋 실력향상** [Change] 프로시저는 [영업 계획] 시트의 데이터가 변경되는 경우 실행되는 프로시저입니다.

**07** ❶ 프로시저 안에 **Sheets("팀별 매출금액").PivotTables(1).PivotCache.Refresh** 코드를 입력합니다. ❷ [닫기]를 클릭하여 비주얼 베이식 편집기 창을 닫습니다.

**실력향상** [팀별 매출금액] 시트의 피벗 테이블을 새로 고침하는 코드입니다. **15_영업계획표_코드.txt** 예제 파일의 내용을 복사한 후 붙여넣기하여 사용해도 됩니다.

**08 새로 고침 확인하기** ❶ [영업 계획] 시트를 선택합니다. ❷ [홈] 탭-[편집] 그룹-[찾기 및 선택]-[바꾸기]를 선택합니다. ❸ [찾기 및 바꾸기] 대화상자의 [찾을 내용]에 **영업4**를 ❹ [바꿀 내용]에는 **영업5**를 입력합니다. ❺ [모두 바꾸기]를 클릭합니다. ❻ '12개 항목이 바뀌었습니다.'라는 메시지가 표시됩니다. [확인]을 클릭합니다. ❼ [찾기 및 바꾸기] 대화상자의 [닫기]를 클릭합니다.

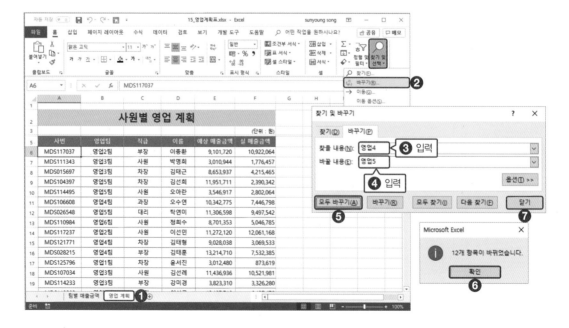

**09** [팀별 매출금액] 시트를 선택합니다. 피벗 테이블이 업데이트되어 영업4팀은 없어지고 영업5팀의 매출금액이 많아진 것을 확인할 수 있습니다.

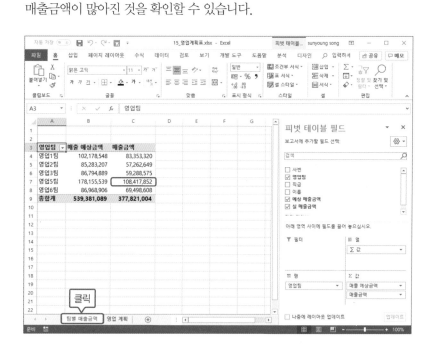

**10 파일 저장하기** ❶ [파일] 탭–[다른 이름으로 저장]을 선택한 후 ❷ [찾아보기]를 선택합니다. ❸ [다른 이름으로 저장] 대화상자의 [파일 형식]을 [Excel 매크로 사용 통합 문서(*.xlsm)]으로 선택합니다. ❹ [저장]을 클릭합니다.

### 매크로 파일 형식 저장

코드 작성 후 일반 엑셀 파일로 저장하면 다음과 같은 오류 메시지가 표시됩니다. [예]를 클릭하면 기록한 코드가 포함되지 않고 일반 엑셀 파일로 저장되며, 매크로는 사용할 수 없습니다. [아니오]를 클릭하면 [다른 이름으로 저장] 대화상자가 표시됩니다. 매크로 사용 통합 문서로 파일을 저장합니다.

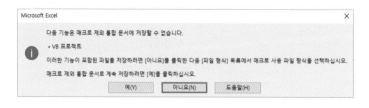

---

### 피벗 테이블 새로 고침

**❶ [팀별 매출금액] 시트를 선택했을 때 피벗 테이블 새로 고침**

프로젝트 탐색기 창에서 [Sheet2 (팀별 매출금액)] 시트를 더블클릭합니다. 코드 창의 [개체]에서 [Worksheet]를 [프로시저]에서는 [Activate]를 선택합니다. 프로시저 안에 다음의 코드를 입력합니다.

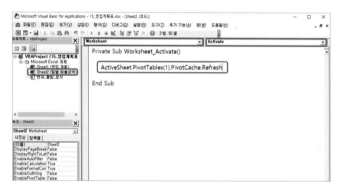

**❷ 시트 안에 피벗 테이블이 여러 개 있는 경우, 선택한 시트의 모든 피벗 테이블 새로 고침**

프로젝트 탐색기 창에서 [Sheet2 (팀별 매출금액)] 시트를 더블클릭합니다. 코드 창의 [개체]에서 [Worksheet]를 [프로시저]에서는 [Activate]를 선택합니다. 프로시저 안에 다음의 코드를 입력합니다.

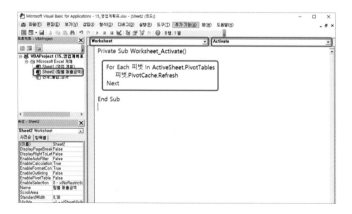

**❸ 시트 안에 피벗 테이블이 여러 개 있는 경우, 원본 데이터가 변경되면 모든 피벗 테이블 새로 고침**

프로젝트 탐색기 창에서 [Sheet2 (영업 계획)] 시트를 더블클릭합니다. 코드 창의 [개체]에서 [Worksheet]를 [프로시저]에서는 [Change]를 선택합니다. 프로시저 안에 다음의 코드를 입력합니다.

---

★★★
**비법노트**   **피벗 테이블 옵션에서 자동 고침**

매크로를 설정하지 않고도 파일을 열 때 피벗 테이블이 업데이트되도록 피벗 테이블 옵션을 설정할 수 있습니다.

❶ [피벗 테이블 도구]–[분석] 탭–[피벗 테이블] 그룹–[옵션]을 클릭합니다.

❷ [피벗 테이블 옵션] 대화상자의 [데이터] 탭에서 [파일을 열 때 데이터 새로 고침] 옵션에 체크 표시한 후 [확인]을 클릭합니다.

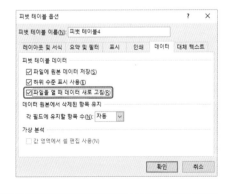

데이터
편집과
서식

수식과
함수

차트
작성과
편집

데이터
관리

PART
02

프로젝트로
업그레이드하는
엑셀 데이터
활용과 분석

PART 02에서는 실무에서 실제로 사용하는 데이터 목록 및 통계 자료를 예제로 활용하여 데이터 관리와 분석 능력을 빠르게 향상할 수 있습니다. PART 01에서 익힌 데이터 관리의 기본, 응용 기능을 바탕으로 외부에서 가져온 데이터의 가공, 편집과 함수를 활용한 집계와 분석, 엑셀 분석 도구를 활용한 데이터 정리와 데이터를 차트로 요약하고 시각화하는 방법 등을 배워보겠습니다.

CHAPTER

# 01

# 업무 시간을 단축하는 외부 데이터 가공과 편집 익히기

회계 프로그램 또는 사내 관리 시스템에서 다운로드한 데이터를 엑셀에서 사용하기 위해서는 대부분 편집, 가공 작업을 거쳐야 합니다. 이때 단순하게 이동, 삭제, 복사 기능만 반복하여 표 데이터를 편집하면 업무 처리 시간이 많이 걸릴 수밖에 없습니다. 엑셀에서 제공하는 기능을 어떻게 사용하느냐에 따라 업무 처리 시간이 단축됩니다. 외부 데이터를 편집하고 가공할 때 접목할 수 있는 상황별 엑셀 기능을 알아보고 편집 완료된 데이터 목록을 쉽게 관리할 수 있도록 서식을 설정하는 방법에 대해 배워보겠습니다.

# 여기에서는 어떤 예제로 배울까요?

**PROJECT 01** 사내 관리 시스템에서 다운로드한 매출채권 목록 일괄 편집하여 가공하기

▶ **이런 양식을 만듭니다**
거래처별 매출채권 관리대장

▶ **이런 기능을 배워봅니다**
이동 옵션으로 빈 셀 선택, 바꾸기, 수식으로 값 입력,
선택하여 붙여넣기, 선택 영역 가운데 맞춤

**PROJECT 02** 회계 프로그램에서 가져온 다중 페이지 비용 목록을 하나의 DB로 편집하기

▶ **이런 양식을 만듭니다**
수입 및 지출현황

▶ **이런 기능을 배워봅니다**
셀 병합 취소, 자동 필터, 바꾸기, 셀 서식, 틀 고정

**PROJECT 03** 한 행에 입력된 고객 명단을 두 행으로 빠르게 양식 변경하기

▶ **이런 양식을 만듭니다**
VIP 고객 명단

▶ **이런 기능을 배워봅니다**
숫자 채우기, 정렬, 서식 복사, 수식으로 일괄 입력,
값 복사, 인쇄 제목 설정, 인쇄 크기 조정

**PROJECT 04** 줄 바꿈으로 입력된 숫자 데이터의 열을 분리하여 급여지급 내역표 정리하기

▶ **이런 양식을 만듭니다**
사업자 급여 지급 내역

▶ **이런 기능을 배워봅니다**
텍스트 나누기, DATEDIF, 사용자 지정 표시 형식,
셀 서식 설정

# PROJECT
# 01

# 사내 관리 시스템에서 다운로드한
# 매출채권 목록 일괄 편집하여 가공하기

실습 파일 | Part02/Chapter01/01_매출채권관리.xlsx    완성 파일 | Part02/Chapter01/01_매출채권관리(완성).xlsx

## 01 프로젝트 시작하기

매출채권의 네고일과 만기일을 기준으로 분석 보고서를 작성하기 위해 사내 관리 시스템에서 관련된 매출
채권 정보를 다운로드하여 엑셀 파일 형식으로 저장했습니다. 사내 관리 시스템에서 다운로드한 매출채
권 데이터 목록은 고유번호를 기준으로 정렬 및 그룹화되어 있는데 만약 '네고일'을 기준으로 정렬하거나
필터를 적용하려면 데이터를 다음과 같이 편집합니다.

필요 없는 금액의 합계 행은 모두 삭제하고, 문자 형식으로 지정된 날짜는 올바른 날짜 형식으로 변환하
며, 같은 고유번호와 네고일, 만기일의 빈 셀에 관련 데이터를 모두 입력합니다. 이러한 단순 반복 작업을
빠르게 처리하기 위해서는 빈 행 일괄 삭제와 바꾸기, 수식으로 연속되는 값 입력하기 등의 기능을 상황
에 따라 적절하게 사용합니다. 실제 업무 현장에서 다른 부서에서 받은 데이터 목록이나 통계 정보, 회계
시스템 다운로드 자료 등을 편집, 가공할 때 이와 같은 기능을 유용하게 사용할 수 있습니다.

회사에서
바로 통하는
키워드

이동 옵션으로 빈 셀 선택, 바꾸기, 수식으로 값 입력, 선택하여 붙여넣기, 선택 영역 가운데 맞춤

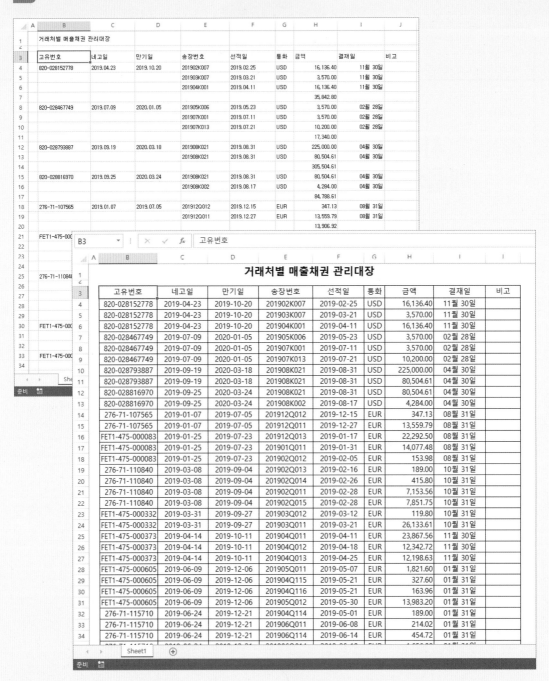

**한눈에 보는 작업순서**

금액 중간 합계 행 일괄 삭제하기 ▶ 날짜 형식으로 변환하기 ▶ 빈 셀에 수식으로 값 일괄 입력하기 ▶ 수식을 값으로 복사해 붙여 넣고, 날짜 형식 변경하기

▶ 시트에서 서식 설정하기 ▶ 셀 눈금선 해제해 시트 서식 완성하기

## 03 핵심 기능 미리 보기

### STEP 01  금액 합계 행 일괄 삭제와 날짜 형식 변환하기

❶ [이동 옵션] 기능을 이용하여 G열을 기준으로 빈 셀을 모두 선택한 후 행 전체를 삭제합니다.

❷ [바꾸기]를 이용하여 네고일, 만기일, 선적일의 마침표(.)를 하이픈(−)으로 모두 바꾼 후 날짜 형식으로 변환합니다.

### STEP 02  빈 셀에 값 일괄 입력하기

❶ 고유번호, 네고일, 만기일 셀 범위에서 [이동 옵션]으로 빈 셀만 선택한 후 수식으로 위쪽 셀 데이터를 일괄 입력합니다.

❷ 수식으로 입력된 셀은 [선택하여 붙여넣기]를 이용하여 [값]으로 변경합니다.

### STEP 03  시트에 서식 설정하기

❶ 제목은 글꼴 크기와 종류를 변경한 후 [B1:J1] 셀 범위를 기준으로 선택 영역의 가운데에 맞춥니다.

❷ 내용 데이터 목록은 글꼴 크기와 종류를 변경하고 모든 테두리를 실선으로 서식을 설정합니다. 문자와 날짜는 가운데 맞춤, 숫자는 오른쪽 맞춤합니다.

❸ [보기] 탭-[표시] 그룹-[눈금선]의 체크 표시를 해제합니다.

| | 고유번호 | 네고일 | 만기일 | 송장번호 | 선적일 | 통화 | 금액 | 결재일 | 비고 |
|---|---|---|---|---|---|---|---|---|---|
| | | | | 거래처별 매출채권 관리대장 | | | | | |
| 4 | 820-028152778 | 2019-04-23 | 2019-10-20 | 201902K007 | 2019-02-25 | USD | 16,136.40 | 11월 30일 | |
| 5 | 820-028152778 | 2019-04-23 | 2019-10-20 | 201903K007 | 2019-03-21 | USD | 3,570.00 | 11월 30일 | |
| 6 | 820-028152778 | 2019-04-23 | 2019-10-20 | 201904K001 | 2019-04-11 | USD | 16,136.40 | 11월 30일 | |
| 7 | 820-028467749 | 2019-07-09 | 2020-01-05 | 201905K006 | 2019-05-23 | USD | 3,570.00 | 02월 28일 | |
| 8 | 820-028467749 | 2019-07-09 | 2020-01-05 | 201907K001 | 2019-07-11 | USD | 3,570.00 | 02월 28일 | |
| 9 | 820-028467749 | 2019-07-09 | 2020-01-05 | 201907K013 | 2019-07-21 | USD | 10,200.00 | 02월 28일 | |
| 10 | 820-028793887 | 2019-09-19 | 2020-03-18 | 201908K021 | 2019-08-31 | USD | 225,000.00 | 04월 30일 | |
| 11 | 820-028793887 | 2019-09-19 | 2020-03-18 | 201908K021 | 2019-08-31 | USD | 80,504.61 | 04월 30일 | |
| 12 | 820-028816970 | 2019-09-25 | 2020-03-24 | 201908K021 | 2019-08-31 | USD | 80,504.61 | 04월 30일 | |
| 13 | 820-028816970 | 2019-09-25 | 2020-03-24 | 201908K002 | 2019-08-17 | USD | 4,284.00 | 04월 30일 | |
| 14 | 276-71-107565 | 2019-01-07 | 2019-07-05 | 201912Q012 | 2019-12-15 | EUR | 347.13 | 08월 31일 | |
| 15 | 276-71-107565 | 2019-01-07 | 2019-07-05 | 201912Q011 | 2019-12-27 | EUR | 13,559.79 | 08월 31일 | |
| 16 | FET1-475-000083 | 2019-01-25 | 2019-07-23 | 201912Q013 | 2019-01-17 | EUR | 22,292.50 | 08월 31일 | |
| 17 | FET1-475-000083 | 2019-01-25 | 2019-07-23 | 201901Q011 | 2019-01-31 | EUR | 14,077.48 | 08월 31일 | |

외부
데이터
편집

데이터
집계와
분석

데이터
분석
도구
활용

시각
보고서
작성

## STEP 01 금액 합계 행 일괄 삭제하고 날짜 형식 변환하기

데이터 목록을 정렬할 때 불필요한 H열의 중간 합계를 빠르게 삭제합니다. 구분 기호가 마침표(.)로 되어 있어 문자 데이터로 인식되는 네고일, 만기일, 선적일의 '연월일'은 [바꾸기]를 이용하여 마침표(.)를 하이픈(−)으로 변환해보겠습니다.

**01 금액 중간 합계 행 일괄 삭제하기** ❶ [G3:G528] 셀 범위를 선택합니다. ❷ [홈] 탭−[편집] 그룹−[찾기 및 선택]−[이동 옵션]을 선택합니다. ❸ [이동 옵션] 대화상자에서 [빈 셀]을 선택한 후 ❹ [확인]을 클릭합니다.

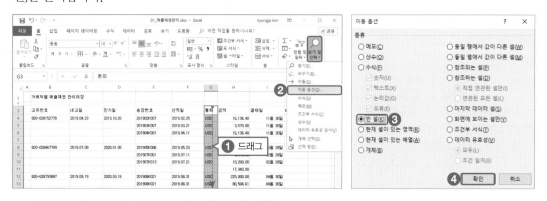

⏱ **시간단축** 빈 셀이 포함된 셀 범위는 단축키로 선택하기 어렵습니다. [G3] 셀을 선택한 후 Shift 를 누른 상태에서 [G528] 셀을 클릭하면 빠르게 셀 범위를 선택할 수 있습니다.

**02** G열의 데이터 영역 중 빈 셀만 선택된 상태에서 ❶ 마우스 오른쪽 버튼을 클릭합니다. ❷ [삭제]를 선택합니다. ❸ [삭제] 대화상자에서 [행 전체]를 선택한 후 ❹ [확인]을 클릭합니다. 합계 행이 모두 삭제되었습니다.

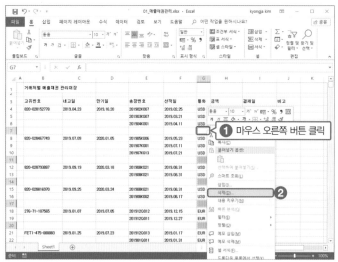

📊 **실력향상** 빈 셀이 선택된 상태에서 마우스 오른쪽 버튼을 클릭할 때 다른 영역을 클릭하면 선택된 빈 셀이 해제되므로 주의합니다.

**03 날짜 형식으로 변환하기** 연월일 구분 기호인 마침표(.)를 하이픈(-)으로 변경해보겠습니다. ❶ [C:D] 열 머리글 범위를 선택한 후 ❷ Ctrl 을 누른 상태에서 F열 머리글을 선택합니다. ❸ [홈] 탭-[편집] 그룹-[찾기 및 선택]-[바꾸기]를 선택합니다. ❹ [찾기 및 바꾸기] 대화상자에서 [찾을 내용] 입력란에 .를 입력하고 [바꿀 내용] 입력란에 -을 입력합니다. ❺ [모두 바꾸기]를 클릭합니다. '1362개 항목이 바뀌었습니다'라는 메시지가 나타나면 ❻ [확인]을 클릭합니다. ❼ [찾기 및 바꾸기] 대화상자에서 [닫기]를 클릭합니다.

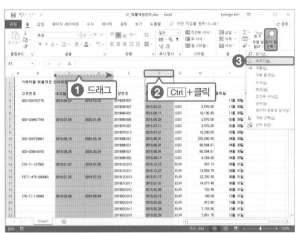
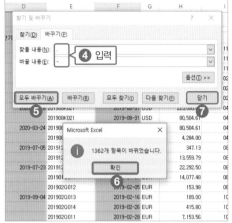

---

**STEP 02 빈 셀에 값 일괄 입력하기**

데이터 목록에서 고유번호와 네고일, 만기일이 같은 레코드는 한 번씩만 입력되어 있습니다. 이러한 데이터 목록으로 정렬하려면 먼저 빈 셀에 해당되는 데이터를 모두 입력해야 합니다. 수식으로 빈 셀을 채우고 입력된 데이터가 변하지 않도록 값으로 변경해보겠습니다.

**04 수식으로 값 일괄 입력하기** 채우기나 복사 기능으로 데이터를 입력하려면 시간이 많이 소요되므로 빈 셀을 일괄 선택한 후 수식으로 입력해보겠습니다. ❶ [B3:D372] 셀 범위를 선택합니다. ❷ [홈] 탭-[편집] 그룹-[찾기 및 선택]-[이동 옵션]을 선택합니다. ❸ [이동 옵션] 대화상자에서 [빈 셀]을 선택한 후 ❹ [확인]을 클릭합니다.

**05** 빈 셀만 선택된 상태에서 셀 포인터는 [B5] 셀에 있습니다. 바로 위 셀인 [B4] 셀의 데이터를 가져오기 위해 ❶**=B4**를 입력합니다. ❷ Ctrl + Enter 를 누릅니다. 빈 셀의 바로 위쪽에 있는 셀의 데이터가 모두 입력되었습니다.

📊 **실력향상** Ctrl + Enter 로 수식을 입력하면 채우기나 복사 기능을 사용한 것과 똑같이 상대 참조 수식으로 셀 주소가 변경된 채한 번에 입력됩니다.

**06 수식을 값으로 복사하기** 수식으로 입력된 데이터는 참조하는 셀 데이터나 정렬이 바뀌면 데이터가 변경됩니다. 데이터가 바뀌지 않도록 수식을 값으로 변경해보겠습니다. ❶[B:D] 열 머리글 범위를 선택한 후 ❷ Ctrl + C 로 복사합니다. [B:D] 열이 그대로 선택된 상태에서 ❸마우스 오른쪽 버튼을 클릭한 후 ❹[붙여넣기 옵션]-[값 📋]을 클릭합니다. 수식으로 입력된 데이터가 값으로 모두 변경되었습니다. ❺ Esc 를 눌러 복사 범위를 해제합니다.

**07 날짜 표시 형식 변경하기** [C:D] 열에는 날짜 데이터 표시 형식이 설정되지 않은 셀들이 포함되어 있습니다. ❶[C:D] 열 머리글 범위를 선택합니다. 결제일 날짜 표시 형식도 함께 변경하기 위해 ❷ Ctrl 을 누른 상태에서 I열 머리글을 선택합니다. ❸[홈] 탭-[표시 형식] 그룹-[표시 형식 목록 ▾]을 클릭하여 ❹[간단한 날짜]를 선택합니다. 날짜 형식이 적용됩니다.

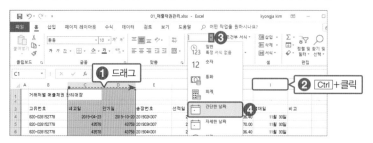

## STEP 03 시트에 서식 설정하기

편집과 가공이 완료된 데이터 목록을 보기 좋게 정리하기 위해 서식을 설정해보겠습니다. 제목은
[B1:J1] 셀을 기준으로 [선택 영역의 가운데로]를 설정합니다. 데이터의 글꼴 크기와 종류를 변경하고
테두리를 적용한 후 맞춤을 설정해보겠습니다.

**08 제목 서식 설정하기** ① [B1] 셀을 선택합니다. [홈] 탭-[글꼴] 그룹에서 ② 글꼴은 [맑은 고딕], 크
기는 **16**, ③ [굵게 가]로 서식을 설정합니다.

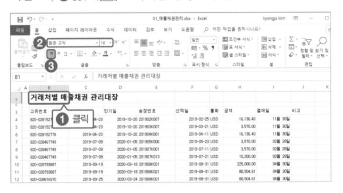

**09** 제목은 병합하지 않고 B열과 J열의 가운데로 맞춰보겠습니다. ① [B1:J1] 셀 범위를 선택한 후 ②
마우스 오른쪽 버튼을 클릭합니다. ③ [셀 서식]을 선택합니다. [셀 서식] 대화상자의 ④ [맞춤] 탭을 선
택하고 ⑤ [가로]는 [선택 영역의 가운데로]를 선택한 후 ⑥ [확인]을 클릭합니다.

**실력향상** 셀을 병합하여 맞춤 설정하면 열 단위 서식 복사나 열 데이터 편집에 제한이 따르므로 꼭 필요한 경우가 아니면 병합하
지 않는 것이 좋습니다. [셀 서식] 대화상자를 표시하는 단축키는 Ctrl + 1 입니다.

**10 내용 서식 설정하기** ❶[B3] 셀을 선택한 후 ❷ Ctrl + A 를 누릅니다. [홈] 탭–[글꼴] 그룹에서 ❸ 글꼴은 [맑은 고딕], 크기 **11**로 서식을 설정합니다. ❹ [테두리] 목록⬇을 클릭하여 ❺ [모든 테두리]를 선택합니다. ❻ [홈] 탭–[맞춤] 그룹에서 [가운데 맞춤▤]을 클릭합니다.

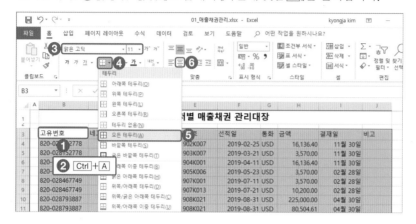

🕐 **시간단축** Ctrl + A 는 데이터가 입력된 셀 범위 전체를 선택하는 단축키로 빈 행과 빈 열 전까지 셀 범위가 선택됩니다. 단, 주변에 데이터가 없는 빈 셀에서 Ctrl + A 를 누르면 셀 전체가 선택됩니다.

**11** ❶[H4:H372] 셀 범위를 선택한 후 ❷ [홈] 탭–[맞춤] 그룹에서 [오른쪽 맞춤▤]을 클릭합니다.

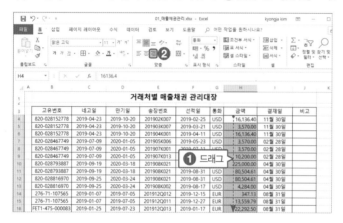

🕐 **시간단축** [H4] 셀을 클릭한 후 Ctrl + Shift + ↓ 를 누르면 빠르게 범위를 선택할 수 있습니다.

**12 셀 눈금선 해제하기** [보기] 탭–[표시] 그룹–[눈금선]의 체크 표시를 해제합니다. 셀 눈금선이 표시되지 않습니다.

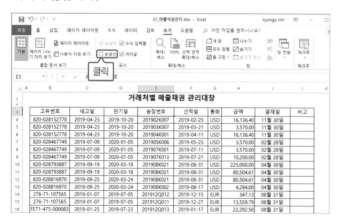

데이터
집계와
분석

데이터
분석 도구
활용

사각
보고서
작성

# PROJECT
# 02

# 회계 프로그램에서 가져온 다중 페이지
# 비용 목록을 하나의 DB로 편집하기

실습 파일 | Part02/Chapter01/02_수입과지출현황.xlsx   완성 파일 | Part02/Chapter01/02_수입과지출현황(완성).xlsx

## 01 프로젝트 시작하기

회계 시스템에서 이번 연도 수입과 지출현황 목록을 다운로드해 엑셀로 저장했습니다. 이 데이터 목록은 페이지 단위 보고서 형식으로 되어 있어 날짜나 계정명 등 원하는 데이터 형식으로 분석하기 어렵습니다. 엑셀 데이터베이스의 작성 조건에는 세 가지가 있습니다. ❶ 데이터베이스 중간에 빈 행이나 빈 열이 없어야 합니다. ❷ 필드명(머리글)은 한 번만 입력합니다. ❸ 각 셀에 입력된 데이터는 셀을 병합하지 않아야 합니다.

현재의 데이터는 이 조건에 모두 부합하지 않습니다. 병합된 셀은 모두 병합을 해제한 후 불필요한 빈 열을 삭제하고 자동 필터 기능을 이용하여 반복되는 머리글과 빈 행을 일괄 삭제해보겠습니다. 또한 날짜별 데이터 분석을 위해 문자 형식으로 입력된 '연월일'을 날짜 형식으로 변환하여 보기 좋고 관리하기 편한 데이터베이스 목록으로 가공해보겠습니다.

회사에서
바로 통하는   셀 병합 취소, 자동 필터, 바꾸기, 셀 서식, 틀 고정
키워드

**수입및 지출현황**

| 년 월 일 | 지출번호 | 계정명 | 사업 | 채 주 | 예산액 | 지출액 | 잔액 | 비고 |
|---|---|---|---|---|---|---|---|---|
| 2019.02.19 | 084192 | 제수당 | 대강수당 | 본예산 | 3,000,000 | 2,520,000 | 480,000 | |
| 2019.02.20 | 043202 | 비정규직보수 | 임시대체강사수당 | 본예산 | 1,300,000 | 1,274,000 | 26,000 | |
| 2019.02.22 | 082222 | 비정규직보수 | 과학실험보조원인건비 | 본예산 | 12,096,000 | 11,733,120 | 362,880 | |
| 2019.02.23 | 007232 | 비정규직보수 | 과학실험보조원국민연금보험 | 본예산 | 459,000 | 445,230 | 13,770 | |
| 2019.02.24 | 090242 | 비정규직보수 | 과학실험보조원건강보험 | 본예산 | 278,000 | 272,440 | 5,560 | |
| 2019.02.26 | 056262 | 비정규직보수 | 과학실험보조원고용보험 | 본예산 | 158,000 | 158,000 | 0 | |
| 2019.02.27 | 041272 | 비정규직보수 | 과학실험보조원산재보험 | 본예산 | 121,000 | 112,530 | 8,470 | |
| 2019.02.28 | 098282 | 비정규직보수 | 행정보조원인건비 | 본예산 | 12,604,000 | 10,839,440 | 1,764,560 | |
| 2019.02.29 | 035292 | 비정규직보수 | 행정보조원국민연금보험 | 본예산 | 497,000 | 417,480 | 79,520 | |
| 2019.03.02 | 08123 | 비정규직보수 | 행정보조원건강보험 | 본예산 | 291,000 | 291,000 | 0 | |
| 2019.03.03 | 06433 | 비정규직보수 | 행정보조원고용보험 | 본예산 | 164,000 | 150,880 | 13,120 | |
| 2019.03.04 | 04843 | 비정규직보수 | 행정보조원산재보험 | 본예산 | 127,000 | 114,300 | 12,700 | |
| 2019.03.06 | 07863 | 비정규직보수 | 조리원산재보험 | 본예산 | 975,000 | 848,250 | 126,750 | |
| 2019.03.07 | 04573 | 비정규직보수 | (목적)기간제교사4대보험 | 본예산 | 3,000,000 | 3,000,000 | 0 | |
| 2019.03.09 | 09393 | 비정규직보수 | (목적)유치원특수반보조원인건비 | 본예산 | 12,096,000 | 10,644,480 | 1,451,520 | |
| 2019.03.10 | 052103 | 비정규직보수 | (목적)유치원특수반보조원국민연금보험 | 본예산 | 459,000 | 390,150 | 68,850 | |

| 년 월 일 | 지출번호 | 계정명 | 사업 | 채 주 | 예산액 | 지출액 | 잔액 | 비고 |
|---|---|---|---|---|---|---|---|---|
| 2019.03.14 | 076143 | 비정규직보수 | (목적)유치원특수반보조원건강보험 | 본예산 | 278,000 | 261,320 | 16,680 | |
| 2019.03.15 | | | | | | | | |
| 2019.03.17 | | | | | | | | |
| 2019.03.18 | | | | | | | | |
| 2019.03.20 | | | | | | | | |
| 2019.03.21 | | | | | | | | |
| 2019.03.22 | | | | | | | | |
| 2019.03.24 | | | | | | | | |

Sheet1

준비

# 수입및 지출현황

| 년 월 일 | 지출번호 | 계정명 | 사업 | 채 주 | 예산액 | 지출액 | 잔액 | 비고 |
|---|---|---|---|---|---|---|---|---|
| 2019-02-19 | 084192 | 제수당 | 대강수당 | 본예산 | 3,000,000 | 2,520,000 | 480,000 | |
| 2019-02-20 | 043202 | 비정규직보수 | 임시대체강사수당 | 본예산 | 1,300,000 | 1,274,000 | 26,000 | |
| 2019-02-22 | 082222 | 비정규직보수 | 과학실험보조원인건비 | 본예산 | 12,096,000 | 11,733,120 | 362,880 | |
| 2019-02-23 | 007232 | 비정규직보수 | 과학실험보조원국민연금보험 | 본예산 | 459,000 | 445,230 | 13,770 | |
| 2019-02-24 | 090242 | 비정규직보수 | 과학실험보조원건강보험 | 본예산 | 278,000 | 272,440 | 5,560 | |
| 2019-02-26 | 056262 | 비정규직보수 | 과학실험보조원고용보험 | 본예산 | 158,000 | 158,000 | 0 | |
| 2019-02-27 | 041272 | 비정규직보수 | 과학실험보조원산재보험 | 본예산 | 121,000 | 112,530 | 8,470 | |
| 2019-02-28 | 098282 | 비정규직보수 | 행정보조원인건비 | 본예산 | 12,604,000 | 10,839,440 | 1,764,560 | |
| 2019-02-29 | 035292 | 비정규직보수 | 행정보조원국민연금보험 | 본예산 | 497,000 | 417,480 | 79,520 | |
| 2019-03-02 | 08123 | 비정규직보수 | 행정보조원건강보험 | 본예산 | 291,000 | 291,000 | 0 | |
| 2019-03-03 | 06433 | 비정규직보수 | 행정보조원고용보험 | 본예산 | 164,000 | 150,880 | 13,120 | |
| 2019-03-04 | 04843 | 비정규직보수 | 행정보조원산재보험 | 본예산 | 127,000 | 114,300 | 12,700 | |
| 2019-03-06 | 07863 | 비정규직보수 | 조리원산재보험 | 본예산 | 975,000 | 848,250 | 126,750 | |
| 2019-03-07 | 04573 | 비정규직보수 | (목적)기간제교사4대보험 | 본예산 | 3,000,000 | 3,000,000 | 0 | |
| 2019-03-09 | 09393 | 비정규직보수 | (목적)유치원특수반보조원인건비 | 본예산 | 12,096,000 | 10,644,480 | 1,451,520 | |
| 2019-03-10 | 052103 | 비정규직보수 | (목적)유치원특수반보조원국민연금보험 | 본예산 | 459,000 | 390,150 | 68,850 | |
| 2019-03-14 | 076143 | 비정규직보수 | (목적)유치원특수반보조원건강보험 | 본예산 | 278,000 | 261,320 | 16,680 | |
| 2019-03-15 | 011153 | 비정규직보수 | (목적)유치원특수반보조원고용보험 | 본예산 | 158,000 | 134,300 | 23,700 | |
| 2019-03-17 | 092173 | 비정규직보수 | (목적)유치원특수반보조원산재보험 | 본예산 | 121,000 | 117,370 | 3,630 | |
| 2019-03-18 | 035183 | 비정규직보수 | (목적)유치원종일반에듀케어강사인건비 | 본예산 | 11,600,000 | 9,396,000 | 2,204,000 | |
| 2019-03-20 | 078203 | 비정규직보수 | (목적)유치원종일반에듀케어강사국민연금보험 | 본예산 | 497,000 | 407,540 | 89,460 | |
| 2019-03-21 | 003213 | 비정규직보수 | (목적)유치원종일반에듀케어강사건강보험 | 본예산 | 255,000 | 255,000 | 0 | |
| 2019-03-22 | 087223 | 비정규직보수 | (목적)유치원종일반에듀케어강사고용보험 | 본예산 | 151,000 | 151,000 | 0 | |
| 2019-03-24 | 024243 | 비정규직보수 | (목적)유치원종일반에듀케어강사산재보험 | 본예산 | 116,000 | 99,760 | 16,240 | |
| 2019-03-25 | 060253 | 비정규직보수 | (목적)초등특수반보조원인건비 | 본예산 | 12,096,000 | 11,854,080 | 241,920 | |
| 2019-03-26 | 054263 | 비정규직보수 | (목적)초등특수반보조원국민연금보험 | 본예산 | 459,000 | 376,380 | 82,620 | |
| 2019-03-28 | 032283 | 비정규직보수 | (목적)초등특수반보조원건강보험 | 본예산 | 278,000 | 230,740 | 47,260 | |
| 2019-03-29 | 045293 | 비정규직보수 | (목적)초등특수반보조원고용보험 | 본예산 | 158,000 | 142,300 | 15,800 | |

Sheet1

준비

**한눈에 보는 작업순서**

병합된 셀 해제하기 ▶ 빈 열 삭제하기 ▶ 반복되는 머리글 필터링하기 ▶ 빈 행 삭제하기 ▶ 데이터에 서식 설정하기

## STEP 01 병합된 셀 해제하고 빈 열 삭제하기

❶ 전체 셀을 선택한 후 [홈] 탭-[맞춤] 그룹-[병합하고 가운데 맞춤📧]을 클릭하여 병합되어 있는 셀을 모두 해제합니다.

❷ 병합 해제로 인해 표시되는 빈 열을 Ctrl 을 이용하여 선택한 후 삭제합니다.

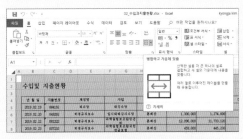 

## STEP 02 반복 머리글과 빈 행 삭제하기

❶ 데이터 목록에 자동 필터를 설정하여 [년월일] 필드의 [년 월 일]과 [필드 값 없음]을 조건으로 삭제할 레코드만 표시합니다.

❷ 반복 머리글과 빈 행이 필터링되면 첫 번째 머리글을 제외한 나머지 행을 모두 선택하여 삭제합니다.

 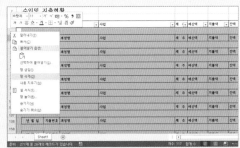

## STEP 03 시트에 서식 설정하기

❶ [년월일] 데이터를 날짜 형식으로 변환하기 위해 [바꾸기]에서 마침표(.)를 하이픈(-)으로 변경합니다.

❷ 제목은 글꼴 종류와 크기를 변경하고 [선택 영역의 가운데로] 맞춤을 설정합니다. 내용 데이터 목록은 글꼴 크기와 종류를 변경하고 문자와 날짜는 왼쪽 맞춤으로, 숫자는 오른쪽 맞춤으로 설정합니다. 4행까지 화면이 고정되도록 [틀 고정]합니다.

## 병합된 셀 해제하고 빈 열 삭제하기

수입 및 지출현황표는 [D:O] 열의 데이터가 두 개 열씩 병합되어 있습니다. 전체 셀을 선택하여 병합을 해제하고, 병합 해제 후 생기는 빈 열을 일괄 선택하여 삭제해보겠습니다.

**01 셀 병합 취소하기** ❶ [셀 전체]를 선택합니다. ❷ [홈] 탭─[맞춤] 그룹─[병합하고 가운데 맞춤圖] 을 클릭합니다. 전체 셀에서 병합된 셀이 모두 해제되고 E, G, I, K, M, O열은 빈 열로 남습니다.

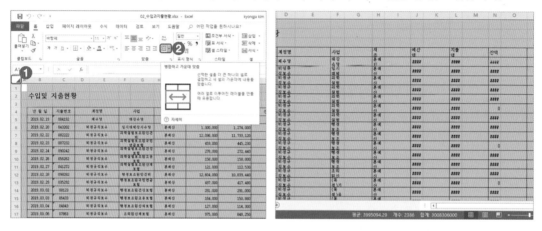

**02 빈 열 삭제하기** ❶ Ctrl 을 누른 상태로 E, G, I, K, M, O열 머리글을 각각 선택합니다. ❷ 마우스 오른쪽 버튼을 클릭한 후 ❸ [삭제]를 선택합니다.

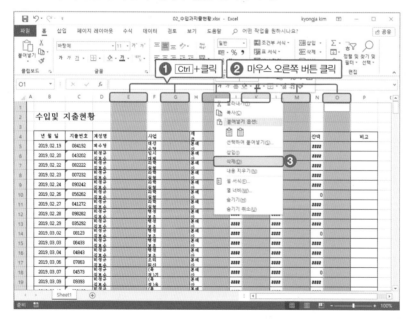

⏱ **시간단축** 삭제할 빈 열 이 많아 Ctrl 로 한 열씩 선택 하기 어렵다면 [B4:P4] 셀 범 위를 선택한 후 [홈] 탭─[편 집] 그룹─[찾기 및 선택]을 클 릭하고 [이동 옵션] 대화상자 에서 [빈 셀]을 선택합니다. 선 택된 빈 셀에서 열 전체를 삭 제하면 일괄 삭제됩니다.

**03 열 너비 자동 맞춤하기**  빈 열이 삭제되고 남은 열은 너비가 좁습니다. ❶ [D:I] 열 머리글 범위를 선택한 후 ❷ 열 머리글 경계선에서 더블클릭합니다. 열 너비가 각 열 데이터에 맞게 자동으로 넓어집니다.

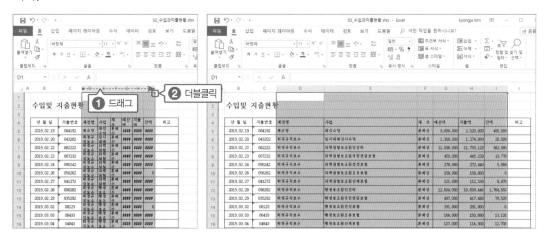

---

**STEP 02**

# 반복 머리글과 빈 행 삭제하기

페이지 단위로 표가 분리되어 있습니다. 이 표를 한 개의 표로 만들기 위해 표와 표 사이에 있는 빈 행을 일괄 삭제하고 반복되는 머리글도 한 개만 남기고 모두 삭제해보겠습니다. 반복 머리글과 빈 행 삭제는 자동 필터를 설정하여 삭제할 레코드만 필터링한 후 일괄 삭제할 수 있습니다.

**04 자동 필터 설정하기**  ❶ [B4:J281] 셀 범위를 선택한 후 ❷ [데이터] 탭–[정렬 및 필터] 그룹–[필터]를 클릭합니다. 표에 필터가 설정됩니다. ❸ [년 월 일] 필드명의 ▽를 클릭한 후 필터 조건으로 ❹ [년 월 일]과 [[필드 값 없음)]만 체크 표시합니다. ❺ [확인]을 클릭합니다.

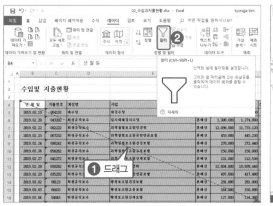

⏱ **시간단축**  셀 범위를 선택할 때 [B4] 셀을 선택한 후 Ctrl + Shift + End 를 누르면 [P282] 셀까지 선택되는데, 이 상태에서 [필터]를 클릭해도 됩니다. 또한 필드의 조건을 선택할 때는 먼저 [모두 선택]의 체크 표시를 해제한 후 원하는 항목에 체크 표시합니다. 여기서는 [년 월 일]과 [(필드 값 없음)]에 체크 표시합니다.

## 05 필터링 된 행 삭제하기  삭제할 머리글과 빈 행이 필터되었습니다. ❶ [21:263] 행 머리글 범위를 선택한 후 ❷ 마우스 오른쪽 버튼을 클릭합니다. ❸ [행 삭제]를 선택합니다. 불필요한 머리글과 빈 행이 모두 삭제되었습니다. ❹ [데이터] 탭-[정렬 및 필터] 그룹-[필터]를 클릭합니다.

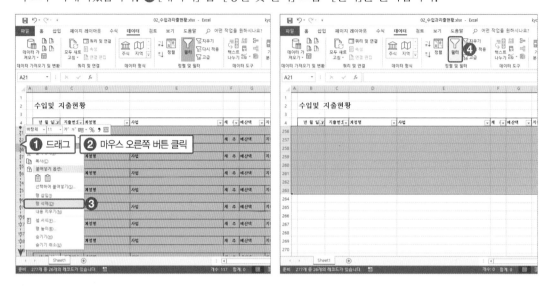

**실력향상**  필터가 설정된 상태에서 셀 범위나 행을 선택하면 [삭제]는 표시되지 않고 항상 [행 삭제]만 표시됩니다.

## 06  필터가 해제되면서 숨겨져 있는 레코드가 모두 표시되고 데이터 목록은 한 개의 데이터베이스로 편집되었습니다.

# 시트에 서식 설정하기

문자 형식으로 입력되어 있는 '년 월 일' 데이터를 [바꾸기]를 이용하여 날짜 형식으로 변환하고 제목과 내용 목록 데이터의 글꼴 서식과 맞춤 서식을 변경해보겠습니다. 필드명이 화면에 고정될 수 있도록 틀 고정을 설정하고 눈금선은 표시되지 않도록 설정하겠습니다.

**07 바꾸기로 날짜 형식 변경하기** ❶ [B4:B255] 셀 범위를 선택한 후 ❷ [홈] 탭-[편집] 그룹-[찾기 및 선택]-[바꾸기]를 선택합니다. [찾기 및 바꾸기] 대화상자에서 ❸ 찾을 내용에 .를 입력하고 바꿀 내용에 −를 입력합니다. ❹ [모두 바꾸기]를 클릭합니다. '502개 항목이 바뀌었습니다.'라는 메시지가 나타나면 ❺ [확인]을 클릭합니다. ❻ [찾기 및 바꾸기] 대화상자도 [닫기]를 클릭합니다.

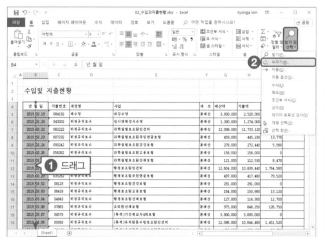
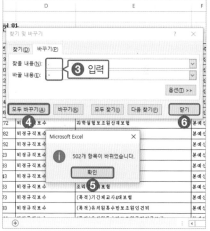

**08 제목 서식 변경하기** ❶ [B2] 셀을 선택한 후 ❷ [홈] 탭-[글꼴] 그룹에서 글꼴은 [맑은 고딕], 크기는 **16**으로 서식을 설정합니다. ❸ [B2:J2] 셀 범위를 선택합니다. ❹ 마우스 오른쪽 버튼을 클릭한 후 ❺ [셀 서식]을 선택합니다. ❻ [셀 서식] 대화상자의 [맞춤] 탭을 선택하고 ❼ [가로]를 [선택 영역의 가운데로]로 선택한 후 ❽ [확인]을 클릭합니다.

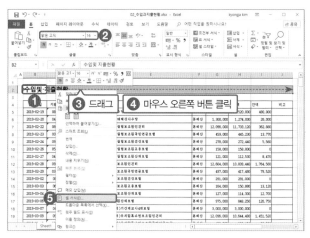
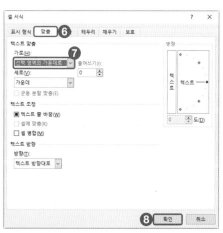

**09 내용 서식 변경하기** ❶ [B4] 셀을 선택한 후 ❷ Ctrl + A 를 눌러 표 전체 셀 범위를 선택합니다. [홈] 탭-[글꼴] 그룹에서 ❸ 글꼴은 [맑은 고딕], 크기는 **10**으로 서식을 설정합니다. ❹ [가운데 맞춤]을 설정합니다. ❺ [G5:I255] 셀 범위를 선택하고 ❻ 숫자 데이터는 보기 쉽게 [오른쪽 맞춤 ≡]을 설정합니다.

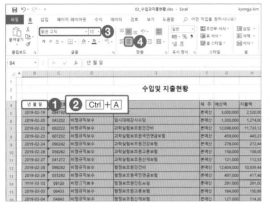

**10** ❶ [B4:J4] 셀 범위를 선택한 후 ❷ [글꼴] 그룹에서 [굵게 **가**]를 설정하고, ❸ [채우기 색]에서 [연한 노란색]을 선택합니다.

**11 틀 고정과 눈금선 해제하기** ❶ 5행 머리글을 선택합니다. ❷ [보기] 탭-[창] 그룹-[틀 고정]-[틀 고정]을 선택합니다. 4행까지 화면이 고정됩니다. ❸ [보기] 탭-[표시] 그룹-[눈금선]의 체크 표시를 해제합니다.

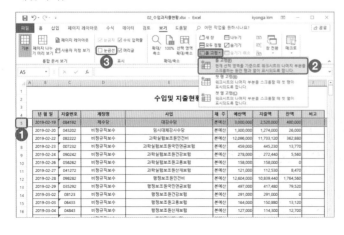

🔼 **실력향상** [틀 고정]으로 선택된 행(또는 열)의 바로 이전 행(또는 열)까지 고정됩니다.

# PROJECT

# 03

# 한 행에 입력된 고객 명단을
# 두 행으로 빠르게 양식 변경하기

실습 파일 | Part02/Chapter01/03_고객명단양식변경.xlsx    완성 파일 | Part02/Chapter01/03_고객명단양식변경(완성).xlsx

## 01 프로젝트 시작하기

고객명단 목록을 A4 용지 세로 방향으로 인쇄하려는데, 열 데이터가 많아 한 페이지에 회사명부터 회사 전화번호까지 모두 인쇄할 수 없습니다. 한 페이지에 모두 인쇄할 수 있도록 [I:J] 열 범위에 입력된 '회사 주소'와 '회사전화번호'를 [F:G] 열 범위에 입력된 '자택주소'와 '휴대폰번호' 아래 셀로 이동하려고 합니다. 즉, 9개로 구성된 열 개수를 7개 열로 변경하여 한 명의 고객 정보를 두 행으로 나누어 작성하는 것입니다. 표의 모양을 변경하려면 먼저 행과 행 사이에 빈 행을 삽입해야 하는데, 데이터 목록수가 98개이므로 행 삽입을 98번 실행해야 합니다.

이러한 단순 작업 시간을 줄이기 위해 연속되는 숫자 데이터를 입력하여 이 숫자를 기준으로 정렬해보겠 습니다. J열에 정렬 기준으로 사용할 연속 번호를 두 번 입력하고 이 번호를 기준으로 정렬하면 자동으로 98개의 빈 행이 격 행으로 삽입됩니다. 행을 삽입힌 후 '자택주소'와 '휴대폰번호' 데이터를 옮길 때는 수식 으로 '자택주소'와 '휴대폰번호' 아래 셀에 일괄 입력한 후 값으로 복사하겠습니다. 엑셀에서 제공하는 기능 은 한 목적으로만 사용되지 않습니다. 엑셀의 기능은 어떠한 상황에서 어떠한 방법으로 응용하느냐에 따 라 활용도가 많이 달라집니다.

회사에서
바로 통하는    숫자 채우기, 정렬, 서식 복사, 수식으로 일괄 입력, 값 복사, 인쇄 제목 설정, 인쇄 크기 조정
키워드

H11    서울 서초구 잠원동 50-2

## VIP 고객 명단

| 회사명 | 소속 | 성명 | 주민등록번호 | 나이 | 자택주소 | 휴대폰번호 | 회사주소 | 회사전화번호 |
|---|---|---|---|---|---|---|---|---|
| (사)청소년바른연맹 | 전산정보팀 | 김태근 | 760910-1***** | 40 | 서울시 충무로1가 세계상가 96 | 010-9607-**** | 서울 용산구 원효로4가7 113-25 | 031-2689-4168 |
| (사)한국재활용협회 | 지식경영팀 | 김한수 | 720101-1***** | 44 | 서울시 성동구 옥수동 12-1 | 010-6401-**** | 서울 서초구 서초3동 1549-8 대코빌딩 | 031-2192-7630 |
| (재)대한중앙연구원 | 재무회계팀 | 여형구 | 731125-1***** | 43 | 경기도 양주시 고읍동 20-7400 | 010-5581-**** | 서울특별시 서초구 양재동 230 | 031-4627-2686 |
| (재)행복추진흥회 | 인사팀 | 도주철 | 850321-1***** | 31 | 서울시 금천구 독산1동 209 | 010-0813-**** | 서울 강남구 대치4동 891-10 동부금융센터 | 031-4874-6525 |
| ㈜세일백화점 | CS경영팀 | 김민호 | 880610-1***** | 28 | 서울시 중구 중림동 200 27 | 010-4485-**** | 서울특별시 금천구 시흥3동 985-26 | 031-7423-7999 |
| (주)APGI | 자격인증팀 | 정연섭 | 700419-1***** | 46 | 서울시 관악구 신사동 49983 | 010-0073-**** | 서울특별시 동작구 신대방동 370 | 02-9940-1840 |
| (주)APII여주공장 | 지식경영팀 | 탁연미 | 861127-2***** | 30 | 서울시 용산구 후암동 19072 | 010-8296-**** | 서울 강남구 역삼1동 837-36 랜드마크타워10층 | 031-5329-4013 |
| (주)NEOPLUS | 전산기술팀 | 김태훈 | 730602-1***** | 43 | 서울시 관악구 봉천동 88931 | 010-7613-**** | 서울 서초구 잠원동 50-2 | 031-8424-2568 |
| (주)PKG아이넷 | 인사팀 | 김회숙 | 760531-2***** | 40 | 서울시 강북 수유동 현대A 1900 | 010-9315-**** | 서울 중구 소공동 87-10 | 031-9176-6099 |
| (주)PKG앤컴퍼니 | 인사팀 | 윤용상 | 790206-1***** | 37 | 서울시 강남 논현 10002 | 010-5253-**** | 서울시 중구 소공동 1번지 롯데쇼핑(주) | 031-2118-5479 |
| (주)PKG앤롤딩스 | 경영기획팀 | 박재득 | 790827-1***** | 37 | 서울시 성북구 길음2동 101-03호 | 010-4175-**** | 서울 강남구 청담2동 99-19 | 031-6461-4530 |
| (주)PKG양행 | 경영감사팀 | 이길선 | 770810-2***** | 39 | 성북구 돈암1동 범양아파트 4 | 010-7758-**** | 서울 강남구 역삼2동 719-1 나래빌딩 13 | 031-7764-3595 |
| (주)PKG에스엔에프 | 국제인증팀 | 박정아 | 791126-2***** | 43 | 서울시 도봉구 쌍문2동 ABC빌딩 11 | 010-6425-**** | 경기 군포시 금정동 166 | 031-7690-5036 |
| (주)PS리테일 | 홍보팀 | 안재성 | 800116-1***** | 36 | 서울시 관악구 신사동 46992 | 010-3807-**** | 서울특별시 성북구 상월곡동 24-348 성북정보도서 | 031-5525-9842 |
| (주)PS스포츠 | 인사팀 | 구선옥 | 820126-2***** | 34 | 서울시 영등포구 당산2동 87 | 010-2830-**** | 서울시 중구 신당동 171 | 02-2836-3640 |
| (주)PS왓슨스 | 미래전략연구실 | 안소현 | 810414-2***** | 35 | 서울시 마포구 공덕동 2333 | 010-3006-**** | 서울시 성동구 성수1가2동 656-216 | 031-6190-1895 |
| (주)PS텔레서비스 | 경영컨설팅팀 | 차세은 | 830928-2***** | 33 | 광주 북구 각화동 11111번지 | 010-4814-**** | 인천광역시 남동구 남촌동 621-7 | 031-5043-2441 |
| (주)PS필딩스 | 경영감사팀 | 유은희 | 770618-2***** | 39 | 서울시 강남구 수서동 71215 | 010-0713-**** | 서울 강남구 역삼1동 735-3 포스틸타워 | 031-5696-7823 |
| (주)PS롯쇼핑 | CS경영팀 | 이상연 | 901122-2***** | 26 | 서울시 성북구 보문동 111-22 | 010-4427-**** | 서울 강남구 영통구 원천동 327 | 031-9417-7774 |
| (주)TEC | 교육지원팀 | 이억영 | 730416-2***** | 43 | 서울시 중구 회현동1가 화산A 4-607 | 010-6108-**** | 서울시 종로구 신문로 1가 57번지 금호빌딩 7층 | 031-6622-1917 |
| (주)TUME | 경영감사팀 | 송마리 | 781228-2***** | 38 | 서울시 용산구 용산동2가 2221 3중 | 010-5721-**** | 경기도 부천시 원미구 도랑동 2/2-15 | 031-7961-4512 |
| (주)TUME네트웍스 | 홍보팀 | 김선희 | 770404-2***** | 39 | 서울시 도봉구 미불로 859-19, 1 | 010-8435-**** | 서울시 은평구 응암동 594-36 | 031-9026-9639 |
| (주)TLIME렌탈 | 교육팀 | 오수연 | 770611-2***** | 39 | 서울시 중구 회현동1가 1431 | 010-9591-**** | 서울시 종로구 종로2가 6 종로타워 | 02-3467-3688 |
| (주)TUME에프엠하우 | 전산기술팀 | 조은선 | 880629-2***** | 28 | 서울시 은평구 증산동 20137 | 010-6098-**** | 서울시 중구 예의도동 34-10 메리츠증권빌딩 | 02-5962-4704 |
| (주)TUME에프엠하우스 | 기획조정실부 | 김선례 | 831230-2***** | 33 | 서울시 도봉구 도봉2동 3066 | 010-5490-**** | 서울시 송파구 잠실동 40-1 | 02-3167-5914 |
| (주)TUME에프테크놀 | 경영감사팀 | 김영희 | 780422-2***** | 37 | 서울시 나운구 응암동 99220 | 010-0202-**** | 서울시 서초구 양재동 232 | 02-8358-2442 |
| (주)TUME프리텔 | 미래전략연구실 | 김의경 | 670927-1***** | 49 | 서울시 송파 욕동 문전레미안 9000 | 010-8575-**** | 서울 영등포구 여의도동 60 대한생명 63빌딩 대한 | 02-9857-8392 |
| (주)강산 | 국제인증팀 | 김한도 | 860626-1***** | 30 | 서울시 영등포구 양평동4가 82 | 010-6068-**** | 서울 영등포구 여의도동 20 LG트윈타워 | 02-8116-7692 |
| (주)강산베어스 | 미래전략연구실 | 고경희 | 770220-2***** | 40 | 서울시 중랑구 면목7동 6413 | 010-3552-**** | 서울시 중구 신설동 96-48 대성빌딩 | 032-4143-4094 |
| (주)강산중공업 | CS경영팀 | 장윤선 | 780802-2***** | 38 | 서울시 용산구 만리재로 506 | 010-5015-**** | 서울시 서초구 서초동 1467-80번지 | 032-6081-2846 |

고객명단

---

C7    김한수

## VIP 고객 명단

| 회사명 | 소속 | 성명 | 주민등록번호 | 나이 | 자택주소 / 회사주소 | 휴대폰번호 / 회사전화번호 |
|---|---|---|---|---|---|---|
| (사)청소년바른연맹 | 전산정보팀 | 김태근 | 760910-1****** | 40 | 서울시 충무로1가 세계상가 96 / 서울 용산구 원효로4가 113-25 | 010-9607-**** / 031-2689-4168 |
| (사)한국재활용협회 | 지식경영팀 | 김한수 | 720101-1****** | 44 | 서울시 성동구 옥수동 12-1 / 서울 서초구 서초3동 1549-8 대코빌딩 | 010-6401-**** / 031-2192-7630 |
| (재)대한중앙연구원 | 재무회계팀 | 여형구 | 731125-1****** | 43 | 경기도 양주시 고읍동 20-7400 / 서울특별시 서초구 양재동 230 | 010-5581-**** / 031-4627-2686 |
| (재)행복추진흥회 | 인사팀 | 도주철 | 850321-1****** | 31 | 서울시 금천구 독산2동 209 / 서울 강남구 대치4동 891-10 동부금융센터 | 010-0813-**** / 031-4874-6525 |
| ㈜세일백화점 | CS경영팀 | 김민호 | 880610-1****** | 28 | 서울시 중구 중림동 200 27 / 서울특별시 금천구 시흥3동 985-26 | 010-4485-**** / 031-7423-7999 |
| (주)APGI | 자격인증팀 | 정연섭 | 700419-1****** | 46 | 서울시 관악구 신사동 49983 / 서울특별시 동작구 신대방동 370 | 010-0073-**** / 02-9940-1840 |
| (주)APII여주공장 | 지식경영팀 | 탁연미 | 861127-2****** | 30 | 서울시 용산구 후암동 19072 / 서울 강남구 역삼1동 837-36 랜드마크타워10층 | 010-8296-**** / 031-5329-4013 |
| (주)NEOPLUS | 전산기술팀 | 김태훈 | 730602-1****** | 43 | 서울시 관악구 봉천동 88931 / 서울 서초구 잠원동 50-2 | 010-7613-**** / 031-8424-2568 |
| (주)PKG아이넷 | 인사팀 | 김회숙 | 760531-2****** | 40 | 서울시 강북 수유동 현대A 1900 / 서울 중구 소공동 87-10 | 010-9315-**** / 031-9176-6099 |
| (주)PKG앤컴퍼니 | 인사팀 | 윤용상 | 790206-1****** | 37 | 서울시 강남 논현 10002 / 서울시 중구 소공동 1번지 롯데쇼핑(주) | 010-5253-**** / 031-2118-5479 |
| (주)PKG앤롤딩스 | 경영기획팀 | 박재득 | 790827-1****** | 37 | 서울시 성북구 길음2동 101-03호 / 서울 강남구 청담2동 99-19 | 010-4175-**** / 031-6461-4530 |
| (주)PKG양행 | 경영감사팀 | 이길선 | 770810-2****** | 39 | 성북구 돈암1동 범양아파트 4 / 서울 강남구 역삼2동 719-1 나래빌딩 13 | 010-7758-**** / 031-7764-3595 |
| (주)PKG에스엔에프 | 국제인증팀 | 박정아 | 791126-2****** | 43 | 서울시 도봉구 쌍문2동 ABC빌딩 11 / 경기 군포시 금정동 166 | 010-6425-**** / 031-7690-5036 |
| (주)PS리테일 | 홍보팀 | 안재성 | 800116-1****** | 36 | 서울시 관악구 신사동 46992 / 서울특별시 성북구 상월곡동 24-348 성북정보도서 | 010-3807-**** / 031-5525-9842 |
| (주)PS스포츠 | 인사팀 | | | | 서울시 영등포구 당산2동 87 | 010-2830-**** |

고객명단

---

연속 번호 채워 정렬하기 ▶ 셀 병합하여 서식 복사하기 ▶ 빈 셀 선택하여 수식으로 일괄 입력하기 ▶ 복사하여 값으로 붙여넣기

▶ 전체 서식 변경하기 ▶ 인쇄 페이지 크기 조정과 인쇄 제목 설정하기 ▶ 페이지 번호 입력하기

## STEP 01 격 행으로 빈 행 한 번에 삽입하기

❶ J열에 자동 채우기를 이용하여 연속된 번호를 두 번 입력합니다.

❷ 번호 열을 기준으로 숫자를 오름차순으로 정렬하면 격 행으로 빈 행이 삽입됩니다.

## STEP 02 서식 복사로 셀 병합하기

❶ 회사명의 머리글과 첫 번째 데이터를 두 행씩 병합한 후 [A3:A6] 셀 범위의 서식을 [B3:E6] 셀 범위로 복사합니다.

❷ 병합된 [5:6] 행 범위의 서식을 198행까지 복사합니다.

## STEP 03 회사주소와 회사전화번호 한 번에 이동하고 인쇄 설정하기

❶ 자택주소와 휴대폰번호 데이터에서 빈 셀만 선택하여 **=H3**의 수식을 Ctrl + Enter 로 일괄 입력합니다. 수식을 값으로 변경하기 위해 [F:G] 열 범위를 복사하여 값으로 붙여넣기합니다.

❷ 페이지 레이아웃에서 너비 1페이지로 설정해 열 데이터가 모두 한 페이지에 인쇄되도록 크기를 조정합니다. [3:4] 행 범위를 인쇄 제목으로 설정해 모든 페이지에 반복 인쇄되도록 합니다.

# 격 행으로 빈 행 한 번에 삽입하기

고객의 정보를 두 행으로 작성하는 표 양식을 바꾸려면 먼저 4행부터 100행까지 각 행 다음에 빈 행을 한 개씩 추가해야 합니다. 98개의 행을 일일이 추가하는 대신 정렬 기능을 이용해보겠습니다. J열에 연속된 번호를 두 번 입력하고 정렬하면 자동으로 98개의 빈 행이 격 행으로 삽입됩니다.

**01 연속으로 번호 채우기** ❶ [J3] 셀에 **1**, [J4] 셀에 **2**를 각각 입력합니다. [J3:J4] 셀 범위를 선택한 후 ❷ 채우기 핸들을 더블클릭하여 [J100] 셀까지 연속적인 숫자를 채웁니다. ❸ [J3:J100] 셀 범위를 선택한 후 ❹ Ctrl+C로 복사합니다. ❺ [J101] 셀에 Ctrl+V로 붙여 넣습니다.

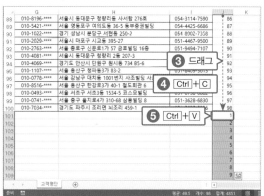

⏱ **시간단축** 복사한 셀 범위를 한 번 붙여 넣기할 때는 복사할 셀 범위가 선택된 상태에서 붙여 넣을 셀을 클릭한 후 Enter를 누릅니다.

**02 번호 기준 정렬하기** ❶ 번호가 입력된 J열에서 임의의 셀을 선택합니다. ❷ [홈] 탭-[편집] 그룹-[정렬 및 필터]-[숫자 오름차순 정렬]을 선택합니다. 번호를 기준으로 정렬되면서 격 행으로 빈 행이 삽입되었습니다. ❸ J열 머리글을 선택한 후 Delete를 눌러 번호를 삭제합니다.

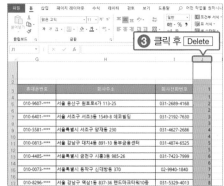

📊 **실력향상** 정확히는 빈 행이 삽입된 것이 아니라 [J101] 셀부터 삽입된 번호가 정렬되면서 왼쪽의 빈 데이터까지 같이 정렬된 것입니다.

# STEP 02 서식 복사로 셀 병합하기

회사명, 소속, 성명, 주민등록번호, 나이는 두 개의 셀을 각각 병합해야 합니다. 먼저 회사명의 머리글과
첫 번째 데이터를 두 행씩 병합한 후 나머지는 서식 복사를 이용하여 빠르게 셀 병합을 해보겠습니다.

**03 셀 병합하여 서식 복사하기** ❶ [A3:A4] 셀 범위를 선택한 후 ❷ Ctrl 을 누른 상태에서 [A5:A6]
셀 범위를 추가로 선택합니다. ❸ [홈] 탭-[맞춤] 그룹-[병합하고 가운데 맞춤圖]을 클릭합니다. ❹
[A3:A6] 셀 범위를 선택한 후 ❺ [홈] 탭-[클립보드] 그룹-[서식 복사🖌]를 클릭합니다. ❻ [B3:E6] 셀
범위를 드래그합니다. 머리글과 첫 번째 데이터가 두 행씩 각각 병합됩니다.

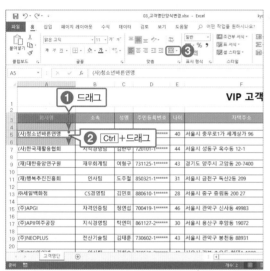
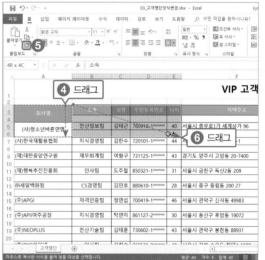

**04 행 단위 서식 복사하기** ❶ [5:6] 행 머리글 범위를 선택한 후 ❷ [홈] 탭-[클립보드] 그룹-[서식
복사🖌]를 클릭합니다. ❸ [7:198] 행 머리글 범위를 드래그합니다.

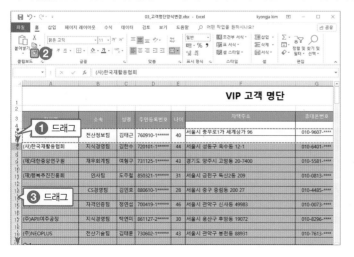

📊 **실력향상** [서식 복사]는 한 번 클릭하
면 한 번 붙여넣기를 할 수 있고 더블클릭하
면 여러 번 붙여넣기를 적용할 수 있습니다.
더블클릭으로 서식 복사가 된 경우에는 Esc
를 누르거나 [서식 복사]를 한 번 더 클릭하면
해제됩니다.

# STEP 03 회사주소와 회사전화번호 한 번에 이동하고 인쇄 설정하기

[F3:G198] 셀 범위에서 빈 셀만 선택한 후 수식으로 '자택주소'와 '휴대폰번호'를 입력한 후 값으로 복사하여 양식을 완성해보겠습니다. 양식 변경이 완료된 데이터는 A4 용지에 세로 방향으로 인쇄하기 위해 너비를 [1페이지]로 설정하고 [3:4] 행 범위는 인쇄 제목으로 설정해보겠습니다.

**05 빈 셀 선택하기** ❶[F4:G198] 셀 범위를 선택합니다. ❷[홈] 탭-[편집] 그룹-[찾기 및 선택]-[이동 옵션]을 선택합니다. [이동 옵션] 대화상자에서 ❸[빈 셀]을 선택합니다. ❹[확인]을 클릭합니다.

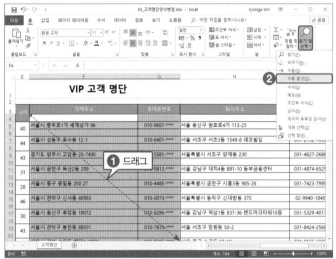

**06 수식으로 일괄 입력하기** 빈 셀만 선택된 상태에서 ❶ =H3을 입력한 후 ❷ Ctrl + Enter 를 누릅니다. '회사주소'와 '회사전화번호'가 '자택주소'와 '휴대폰번호' 아래쪽 셀에 입력됩니다.

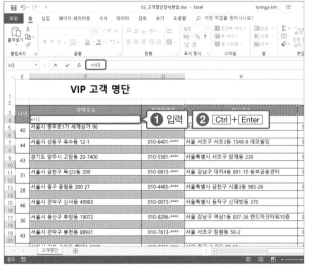

**07 복사하여 값으로 붙여넣기** ❶[F:G] 열 머리글을 선택한 후 Ctrl+C로 복사합니다. [F:G] 열 범위가 그대로 선택된 상태에서 ❷마우스 오른쪽 버튼을 클릭하여 ❸[붙여넣기 옵션]-[값 [123]]을 클릭합니다. ❹[H:I] 열 머리글 범위를 선택한 후 ❺마우스 오른쪽 버튼을 클릭하여 ❻[삭제]를 선택합니다.

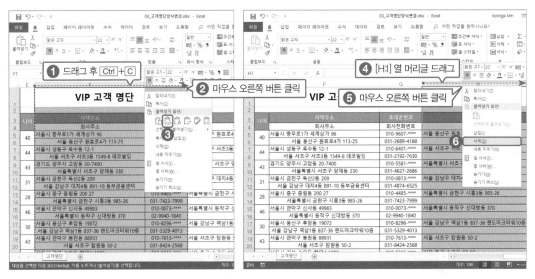

**08 서식 변경하기** ❶[F3:G3] 셀 범위를 선택한 후 ❷[홈] 탭-[클립보드] 그룹-[서식 복사 [🖌]]를 클릭합니다. ❸[F4:G4] 셀 범위를 선택합니다. ❹[F5:G198] 셀 범위를 선택한 후 ❺[홈] 탭-[맞춤] 그룹-[왼쪽 맞춤 [≡]]을 클릭합니다.

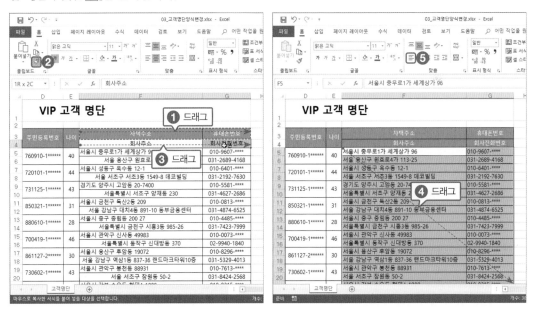

## 09 인쇄 페이지 크기 조정과 인쇄 제목 설정하기
**①** [페이지 레이아웃] 탭-[크기 조정] 그룹-[너비]를 [1페이지]로 선택합니다. 모든 열이 한 페이지에 인쇄되도록 설정됩니다. **②** [페이지 레이아웃] 탭-[페이지 설정] 그룹-[인쇄 제목]을 클릭합니다. [페이지 설정] 대화상자의 **③** [시트] 탭을 선택하고 **④** [인쇄 제목]의 [반복할 행] 입력란을 클릭합니다. **⑤** [3:4] 행 머리글을 드래그합니다. **⑥** [확인]을 클릭합니다.

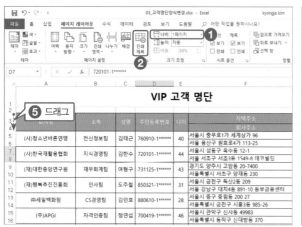

## 10 페이지 번호 입력하기
**①** 상태 표시줄에서 [페이지 레이아웃 📋]을 클릭합니다. **②** [클릭하여 바닥글 추가]를 클릭합니다. **③** [머리글/바닥글 도구] 탭-[머리글/바닥글 요소] 그룹-[페이지 번호]를 클릭합니다. 바닥글에 페이지 번호가 삽입되었습니다. **④** [파일] 탭-[인쇄]를 선택합니다. 미리 보기 화면에서 **⑤** [페이지 확대/축소 ⊕]를 클릭하여 확인합니다.

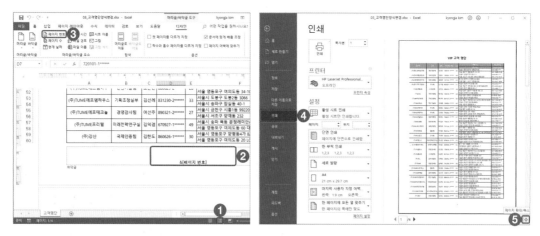

📊 **실력향상** 페이지 번호 앞뒤로 하이픈(−)을 추가할 경우 직접 입력할 수 있으므로 − &[페이지 번호] −와 같이 입력합니다. 단, 두 번째 하이픈 앞에는 공백이 한 칸 있어야 합니다. 공백이 없는 경우 하이픈을 빼기(−) 연산자로 인식하기 때문에 하이픈이 표시되지 않습니다.

### ★★★ 비법노트  페이지 설정과 인쇄에 유용한 기능

### ❶ 페이지 번호와 페이지 수 변경하기

페이지 시작 번호를 변경하거나 전체 페이지 수를 변경할 때 수식을 사용할 수 있습니다. [페이지 레이아웃]의 바닥글에 **&[페이지 번호]+5 / &[전체 페이지 수]+5**를 입력하면 페이지 시작 번호가 '6'이 되고, 전체 페이지 수는 '5'를 더한 결과가 표시됩니다. 이때 마지막 '+5' 뒤에 빈 칸을 한 칸 입력해야 하는데, 빈칸을 입력하지 않으면 1페이지가 6페이지로 표시되지 않고, '1'과 '5'가 나란히 표시되어 페이지 번호가 '15' 페이지로 표시됩니다. 마찬가지로 전체 페이지 수도 뒤에 빈칸을 한 칸 입력하지 않으면 원래의 전체 페이지 수와 더해지는 숫자의 합이 표시되지 않고 숫자만 그대로 표시됩니다.

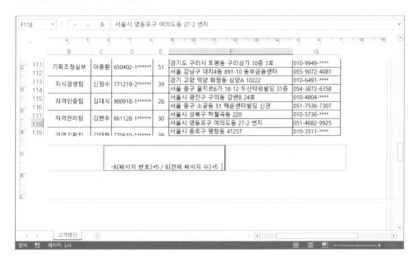

### ❷ [페이지 나누기 미리 보기에서] 인쇄 영역 나누기

[페이지 나누기 미리 보기]에서 페이지 구분선을 드래그하여 인쇄 영역을 사용자가 자유롭게 지정하고 페이지를 나눌 수 있습니다. 상태 표시줄에서 [페이지 나누기 미리 보기]를 클릭합니다. 파란색 페이지 구분선을 드래그하면 페이지 구분 위치를 조정할 수 있습니다. 자동으로 페이지가 구분된 선은 점선이고, 사용자가 위치를 조정하면 실선으로 바뀝니다.

**③ 전체 화면 인쇄 미리 보기**

[파일] 탭-[인쇄]를 선택하면 인쇄 설정과 미리 보기가 함께 표시됩니다. 만약 미리 보기만 표시할 경우 [전체 화면 인쇄 미리 보기]를 사용합니다. [전체 화면 인쇄 미리 보기]를 사용하려면 [빠른 실행 도구 모음]에 추가해야 합니다. [빠른 실행 도구 모음]의 목록 단추를 클릭하여 [기타 명령]을 선택합니다. [Excel 옵션] 대화상자의 [명령 선택]에서 [리본 메뉴에 없는 명령]을 선택하고, [전체 화면 인쇄 미리 보기]를 선택합니다. [추가]를 클릭한 후 [확인]을 클릭합니다.

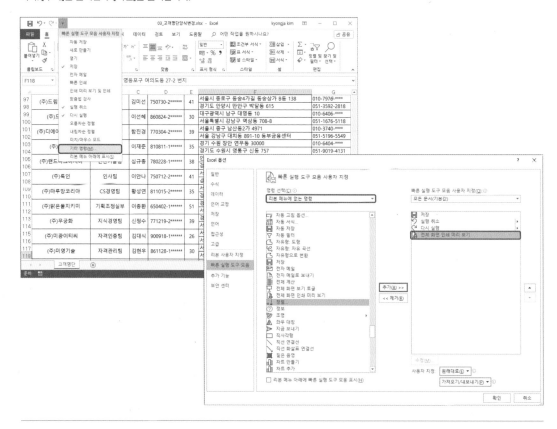

# PROJECT

# 04

# 줄 바꿈으로 입력된 숫자 데이터의 열을 분리하여 급여지급 내역표 정리하기

실습 파일 | Part02/Chapter01/04_급여지급내역.xlsx    완성 파일 | Part02/Chapter01/04_급여지급내역(완성).xlsx

## 01 프로젝트 시작하기

인사 시스템에서 다운로드한 급여지급 내역에 기본급과 수당, 소득세와 주민세가 각각 한 셀에 줄 바꿈으로 입력되어 있습니다. 엑셀에서 총 지급액을 계산해야 하는데 한 셀에 두 줄로 입력된 데이터에는 수식을 적용할 수 없습니다. 또한 근무년수를 구할 때는 입사일자를 기준으로 DATEDIF 함수를 이용해야 하는데, 입사일자가 숫자 형식으로 입력되어 있어 DATEDIF 함수를 적용할 수 없습니다.

이처럼 수식을 적용하기 어려운 데이터 목록은 엑셀에서 편집과 가공을 거쳐야 수식을 오류 없이 사용할 수 있습니다. 기본급과 수당, 소득세와 주민세는 텍스트 나누기 기능을 이용하여 열을 분리해 정리하고, 입사일자와 주민등록번호는 텍스트 나누기의 열 데이터 서식 지정 기능을 이용하여 올바른 형식으로 변경해보겠습니다.

회사에서
바로 통하는      텍스트 나누기, DATEDIF, 사용자 지정 표시 형식, 셀 서식 설정
키워드

| 사번 | 성명 | 소속 | 직급 | 입사일자 | 근무년수 | 주민등록번호 | 기본급<br>수당 | | 소득세<br>주민세 | |
|---|---|---|---|---|---|---|---|---|---|---|
| | | | | | | MD사업자 5월 급여지역 내역 | | | | |
| MDS015697 | 김태근 | 전산정보팀 | 과장 | 20150802 | | 8503101899290 | 2100000<br>178000 | | 105000<br>10500 | |
| MDS018093 | 김한수 | 지식경영팀 | 부장 | 20030824 | | 7102181113680 | 750000<br>102000 | | 105000<br>10500 | |
| MDS021680 | 여형구 | 재무회계팀 | 부장 | 19930520 | | 7006111112903 | 850000<br>139000 | | 10480<br>1040 | |
| MDS023905 | 도주철 | 인사팀 | 사원 | 19921210 | | 8305171111185 | 3000000<br>101000 | | 10480<br>1040 | |
| MDS024167 | 김민호 | CS경영팀 | 사원 | 19980210 | | 9206191103178 | 1750000<br>129000 | | 8410<br>840 | |
| MDS026204 | 정연섭 | 자격인증팀 | 부장 | 20110917 | | 8507161798281 | 850000<br>118000 | | 10480<br>1040 | |
| MDS026548 | 탁연미 | 지식경영팀 | 사원 | 19910131 | | 9202181893813 | 1850000<br>164000 | | 9860<br>980 | |
| MDS028215 | 김태훈 | 전산기술팀 | 차장 | 19920828 | | 8803192638888 | 3450000<br>142000 | | 7790<br>770 | |
| MDS030335 | 김희숙 | 인사팀 | 과장 | 20090208 | | 8710111108225 | 2900000<br>132000 | | 7430<br>740 | |
| MDS031081 | 윤용상 | 인사팀 | 과장 | 19951111 | | 8702191814490 | 2900000<br>141000 | | 5370<br>530 | |
| MDS036131 | 박재득 | 경영기획팀 | 과장 | 19951012 | | 8306191102183 | 850000<br>153000 | | 6710<br>670 | |
| MDS037454 | 이길선 | 경영감사팀 | 차장 | 20130918 | | 8705141832165 | 1750000<br>102000 | | 2010<br>200 | |
| MDS039563 | 박정아 | 국제인증팀 | 과장 | 20030108 | | 8408131626717 | 750000<br>155000 | | 6400<br>640 | |
| MDS039906 | 안재성 | 홍보팀 | 차장 | 20140829 | | 7016161908085 | 750000<br>229000 | | 14400<br>1440 | |
| MDS0403 | | | | | | | | | | |

**MD사업자 5월 급여지역 내역**

| 사번 | 성명 | 소속 | 직급 | 입사일자 | 근무년수 | 주민등록번호 | 기본급 | 수당 | 소득세 | 주민세 | 실지급액 |
|---|---|---|---|---|---|---|---|---|---|---|---|
| MDS015697 | 김태근 | 전산정보팀 | 과장 | 2015-08-02 | 3년 | 850310-1899290 | 2,100,000 | 178,000 | 105,000 | 10,500 | 2,162,500 |
| MDS018093 | 김한수 | 지식경영팀 | 부장 | 2003-08-24 | 15년 | 710218-1113680 | 750,000 | 102,000 | 105,000 | 10,500 | 736,500 |
| MDS021680 | 여형구 | 재무회계팀 | 부장 | 1993-05-20 | 25년 | 700611-1112903 | 850,000 | 139,000 | 10,480 | 1,040 | 977,480 |
| MDS023905 | 도주철 | 인사팀 | 사원 | 1992-12-10 | 25년 | 830517-1111185 | 3,000,000 | 101,000 | 10,480 | 1,040 | 3,089,480 |
| MDS024167 | 김민호 | CS경영팀 | 사원 | 1998-02-10 | 20년 | 920619-1103178 | 1,750,000 | 129,000 | 8,410 | 840 | 1,869,750 |
| MDS026204 | 정연섭 | 자격인증팀 | 부장 | 2011-09-17 | 7년 | 850716-1798281 | 850,000 | 118,000 | 10,480 | 1,040 | 956,480 |
| MDS026548 | 탁연미 | 지식경영팀 | 사원 | 1991-01-31 | 27년 | 920218-1893813 | 1,850,000 | 164,000 | 9,860 | 980 | 2,003,160 |
| MDS028215 | 김태훈 | 전산기술팀 | 차장 | 1992-08-28 | 26년 | 880319-2638888 | 3,450,000 | 142,000 | 7,790 | 770 | 3,583,440 |
| MDS030335 | 김희숙 | 인사팀 | 과장 | 2009-02-08 | 9년 | 871011-1108225 | 2,900,000 | 132,000 | 7,430 | 740 | 3,023,830 |
| MDS031081 | 윤용상 | 인사팀 | 과장 | 1995-11-11 | 23년 | 870219-1814490 | 2,900,000 | 141,000 | 5,370 | 530 | 3,035,100 |
| MDS036131 | 박재득 | 경영기획팀 | 과장 | 1995-10-12 | 23년 | 830619-1102183 | 850,000 | 153,000 | 6,710 | 670 | 995,620 |
| MDS037454 | 이길선 | 경영감사팀 | 차장 | 2013-09-18 | 5년 | 870514-1832165 | 1,750,000 | 102,000 | 2,010 | 200 | 1,849,790 |
| MDS039563 | 박정아 | 국제인증팀 | 과장 | 2003-01-08 | 15년 | 840813-1626717 | 750,000 | 155,000 | 6,400 | 640 | 897,960 |
| MDS039906 | 안재성 | 홍보팀 | 차장 | 2014-08-29 | 4년 | 701616-1908085 | 750,000 | 229,000 | 14,400 | 1,440 | 963,160 |
| MDS040362 | 구선옥 | 인사팀 | 대리 | 1999-12-09 | 18년 | 801711-0111828 | 750,000 | 209,000 | 5,370 | 530 | 953,100 |
| MDS041605 | 안소현 | 미래전략연구실 | 대리 | 2014-04-17 | 4년 | 983031-4209961 | 2,750,000 | 128,000 | 4,950 | 490 | 2,872,560 |
| MDS042133 | 차세요 | 경영컨설팅팀 | 사원 | 2009-04-21 | 9년 | 993211-7111932 | 750,000 | 128,000 | 2,100 | 210 | 875,690 |

준비

Sheet1

**한눈에 보는 작업순서**

▶ 기본급과 수당 열 분리하기
▶ 소득세와 주민세 열 분리하기
▶ 실지급액 계산하기
▶ 입사일자 날짜 형식으로 변환하여 근무년수 구하기

▶ 주민등록번호 숫자 형식으로 변환하여 표시 형식 설정하기
▶ 제목과 내용 서식 설정하기
▶ 근무년수에 단위 표시하기

## 03 핵심 기능 미리 보기

### STEP 01 기본급과 수당, 소득세와 주민세 열 분리하기

❶ 기본급과 수당 다음 열에 빈 열을 준비해두고 [텍스트 나누기]를 실행합니다. [구분 기호로 분리됨]으로 열을 분리합니다.

❷ 소득세와 주민세도 같은 방법으로 열을 분리하여 주민세는 소득세 다음 열에 입력되도록 합니다.

❸ M열에 실지급액을 계산합니다.

### STEP 02 데이터 유형에 맞게 표시 형식 변환하기

❶ 입사일자 열을 선택한 후 [텍스트 나누기]–[3단계]에서 열 데이터 서식을 [날짜]로 설정합니다.

❷ 날짜 형식으로 변환된 입사일자를 이용하여 DATEDIF 함수로 근무년수를 구합니다.

❸ 주민등록번호 열을 선택하여 [텍스트 나누기]–[3단계]에서 열 데이터 서식을 [일반]으로 설정합니다.

❹ 숫자로 변환된 주민등록번호에 [표시 형식]으로 [주민등록번호]를 설정합니다.

### STEP 03 시트에 서식 설정하기

❶ 제목은 글꼴 크기와 종류를 변경한 후 [B2:L2] 셀 범위를 기준으로 [선택 영역의 가운데로]를 설정합니다.

❷ 내용 데이터는 글꼴 크기와 종류를 변경하고 모든 테두리를 실선으로 서식을 설정합니다. 근무년수에는 [사용자 지정 표시 형식] 기능을 이용하여 '년' 단위를 표시합니다.

## STEP 01 기본급과 수당, 소득세와 주민세 열 분리하기

기본급, 수당, 소득세, 주민세를 이용하여 총 급여지급액을 구하려고 합니다. 그런데 기본급과 수당이 한 셀에, 소득세와 주민세가 한 셀에 입력되어 있어 수식을 사용할 수가 없습니다. 수식을 사용하기 위해 [텍스트 나누기]를 이용하여 열을 분리해보겠습니다.

**01 기본급과 수당 열 분리하기** ❶ J열 머리글을 선택한 후 ❷ 마우스 오른쪽 버튼을 클릭합니다. ❸ [삽입]을 선택하면 빈 열이 추가됩니다. ❹ [I4:I74] 셀 범위를 선택한 후 ❺ [데이터] 탭-[데이터 도구] 그룹-[텍스트 나누기]를 클릭합니다.

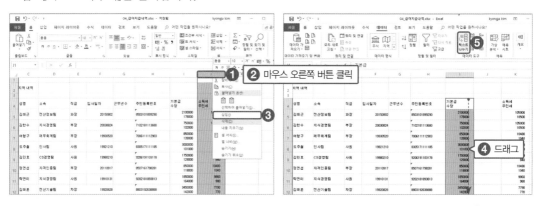

📊 **실력향상** [텍스트 나누기]한 결과를 바로 다음 열에 입력할 경우 빈 열을 필요한 개수만큼 삽입하고 [텍스트 나누기]를 실행해야 합니다. 만약 오른쪽에 빈 열이 없는 상태에서 텍스트를 나누면 기존 데이터를 덮어쓰므로 주의해야 합니다.

**02** [텍스트 마법사-1단계]에서 ❶ [구분 기호로 분리됨]을 선택합니다. ❷ [다음]을 클릭합니다. [텍스트 마법사-2단계]에서 ❸ [구분 기호]로 [기타]에 체크 표시하고 ❹ [기타] 입력란에서 Alt 를 누른 상태로 숫자 **10**을 입력합니다. 단, 숫자를 입력할 때는 반드시 키보드의 숫자 키패드를 이용해야 합니다. [데이터 미리 보기] 항목에 열이 분리된 결과가 나타납니다. ❺ [다음]을 클릭합니다.

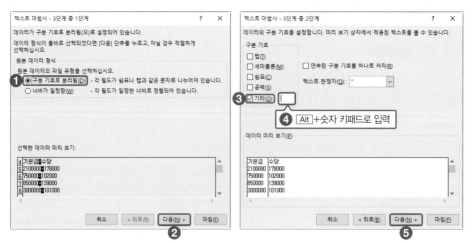

**실력향상** 대화상자의 입력란에서는 Alt + Enter로 줄 바꿈을 입력할 수 없습니다. 줄 바꿈을 대화상자에 입력할 때는 아스키코드를 사용합니다. 줄 바꿈의 아스키코드 값이 '10'입니다. 아스키코드는 Alt 를 누른 상태에서 입력합니다. 만약 숫자 키패드가 없는 노트북을 사용할 경우 Ctrl + J 를 누르면 줄 바꿈이 입력됩니다.

**실력향상** 아스키코드란 숫자로 문자를 표현하기 위해서 약속해둔 일종의 언어로 특수 문자, 숫자, 문자에 번호를 부여하여 컴퓨터에서 처리하기 쉽도록 만든 표준 언어입니다.

**03** [텍스트 마법사-3단계]의 열 데이터 서식은 두 열 모두 ❶ [일반]으로 지정합니다. ❷ [마침]을 클릭합니다.

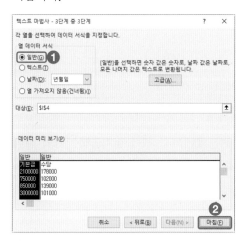

**실력향상** 열 데이터 서식을 [일반]으로 지정하면 숫자로만 구성된 셀 데이터는 [숫자] 형식으로, 문자가 포함된 셀 데이터는 [문자]로 지정됩니다.

**04 소득세와 주민세 열 분리하기** K열 오른쪽 열이 비어 있으므로 열을 삽입하지 않고 바로 진행합니다. ❶ [K4:K74] 셀 범위를 선택합니다. ❷ [데이터] 탭-[데이터 도구] 그룹-[텍스트 나누기]를 클릭합니다. [텍스트 마법사-1단계]에서 ❸ [구분 기호로 분리됨]을 선택합니다. ❹ [다음]을 클릭합니다.

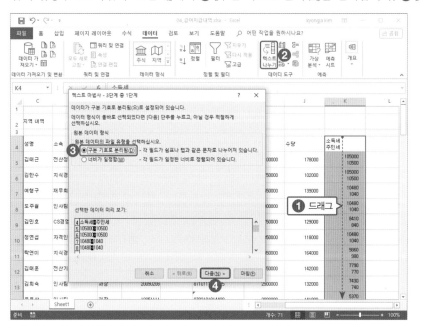

**05** [텍스트 마법사 - 2단계]에는 앞에서 입력했던 내용이 [기타]란에 그대로 유지되어 있어 자동으로 소득세와 주민세가 열 분리된 채 [데이터 미리 보기]에 표시됩니다. ❶ [다음]을 클릭합니다. [텍스트 마법사 - 3단계]의 열 데이터 서식은 두 열 모두 ❷ [일반]으로 지정합니다. ❸ [마침]을 클릭합니다.

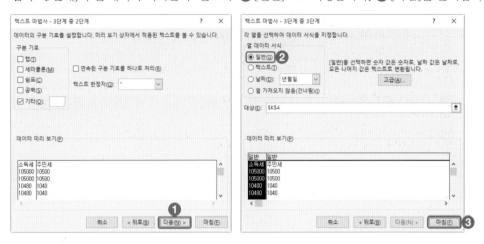

**06 실지급액 계산하기** M열에 실지급액을 구해보겠습니다. ❶ [M4] 셀에 **실지급액**, [M5] 셀에 **=SUM(I5:J5)-SUM(K5:L5)**를 입력합니다. ❷ [M5] 셀의 채우기 핸들을 더블클릭하여 수식을 복사합니다.

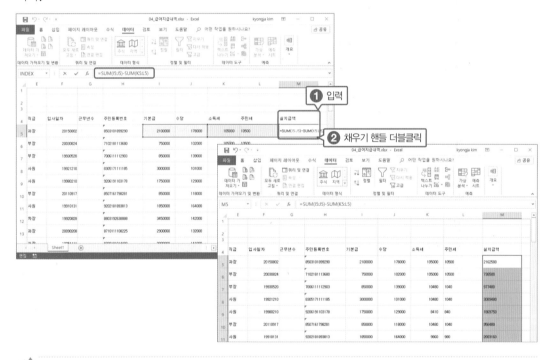

**실력향상** 실지급액은 기본급과 수당을 더한 금액에서 소득세와 주민세를 공제해야하므로 =(기본급과 수당의 합계)-(소득세와 주민세의 합계)의 수식을 입력합니다.

## STEP 02 데이터 유형에 맞게 표시 형식 변환하기

입사일자가 숫자 형식으로 입력되어 있어 날짜 관련 함수를 적용할 수 없습니다. [텍스트 나누기]를 이용하여 날짜 형식으로 변환한 다음 DATEDIF 함수로 근무년수를 구해보겠습니다. 또한 주민등록번호에 표시 형식을 설정하기 위해 [텍스트 나누기]로 열 데이터 서식을 [일반]으로 변경해보겠습니다.

**07 입사일자 날짜 형식으로 변환하기** ❶ F열 머리글을 선택합니다. ❷ [데이터] 탭-[데이터 도구] 그룹-[텍스트 나누기]를 클릭합니다. [텍스트 마법사-1단계]에서 ❸ [구분 기호로 분리됨]을 선택합니다. ❹ [다음]을 클릭합니다.

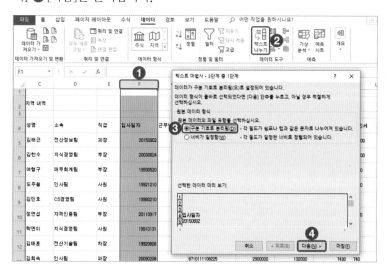

**08** [텍스트 마법사-2단계]에서 ❶ [구분 기호]의 체크 표시를 모두 해제합니다. ❷ [다음]을 클릭합니다. [텍스트 마법사-3단계]에서 열 데이터 서식을 ❸ [날짜]로 지정합니다. ❹ [마침]을 클릭합니다.

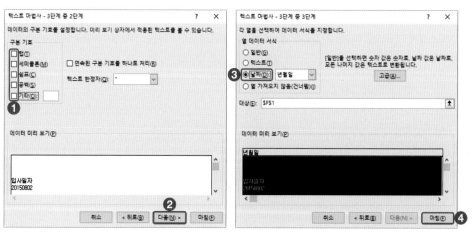

**📊 실력향상** 1단계에서 구분 기호로 선택한 후 2단계에서 구분 기호의 체크 표시를 모두 해제하면 1~2단계의 기능은 사용하지 않는 것이 됩니다.

**09 근무년수 구하기** 입사일자가 날짜 형식으로 변환되어 연월일 구분 기호로 하이픈(−)이 표시되었습니다. 입사일자부터 오늘 날짜까지 근무년수를 계산해보겠습니다. ❶ [G5] 셀을 선택합니다. ❷ **=DATEDIF(F5,TODAY( ),"Y")**를 입력합니다.

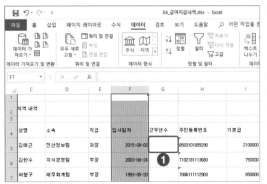 

**10** [G5] 셀의 채우기 핸들을 더블클릭하여 [G74] 셀까지 복사합니다.

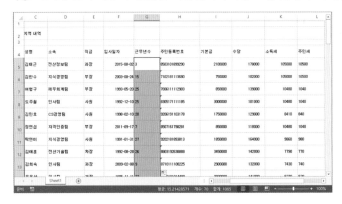

---

★★★
**비법노트**

### DATEDIF 함수

두 날짜 사이의 일수를 구하려면 종료 날짜에서 시작 날짜를 뺍니다. 하지만 두 날짜 사이의 연수나 월수를 고려하여 계산하려면 빼기 연산자로는 한계가 있으므로 이때는 DATEDIF 함수를 사용합니다. DATEDIF 함수는 시작 날짜와 종료 날짜 사이의 경과 연수, 개월 수, 일수를 구합니다. 이 함수는 라이브러리에 없으므로 셀에 함수식을 직접 입력합니다.

| 함수 형식 | =DATEDIF(Start_date, End_date, Return_type)<br>=DATEDIF(시작 날짜, 종료 날짜, 기간의 종류) |
|---|---|
| 인수 | • Start_date : 시작 날짜를 지정합니다. 종료 날짜보다 빠른 날짜가 입력되어야 합니다.<br>• End_date : 종료 날짜를 지정합니다. 시작 날짜보다 늦은 날짜가 입력되어야 합니다.<br>• Return_type : 어떤 종류의 기간을 구할 것인지 6가지 항목에서 선택하여 큰따옴표(" ")로 묶어서 입력합니다. 대소문자를 구분하지 않습니다.<br>　－ "Y" : 두 날짜 사이에 경과한 연수<br>　－ "M" : 두 날짜 사이에 경과한 개월 수<br>　－ "D" : 두 날짜 사이에 경과한 일수<br>　－ "YM" : 경과 년도를 뺀 나머지 경과 개월 수<br>　－ "YD" : 경과 년도를 뺀 나머지 경과 일수<br>　－ "MD" : 경과 년도와 개월 수를 뺀 나머지 경과 일수 |

---

**11 주민등록번호 숫자 형식으로 변환하기** 주민등록번호를 숫자 형식으로 변환한 후 표시 형식을 설정해보겠습니다. ❶ H열 머리글을 선택합니다. ❷ [데이터] 탭-[데이터 도구] 그룹-[텍스트 나누기]를 클릭합니다. [텍스트 마법사-1단계]에서 ❸ [구분 기호로 분리됨]을 선택합니다. ❹ [다음]을 클릭합니다.

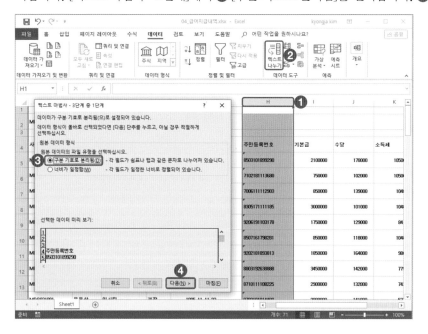

**12** [텍스트 마법사-2단계]에서 ❶ [구분 기호]의 체크 표시를 모두 해제합니다. ❷ [다음]을 클릭합니다. [텍스트 마법사-3단계]에서 열 데이터 서식을 ❸ [일반]으로 선택합니다. ❹ [마침]을 클릭합니다.

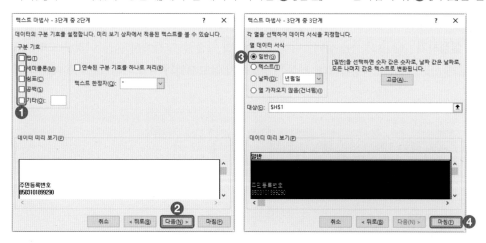

**13 주민등록번호 표시 형식 설정하기** ❶ H열 머리글을 선택한 후 ❷ 마우스 오른쪽 버튼을 클릭합니다. ❸ [셀 서식]을 선택합니다. [셀 서식] 대화상자의 [표시 형식] 탭–[범주]에서 ❹ [기타]를 선택하고 ❺ [주민등록번호]를 선택합니다. ❻ [확인]을 클릭합니다.

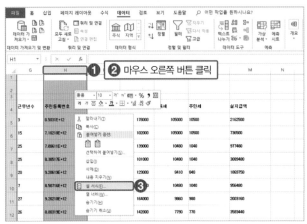

<br>

**STEP 03 시트에 서식 설정하기**

데이터 목록을 보기 좋게 정리하기 위해 제목의 글꼴과 크기를 변경한 후 선택 영역의 가운데로 맞춤을 설정합니다. 내용 데이터 목록은 글꼴 크기와 종류를 변경하고 모든 테두리는 실선을 설정합니다. 근무 년수에는 사용자 지정 표시 형식 기능을 이용하여 '연' 단위가 표시되도록 합니다.

**14 제목 서식 설정하기** ❶ [B2] 셀을 선택합니다. ❷ [홈] 탭 –[글꼴] 그룹에서 글꼴은 [맑은 고딕], 크기는 **16**, ❸ [굵게 가]로 서식을 설정합니다. 제목은 병합하지 않고 B열과 M열 기준으로 가운데로 맞춰 보겠습니다.

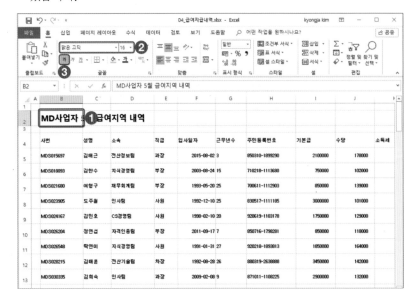

**15** ❶ [B2:M2] 셀 범위를 선택한 후 ❷ 마우스 오른쪽 버튼을 클릭합니다. ❸ [셀 서식]을 선택합니다. [셀 서식] 대화상자 ❹ [맞춤] 탭을 선택하고 ❺ [가로]를 [선택 영역의 가운데로]로 선택합니다. ❻ [확인]을 클릭합니다.

외부
데이터
편집

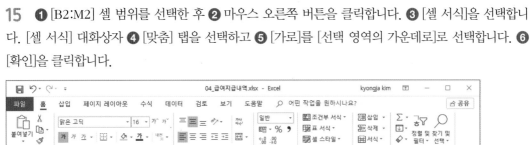

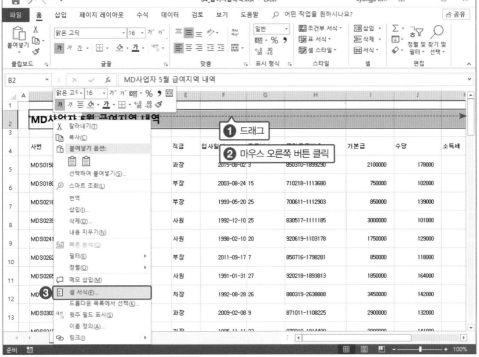

데이터
집계와
분석

데이터
분석
도구
활용

시각
보고서
작성

## 16 내용 데이터 서식 설정하기  ❶ [B4] 셀을 선택한 후 ❷ Ctrl + A 를 눌러 셀 범위를 선택합니다.
❸ [홈] 탭 – [글꼴] 그룹에서 글꼴은 [맑은 고딕], 크기는 **11**로 설정합니다. ❹ [테두리]목록 ▾ 을 클릭하여
[모든 테두리]를 선택합니다. ❺ [홈] 탭 – [글꼴] 그룹 – [가운데 맞춤 ≡]을 클릭합니다.

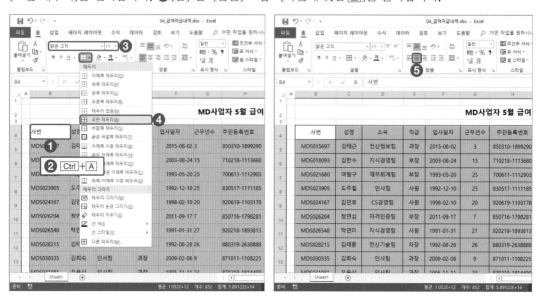

## 17  ❶ [I5:M74] 셀 범위를 선택한 후 ❷ [홈] 탭 – [표시 형식] 그룹 – [쉼표 스타일 ▮]을 클릭합니다.

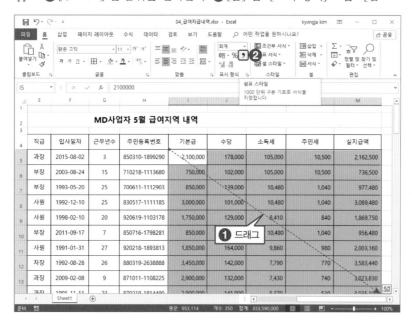

⏱ **시간단축**  [I5] 셀을 선택한 후 Ctrl + Shift + → 를 누른 후 Ctrl + Shift + ↓ 를 누르면 빠르게 범위를 선택할 수 있습니다.

**18 근무년수에 단위 표시하기** ❶ [G5:G74] 셀 범위를 선택합니다. ❷ 마우스 오른쪽 버튼을 클릭한 후 ❸ [셀 서식]을 선택합니다.

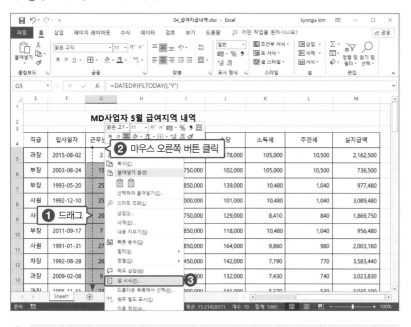

⏱ **시간단축** [G5] 셀을 선택한 후 Ctrl + Shift + ↓ 를 누르면 빠르게 범위를 선택할 수 있습니다.

**19** [셀 서식] 대화상자의 [표시 형식] 탭-[범주]에서 ❶ [사용자 지정]을 선택합니다. ❷ [형식] 입력란 에 **0년**을 입력한 후 ❸ [확인]을 클릭합니다.

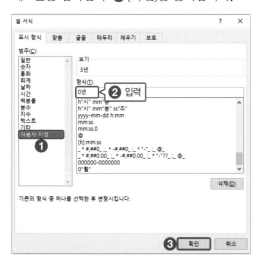

📊 **실력향상** 표시 형식 기호에서 '0'은 숫자의 자릿수를 표시하는 기호로 '0년'으로 형식을 지정하면 항상 한 자리 이상의 숫자가 표시되고 숫자 뒤에 '년' 문자가 추가로 표시됩니다.

외부
데이터
편집

데이터
집계와
분석

데이터
분석
도구
활용

시각
보고서
작성

**20** 급여지급 내역표의 데이터를 정리하고 서식을 설정해 완성했습니다.

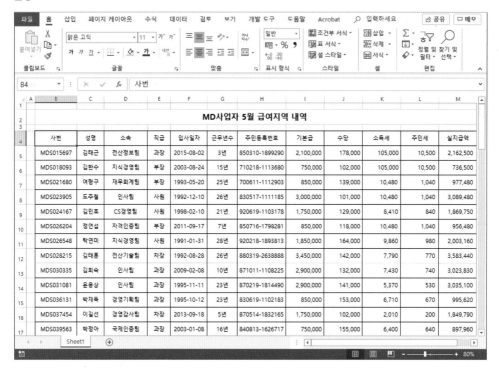

| 사번 | 성명 | 소속 | 직급 | 입사일자 | 근무년수 | 주민등록번호 | 기본급 | 수당 | 소득세 | 주민세 | 실지급액 |
|---|---|---|---|---|---|---|---|---|---|---|---|
| MDS015697 | 김태근 | 전산정보팀 | 과장 | 2015-08-02 | 3년 | 850310-1899290 | 2,100,000 | 178,000 | 105,000 | 10,500 | 2,162,500 |
| MDS018093 | 김한수 | 지식경영팀 | 부장 | 2003-08-24 | 15년 | 710218-1113680 | 750,000 | 102,000 | 105,000 | 10,500 | 736,500 |
| MDS021680 | 여형구 | 재무회계팀 | 부장 | 1993-05-20 | 25년 | 700611-1112903 | 850,000 | 139,000 | 10,480 | 1,040 | 977,480 |
| MDS023905 | 도주철 | 인사팀 | 사원 | 1992-12-10 | 26년 | 830517-1111185 | 3,000,000 | 101,000 | 10,480 | 1,040 | 3,089,480 |
| MDS024167 | 김민호 | CS경영팀 | 사원 | 1998-02-10 | 21년 | 920619-1103178 | 1,750,000 | 129,000 | 8,410 | 840 | 1,869,750 |
| MDS026204 | 정연섭 | 자격인증팀 | 부장 | 2011-09-17 | 7년 | 850716-1798281 | 850,000 | 118,000 | 10,480 | 1,040 | 956,480 |
| MDS026548 | 탁연미 | 지식경영팀 | 사원 | 1991-01-31 | 28년 | 920218-1893813 | 1,850,000 | 164,000 | 9,860 | 980 | 2,003,160 |
| MDS028215 | 김태훈 | 전산기술팀 | 차장 | 1992-08-28 | 26년 | 880319-2638888 | 3,450,000 | 142,000 | 7,790 | 770 | 3,583,440 |
| MDS030335 | 김회숙 | 인사팀 | 과장 | 2009-02-08 | 10년 | 871011-1108225 | 2,900,000 | 132,000 | 7,430 | 740 | 3,023,830 |
| MDS031081 | 윤용상 | 인사팀 | 과장 | 1995-11-11 | 23년 | 870219-1814490 | 2,900,000 | 141,000 | 5,370 | 530 | 3,035,100 |
| MDS036131 | 박재욱 | 경영기획팀 | 과장 | 1995-10-12 | 23년 | 830619-1102183 | 850,000 | 153,000 | 6,710 | 670 | 995,620 |
| MDS037454 | 이길선 | 경영감사팀 | 차장 | 2013-09-18 | 5년 | 870514-1832165 | 1,750,000 | 102,000 | 2,010 | 200 | 1,849,790 |
| MDS039563 | 박정아 | 국제인증팀 | 과장 | 2003-01-08 | 16년 | 840813-1626717 | 750,000 | 155,000 | 6,400 | 640 | 897,960 |

CHAPTER

# 02

# 수식과 함수를
# 활용해
# 데이터 집계하고
# 분석하기

엑셀에서 가장 폭넓게 사용하는 기능은 수식과 함수입니다. 대부분의 사용자가 엑셀의 막강한
계산 기능을 활용하기 위해 엑셀을 사용한다고 해도 과언이 아닙니다. 모든 함수를 알 필요는
없지만 데이터 관리에 필요한 집계와 분석 함수를 적재적소에 활용한다면 많은 시간과 에너지
가 필요한 일도 비교적 간단히 해결할 수 있습니다. 편집이 완료된 데이터 목록 집계표, 두 개
이상의 데이터 목록을 비교하는 기능, 데이터 집계와 분석에 사용할 수 있는 함수를 살펴보겠습
니다. 어떤 경우에 어떤 함수를 활용하는지 경험하고 실제 업무에 적용하여 응용하는 방법까지
알아보겠습니다.

# 여기에서는 어떤 예제로 배울까요?

**PROJECT 01** ERP에서 다운로드한 매출채권 목록 일괄 편집하여 가공하기

▶ **이런 양식을 만듭니다**
월별 매입처별 거래내역

▶ **이런 기능을 배워봅니다**
공백 제거, 중복된 항목 제거, ROW, IFERROR, VLOOKUP, 조건부 서식, 색상 기준 정렬

---

**PROJECT 02** 진급대상자와 교육수강자 목록을 비교하여 교육이력 관리하고 집계표 작성하기

| 근무부서 | 진급대상자 | 수료인원 | 미수료인원 | 교육비 | 비고 |
|---|---|---|---|---|---|
| 개발실 | 11 | 10 | 1 | 1,180,000 | |
| 기판반 | 2 | 1 | 1 | 230,000 | |
| 생산부 | 77 | 65 | 12 | 7,110,000 | |
| 설계실 | 8 | 7 | 1 | 910,000 | |
| 연구소 | 20 | 17 | 3 | 1,670,000 | |
| 자재 | 1 | 1 | 0 | 90,000 | |
| 총조계 | 10 | 9 | 1 | 810,000 | |
| 품질보증 | 3 | 3 | 0 | 410,000 | |

부서별 진급 대상자 교육수료 현황

▶ **이런 양식을 만듭니다**
부서별 진급 대상자 교육수료 현황

▶ **이런 기능을 배워봅니다**
IF, IFERROR, 조건부 서식, COUNTIF, COUNTIFS, SUMIF

---

**PROJECT 03** 여러 가지 통계 함수를 이용하여 부서별 평가 자료 집계하기

| 팀명 | 인사고과 | 고객만족 | 조직력 | IT능력 | 평균 | 부서순위 |
|---|---|---|---|---|---|---|
| 구매팀 | 84.0 | 80.3 | 87.0 | 88.4 | 84.9 | 4 |
| 기획팀 | 84.9 | 85.6 | 85.0 | 85.3 | 85.9 | 2 |
| 영업팀 | 86.3 | 80.4 | 86.0 | 84.4 | 84.3 | 5 |
| 운영팀 | 89.3 | 90.7 | 85.9 | 83.3 | 87.3 | 1 |
| 총무팀 | 86.7 | 83.8 | 87.2 | 79.0 | 84.2 | 6 |
| 홍보팀 | 87.7 | 86.0 | 84.2 | 84.7 | 85.6 | 3 |
| 평균 | 86.5 | 84.5 | 86.4 | 84.2 | 85.4 | |

부서별 평가 항목별 평균

평가 항목별 점수 분포 집계

| 평가 항목 | 인사고과 | 고객만족 | 조직력 | IT능력 | 총점 |

▶ **이런 양식을 만듭니다**
VIP 부서별 평가 항목별 현황

▶ **이런 기능을 배워봅니다**
RANK.EQ, SUMPRODUCT, AVERAGEIF, TRIMMEAN, MEDIAN, MODE.SNGL, MAX, MIN, 표 서식

---

**PROJECT 04** 복잡한 연간 실적표에서 선택한 분기 실적만 조회할 수 있는 자동화 분석표 작성하기

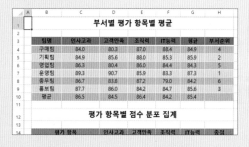

▶ **이런 양식을 만듭니다**
분기별 자동화 매출 실적 분석표

▶ **이런 기능을 배워봅니다**
개발 도구, 콤보 상자 컨트롤, INDEX, CHOOSE, OFFSET

레부
색이터
편집

데이터
집계와
분석

데이터
분석 도구
활용

시각
보고서
작성

# PROJECT

## 01

# ERP에서 다운로드한
# 매출채권 목록 일괄 편집하여 가공하기

실습 파일 | Part02/Chapter02/01_업체별매입정산.xlsx    완성 파일 | Part02/Chapter02/01_업체별매입정산(완성).xlsx

## 01 프로젝트 시작하기

[매입처] 시트의 매입처 상호명, 사업자등록번호, 입금계좌번호 등의 정보를 이용하여 당월 거래내역표를 작성하려고 합니다. [거래내역] 시트에 있는 '상호명'과 [매입처] 시트에 있는 '업체명'을 연결하여 해당 업체의 과세사업자번호와 입금계좌번호를 찾아 입력해야 하므로 [매입처] 시트의 중복 항목을 모두 제거한 후 [거래내역] 시트에서 VLOOKUP 함수와 IFERROR 함수를 사용해보겠습니다. 또한 [거래내역] 시트의 번호는 행 추가나 삭제 시 번호가 자동으로 업데이트되도록 ROW 함수를 사용하고, 거래금액의 총 합계를 구하여 각 업체별 비율을 표시해보겠습니다.

함수를 적용하기 전 사용할 데이터 목록에 문제가 없는지, 만약 문제가 있다면 데이터 목록을 어떻게 편집해야 하는지를 익히고, 특정 데이터 목록에서 원하는 기준 데이터를 찾아 셀에 표시하는 VLOOKUP 함수, 오류가 났을 때 해결하는 IFERROR 함수, 조건부 서식에 수식을 사용하는 방법을 알아보겠습니다.

회사에서
바로 통하는    공백 제거, 중복된 항목 제거, ROW, IFERROR, VLOOKUP, 조건부 서식, 색상 기준 정렬
키워드

### 매입처별 입금계좌번호

| 상호명 | 사업자등록번호 | 대표자명 | 비용 입금 계좌번호 | 비고 |
|---|---|---|---|---|
| PK테크 | 503-20-80097 | 양평호 | 농협 216-02-010837 | |
| 국제파트너 | 113-15-95151 | 전계영 | 농협 371-02-040090 | |
| PK코리아 | 138-07-89589 | 윤병선 | 국민 614-20-048837 | |
| 대한에스엠 | 125-16-77338 | 이수연 | 농협 591-067058-02-003 | |
| 부산산업기계공업 | 130-81-91607 | 이용호 | 국민 305-20-010978 | |
| 하나한전자 | 119-81-33352 | 박영선 | 신한 174-08-377086 | |
| PKD테크 | 113-22-34579 | 장준식 | 시티 256-150925-02-002 | |
| 에이피케이디 | 119-86-25973 | 민양기 | 기업 115-08-071823 | |
| 피씨엠에스 | 218-81-21866 | 김대근 | 국민 371-02-040091 | |
| 토토코리아 | 120-86-24917 | 이재원 | 농협 361-08-064638 | |
| 행복코리아 | 124-87-14913 | 류일환 | 국민 291-01-0005-182 | |
| 삼화명인 | 113-86-61044 | 이호승 | 우체국 174-08-377085 | |
| 아이피테크 | 113-81-34565 | 배영환 | 외환 984-87-0384-336 | |
| B&BTECH | 121-04-19347 | 이은영 | 제일 600-20-086369 | |
| CDKP | 130-81-72288 | 김혜래 | 기업 604-20-553450 | |
| PKCPONI | 113-17-26250 | 전경구 | 우체국 591-067058-02-002 | |
| P&P상사 | 113-06-77883 | 송대현 | 국민 305-20-010977 | |
| DTKS | 606-86-13419 | 권문영 | 하나 174-08-377085 | |
| 유드코리아 | 134-81-15708 | 윤호준 | 씨티 240-21-0555-812 | |
| KPKP | 617-81-32236 | 강성조 | 국민 614-20-072386 | |
| 온수압구 | 121-86-22168 | 이신영 | 국민 614-10-010803 | |
| 윤구플랜 | 119-21-43195 | 이정희 | 기업 353-20-119613 | |
| 경기전기 | | | | |
| 영공기공 | | | | |
| 경원월텍 | | | | |
| 우광 | | | | |
| 진광 | | | | |
| 모터인체제국 | | | | |
| 국제티에스 | | | | |
| 우영실업 | | | | |

### 7월 매입처별 거래 내역

| | 종합계 금액 | 627,230,241 | | | |
|---|---|---|---|---|---|

| 번호 | 업체명 | 거래금액 | 비율(%) | 과세사업자번호 | 입금계좌번호 | 비고 |
|---|---|---|---|---|---|---|
| 1 | B&BTECH | 123,303,000 | 19.66% | 121-04-19347 | 제일 600-20-086369 | |
| 2 | CDKP | 44,460,000 | 7.09% | 130-81-72288 | 기업 604-20-553450 | |
| 3 | DS테크 | 38,225,300 | 6.09% | | | |
| 4 | PKCPONI | 33,912,000 | 5.41% | 113-17-26250 | 우체국 591-067058-02-002 | |
| 5 | PK테크 | 29,717,880 | 4.74% | 503-20-80097 | 농협 216-02-010837 | |
| 6 | P&P상사 | 23,264,100 | 3.71% | 113-06-77883 | 국민 305-20-010977 | |
| 7 | DTKS | 23,155,500 | 3.69% | 606-86-13419 | 하나 174-08-377085 | |
| 8 | 유드코리아 | 18,756,859 | 2.99% | 134-81-15708 | 씨티 240-21-0555-812 | |
| 9 | KPKP | 16,795,820 | 2.68% | 617-81-32236 | 국민 614-20-072386 | |
| 10 | 가온유압 | 14,900,900 | 2.38% | | | |
| 11 | 윤구플랜 | 14,552,000 | 2.32% | 119-21-43195 | 기업 353-20-119613 | |
| 12 | 강원전기 | 13,382,500 | 2.13% | | | |
| 13 | 영공기공 | 13,300,000 | 2.12% | 139-81-15004 | 제일 256-150925-02-001 | |
| 14 | 경원월텍 | 12,030,000 | 1.92% | 120-81-63569 | 기업 397-15-190133 | |
| 15 | 우광 | 11,514,300 | 1.84% | 123-81-33652 | 농협 115-08-071822 | |
| 16 | 진광 | 11,247,420 | 1.79% | 118-05-67990 | 신한 009-037318-02-501 | |
| 17 | 국제파트너 | 9,994,250 | 1.59% | 113-15-95151 | 농협 371-02-040090 | |
| 18 | 모터인체제국 | 8,201,390 | 1.31% | 140-81-67142 | 우체국 259-910055-14707 | |
| 19 | 국제티에스 | 7,820,100 | 1.25% | 110-81-52861 | 우체국 361-08-064637 | |
| 20 | 근우실업 | 7,586,000 | 1.21% | | | |
| 21 | 경미상사 | 7,568,700 | 1.21% | 119-85-02463 | 국민 210-12-059983 | |
| 22 | 나사테크 | 6,545,700 | 1.04% | | | |

**한눈에 보는 작업순서**

상호명에 포함된 공백 삭제하기 ▶ 중복된 매입처 삭제하기 ▶ ROW 함수로 번호 입력하기 ▶ 절대 참조로 비율 계산하기

▶ VLOOKUP 함수로 거래처 정보 찾아오기 ▶ 조건부 서식으로 강조하기 ▶ 색 기준 정렬하기

## STEP 01　상호명에 포함된 공백 삭제하고 중복된 매입처 제거하기

❶ [매입처] 시트에서 상호명에 포함된 공백을 일괄 삭제하기 위해 B열을 선택한 후 [바꾸기]를 실행합니다. [바꾸기] 탭에서 [찾을 내용]에 공백 한 칸을 입력한 후 [모두 바꾸기]를 실행합니다.

❷ [중복된 항목 제거]로 상호명과 사업자등록번호가 동일한 레코드를 모두 제거합니다.

## STEP 02　함수로 번호 입력한 후 비율 계산하고 과세사업자번호와 입금계좌번호 찾아오기

❶ [거래내역] 시트의 번호는 행이 삽입되거나 삭제되더라도 자동으로 번호가 변경될 수 있도록 ROW 함수를 이용하여 번호를 매깁니다.

❷ 총 합계금액을 구한 후 거래금액에 총 합계금액을 나누어 비율을 계산합니다.

❸ [매입처] 시트의 데이터 목록을 '매입처정보'로 이름 정의한 후 VLOOKUP 함수로 과세사업자번호와 입금계좌번호를 입력합니다. [거래내역] 시트의 업체명 중 신규 업체는 [매입처] 시트에 정보가 없으므로 IFERROR 함수를 이용해 빈 셀로 표시되도록 합니다.

## STEP 03　과세사업자번호가 없는 업체만 채우기 색을 설정하고 아래쪽에 정렬하기

❶ [거래내역] 시트에서 과세사업자번호가 없는 행에 조건부 서식으로 채우기 색을 적용합니다.

❷ 채우기 색이 적용된 행만 정렬 기능으로 아래쪽에 정렬합니다.

# 상호명에 포함된 공백 삭제하고 중복된 매입처 제거하기

[매입처] 시트의 상호명 데이터에는 중복되는 항목이 있습니다. 상호명과 사업자등록번호가 동일한 매입처는 중복되는 매입처로 간주하는데, 공백이 있는 데이터는 중복으로 처리되지 않습니다. 먼저 [바꾸기]를 이용하여 상호명에 입력되어 있는 공백을 삭제하고 중복되는 매입처를 제거하겠습니다.

**01 상호명에 공백 삭제하기** ❶ [매입처] 시트의 [B5:B215] 셀 범위를 선택합니다. ❷ [홈] 탭–[편집] 그룹–[찾기 및 선택]–[바꾸기]를 선택합니다. ❸ [찾기 및 바꾸기] 대화상자에서 찾을 내용에 공백 한 칸을 입력합니다. ❹ [모두 바꾸기]를 클릭합니다. '27개 항목이 바뀌었습니다.'라는 메시지가 나타나면 ❺ [확인]을 클릭합니다. [찾기 및 바꾸기] 대화상자에서 ❻ [닫기]를 클릭합니다.

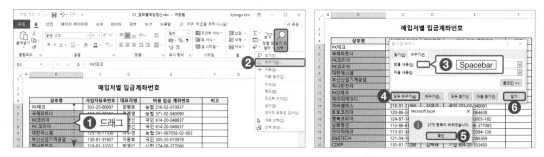

⏱ **시간단축** [B5] 셀을 선택한 후 Ctrl + Shift + ↓를 누르면 빠르게 범위를 선택할 수 있습니다.

📊 **실력향상** [찾기 및 바꾸기] 대화상자에서 [찾을 내용]과 [바꿀 내용]에 불필요한 항목이 입력되어 있으면 바꾸기가 제대로 실행되지 않으므로 주의합니다.

**02 중복된 매입처 삭제하기** ❶ [A4] 셀을 선택한 후 ❷ [데이터] 탭–[데이터 도구] 그룹–[중복된 항목 제거 📉]를 클릭합니다. [중복 값 제거] 대화상자에서 ❸ [상호명]과 [사업자등록번호]에 체크 표시하고 나머지 항목은 체크 표시를 모두 해제합니다. ❹ [확인]을 클릭합니다.

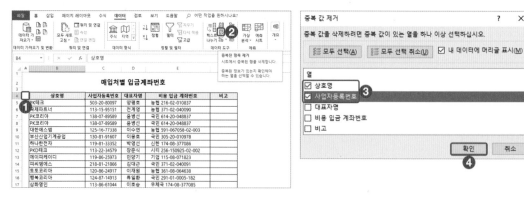

📊 **실력향상** [A4] 셀을 선택한 상태에서 [중복된 항목 제거]를 선택하면 [A4] 셀을 기준으로 빈 행과 빈 열 전까지 범위가 선택됩니다. 만약 자동 범위가 잘못 설정되었다면 직접 범위를 선택한 후 [중복된 항목 제거]를 클릭합니다.

**03** 중복된 항목 제거 개수와 유지되는 항목 개수를 알려주는 메시지가 나타납니다. [확인]을 클릭합니다.

STEP
**02**

## 함수로 번호 입력한 후 비율 계산하고 과세사업자번호와 입금계좌번호 찾아오기

[거래내역] 시트에서 ROW 함수로 번호를 입력하고, 거래금액의 합계를 계산하여 비율을 구한 후 업체명을 기준으로 하여 [매입처] 시트에서 과세사업자번호와 입금계좌번호를 찾아오도록 합니다. 단, 업체명이 [매입처] 시트에 없는 경우에는 빈 셀로 표시되도록 함수를 입력해보겠습니다.

**04 번호 입력하기** 번호는 자동 채우기를 사용하지 않고 ROW 함수를 사용합니다. ROW 함수를 사용하여 번호를 매기면 목록 중간에 행이 삽입되거나 삭제되더라도 번호가 자동으로 업데이트됩니다. ❶ [B7] 셀에 **=ROW()-6**을 입력합니다. ❷ [B7] 셀의 채우기 핸들을 더블클릭하여 수식을 복사합니다.

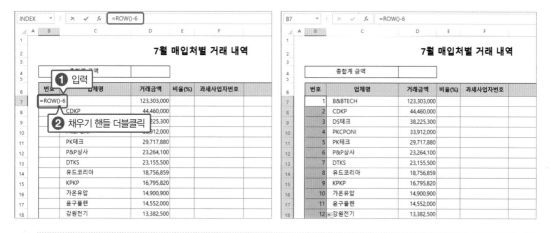

**▲ 실력향상** [B7] 셀에 =ROW()로 수식을 입력하면 현재 셀의 행 번호가 반환되어 '7'이 표시됩니다. 제목, 합계, 머리글 등의 불필요한 행을 제외하고 '1'이 되도록 수식에서 '6'을 뺐습니다.

## 비법노트 ★★★ 행과 열 번호를 구하는 ROW와 COLUMN 함수

ROW 함수는 셀의 행 번호를 표시하고, COLUMN 함수는 셀의 열 번호를 표시하는 함수로 1, 2, 3, …처럼 번호를 입력할 때 사용하면 행과 열이 삭제 또는 삽입될 경우 자동으로 번호가 변경되어 편리합니다.

| 함수 형식 | =ROW(Reference)<br>=ROW( ), =ROW(셀 주소)<br>=COLUMN(Reference)<br>=COLUMN( ), =COLUMN(셀 주소) |
| --- | --- |
| 인수 | • Reference : 행과 열 번호를 표시할 셀 주소이며 생략할 경우 수식이 입력된 셀의 행 번호/열 번호를 표시합니다. |

**05 거래금액의 총합계와 비율 계산하기** ❶ [D4] 셀에 **=SUM(D7:D157)**을 입력합니다. ❷ [E7] 셀에 **=D7/$D$4**를 입력합니다. ❸ [E7] 셀의 채우기 핸들을 더블클릭하여 수식을 복사합니다.

**실력향상** [E7] 셀에서 비율을 구할 때 총합계가 입력되어 있는 [D4] 셀은 절대 참조로 입력합니다. D4를 수식에 입력한 후 F4를 누르면 절대 참조로 변경됩니다.

**06** [E7:E157] 셀 범위가 선택된 상태에서 ❶ [홈] 탭-[표시 형식] 그룹-[백분율 스타일 %]을 클릭합니다. ❷ [자릿수 늘임]을 두 번 클릭하여 소수점이 두 자리까지 표시되도록 합니다.

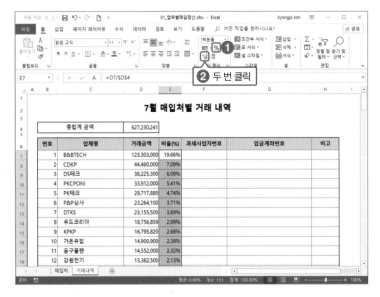

**07 이름 정의하기** 과세사업자번호에는 VLOOKUP 함수를 적용해야 하는데, 이 함수에는 [매입처] 시트의 범위를 절대 참조로 사용해야 합니다. 먼저 이름을 정의하겠습니다. ❶ [매입처] 시트를 선택합니다. ❷ [B4] 셀을 선택한 후 ❸ Ctrl + A 를 눌러 [B4:F206] 셀 범위를 선택합니다. ❹ [이름 상자]에 **매입처정보**를 입력한 후 Enter 를 누릅니다.

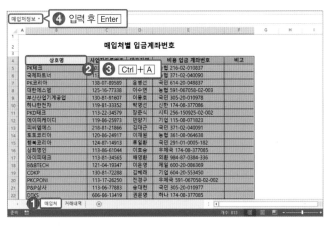

📶 **실력향상** 정의된 이름은 [이름 상자] 목록 ▾을 클릭하여 확인할 수 있습니다. 이때 정의된 이름을 클릭하면 이름으로 정의한 셀 범위가 자동으로 선택됩니다. 정의된 이름을 수정하거나 삭제할 때는 [수식] 탭-[이름 관리자]를 사용합니다.

**08 과세사업자번호와 입금계좌번호 찾아오기** ❶ [F7] 셀에 **=IFERROR(VLOOKUP(C7,매입처정보,2,0)," ")**를 입력합니다. ❷ [G7] 셀에 **=IFERROR(VLOOKUP(C7,매입처정보,4,0)," ")**를 입력합니다.

**09** ❶ [F7:G7] 셀 범위를 선택한 후 ❷ 채우기 핸들을 더블클릭하여 수식을 복사합니다. 업체명이 [매입처] 시트에 있는 경우는 과세사업자번호와 입금계좌번호가 표시되고, 없는 경우는 빈 셀로 표시됩니다.

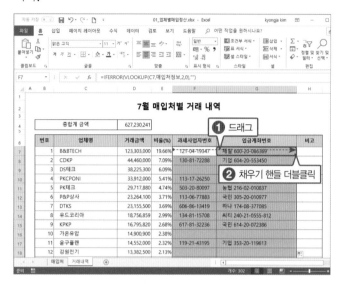

📊 **실력향상** 빈 [거래내역] 시트의 '업체명'을 [매입처] 시트의 '상호명' 범위에서 찾아 해당하는 '사업자등록번호'를 셀에 입력하는 함수식입니다. 단, 신규 업체명은 [매입처] 시트에 없으므로 VLOOKUP 함수의 결과가 오류로 표시됩니다. 이를 해결하기 위해 IFERROR 함수를 중첩하여 VLOOKUP 함수의 결과가 오류일 경우 빈 셀로 표시합니다.

**함수 형식**
=VLOOKUP(찾을 기준 값, 기준 범위, 가져올 열 번호, 찾는 방법)
=IFERROR(수식, 오류가 났을 경우 대체할 값이나 식)

---

**STEP 03**

# 과세사업자번호가 없는 업체만 채우기 색을 설정하고 아래쪽에 정렬하기

VLOOKUP 함수를 이용하여 해당 업체의 과세사업자번호가 입력되도록 설정했는데, 일부 업체명은 이번 달에 신규로 거래하는 업체이므로 [매입처] 시트에 정보가 없어 IFERROR 함수에 의해서 빈 셀로 표시되었습니다. 과세사업자번호가 없는 행 데이터에 채우기 색을 설정하고 아래쪽에 정렬해보겠습니다.

**10 수식으로 값 일괄 입력하기** ❶ [B7:H157] 셀 범위를 선택한 후 ❷ [홈] 탭-[스타일] 그룹-[조건부 서식]-[새 규칙]을 선택합니다.

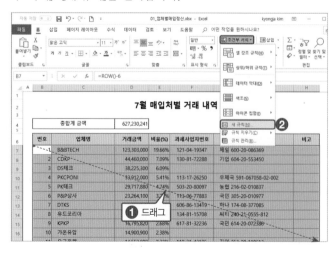

⏱ **시간단축** [B7:H7] 셀 범위를 선택한 후 Ctrl + Shift + ↓를 누르면 빠르게 범위를 선택할 수 있습니다.

**11** ❶[새 서식 규칙] 대화상자에서 [수식을 사용하여 서식을 지정할 셀 결정]을 선택합니다. ❷[다음 수식이 참인 값의 서식 지정]에 **=$F7=""**를 입력한 후 ❸[서식]을 클릭합니다. ❹[셀 서식] 대화상자의 [채우기] 탭에서 배경색을 선택한 후 ❺[확인]을 클릭합니다. [새 서식 규칙] 대화상자에서도 ❻[확인]을 클릭합니다.

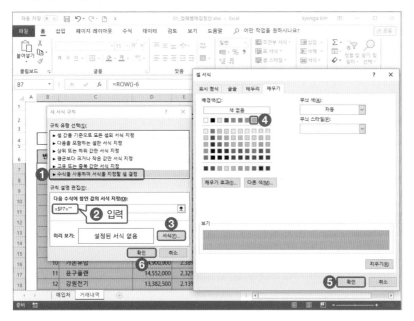

**▲▲▲ 실력향상** [조건부 서식]의 규칙으로 **=$F7=""**를 입력하면 F열이 빈 셀일 경우 [B:H] 열의 데이터에 채우기 색이 표시됩니다. [조건부 서식]에 수식을 입력할 때 범위의 첫 셀을 기준으로 입력하면 수식을 복사한 것처럼 상대 참조, 절대 참조, 혼합 참조가 반영됩니다.

**12** 과세사업자번호가 없는 행 데이터만 채우기 색이 설정되었습니다.

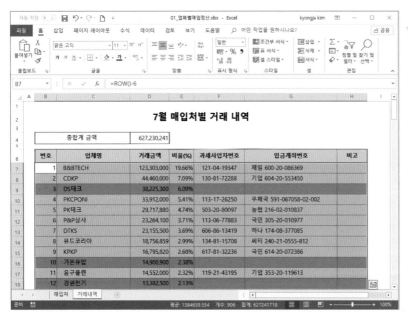

**13 채우기 색이 설정된 행만 아래쪽으로 정렬하기** ❶ [B7] 셀을 선택한 후 ❷ [데이터] 탭-[정렬 및 필터] 그룹-[정렬]을 클릭합니다. ❸ [정렬] 대화상자에서 [세로 막대형]은 [업체명], [정렬 기준]은 [셀 색], [정렬]은 목록에서 색상을 선택한 후 [아래쪽에 표시]를 선택합니다. ❹ [확인]을 클릭합니다.

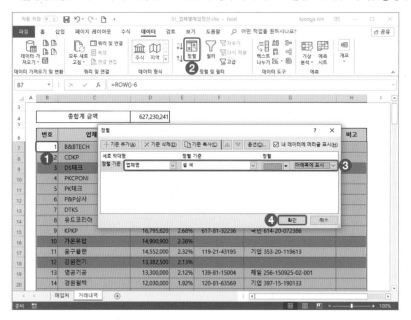

**14** 과세사업자번호가 없는 업체만 아래쪽으로 정렬되었습니다.

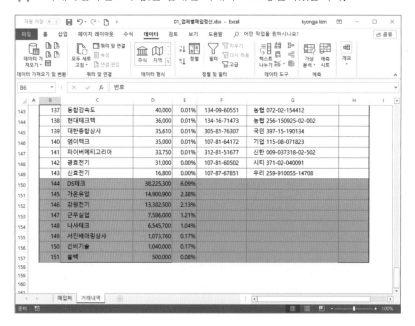

**PROJECT**

# 02

# 진급대상자와 교육수강자 목록을 비교하여 교육이력 관리하고 집계표 작성하기

실습 파일 | Part02/Chapter02/02_교육이력분석.xlsx   완성 파일 | Part02/Chapter02/02_교육이력분석(완성).xlsx

## 01 프로젝트 시작하기

인사팀에서 관리하는 진급대상자 명단과 교육팀에서 관리하는 교육수료자 명단이 따로 있습니다. 이 두 데이터 목록을 이용하여 진급대상자가 꼭 수료해야 하는 교육을 수료했는지, 의무적으로 교육을 받아야 하는 점수를 획득했는지 한눈에 파악할 수 있도록 함수를 적용하려고 합니다.

[진급대상자] 시트에서 IF 함수와 COUNTIF 함수를 이용하여 진급대상자가 필수 교육을 수료했는지 여부를 표시하고 [교육수료자] 시트에서 교육비와 수료율을 계산하되, 셀 값에 따라 오류가 발생하는 경우가 있으면 IFERROR 함수를 이용하여 0으로 표시해보겠습니다. 이렇게 두 개의 데이터 목록을 비교하여 진급대상자와 교육수료자 목록이 정리되면 부서별 진급자의 교육 수료 현황을 한눈에 분석할 수 있는 집계표를 작성합니다.

구 데이터와 신 데이터를 비교해 어떠한 항목이 추가되고 어떠한 항목이 누락되었는지 점검하는 방법을 업무에 응용할 수 있으며, 두 개 이상 시트를 활용하여 항목별로 그룹화하는 함수의 활용 사례를 익힐 수 있습니다.

회사에서
바로 통하는
키워드
IF, IFERROR, 조건부 서식, COUNTIF, COUNTIFS, SUMIF

## 제이플러스 산업 진급대상자

| 번호 | 사번 | 성명 | 주민등록번호 | 근무부서 | 직위 | 입사일자 | 교육수료여부 |
|---|---|---|---|---|---|---|---|
| 1 | 016916 | 권혁창 | 690209-1178200 | 해외지사 | 부장 | 2008-12-17 | ● |
| 2 | 019232 | 강현구 | 540105-2100229 | 사업개발담당 | 부장 | 2009-09-29 | ● |
| 3 | 022627 | 국중만 | 540510-2156125 | 생산부 | 차장 | 2003-04-13 | ● |
| 4 | 023337 | 구호남 | 721707-2099682 | 품질 | | | |
| 5 | 023611 | 권혁기 | 590226-1173604 | 해외 | | | |
| 6 | 026566 | 강재식 | 620111-2052659 | 연구 | | | |
| 7 | 027568 | 구기송 | 620203-1162617 | 해외 | | | |
| 8 | 027631 | 권영돈 | 620203-1208533 | 생산 | | | |
| 9 | 028270 | 고진석 | 641816-1057776 | 연구 | | | |
| 10 | 028321 | 김경환 | 560411-1279238 | 생산 | | | |
| 11 | 029066 | 경인중 | 661238-2111214 | 품질 | | | |
| 12 | 030206 | 곽상옥 | 611015-1078950 | 생산 | | | |
| 13 | 034838 | 권상현 | 540105-2225130 | 생산 | | | |
| 14 | 035350 | 강성철 | 560531-1050201 | 연구 | | | |
| 15 | 038174 | 강영택 | 540721-1054931 | 연구 | | | |
| 16 | 041353 | 구본철 | 620702-1153068 | 개발 | | | |
| 17 | 043096 | 권환조 | 681028-2205121 | 해외 | | | |
| 18 | 043207 | 강계환 | 580715-2004349 | 연구 | | | |
| 19 | 043940 | 권기율 | 640904-1188542 | 품질 | | | |
| 20 | 044624 | 강상호 | 560411-1051324 | 개발 | | | |
| 21 | 104048 | 김광규 | 620223-2279301 | 생산 | | | |
| 22 | 104397 | 구성모 | 660238-2153280 | 생산 | | | |
| 23 | 106073 | 김구열 | 540510-2252830 | 품질 | | | |
| 24 | 108847 | 권병철 | 720707-2121766 | 품질 | | | |
| 25 | 108971 | 곽천운 | 560726-1097758 | 생산 | | | |
| 26 | 109532 | 구미성 | 730325-1135958 | 생산 | | | |
| 27 | 109704 | 김경현 | 690209-1224359 | 생산 | | | |
| 28 | 109715 | 강창일 | 611015-1030363 | 생산 | | | |
| 29 | 109733 | 김계환 | 620203-1005733 | 생산 | | | |
| 30 | 110016 | 권일영 | 560726-1190124 | 생산 | | | |

진급대상자 / 교육수료자 / 부서별집계

## 제이플러스 산업 진급대상자 필수교육 수료 현황

| 번호 | 이름 | 주민번호 | 근무부서 | 교육시작일 | 의무점수 | 교육점수 | 수료율 | 교육비 |
|---|---|---|---|---|---|---|---|---|
| 1 | 강계환 | 620203-1005733 | 생산부 | 2016-09-26 | 40 | 37 | 93% | 90,000 |
| 2 | 강광수 | 560903-2009775 | 생산부 | 2016-09-03 | 40 | 62 | 155% | 230,000 |
| 3 | 강기태 | 620702-1003034 | 설계실 | 2016-06-03 | 35 | 62 | 177% | 230,000 |
| 4 | 강동주 | 660208-2006000 | 생산부 | 2016-06-12 | 40 | 37 | 93% | 90,000 |
| 5 | 강동준 | 690209-1004056 | 품질관리부 | 2016-02-19 | 35 | 25 | 71% | 90,000 |
| 6 | 강두성 | 560411-1002318 | 생산부 | 2016-10-29 | 40 | 37 | 93% | 90,000 |
| 7 | 강득환 | 680806-2003951 | 생산부 | 2016-07-09 | 40 | 37 | 93% | 90,000 |
| 8 | 강래오 | 580715-2004349 | 연구소 | 2016-04-04 | 0 | 52 | 0% | 230,000 |
| 9 | 강명화 | 681028-2004638 | 생산부 | 2016-09-04 | 40 | 37 | 93% | 90,000 |
| 10 | 강무경 | 611015-1006025 | 연구소 | 2016-05-15 | 40 | 25 | 63% | 90,000 |
| 11 | 강무순 | 740308-1006396 | 품질관리부 | 2016-03-01 | 40 | 37 | 93% | 90,000 |
| 12 | 강문자 | 720707-2008872 | 기판반 | 2016-02-20 | 35 | 42 | 120% | 230,000 |
| 13 | 강미숙 | 620223-2008900 | 생산부 | 2016-06-07 | 40 | 37 | 93% | 90,000 |
| 14 | 강미연 | 541405-2007385 | 품질관리부 | 2016-03-10 | 35 | 25 | 71% | 90,000 |
| 15 | 강미정 | 510510-2005007 | 품질관리부 | 2016-05-30 | 35 | 37 | 106% | 90,000 |
| 16 | 강민구 | 731128-2006358 | 품질관리부 | 2016-06-05 | 35 | 37 | 106% | 90,000 |
| 17 | 강민성 | 560726-1008604 | 품질관리부 | 2016-06-16 | 40 | 37 | 93% | 90,000 |
| 18 | 강민수 | 590211-2002611 | 생산부 | 2016-04-10 | 35 | 37 | 106% | 90,000 |
| 19 | 강민영 | 620111-2005622 | 해외지사 | 2016-06-19 | 35 | 37 | 106% | 90,000 |
| 20 | 강병현 | 640904-1003139 | 생산부 | 2016-10-13 | 35 | 40 | 114% | 230,000 |
| 21 | 강상규 | 620203-1034916 | 품질관리부 | 2016-05-14 | 40 | 40 | 100% | 230,000 |
| 22 | 강상오 | 560903-2039582 | 품질관리부 | 2016-06-12 | 35 | 40 | 114% | 230,000 |
| 23 | 강석동 | 730325-1042486 | 설계실 | 2016-05-23 | 40 | 40 | 100% | 230,000 |
| 24 | 강석완 | 620702-1023605 | 개발실 | 2016-05-19 | 35 | 37 | 106% | 90,000 |
| | | | 생산부 | 2016-10-26 | 40 | 37 | 93% | 90,000 |
| | | | | | 40 | 37 | 93% | 90,000 |
| | | | | | 35 | 37 | 106% | 90,000 |
| | | | | | 0 | 37 | 0% | 90,000 |

## 부서별 진급 대상자 교육수료 현황

| 근무부서 | 진급대상자 | 수료인원 | 미수료인원 | 교육비 | 비고 |
|---|---|---|---|---|---|
| 개발실 | 11 | 10 | 1 | 1,180,000 | |
| 기판반 | 2 | 1 | 1 | 230,000 | |
| 생산부 | 77 | 65 | 12 | 7,110,000 | |
| 설계실 | 8 | 7 | 1 | 910,000 | |
| 연구소 | 20 | 17 | 3 | 1,670,000 | |
| 자재 | 1 | 1 | 0 | 90,000 | |
| 총조계 | 10 | 9 | 1 | 810,000 | |
| 품질보증 | 3 | 3 | 0 | 410,000 | |
| 해외지사 | 9 | 7 | 2 | 630,000 | |
| 기구구매 | 1 | 1 | 0 | 230,000 | |
| 품질관리부 | 88 | 68 | 20 | 7,100,000 | |
| 품질보증계 | 1 | 1 | 0 | 90,000 | |
| 사업개발담당 | 1 | 1 | 0 | 90,000 | |
| 합계 | 232 | 191 | 41 | 20,550,000 | |

**한눈에 보는 작업순서**

교육수료여부 표시하기 ▶ 수료율 계산하기 ▶ 교육비 계산하기 ▶ 조건부 서식으로 강조하기

▶ 부서별 진급인원 집계하기 ▶ 수료인원과 미수료인원 집계하기 ▶ 부서별 교육비 합계 계산하기

## STEP 01 진급자 교육수료여부 표시하고 교육수료율, 교육비 계산하기

❶ [교육수료자] 시트의 정보를 참조하여 [진급대상자] 시트의 교육수료여부를 표시합니다. IF와 COUNTIF 함수로 교육을 수료한 사람은 '●'로 표시하고 수료하지 않은 사람은 빈 셀로 표시합니다.

❷ [교육수료자] 시트의 수료율에 IFERROR 함수로 의무점수가 '0'일 때 오류가 표시되지 않도록 합니다.

❸ [교육수료자] 시트에 IF 함수로 교육점수에 맞는 교육비를 계산합니다.

❹ [교육수료자] 시트에 조건부 서식으로 수료율이 100% 이상인 수료자 데이터에 채우기 색을 적용합니다.

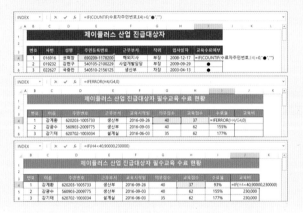

## STEP 02 부서별 진급대상자와 교육수료자 통계 내기

❶ 함수에 사용할 셀 범위를 이름으로 정의합니다.

❷ [진급대상자] 시트의 근무부서 데이터 목록을 참조하여 [부서별집계] 시트에 COUNTIF 함수로 부서별로 진급대상자가 몇 명인지 계산합니다.

❸ [진급대상자] 시트의 교육수료여부 데이터 목록을 참조하여 [부서별집계] 시트에 COUNTIFS 함수로 부서별로 수료인원과 미수료인원이 몇 명인지 계산합니다.

❹ [교육수료자] 시트의 [교육비] 목록을 참조하여 [부서별집계] 시트에 SUMIF 함수로 부서별 교육비 합계를 계산합니다.

# 진급자 교육수료여부 표시하고 교육수료율, 교육비 계산하기

[진급대상자] 시트에서 IF, COUNTIF 함수를 이용해 필수 교육 수강 여부를 표시하고, [교육수료자]
시트에는 의무점수, 교육점수를 비교하여 수료율과 교육비를 계산합니다. 수료율이 100% 이상인 대상
자를 빠르게 확인할 수 있게 조건부 서식을 이용하여 행 데이터 전체에 채우기 색을 설정해보겠습니다.

**01 교육수료여부 표시하기** [진급대상자] 시트의 주민등록번호가 [교육수료자] 시트에 하나 이상 존재
하면 교육수료여부에 '●'을 표시하고 하나도 존재하지 않으면 빈 셀로 표시해보겠습니다. 먼저 함수에
사용할 [교육수료자] 시트의 주민번호 셀 범위를 이름으로 정의하겠습니다. ❶ [교육수료자] 시트에서
❷ [D4:D194] 셀 범위를 선택합니다. ❸ [이름 상자]에 **수료자주민번호**를 입력한 후 [Enter]를 누릅니다.

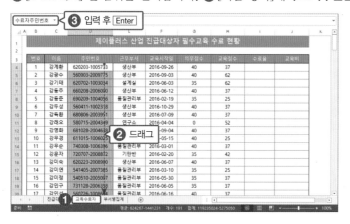

**02** ❶ [진급대상자] 시트의 ❷ [I4] 셀에 **=IF(COUNTIF(수료자주민번호,E4)>0,"●","")** 를 입력합니
다. [진급대상자] 시트의 주민등록번호가 [교육수료자] 시트에 하나 이상 존재하는지 확인하기 위해
COUNTIF 함수를 사용하고 COUNTIF 함수의 결과에 따라 교육수료여부를 표시하기 위해 IF 함수를
중첩합니다. ❸ [I4] 셀의 채우기 핸들을 더블클릭하여 수식을 복사합니다.

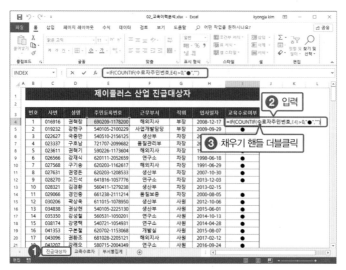

📊 **실력향상** [E4] 셀의 주민등록번호가
[교육수료자] 시트의 주민번호 목록에 하나
이상 존재하는지를 COUNTIF 함수로 계산합
니다. 결과가 0보다 크면 존재하는 것이기 때
문에 '●'를 표시하고 0보다 크지 않으면 주민
등록번호가 존재하지 않는 것이므로 빈 셀을
표시합니다. '●'를 입력할 때 자음 'ㅁ'을 입력
한 후 [한자]를 누릅니다. 나타나는 특수 문자
목록에서 '●'를 선택하면 'ㅁ'이 '●'로 변경됩
니다.

**03 수료율 계산하기** [교육수료자] 시트에서 I열의 수료율은 교육점수를 의무점수로 나누어서 구해야 하는데, 의무점수가 0점인 경우에는 나누기 수식으로 계산할 수 없어 오류가 표시됩니다. IFERROR 함수를 이용하여 오류 대신 0을 표시해보겠습니다. ❶ [교육수료자] 시트의 ❷ [I4] 셀에 **=IFERROR(H4/G4,0)**를 입력합니다. ❸ [I4] 셀의 채우기 핸들을 더블클릭하여 수식을 복사합니다.

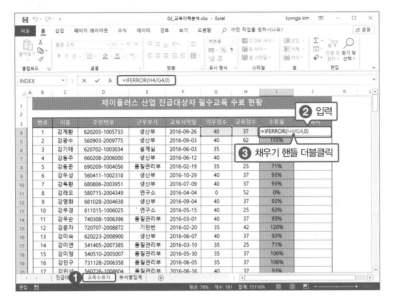

**실력향상** 교육점수를 나누는 [G4] 셀의 값이 0이면 결과 값으로 '#DIV/0'이 표시되므로 오류 대신 다른 값을 셀에 표시할 수 있도록 IFERROR 함수를 사용합니다.

**함수 형식 :** =IFERROR(수식, 오류가 났을 경우 대체할 값이나 식)

**04 교육비 계산하기** J열의 교육비에는 교육점수가 40점 미만이면 90,000원을 입력하고, 40점 이상이면 230,000원을 입력해보겠습니다. ❶ [J4] 셀에 **=IF(H4<40,90000,230000)**을 입력합니다. ❷ [J4] 셀의 채우기 핸들을 더블클릭하여 수식을 복사합니다.

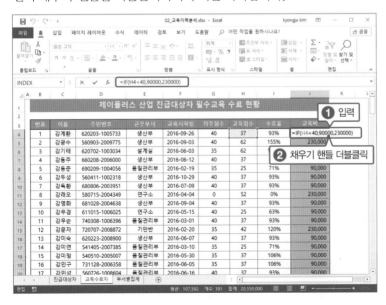

**실력향상** IF 함수의 조건에서 교육점수가 40점 미만이면 'H4<40' 조건식이 TRUE가 되어 첫 번째 금액인 90,000원이 셀에 입력되고 40점 이상이면 'H4<40' 조건식이 FALSE가 되어 두 번째 금액인 230,000원이 입력됩니다.

**함수 형식 :** =IF(조건식, 조건이 TRUE일 때 표시할 값이나 식, 조건이 FALSE일 때 표시할 값이나 식)

**05 수료율 100% 이상 데이터에 채우기 색 설정하기** 조건부 서식을 이용하여 수료율이 100% 이상인 근무자의 행 데이터 셀 배경색을 변경해보겠습니다. ❶ [B4:J194] 셀 범위를 선택합니다. ❷ [홈] 탭-[스타일] 그룹-[조건부 서식]-[새 규칙]을 선택합니다.

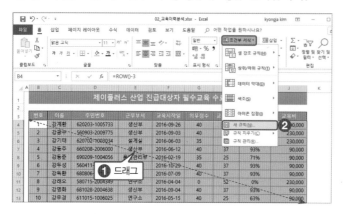

🕐 **시간단축** [B4:J194] 셀 범위를 선택할 때 [B4] 셀을 선택한 후 Ctrl + Shift + → 를 누르고 다시 Ctrl + Shift + ↓ 를 누르면 좀 더 빠르게 범위를 선택할 수 있습니다.

**06** [새 서식 규칙] 대화상자에서 ❶ [규칙 유형 선택]을 [수식을 사용하여 서식을 지정할 셀 결정]으로 선택하고 ❷ [다음 수식이 참인 값의 서식 지정]에 **=$I4>=100%**를 입력합니다. ❸ [서식]을 클릭합니다. [셀 서식] 대화상자에서 ❹ [채우기] 탭을 선택하고 [배경색]으로 ❺ [연한 파랑]을 선택합니다. ❻ [확인]을 클릭합니다. [새 서식 규칙] 대화상자에서도 ❼ [확인]을 클릭합니다.

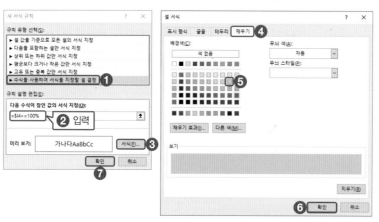

📊 **실력향상** '=$I4>=100%' 수식에서 I열의 값만 조건으로 사용하기 위해서 셀 참조를 $I4로 설정했습니다. 만약 I열을 고정하지 않으면 모든 셀의 값을 비교하므로 원하는 조건부 서식 결과를 얻을 수 없습니다.

**07** 수료율이 100% 이상인 진급대상자에 해당하는 행 전체의 채우기 색이 연한 파란색으로 변경됩니다.

| 번호 | 이름 | 주민번호 | 근무부서 | 교육시작일 | 의무점수 | 교육점수 | 수료율 | 교육비 |
|---|---|---|---|---|---|---|---|---|
| | | | 제이플러스 산업 진급대상자 필수교육 수료 현황 | | | | | |
| 1 | 강계환 | 620203-1005733 | 생산부 | 2016-09-26 | 40 | 37 | 93% | 90,000 |
| 2 | 강광수 | 560903-2009775 | 생산부 | 2016-09-03 | 40 | 62 | 155% | 230,000 |
| 3 | 강기태 | 620702-1003034 | 설계실 | 2016-06-03 | 35 | 62 | 177% | 230,000 |
| 4 | 강동주 | 660208-2006000 | 생산부 | 2016-06-12 | 40 | 37 | 93% | 90,000 |
| 5 | 강동준 | 690209-1004056 | 품질관리부 | 2016-02-19 | 35 | 25 | 71% | 90,000 |
| 6 | 강두성 | 560411-1002318 | 생산부 | 2016-10-29 | 40 | 37 | 93% | 90,000 |
| 7 | 강두환 | 680806-2003951 | 생산부 | 2016-07-09 | 40 | 37 | 93% | 90,000 |
| 8 | 강래오 | 580715-2004349 | 연구소 | 2016-04-04 | 0 | 52 | 0% | 230,000 |
| 9 | 강명화 | 681028-2004638 | 생산부 | 2016-09-04 | 40 | 37 | 93% | 90,000 |
| 10 | 강무경 | 611015-1006025 | 연구소 | 2016-05-15 | 40 | 25 | 63% | 90,000 |
| 11 | 강무순 | 740308-1006396 | 품질관리부 | 2016-03-01 | 40 | 37 | 93% | 90,000 |
| 12 | 강문자 | 720707-2008872 | 기판반 | 2016-02-20 | 35 | 42 | 120% | 230,000 |
| 13 | 강미숙 | 620223-2008900 | 생산부 | 2016-06-07 | 40 | 37 | 93% | 90,000 |
| 14 | 강미연 | 541405-2007385 | 품질관리부 | 2016-03-10 | 35 | 25 | 71% | 90,000 |
| 15 | 강미정 | 540510-2005007 | 품질관리부 | 2016-05-30 | 35 | 37 | 106% | 90,000 |

**STEP 02**

# 부서별 진급대상자와 교육수료자 통계 내기

진급대상자와 교육수료자 목록을 이용하여 부서별로 진급대상자 인원수와 수료인원, 미수료인원, 교육
비 등을 한눈에 파악할 수 있는 집계표를 작성해보겠습니다.

**08 이름 정의하기**  함수에서 사용할 셀 범위가 모두 절대 참조이므로 [진급대상자] 시트의 근무부서
셀 범위, 교육수료여부 셀 범위, [교육수료자] 시트의 근무부서 셀 범위, 교육비 셀 범위를 이름으로 정
의해보겠습니다. ❶ [진급대상자] 시트의 ❷ [F4:F235] 셀 범위를 선택합니다. ❸ [이름 상자]에 **진급자
부서**를 입력한 후 Enter 를 누릅니다.

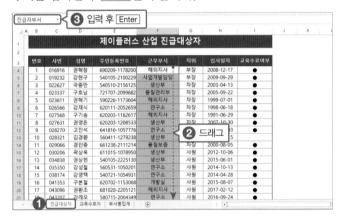

**09** [진급대상자] 시트의 ❶ [I4:I235]
셀 범위를 선택합니다. ❷ [이름 상자]에
**수료여부**를 입력한 후 Enter 를 누릅니다.

**10** ❶ [교육수료자] 시트를 선택합니
다. ❷ [E4:E194] 셀 범위를 선택합니다.
❸ [이름 상자]에 **수료자부서**를 입력한 후
Enter 를 누릅니다.

**11** [교육수료자] 시트의 ❶ [J4:J194] 셀 범위를 선택합니다. ❷ [이름 상자]에 **교육비**를 입력한 후 Enter 를 누릅니다.

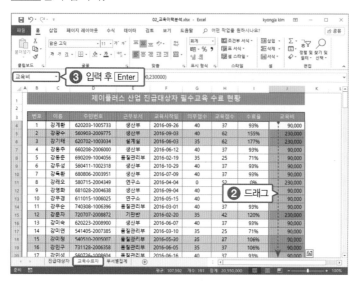

**12 진급대상자 계산하기** [부서별집계] 시트의 부서별 진급대상자는 조건이 한 개이므로 COUNTIF 함수를 이용하여 계산해보겠습니다. ❶ [부서별집계] 시트를 선택합니다. ❷ [C5] 셀에 **=COUNTIF(진급자부서,B5)**를 입력합니다. ❸ [C5] 셀의 채우기 핸들을 [C17] 셀까지 드래그하여 수식을 복사합니다.

**📊 실력향상** '진급자부서' 이름은 앞에서 정의한 이름으로 [진급대상자] 시트의 '근무부서' 데이터 목록입니다. 이 데이터 목록에서 [B5] 셀에 입력된 부서명이 몇 개인지 계산하면 첫 번째 부서의 인원수가 계산됩니다.

**함수 형식 :** =COUNTIF(범위, 조건)

**📊 실력향상** [C5] 셀의 수식을 복사할 때 채우기 핸들을 더블클릭하면 합계가 입력될 [C18] 셀까지 복사됩니다. 채우기 핸들을 드래그하여 [C17] 셀까지만 수식을 복사합니다.

**13 수료인원 계산하기** 수료인원은 근무부서 조건과 수료여부 조건을 모두 비교해야 하므로 COUNTIFS 함수로 계산해보겠습니다. ❶ [D5] 셀에 **=COUNTIFS(진급자부서,B5,수료여부,"●")**를 입력합니다. ❷ [D5] 셀의 채우기 핸들을 [D17] 셀까지 드래그하여 수식을 복사합니다.

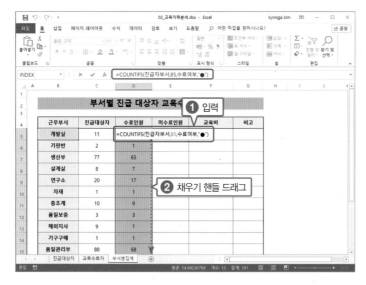

**ıll 실력향상** '개수를 구할 때 조건이 두 개 이상인 경우에는 복수형을 의미하는 'S' 가 있는 COUNTIFS 함수를 사용합니다. '진급자부서'로 이름을 정의한 셀 범위에서 [B5] 셀의 데이터와 같은지 비교하고, '수료여부'로 이름을 정의한 셀 범위의 값이 '●'인지 비교해서 두 조건이 모두 맞으면 개수에 포함합니다.
**함수 형식** : =COUNTIFS(범위1, 조건1, 범위2, 조건2, …)

**ıll 실력향상** COUNTIFS 함수의 결과가 '#VALUE!'로 오류가 표시된다면 정의한 이름이 잘못된 경우입니다. [진급대상자] 시트의 '진급자부서' 이름과 '수료여부' 이름을 확인합니다.

**14 미수료인원 계산하기** 미수료인원도 수료인원처럼 두 개의 조건을 동시에 비교해야 하므로 COUNTIFS 함수로 계산해보겠습니다. ❶ [E5] 셀에 **=COUNTIFS(진급자부서,B5,수료여부,"")**를 입력합니다. ❷ [E5] 셀의 채우기 핸들을 [E17] 셀까지 드래그하여 수식을 복사합니다.

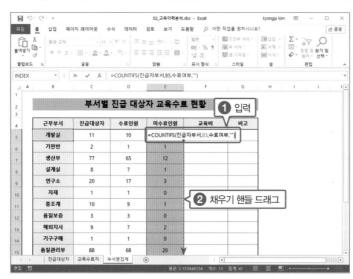

**ıll 실력향상** [진급대상자] 시트의 수료여부 중 수료하지 않은 대상자는 공백으로 표시되어 있습니다. 수식에서 공백은 ""로 입력하므로 '수료여부' 이름 범위의 조건은 ""로 입력합니다.

**15 교육비 계산하기** 교육비는 [진급대상자] 시트의 부서별로 교육비 합계를 구해야하므로 SUMIF 함수로 계산해보겠습니다. ❶ [F5] 셀에 **=SUMIF(수료자부서,B5,교육비)**를 입력합니다. ❷ [F5] 셀의 채우기 핸들을 [F17] 셀까지 드래그하여 수식을 복사합니다.

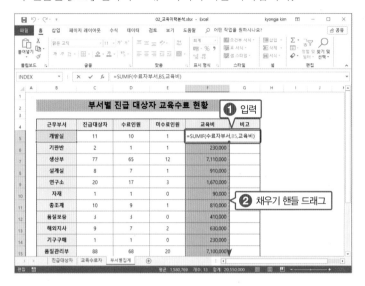

**📊 실력향상** 조건에 맞는 데이터 목록의 합을 구할 때 SUMIF 함수를 사용합니다. '진급자부서'로 이름을 정의한 셀 범위의 값이 [B5] 셀 데이터와 같으면 해당 근무자의 교육비를 합계에 포함합니다.

**함수 형식:** =SUMIF(비교할 조건 범위, 조건, 합을 구할 범위)

SUMIF 함수를 사용할 때 조건으로 사용할 셀 범위와 합을 구할 셀 범위의 개수가 같아야 합니다.

**16** 18행에 합계를 구해보겠습니다. ❶ [C5:F18] 셀 범위를 선택합니다. ❷ [홈] 탭-[편집] 그룹-[합계]를 클릭합니다. 각 항목의 합계가 계산됩니다.

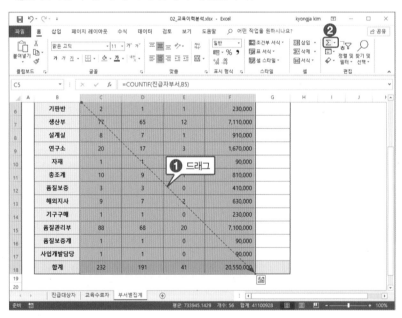

# PROJECT

# 03

# 여러 가지 통계 함수를 이용하여
# 부서별 평가 자료 집계하기

실습 파일 | Part02/Chapter02/03_부서별평가자료집계.xlsx   완성 파일 | Part02/Chapter02/03_부서별평가자료집계(완성).xlsx

## 01 프로젝트 시작하기

엑셀에서 데이터를 대표할 수 있는 통계로 평균을 가장 많이 사용하는데, 평균만으로 설명하기 어려운 데이터는 중앙값, 최빈값, 최솟값, 최댓값 등을 사용하여 전체 데이터를 좀 더 명확하게 설명합니다.

부서별 직원교육 평가자료 목록을 이용하여 부서별 순위와 부서별 평균을 계산하고, 부서별 점수 분포에 대한 집계표를 작성하는 방법을 배워보겠습니다. 부서별 직원교육 평가자료에서 RANK.EQ 함수를 이용하여 기본 순위를 구하고 SUMPRODUCT 함수와 조건을 이용하여 부서별 순위를 구합니다. 각 부서의 평가 항목별 평균에 AVERAGEIF 함수를 이용하고 통계에서 많이 사용되는 MEDIAN, TRIMMEAN, MODE.SNGL 함수를 이용하여 평가 항목별 점수 분포표를 만들어보겠습니다.

이 프로젝트를 배우면 통계 프로그램에서 주로 계산했던 기술통계법의 값을 엑셀 함수를 이용하여 계산할 수 있으므로 업무에 필요한 간단한 통계 처리는 엑셀로 해결할 수 있습니다.

회사에서
바로 통하는
키워드        RANK.EQ, SUMPRODUCT, AVERAGEIF, TRIMMEAN, MEDIAN, MODE.SNGL, MAX, MIN,
             표 서식

## 부서별 직원교육 평가자료

| 번호 | 이름 | 팀명 | 인사고과 | 고객만족 | 조직력 | IT능력 | 총점 | 전체순위 | 부서별순위 |
|---|---|---|---|---|---|---|---|---|---|
| 1 | 김병배 | 총무팀 | 85 | 99 | 76 | 86 | 346 | 17 | 2 |
| 2 | 고송주 | 기획팀 | 98 | 72 | 99 | 83 | 352 | 13 | 3 |
| 3 | 한정희 | 구매팀 | 77 | 74 | 73 | 93 | 317 | 38 | 7 |
| 4 | 박기홍 | 영업팀 | 94 | 88 | 87 | 55 | 324 | 33 | 6 |
| 5 | 고재현 | 운영팀 | 95 | 97 | 89 | 76 | 357 | 7 | 4 |
| 6 | 지영철 | 홍보팀 | 80 | 72 | 76 | 99 | 327 | 31 | 5 |
| 7 | 김정기 | 총무팀 | 99 | 64 | 85 | 70 | 318 | 37 | 6 |
| 8 | 마소정 | 기획팀 | 81 | 72 | 76 | 99 | 328 | 30 | 7 |
| 9 | 이두원 | 구매팀 | 89 | 84 | 100 | 83 | 356 | 9 | 1 |
| 10 | 김도영 | 영업팀 | 84 | 73 | 71 | 85 | 313 | 39 | 7 |
| 11 | 조윤정 | 운영팀 | 93 | 99 | 89 | 76 | 357 | 7 | 4 |
| 12 | 차상헌 | 홍보팀 | 93 | 90 | 88 | 75 | 346 | 17 | 3 |
| 13 | 강필구 | 총무팀 | 84 | 80 | 86 | 93 | 343 | 19 | 3 |
| 14 | 박선정 | 기획팀 | 89 | 95 | 87 | 82 | 353 | 12 | 2 |
| 15 | 박종욱 | 구매팀 | 85 | 72 | 93 | 93 | 343 | 19 | 4 |
| 16 | 김정렬 | 영업팀 | 74 | 70 | 100 | 98 | 342 | 21 | 2 |
| 17 | 최원연 | 운영팀 | 96 | 83 | 91 | 97 | 367 | 1 | 1 |
| 18 | 박종학 | 홍보팀 | 88 | 96 | 95 | 83 | 362 | 5 | 2 |
| 19 | 최은석 | 총무팀 | 83 | 100 | 92 | 73 | 348 | 15 | 1 |
| 20 | 조완석 | 기획팀 | 78 | 89 | 80 | 88 | 335 | 26 | 6 |
| 21 | 배영일 | 구매팀 | 88 | 92 | 86 | 88 | 354 | 10 | 2 |
| 22 | 양기성 | 영업팀 | 79 | 86 | 84 | 91 | 340 | 23 | 3 |
| 23 | 박소영 | 운영팀 | 85 | 90 | 65 | 71 | 311 | 40 | 7 |
| 24 | 김세련 | 홍보팀 | 95 | 84 | 91 | 97 | 367 | 1 | 1 |
| 25 | 이법진 | 총무팀 | 78 | 84 | 89 | 73 | 324 | 33 | 5 |
| 26 | 남찬우 | 기획팀 | | | | | | | |
| 27 | 권동혁 | 구매팀 | | | | | | | |
| 28 | 김민지 | 영업팀 | | | | | | | |
| 29 | 조현준 | 운영팀 | | | | | | | |
| 30 | 김혜진 | 홍보팀 | | | | | | | |

평가자료  집계표

준비  합

## 부서별 평가 항목별 평균

| 팀명 | 인사고과 | 고객만족 | 조직력 | IT능력 | 평균 | 부서순위 |
|---|---|---|---|---|---|---|
| 구매팀 | 84.0 | 80.3 | 87.0 | 88.4 | 84.9 | 4 |
| 기획팀 | 84.9 | 85.6 | 88.0 | 85.3 | 85.9 | 2 |
| 영업팀 | 86.3 | 80.4 | 86.0 | 84.4 | 84.3 | 5 |
| 운영팀 | 89.3 | 90.7 | 85.9 | 83.3 | 87.3 | 1 |
| 총무팀 | 86.7 | 83.8 | 87.2 | 79.0 | 84.2 | 6 |
| 홍보팀 | 87.7 | 86.0 | 84.2 | 84.7 | 85.6 | 3 |
| 평균 | 86.5 | 84.5 | 86.4 | 84.2 | 85.4 | |

## 평가 항목별 점수 분포 집계

| 평가 항목 | 인사고과 | 고객만족 | 조직력 | IT능력 | 총점 |
|---|---|---|---|---|---|
| 평균(일반평균) | 86.4 | 84.5 | 86.4 | 84.3 | 341.6 |
| 상하10% 제외 평균 | 86.5 | 84.6 | 86.7 | 84.7 | 341.8 |
| 최대점수 | 99.0 | 100.0 | 100.0 | 99.0 | 367.0 |
| 최소점수 | 71.0 | 64.0 | 65.0 | 55.0 | 311.0 |
| 중앙값 | 86.0 | 84.0 | 87.0 | 83.0 | 342.5 |
| 최빈값 | 85.0 | 72.0 | 76.0 | 83.0 | 367.0 |

**한눈에 보는 작업순서**

전체 순위 계산하기 ▶ 부서별 순위 계산하기 ▶ 평가 항목별 평균 계산하기 ▶ 상하 10% 제외한 평균 계산하기

▶ 최댓값, 최솟값, 중앙값, 최빈값 계산하기 ▶ 표 서식 설정하기 ▶ 일반 범위로 변환하기

## STEP 01 전체 순위와 부서별 순위 계산하기

❶ [평가자료] 시트에 총점 범위를 '총점' 이름으로 정의하고, 전체 순위를 RANK.EQ 함수로 구합니다.

❷ 팀명 범위를 '팀명' 이름으로 정의하고, 부서별 순위를 SUMPRODUCT 함수로 구합니다.

## STEP 02 부서별 평가 항목별 평균과 순위 계산하기

❶ [집계표] 시트에 부서별과 항목별 평균을 AVERAGEIF 함수로 구하고 부서순위는 RANK.EQ 함수로 구합니다. 수식을 입력할 때는 셀 범위를 먼저 선택한 후 Ctrl + Enter 로 입력합니다.

❷ 표 서식을 이용하여 서식을 설정하고 일반 범위로 변환합니다.

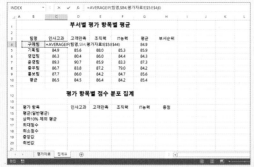

## STEP 03 평가 항목별 점수 분포 집계 계산하기

❶ 각각의 평균은 AVERAGE, 상하 10% 제외 평균은 TRIMMEAN, 최대 점수는 MAX, 최소 점수는 MIN, 중앙값은 MEDIAN, 최빈값은 MODE.SNGL 함수로 구합니다.

❷ 표 서식을 이용하여 서식을 설정하고 일반 범위로 변환합니다.

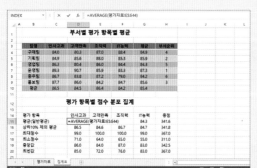

# STEP 01 전체 순위와 부서별 순위 계산하기

[평가자료] 시트에서 RANK.EQ 함수를 이용하여 기본 순위를 구하고 SUMPRODUCT 함수와 조건을 이용하여 부서별 순위를 구해보겠습니다. 엑셀 2010 버전부터 RANK 함수가 RANK.EQ 함수로 바뀌었으므로 전체 순위는 RANK.EQ 함수로 계산하겠습니다.

**01 이름 정의하기** 함수에 사용되는 팀명과 총점 셀 범위는 절대 참조이므로 함수를 입력하기 전에 먼저 이름을 정의해보겠습니다. ❶ [평가자료] 시트를 선택합니다. ❷ [D4:D44] 셀 범위를 선택한 후 ❸ Ctrl 를 누른 상태에서 [I4:I44] 셀 범위를 추가로 선택합니다. ❹ [수식] 탭-[정의된 이름] 그룹-[선택 영역에서 만들기]를 클릭합니다. [선택 영역에서 이름 만들기] 대화상자에서 ❺ [첫 행]에 체크 표시합니다. ❻ [확인]을 클릭합니다.

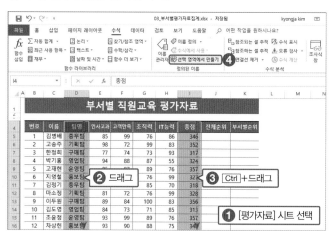

⏱ **시간단축** 범위를 선택할 때 [D4] 셀을 클릭한 후 Ctrl + Shift + ↓ 를 누르고, 다시 Ctrl 을 누른 상태에서 [I4] 셀을 클릭한 후 Ctrl + Shift + ↓ 를 누르면 빠르게 범위를 선택할 수 있습니다.

**02 전체 순위 구하기** ❶ [J5] 셀에 **=RANK.EQ(I5,총점)**을 입력합니다. RANK.EQ 함수는 [I5] 셀의 총점을 전체 총점들과 비교해서 순위를 구해줍니다. 높은 총점을 기준으로 순위를 부여할 것이므로 옵션은 생략합니다. ❷ [I5] 셀의 채우기 핸들을 더블클릭하여 수식을 복사합니다.

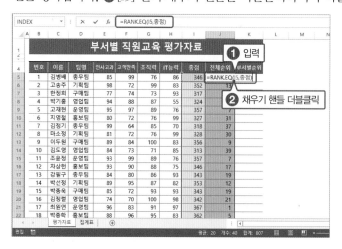

## 03 부서별 순위 구하기 ❶ [K5]

셀에 **=SUMPRODUCT((팀명=D 5)\*(총점>I5))+1**을 입력합니다. ❷ [K5] 셀의 채우기 핸들을 더블클릭하여 수식을 복사합니다.

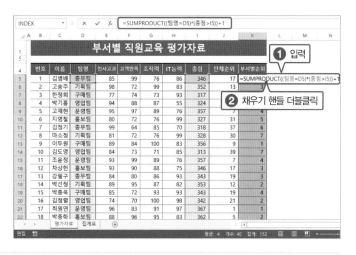

**ıllı** **실력향상** 빈 전체 범위 내에서 팀명별로 따로 순위를 구하는 함수는 없으므로 SUMPRODUCT 함수에 수식으로 계산합니다. SUMPRODUCT 함수는 지정한 범위끼리 짝을 맞춰서 곱한 값을 전부 더한 결과를 계산해줍니다. 수식에서 (팀명=D5)\*(총점>I5) 부분만 범위 선택한 후 F9를 누르면 중간 계산 결과로 **=SUMPRODUCT({0;0;0;0;0;0;0;0;0;0;0;0;0;0;0;0;0;1;0;0;0;0;0;0;0;0;0; 0;0;0;0;0;0;0;0;0;0;0;0})+1**이 표시됩니다. 현재 선택한 팀명과 같으면 1, 다르면 0이 계산되고, 현재 선택한 총점보다 나의 총점이 크면 1, 작거나 같으면 0이 계산되어 두 결과를 순서대로 짝지어 곱한 후 합을 계산합니다.

---

★★★ RANK.EQ 함수, RANK.AVG 함수, SUMPRODUCT 함수

❶ RANK.EQ 함수와 RANK.AVG 함수는 둘 다 순위를 구하는 함수이지만 동점자가 있을 경우 두 함수는 다른 등수를 부여합니다. RANK.EQ 함수는 동점자일 때 같은 순위를 표시하고 그 다음 순위는 표시하지 않는 반면, RANK.AVG 함수는 5위가 두 명이면 평균 순위로 5.5를 표시하고, 5위가 세 명이면 평균 순위로 모두 6을 표시합니다.

| 함수 형식 | =RANK.EQ(Number,Ref,[Order])    =RANK.EQ(값, 범위, [옵션])<br>=RANK.AVG(Number,Ref,[Order])    =RANK.AVG(값, 범위, [옵션]) |
|---|---|
| 인수 | • Number : 순위를 결정하는 숫자 데이터입니다. 숫자를 직접 입력하거나 숫자가 입력된 셀 주소를 지정합니다.<br>• Ref : 순위를 구하기 위해 비교할 숫자 데이터 범위입니다.<br>• Order : 순위를 결정하는 옵션을 지정합니다. 0이거나 생략하면 가장 큰 값이 1위가 되고, 0이 아닌 다른 값을 입력하면 가상 작은 값이 1위가 됩니다. |

엑셀 2007까지 사용하던 RANK 함수가 RANK.EQ 함수로 바뀌었습니다. 엑셀 2019에서는 RANK 함수가 함수 마법사에 없지만 셀에 직접 수식을 입력할 때는 자동 완성 목록으로 표시됩니다. 자동 완성 목록에 나타나는 RANK 함수에는 '엑셀 2007 및 이전 버전과의 호환성을 위해 제공되는 함수입니다.'라는 메시지가 표시됩니다. 따라서 엑셀 2007 이하에서 통합 문서를 열어야 하는 경우라면 순위를 구할 때 RANK 함수를 사용합니다.

❷ SUMPRODUCT 함수는 지정한 범위끼리 짝을 맞춰서 곱한 값을 전부 더한 결과를 계산하는 함수로 지정된 배열 중 숫자가 아닌 값은 0으로 처리합니다.

| 함수 형식 | =SUMPRODUCT(Array1, [Array2], [Array3], …)<br>=SUMPRODUCT(범위1, [범위2], [범위3], …) |
|---|---|
| 인수 | • Array : 서로 짝을 맞춰서 곱할 셀 범위로 각 범위의 셀 개수는 모두 동일해야 합니다. |

# STEP 02 부서별 평가 항목별 평균과 순위 계산하기

[평가자료] 시트의 데이터 목록을 참조하여 [집계표] 시트에 각 부서들의 평가 항목별 평균을 계산해보 겠습니다. 부서별 항목별 평균은 AVERAGEIF 함수를 이용하고 부서순위는 RANK.EQ 함수를 사용 합니다. 계산된 결과에는 표 서식을 적용하여 서식을 설정한 후 일반 범위로 변환하겠습니다.

**04 부서별 평가 항목별 평균 계산하기** ❶ [집계표] 시트를 선택합니다. ❷ [C4:F9] 셀 범위를 선택합 니다. ❸ **=AVERAGEIF(팀명,$B4,평가자료!E$5:E$44)**를 입력한 후 ❹ [Ctrl]+[Enter]를 누릅니다. 부서 별로 평가 항목별 평균이 모두 계산됩니다.

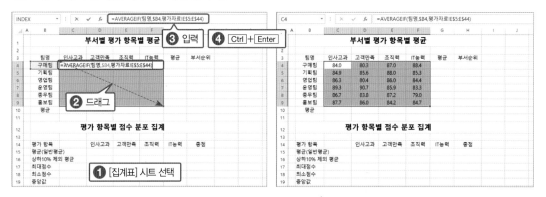

⏱ **시간단축** [Ctrl]+[Enter]는 두 개 이상의 셀 범위가 선택되어 있는 상태에서 동시에 데이터나 수식을 입력하는 기능입니다. 따라 서 셀이나 수식을 복사한 것과 같은 결과가 나타납니다.

📊 **실력향상** [평가자료] 시트 팀명과 [집계표] 시트 B열 팀명이 같으면 같은 행의 평가 자료만 골라서 평균을 계산합니다. '=AVERAGEIF(팀명,$B4,평가자료!E$5:E$44)'에서 '$B4'는 열이 고정되고 행은 변하는 혼합 참조입니다. 즉, 수식을 아래로 복사했을 때는 셀 주소가 '$B5'로 변하지만 오른쪽으로 복사했을 때는 '$B4'가 되어 수식이 변하지 않습니다.

**05** ❶ [C4:G10] 셀 범위를 선택합니다. ❷ [홈] 탭-[편집] 그룹-[합계∑]-[평균]을 선택합니다. [G4:G10] 셀 범위와 [C10:G10] 셀 범위에 평균이 계산됩니다.

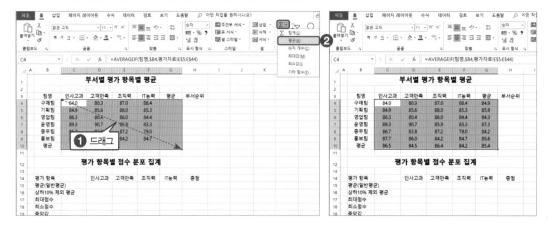

## 06 부서순위 계산하기 ❶ [H4:H9] 셀 범위를 선택합니다. ❷ =RANK.EQ(G4,$G$4:$G$9)를 입력한 후 ❸ Ctrl + Enter 를 누릅니다. 부서순위가 계산됩니다.

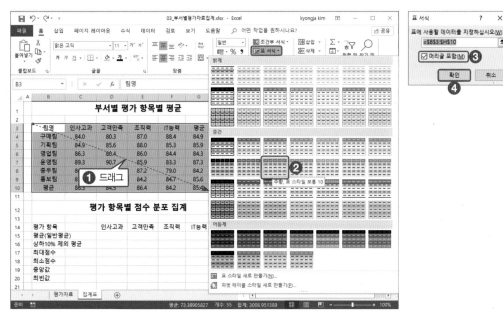

## 07 표 서식 설정하기 ❶ [B3:H10] 셀 범위를 선택합니다. ❷ [홈] 탭-[스타일] 그룹-[표 서식]-[주황, 표 스타일 보통 10]을 선택합니다. [표 서식] 대화상자에서 ❸ [머리글 포함]을 체크 표시합니다. ❹ [확인]을 클릭합니다.

**실력향상** 표 서식은 데이터 목록에 자동으로 설정하는 서식의 모음으로 필터와 정렬, 구조적 참조 수식 기능을 포함합니다. 데이터 목록에 표 서식을 적용하면 테두리, 채우기 색의 서식을 동시에 적용할 수 있습니다.

**08 일반 범위로 변환하기** 표 서식이 적용된 셀을 일반 범위로 변환하기 위해 ❶ [표 도구]–[디자인] 탭–[도구] 그룹–[범위로 변환]을 클릭합니다. '표를 정상 범위로 변환하시겠습니까?'라는 메시지가 나타나면 ❷ [예]를 클릭합니다. 서식이 적용된 부서별 평가 항목별 평균이 완성되었습니다.

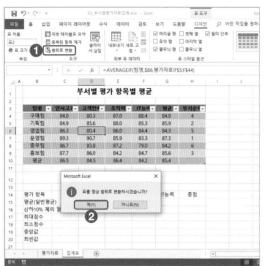
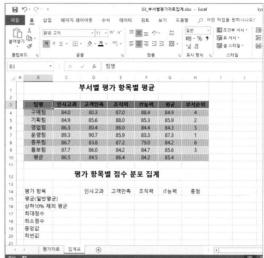

## STEP 03 평가 항목별 점수 분포 집계 계산하기

통계에서 많이 사용되는 TRIMMEAN, MEDIAN, MODE.SNGL 함수를 이용하여 평가 항목별 점수의 분포를 구해보겠습니다.

**09 상하 10% 제외한 평균 구하기** 평균은 AVERAGE, 상하 10% 제외 평균은 TRIMMEAN 함수로 구합니다. ❶ [D15] 셀에 **=AVERAGE(평가자료!E5:E44)**, ❷ [D16] 셀에 **=TRIMMEAN(평가자료!E5:E44,10%)**를 입력합니다.

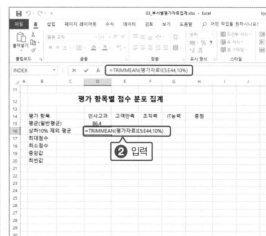

**10 최대 점수와 최소 점수 구하기** 최대 점수는 MAX, 최소 점수는 MIN 함수로 구합니다. ❶ [D17] 셀에 **=MAX(평가자료!E5:E44)**, ❷ [D18] 셀에 **=MIN(평가자료!E5:E44)**를 입력합니다.

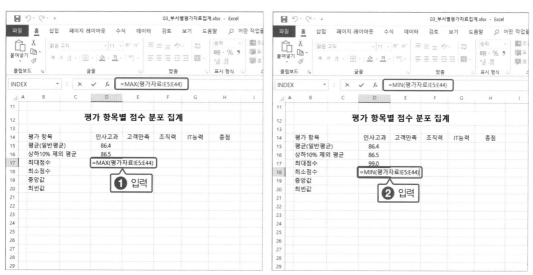

**11 중앙 점수와 최빈 점수 구하기** 중앙 점수는 MEDIAN, 최빈 점수는 MODE.SNGL 함수로 구합니다. ❶ [D19] 셀에 **=MEDIAN(평가자료!E5:E44)**, ❷ [D20] 셀에 **=MODE.SNGL(평가자료!E5:E44)**를 입력합니다.

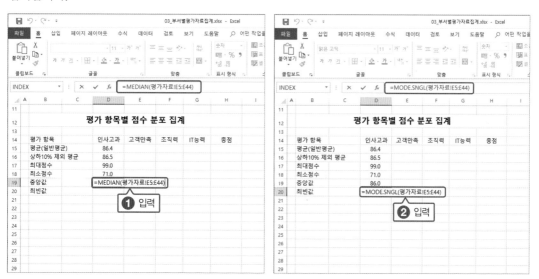

**12** ❶ [D15:D20] 셀 범위를 선택한 후 ❷ 채우기 핸들을 [H20] 셀까지 드래그하여 복사합니다. 평가 항목이 모두 계산됩니다.

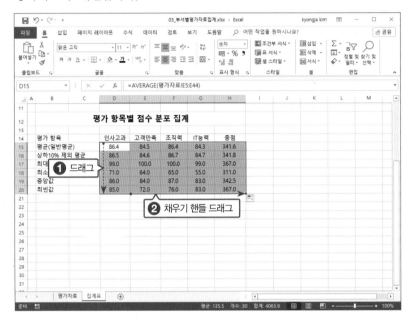

---

★★★
**비법노트**　　**TRIMMEAN 함수, MEDIAN 함수, MODE.SNGL 함수**

❶ TRIMMEAN 함수는 평균을 구할 때 상위, 하위값 중에서 몇 개를 제외하고 평균을 구할 때 사용합니다. 상위, 하위에서 퍼센트를 제외할 뿐만 아니라 상위, 하위 몇 개를 제외한 평균도 구할 수 있습니다.

| 함수 형식 | =TRIMMEAN(Array, Percent)<br>=TRIMMEAN(범위, 제외할 퍼센트) |
|---|---|
| 인수 | • Array : 평균을 구할 숫자가 입력된 셀 범위입니다.<br>• Percent : 평균 계산에서 제외할 비율로 **20%** 또는 **0.2**로 입력합니다. |

❷ MEDIAN 함수는 중간값을 구하는 함수로 데이터 범위에서 중간에 놓인 값을 말합니다. 전체 데이터 범위의 값들 가운데 편차가 큰 값이 존재하면 평균은 그 값의 영향을 받게 되지만 중간값은 그 값에 영향을 받지 않으므로 이런 경우에 유용하게 사용할 수 있습니다.

| 함수 형식 | MEDIAN(Number1, [Number2], ⋯)<br>MEDIAN(범위) |
|---|---|
| 인수 | • Number : 숫자 데이터가 입력된 셀 범위입니다. |

❸ MODE.SNGL 함수는 데이터 범위 중에서 최빈값을 구하는 함수로 출현 빈도가 가장 높은 값을 구합니다. MODE.SNGL 함수는 엑셀 2010 이상부터 제공하는 함수이므로 엑셀 2007에서 사용할 통합 문서라면 호환성을 위해 MODE 함수를 사용합니다.

| 함수 형식 | =MODE.SNGL(Number1, [Number2], ⋯)<br>=MODE.SNGL(범위) |
|---|---|
| 인수 | • Number : 숫자 데이터가 입력된 셀 범위입니다. |

## 13 표 서식 설정하기  ❶ [B14:H20] 셀 범위를 선택합니다. ❷ [홈] 탭-[스타일] 그룹-[표 서식]-[녹색, 표 스타일 보통 14]를 클릭합니다. ❸ [표 서식] 대화상자에서 [머리글 포함]에 체크 표시하고 ❹ [확인]을 클릭합니다.

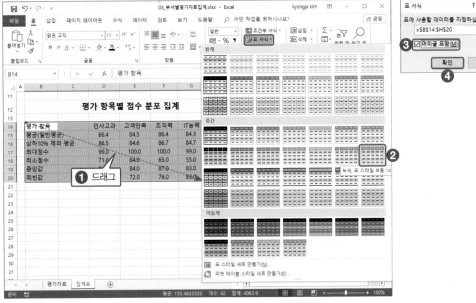

## 14 일반 범위로 변환하기  표 서식이 설정된 셀을 일반 범위로 변환하기 위해 ❶ [표 도구]-[디자인] 탭-[도구] 그룹-[범위로 변환]을 클릭합니다. '표를 정상 범위로 변환하시겠습니까?'라는 메시지가 나타나면 ❷ [예]를 클릭합니다.

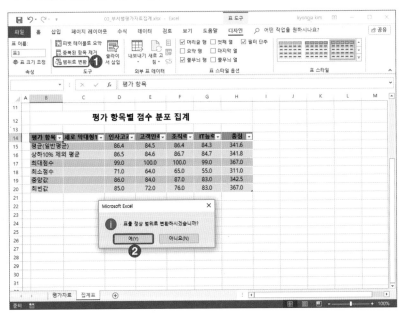

**15 전체 병합하기** 평가 항목과 추가된 열을 병합하기 위해 ❶ [B14:C20] 셀 범위를 선택합니다. ❷ [홈] 탭-[맞춤] 그룹-[병합하고 기운데 맞춤🔲]의 목록⏷을 클릭합니다. ❸ [전체 병합]을 선택합니다. 병합과 관련된 경고 메시지가 나타나면 ❹ [확인]을 클릭합니다. [B14] 셀과 [C14] 셀에 각각 문자가 입력되어 있는 상태이므로 병합하면 [B14] 셀의 문자만 남기 때문에 나타나는 메시지입니다.

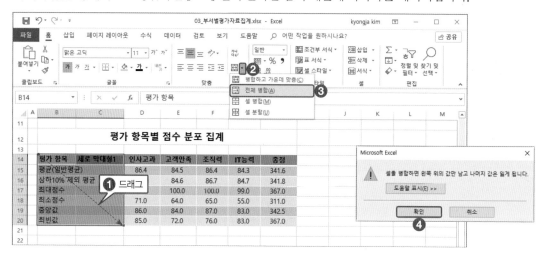

**실력향상** 셀 병합이 된 범위에 표 서식을 설정하면 병합된 셀이 모두 해제되고, 표 서식이 설정된 상태에서는 더 이상 셀 병합을 할 수 없습니다. 그러므로 셀 병합을 하려면 표 서식이 설정되었을 때 먼저 일반 범위로 표를 변환해야 합니다.

**16** [B14:C20] 셀 범위가 선택된 상태에서 [홈] 탭-[맞춤] 그룹-[가운데 맞춤🔲]을 클릭합니다.

**PROJECT**

# 04

# 복잡한 연간 실적표에서 선택한 분기 실적만 조회할 수 있는 자동화 분석표 작성하기

실습 파일 | Part02/Chapter02/04_분기선택으로매출분석.xlsx   완성 파일 | Part02/Chapter02/04_분기선택으로매출분석(완성).xlsx

## 01 프로젝트 시작하기

[연간실적] 시트에는 2019년 사업부별로 생산 제품의 매출 실적이 모두 입력되어 있는데, 각 사업부별로 판매하는 제품군도 다양하고 사업부도 여러 개입니다. 게다가 1월~12월 실적이 모두 한 시트에 입력되어 있어 데이터가 굉장히 많고 복잡합니다. 이렇게 데이터 목록이 많을 때는 실적을 분석하는 데 어려움이 있으므로 매출을 좀 더 빠르고 편하게 분석하기 위해 1월~12월 실적을 분기별로 나누어서 [분기별 실적] 시트에 분석표를 작성하려고 합니다. 분석할 분기를 '조회할 분기'에서 선택하면 해당 분기 데이터 실적을 [연간실적] 시트에서 찾아 입력할 수 있도록 함수를 사용해보겠습니다.

조회할 분기는 양식 컨트롤의 콤보 상자를 삽입해 선택하고, 콤보 상자에서 선택한 값이 함수와 연결될 수 있도록 컨트롤 서식을 설정하겠습니다. 또한 선택한 분기의 월과 해당 월의 실적값을 [연간실적] 시트에서 찾아올 때는 CHOOSE 함수와 OFFSET 함수를 사용합니다.

회사에서
바로 통하는
**키워드**   개발 도구, 콤보 상자 컨트롤, INDEX, CHOOSE, OFFSET

### 2019년 매출분석

| 사업부 | 제품군 | 구분 | 1월 | 2월 | 3월 | 4월 | 5월 | 6월 | 7월 | 8월 | 9월 | 10월 | 11월 | 12월 | 합계 |
|---|---|---|---|---|---|---|---|---|---|---|---|---|---|---|---|
| | 컴퓨터 본체 | 금액 | 87,852,511 | 93,459,598 | 84,841,594 | 33,399,632 | 37,491,776 | 42,582,909 | 6,164,392 | 7,307,610 | 7,896,444 | 8,536,429 | 8,895,448 | 9,184,213 | 427,612,550 |
| | | 수량 | 348,006 | 337,222 | 316,769 | 697,670 | 342,821 | 6,112,385 | 792,641 | 792,641 | 792,641 | 792,641 | 1,064,886 | 1,064,886 | 13,455,207 |
| | 파워서플라이 | 금액 | 10,863,345 | 10,926,858 | 11,673,108 | 3,033,496 | 4,470,762 | 5,525,363 | 6,210,413 | 6,598,623 | 7,828,131 | 8,140,681 | 9,739,665 | 12,778,787 | 97,789,230 |
| | | 수량 | 90,412 | 88,017 | 112,325 | 14,244 | 91,120 | 91,120 | 873,440 | 481,449 | 372,723 | 322,257 | 315,934 | 291,410 | 3,144,451 |
| | 쿨링팬 | 금액 | 1,313,365 | 1,492,568 | 1,102,635 | 4,980,529 | 5,404,557 | 5,675,221 | 339,943 | 366,117 | 410,842 | 443,189 | 479,033 | 602,091 | 22,610,090 |
| | | 수량 | 30,187 | 42,194 | 28,873 | 1,985,210 | 2,243,914 | 2,567,505 | 1,452 | 1,733 | 1,748 | 1,890 | 2,169 | 2,301 | 6,909,177 |
| | 램 메모리 | 금액 | 975,616 | 581,363 | 356,375 | 8,948,109 | 11,027,492 | 12,330,377 | 1,113,950 | 1,345,986 | 1,390,997 | 1,524,466 | 1,671,927 | 1,842,073 | 43,108,730 |
| | | 수량 | 7,812 | 4,207 | 4,687 | 174,459 | 177,127 | 121,890 | 829,334 | 351,323 | 620,826 | 146,684 | 337,391 | 745,353 | 3,521,093 |
| 서울사업부 | 메인보드 | 금액 | 45,947 | 42,530 | 35,694 | 403,944 | 418,160 | 468,750 | 6,536,264 | 7,364,118 | 7,978,562 | 9,211,305 | 9,737,751 | 10,258,080 | 52,501,104 |
| | | 수량 | 983 | 948 | 935 | 274,162 | 301,882 | 310,428 | 35,605 | 35,605 | 35,605 | 35,605 | 35,605 | 35,605 | 1,102,967 |
| | CDRW | 금액 | 379,728 | 87,420 | 984,510 | 116,923 | 145,545 | 152,972 | 714,618 | 1,043,143 | 1,364,763 | 1,642,969 | 1,883,569 | 1,955,248 | 10,471,407 |
| | | 수량 | 12,450 | 450 | 84,110 | 28,681 | 30,178 | 63,876 | 62,554 | 71,349 | 83,935 | 323,516 | 482,375 | 597,789 | 1,841,263 |
| | FDD | 금액 | 4,408,792 | 4,375,324 | 3,649,091 | 968,419 | 1,042,616 | 1,044,824 | 3,122,582 | 3,470,547 | 1,439,354 | 3,975,511 | 4,266,681 | 4,551,732 | 38,733,602 |
| | | 수량 | 79,225 | 77,232 | 69,800 | 84,200 | 35,605 | 35,605 | 3,068,608 | 369,919 | 392,087 | 412,601 | 427,074 | 467,375 | 5,519,331 |
| | HDD | 금액 | 546,556 | 548,491 | 610,575 | 3,124,651 | 3,293,177 | 3,420,785 | 1,233,155 | 1,432,858 | 1,439,354 | 1,463,211 | 1,550,668 | 1,574,144 | 20,237,626 |
| | | 수량 | 16,849 | 18,523 | 20,327 | 410,251 | 145,578 | 149,462 | 832,103 | 898,095 | 938,463 | 849,058 | 197,081 | 912,194 | 5,387,985 |
| | 모니터 | 금액 | 2,868,604 | 2,800,249 | 2,984,841 | 676,450 | 966,904 | 1,142,682 | 3,767,816 | 4,167,742 | 4,610,317 | 4,989,593 | 5,230,082 | 5,548,335 | 39,753,616 |
| | | 수량 | 28,631 | 32,320 | 32,388 | 466,373 | 55,163 | 32,733 | 157,103 | 77,916 | 85,546 | 72,792 | 90,632 | 49,668 | 1,191,264 |
| | 스피커 | 금액 | 91,913 | 1,000,108 | 1,323,351 | 6,550,296 | 822,303 | 846,685 | 899,639 | 1,147,196 | 1,274,496 | 1,455,770 | 1,505,207 | 1,607,729 | 18,524,894 |
| | | 수량 | 47,228 | 39,697 | 36,349 | 28,127 | 1,212 | 12,198 | 59,701 | 41,801 | 34,474 | 80,811 | 57,007 | 67,969 | 506,574 |
| | 마우스 | 금액 | 193,519 | 765,816 | 924,258 | 6,831,357 | 7,447,626 | 7,631,464 | 715,759 | 827,323 | 988,159 | 1,084,921 | 1,232,638 | 1,243,303 | 29,884,142 |
| | | 수량 | 1,268 | 610 | 662 | 497,800 | 654,851 | 677,812 | 9,608 | 94,990 | 36,311 | 89,320 | 89,338 | 41,781 | 2,194,550 |
| 서울사업부 합계 | | 금액 | 109,539,896 | 116,080,320 | 108,486,031 | 69,033,806 | 72,530,918 | 80,822,031 | 30,818,530 | 35,071,262 | 39,037,552 | 42,468,043 | 46,192,667 | 51,145,734 | 801,226,790 |
| | | 수량 | 663,051 | 641,619 | 707,225 | 4,661,174 | 4,079,452 | 10,175,014 | 6,722,147 | 3,216,820 | 3,394,359 | 3,127,177 | 3,099,491 | 4,276,331 | 44,763,860 |
| | 램 메모리 | 금액 | 3,227,546 | 3,069,766 | 2,993,201 | 704,244 | 791,120 | 791,120 | 792,641 | 792,641 | 792,641 | 792,641 | 1,064,886 | 1,064,886 | 16,877,331 |
| | | 수량 | 29,322 | 27,515 | 27,659 | 3,033 | 4,471 | 5,525 | 6,210 | 6,210 | 6,210 | 6,210 | 9,740 | 12,779 | 144,885 |
| | 메인보드 | 금액 | 2,100,708 | 1,927,380 | 1,972,124 | 3,339,963 | 3,749,177 | 4,258,290 | 4,787,343 | 544,814 | 6,037,272 | 6,532,225 | 7,231,593 | 7,629,141 | 50,117,981 |
| | | 수량 | 185,937 | 180,262 | 181,391 | 274 | 302 | 310 | 340 | 366 | 411 | 443 | 479 | 602 | 551,118 |
| | CDRW | 금액 | 86,453 | 78,711 | 80,028 | 8,948,109 | 11,027,492 | 12,330,377 | 14,527,335 | 17,337,920 | 17,483,678 | 18,989,561 | 21,649,276 | 23,015,233 | 145,554,171 |

분기별분석 | 연간실적

---

조회할 분기 선택

2/4 분기 ▼
- 1/4 분기
- 2/4 분기
- 3/4 분기
- 4/4 분기

### 2019년 2/4 분기 사업부별 매출 분석

| 사업부 | 제품군 | 구분 | 4월 | 5월 | 6월 | 분기합계 | 분기별평균 | 상반기 | 하반기 |
|---|---|---|---|---|---|---|---|---|---|
| | 컴퓨터 본체 | 금액 | 33,399,632 | 37,491,776 | 42,582,909 | 113,474,316 | 37,824,772 | 379,628,014 | 47,984,535 |
| | | 수량 | 697,670 | 342,821 | 6,112,385 | 7,152,877 | 2,384,292 | 8,154,873 | 5,300,334 |
| | 파워서플라이 | 금액 | 3,033,496 | 4,470,762 | 5,525,363 | 13,029,620 | 4,343,207 | 46,492,931 | 51,296,299 |
| | | 수량 | 14,244 | 91,120 | 91,120 | 196,484 | 65,495 | 487,238 | 2,657,214 |
| | 쿨링팬 | 금액 | 4,980,529 | 5,404,557 | 5,675,221 | 16,060,308 | 5,353,436 | 19,968,875 | 2,641,215 |
| | | 수량 | 1,985,210 | 2,243,914 | 2,567,505 | 6,796,629 | 2,265,543 | 6,897,884 | 11,293 |
| | 램 메모리 | 금액 | 8,948,109 | 11,027,492 | 12,330,377 | 32,305,978 | 10,768,659 | 34,219,332 | 8,889,399 |
| | | 수량 | 174,459 | 177,127 | 121,890 | 473,476 | 157,825 | 490,181 | 3,030,911 |
| 서울사업부 | 메인보드 | 금액 | 403,944 | 418,160 | 468,750 | 1,290,854 | 430,285 | 1,415,025 | 51,086,079 |
| | | 수량 | 274,162 | 301,882 | 310,428 | 886,472 | 295,491 | 889,339 | 213,628 |
| | CDRW | 금액 | 116,923 | 145,545 | 152,972 | 415,440 | 138,480 | 1,867,097 | 8,604,310 |
| | | 수량 | 28,681 | 30,178 | 63,876 | 122,735 | 40,912 | 219,745 | 1,621,518 |
| | FDD | 금액 | 968,419 | 1,042,616 | 1,044,824 | 3,055,858 | 1,018,619 | 15,489,064 | 23,244,538 |
| | | 수량 | 84,200 | 35,605 | 35,605 | 155,409 | 51,803 | 381,666 | 5,137,664 |
| | HDD | 금액 | 3,124,651 | 3,293,177 | 3,420,785 | 9,838,613 | 3,279,538 | 11,544,236 | 8,693,390 |
| | | 수량 | 410,251 | 145,578 | 149,462 | 705,291 | 235,097 | 760,990 | 4,626,995 |
| | 모니터 | 금액 | 676,450 | 966,904 | 1,142,682 | 2,786,037 | 928,679 | 11,439,730 | 28,313,885 |
| | | 수량 | 466,373 | 55,163 | 32,733 | 554,268 | 184,756 | 647,607 | 533,657 |
| | 스피커 | 금액 | 6,550,296 | 822,303 | 846,685 | 8,219,285 | 2,739,762 | 10,634,658 | 7,890,036 |
| | | 수량 | 28,127 | 1,212 | 12,198 | 41,537 | 13,846 | 164,811 | 341,763 |
| | 마우스 | 금액 | 6,831,357 | 7,447,626 | 7,631,464 | 21,910,447 | 7,303,482 | 23,794,040 | 6,090,102 |
| | | 수량 | 497,800 | 654,851 | 677,812 | 1,830,462 | 610,154 | 1,833,202 | 361,348 |
| 서울사업부 합계 | | 금액 | 69,033,806 | 72,530,918 | 80,822,031 | 222,386,755 | 74,128,918 | 244,733,788 | 801,226,790 |
| | | 수량 | 4,661,174 | 4,079,452 | 10,175,014 | 18,915,640 | 6,305,213 | 23,836,325 | 44,763,860 |

분기별분석 | 연간실적

---

**한눈에 보는 작업순서**

[개발 도구] 탭 표시하기 ▶ 콤보 상자 삽입하기 ▶ 콤보 상자 컨트롤 서식 설정하기 ▶ INDEX 함수로 제목 입력하기

▶ CHOOSE 함수로 월 표시하기 ▶ OFFSET 함수로 실적 데이터 찾아오기

## STEP 01 콤보 상자 삽입과 컨트롤 서식 설정하기

❶ [파일] 탭-[옵션]을 선택한 후 [Excel 옵션] 대화상자에서 [리본 사용자 지정]-[개발 도구]를 선택합니다.

❷ [개발 도구] 탭에서 [양식 컨트롤]-[콤보 상자]를 선택하여 '조회할 분기 선택' 아래쪽 셀에 삽입합니다.

❸ 삽입된 콤보 상자의 [컨트롤 서식] 대화상자에서 입력 범위와 연결할 셀을 각각 지정합니다.

## STEP 02 선택 분기의 제목, 월, 실적 데이터 입력하기

❶ 1/4분기가 선택되면 제목이 '2019년 1/4분기 사업부별 매출분석'으로, 2/4분기가 선택되면 '2019년 2/4분기 사업부별 매출분석'으로 자동 변경될 수 있도록 INDEX 함수와 문자열 연산자(&)를 사용합니다.

❷ 선택한 분기의 월이 분석 표 머리글로 표시되도록 CHOOSE 함수를 사용합니다. 선택한 분기의 각 월의 실적 데이터를 [연간실적] 시트에서 찾아 표시되도록 OFFSET 함수를 사용합니다.

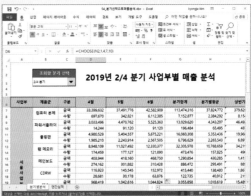

# 콤보 상자 삽입과 컨트롤 서식 설정하기

조회할 분기를 선택하는 곳에 양식 컨트롤의 콤보 상자를 삽입하고, 콤보 상자에서 선택한 값이 함수와 연결될 수 있도록 컨트롤 서식을 설정하겠습니다.

**01 [개발 도구] 탭 표시하기** 양식 컨트롤을 사용하기 위해서 [개발 도구] 탭이 필요합니다. ❶ [파일] 탭-[옵션]을 선택한 후 [Excel 옵션] 대화상자에서 ❷ [리본 사용자 지정]을 선택합니다. [리본 메뉴 사용자 지정] 항목에서 ❸ [개발 도구]에 체크 표시한 후 ❹ [확인]을 클릭합니다.

**02 콤보 상자 삽입하기** [B3] 셀 위에 콤보 상자를 삽입해보겠습니다. ❶ [개발 도구] 탭-[컨트롤] 그룹-[삽입]-[콤보 상자(양식 컨트롤)▦]를 선택합니다. ❷ [B2] 셀 '조회할 분기 선택' 문자 아래에 드래그하여 삽입합니다.

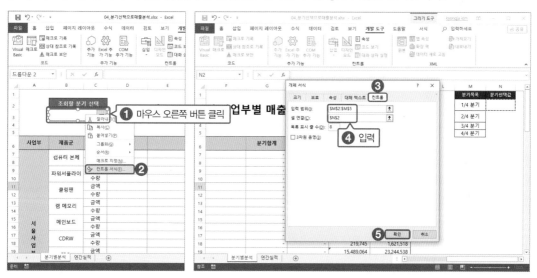

**📊 실력향상** 양식 컨트롤의 콤보 상자와 ActiveX 컨트롤의 콤보 상자는 기능과 사용 방법이 다릅니다. 양식 컨트롤은 컨트롤 서식을 통해 셀과 연결할 수 있으며, ActiveX 컨트롤은 VBA 프로그램을 코딩하여 사용합니다.

**03 콤보 상자 컨트롤 서식 설정하기** 삽입한 콤보 상자에서 ❶ 마우스 오른쪽 버튼을 클릭하여 ❷ [컨트롤 서식]을 선택합니다. [개체 서식] 대화상자의 ❸ [컨트롤] 탭을 선택한 후 ❹ [입력 범위]에는 **$M$2:$M$5**를 입력하고, [셀 연결]에는 **$N$2**를 입력합니다. ❺ [확인]을 클릭합니다.

**📊 실력향상** 콤보 상자의 컨트롤 서식 중 [입력 범위]는 콤보 상자의 ▼를 클릭했을 때 나타나는 목록이며, [셀 연결]은 콤보 상자 목록에서 선택한 값의 순번이 입력될 셀 위치입니다.

## 04 날짜 형식으로 변환하기　❶ 콤보 상자의 ▼를 클릭하면 네 개의 분기가 나타납니다. ❷ 원하는 분기를 선택하면 선택한 순번의 값이 [N2] 셀에 입력됩니다.

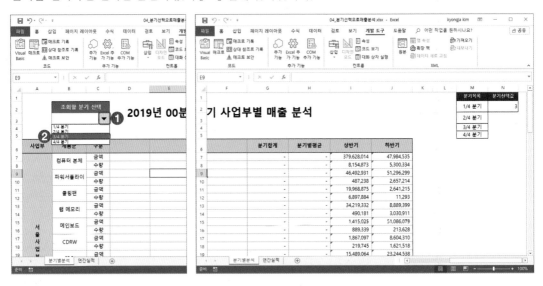

---

 **데이터를 선택하여 입력할 수 있는 양식 컨트롤 살펴보기**

[개발 도구] 탭-[컨트롤] 그룹-[삽입]을 클릭하면 양식 컨트롤과 ActiveX 컨트롤을 삽입할 수 있습니다. 두 가지의 컨트롤은 모두 엑셀 통합 문서에서 데이터 입력과 선택을 편리하게 할 수 있도록 사용하는 도구입니다. 양식 컨트롤은 셀에 삽입하여 [컨트롤 서식]에서 연결 항목을 설정하고 함수와 수식으로 연결할 때 주로 사용하며, ActiveX 컨트롤은 [속성] 창에서 연결 항목을 설정하고 [Visual Basic 편집기] 창에서 VBA 코드로 프로그램을 제작하여 사용합니다. 몇 가지 양식 컨트롤을 살펴보겠습니다.

❶ **단추(양식 컨트롤)** 단추를 클릭하여 매크로를 실행할 때 주로 사용합니다.

❷ **콤보 상자(양식 컨트롤)** 선택할 목록을 미리 지정한 후 목록에서 하나의 데이터를 선택할 수 있습니다.

❸ **확인란(양식 컨트롤)** 선택 설정 여부를 체크 표시로 나타내며 여러 개의 항목을 동시에 선택할 수 있습니다.

❹ **스핀 단추(양식 컨트롤)** 수직과 수평 스핀 단추 모양을 드래그하여 만들 수 있으며, 값의 증감을 표현할 때 주로 사용합니다.

❺ **목록 상자(양식 컨트롤)** 선택할 목록을 미리 지정한 후 목록에서 하나 또는 여러 개를 선택할 수 있습니다. 콤보 상자는 목록 단추를 클릭해야 목록을 볼 수 있는데, 목록 단추는 단추의 크기만큼 목록을 항상 표시합니다.

❻ **옵션 단추(양식 컨트롤)** 여러 개의 선택 옵션 중에서 반드시 하나만 선택할 때 주로 사용합니다.

❼ **그룹 상자(양식 컨트롤)** 여러 개의 컨트롤을 그룹으로 묶어서 표현할 때 사용합니다.

❽ **레이블(양식 컨트롤)** 텍스트 상자를 입력할 때 사용합니다.

❾ **스크롤 막대(양식 컨트롤)** 수직과 수평 스크롤 막대를 드래그하여 만들 수 있으며, 특정 범위에서 현재 위치를 표현할 때 주로 사용합니다.

---

## STEP 02 선택 분기의 제목, 월, 실적 데이터 입력하기

콤보 상자에서 조회할 분기를 선택하면 선택한 값에 따라 제목이 바뀌고 해당 분기의 월이 머리글에 표시되고, 해당 월의 실적 데이터가 모두 나타날 수 있도록 함수를 사용해보겠습니다.

**05 INDEX 함수로 제목 입력하기** [D2] 셀에 입력된 제목은 [1/4 분기]가 선택되면 '2019년 1/4 분기 사업부별 매출분석'으로, [2/4 분기]가 선택되면 '2019년 2/4 분기 사업부별 매출분석'으로 자동 변경되도록 만들어보겠습니다. INDEX 함수와 문자열 연산자 &를 사용합니다. 제목이 입력된 ❶ [D2] 셀을 선택한 후 제목으로 입력된 문자를 삭제하고, **="2019년 " & INDEX(M2:M5,N2)& " 사업부별 매출분석"**을 입력합니다. ❷ 콤보 상자에서 분기를 선택하면 해당 분기의 텍스트가 포함된 제목으로 변경됩니다.

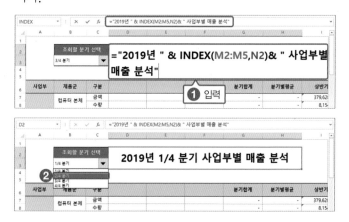

**III 실력향상** 콤보 상자에서 선택한 분기를 INDEX 함수로 찾아오고, 제목 앞쪽에는 '2019년' 문자를 연결한 후 뒤쪽에는 '사업부별 매출분석' 문자를 연결합니다. '2019년' 뒤에 공백한 칸을 두면 연도와 분기 글자 사이에 공백이한 칸 생기고, '사업부별' 앞에 공백 한 칸을 두면 분기와 '사업부별' 문자 사이에 공백이 한 칸 생깁니다.

**함수 형식 :** =INDEX(범위, 행 번호, 열 번호), 열이 한 개이면 열 번호는 생략할 수 있습니다.

**06 CHOOSE 함수로 월 표시하기** 선택한 분기의 월이 [D6:F6] 셀 범위에 입력되도록 CHOOSE 함수를 사용해보겠습니다. ❶ [D6] 셀에 **=CHOOSE(N2,1,4,7,10)**을 입력합니다. 콤보 상자에서 선택한 분기의 첫 번째 월을 표시합니다. ❷ [E6] 셀에 **=CHOOSE(N2,2,5,8,11)**을 입력합니다. 콤보 상자에서 선택한 분기의 두 번째 월을 표시합니다.

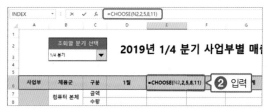

**⏱ 시간단축** [D6:E6] 셀 범위에는 '0월'의 사용자 지정 표시 형식이 미리 설정되어 있습니다.

**III 실력향상** CHOOSE 함수의 각 인수를 직접 입력해야 하므로 수식을 복사할 수 없습니다.

**07** ❶ [F6] 셀에 **=CHOOSE(N2,3,6,9,12)**를 입력합니다. 콤보 상자에서 선택한 분기의 세 번째 월을 표시합니다. ❷ 콤보 상자에서 분기를 변경하면 해당 분기의 월이 [D6:F6] 셀 범위에 자동으로 입력됩니다.

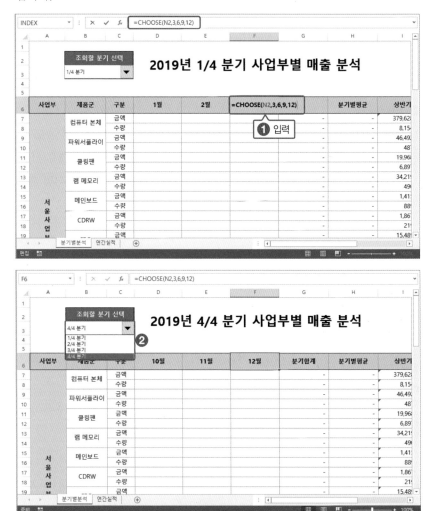

### 찾을 목록에서 지정한 번호의 값을 찾아오는 CHOOSE 함수

CHOOSE 함수는 사용할 셀 범위를 지정하지 않고 함수 자체에 찾을 목록을 직접 입력하는 함수로 인덱스 번호에 따라 원하는 목록을 찾아옵니다. 인덱스 번호는 1부터 254 사이의 숫자이어야 합니다.

| 함수 형식 | =CHOOSE(Index_num, Value1, [Value2], …)<br>=CHOOSE(인덱스 번호, 1일 때 값, 2일 때 값, …) |
|---|---|
| 인수 | • Index_num : Value 1~Value254 중에서 어느 목록을 찾아올 것인지 지정하는 인덱스 번호입니다. 숫자를 직접 입력하거나 숫자가 입력된 셀 주소를 지정합니다.<br>• Value : 인덱스 번호가 1일 때 표시할 값부터 254일 때 표시할 값까지 지정합니다. Value2부터는 생략이 가능합니다. 만약 Value1과 Value3이 필요하다면 Value2는 생략할 수 있으며, 콤마로 인수 순서를 구분하여 입력합니다. |

**08 OFFSET 함수로 실적 데이터 찾아오기** [D:E] 열에 해당 월의 실적 데이터를 [연간실적] 시트에서 찾아 입력하도록 OFFSET 함수를 사용하겠습니다. ❶ [D7] 셀에 **=OFFSET(연간실적!$C7,0,D$6)**을 입력합니다. ❷ [D7] 셀의 채우기 핸들을 [F7] 셀까지 드래그하여 복사합니다.

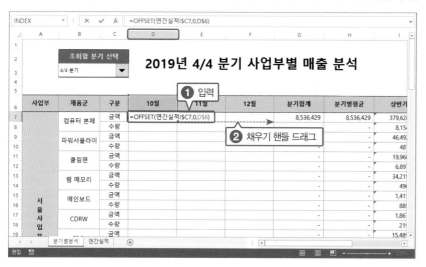

**실력향상** OFFSET 함수에서 [연간실적] 시트의 [C7] 셀을 출발 셀로 지정한 후 행은 이동하지 않고 열은 [D6] 셀에 입력된 숫자만큼 이동한 셀의 값을 찾아옵니다. [C7] 셀은 열 고정 혼합 참조로, [D6] 셀은 행 고정 혼합 참조로 지정해야 수식을 복사해도 오류가 발생하지 않습니다.

**함수 형식 :** =OFFSET(출발 셀 또는 범위, 이동 행수, 이동 열수)

**09** ❶ [D7:F7] 셀 범위를 선택한 후 ❷ 채우기 핸들을 더블클릭하여 수식을 복사합니다. 복사로 인해 서식이 변경되었으므로 ❸ [채우기 옵션🔽]을 클릭하여 ❹ [서식 없이 채우기]를 선택합니다.

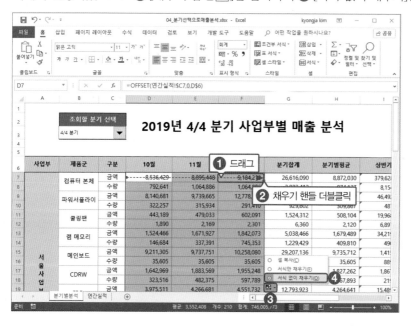

**10** 콤보 상자의 참조 데이터로 사용한 분기 목록과 분기 선택 값은 화면에 보이지 않는 것이 깔끔하므로 열을 숨겨보겠습니다. ❶ [M:N] 열 머리글 범위를 선택한 후 ❷ 마우스 오른쪽 버튼을 클릭하여 ❸ [숨기기]를 선택합니다.

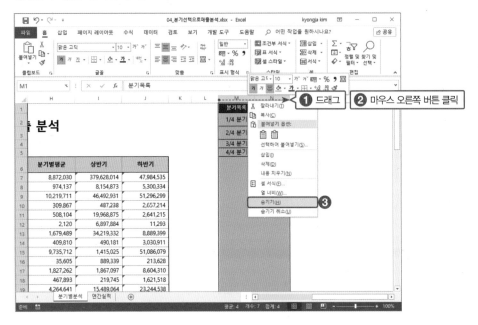

CHAPTER

# 03

# 데이터 요약과 집계에 유용한 분석 도구 활용하기

PART01에서 데이터 통계 및 데이터 요약 집계에 유용한 정렬, 필터, 부분합, 피벗 테이블 등의 분석 도구를 알아보았습니다. 하지만 앞서 배운 도구 외에도 추가적으로 알아야 할 기능이 더 있습니다. 기존의 분석 도구와 다른 기능을 함께 사용해 대용량의 데이터를 요약하고 집계하는 보고서, 색상으로 구분하여 정리하는 거래업체 내역, 추출한 데이터 통계 내역을 바로 확인할 수 있는 급여 내역서, 고급 필터를 이용하여 작성하는 신규 물품 내역 확인 보고서, 통합 기능을 이용하여 정리하는 경비 정산 내역 보고서 등 다양한 기능을 적용하여 실무에서 자주 쓰는 엑셀 서식을 작성해보겠습니다.

# 여기에서는 어떤 예제로 배울까요?

**PROJECT 01** 선택한 거래업체의 내역만 정리해서 보는 보고서 작성하기

▶ **이런 양식을 만듭니다**
거래 업체별 거래금액 자동화 분석표

▶ **이런 기능을 배웁니다**
이름 정의, 이동 옵션, 선택 영역에서 만들기, 데이터 유효성 검사, INDIRECT, 조건부 서식, AND, 사용자 지정 정렬

**PROJECT 02** 데이터의 통계를 바로 확인하는 급여 내역서 만들기

▶ **이런 양식을 만듭니다**
급여 통계 관리 대장

▶ **이런 기능을 배워봅니다**
표 서식, 일반 범위로 변환, SUBTOTAL, OFFSET, COLUMN, 자동 필터

**PROJECT 03** 통합 분석도구를 이용한 경비 정산 내역 보고서 작성하기

▶ **이런 양식을 만듭니다**
경비 정산 내역 통합 보고서

▶ **이런 기능을 배워봅니다**
텍스트 나누기, 이름 정의, 매크로 함수, GET. WORKBOOK, 통합, 매크로 사용 통합 문서로 저장하기

**PROJECT 04** 파워 쿼리로 테이블 형태 변환 및 통합하여 통계 작성하기

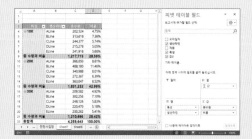

▶ **이런 양식을 만듭니다**
전체 사업장 생산표 통합 데이터

▶ **이런 기능을 배워봅니다**
파워 쿼리, 열 피벗 해제, 쿼리 결합, 피벗 테이블

# PROJECT

# 01

# 선택한 거래업체의 내역만
# 정리해서 보는 보고서 작성하기

실습 파일 | Part02/Chapter03/01_거래업체내역.xlsx   완성 파일 | Part02/Chapter03/01_거래업체내역(완성).xlsx

## 01 프로젝트 시작하기

거래업체의 데이터 중에서 우선적으로 보고 싶은 지사와 그 지사에 포함된 지점만 표시되도록 유효성 검사와 함수 수식으로 목록을 작성해보겠습니다. 또한 조건부 서식을 이용하여 선택한 지사와 지점을 색상으로 구분해 데이터를 식별할 수 있는 방법에 대해 알아보겠습니다. 색으로 구분되어 있는 데이터를 사용자가 지정한 색상이나 텍스트 순서대로 정리해서 볼 수 있는 방법도 알아봅니다.

여기에서 다루는 기능은 데이터를 식별하기 쉬운 보고서를 작성하는 데 유용하며, 유효성 검사를 함수 수식으로 만들어 2차원 목록을 작성하거나 조건부 서식으로 색상을 구분하여 자동화된 문서를 작성할 때 응용할 수 있습니다.

회사에서
바로 통하는
**키워드**

이름 정의, 이동 옵션, 선택 영역에서 만들기, 데이터 유효성 검사, INDIRECT, 조건부 서식, AND,
사용자 지정 정렬

**한눈에 보는 작업순서**

지사에 포함된 지점 범위 이름 설정하기 ▶ 유효성 검사로 지사 목록 표시하기 ▶ 유효성 검사로 선택한 지사의 지점 목록 표시하기

▶ 선택한 지사와 같은 데이터 조건부 서식으로 색 구분하기 ▶ 선택한 지사, 지점과 같은 데이터 조건부 서식으로 색 구분하기

▶ 셀에 적용된 색을 기준으로 데이터 정렬하기 ▶ 기준 추가하여 여러 기준으로 데이터 정렬하기

## 03 핵심 기능 미리 보기

### STEP 01 지사와 지점 목록 만들기

❶ 지사에 포함된 각 지점 범위를 이름으로 구분합니다.

❷ 유효성 검사의 [제한 대상]을 [목록]으로 선택한 후 원본에 지사명을 입력하여 목록으로 설정합니다.

❸ 유효성 검사의 [제한 대상]을 [목록]으로 선택한 후 INDIRECT 함수를 이용하여 이름 범위를 목록으로 표시할 수 있도록 설정합니다.

### STEP 02 선택한 지사와 지점 색으로 구분하여 표시하기

❶ 유효성 검사 목록에서 선택한 지사와 같은 데이터에만 서식이 적용되도록 수식으로 조건부 서식을 설정합니다.

❷ AND 함수를 이용하여 선택한 지사와 지점, 두 조건을 모두 만족하는 데이터에만 서식이 적용되도록 수식으로 조건부 서식을 설정합니다.

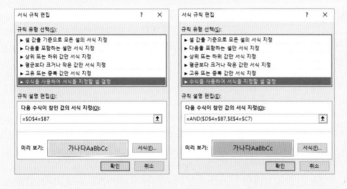

### STEP 03 색상 및 여러 기준으로 데이터 정리하기

❶ [정렬 기준]을 셀 색과 셀 값 등 여러 기준으로 구분하여 정리합니다.

# STEP 01 지사와 지점 목록 만들기

[선택 영역에서 만들기]로 지사에 포함되는 지점 범위들을 이름 설정한 후 유효성 검사와 함수 수식을 이용하여 목록으로 표시하는 방법을 알아보겠습니다.

**01 지사에 포함된 지점범위 이름 설정하기**  ❶[지사와지점] 시트를 선택합니다. ❷[홈] 탭-[편집] 그룹-[찾기 및 선택]-[이동 옵션]을 선택합니다. ❸[이동 옵션] 대화상자에서 [상수]를 선택한 후 ❹[확인]을 클릭합니다.

**📊 실력향상**  [이동 옵션] 대화상자에서 [상수]를 선택할 때 숫자, 텍스트, 논리값, 오류 중 필요한 상수 데이터를 체크 표시하여 선택할 수 있습니다.

**📊 실력향상**  셀 범위를 지정한 후 [이동 옵션] 대화상자의 [상수]를 선택하면 지정한 범위안의 상수 값들만 선택됩니다. 시트 안에 데이터가 많은 경우에는 범위를 미리 선택한 후 사용합니다.

**📊 실력향상**  [홈] 탭-[편집] 그룹-[찾기 및 선택]을 클릭한 후 [상수]를 선택하면 상수값을 한 번에 선택할 수 있습니다.

**02**  데이터가 입력되어 있는 셀들만 선택됩니다. ❶[수식] 탭-[정의된 이름] 그룹-[선택 영역에서 만들기]를 클릭합니다. ❷[선택 영역에서 이름 만들기] 대화상자의 [첫 행]에 체크 표시한 후 ❸[확인]을 클릭합니다.

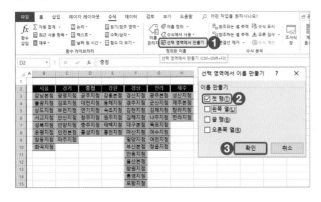

**📊 실력향상**  [선택 영역에서 만들기] 대화상자의 [첫 행]을 선택하면 선택된 범위의 가장 위쪽 셀은 이름으로 사용되고 아래의 셀 범위는 이름 범위로 적용됩니다.

**📊 실력향상**  셀 범위를 선택한 후 [이름 상자]에 사용할 이름을 입력하고 Enter 를 눌러 이름을 정의할 수도 있습니다.

**03** [이름 상자] 목록⬇을 클릭하여 정의된 이름을 확인합니다.

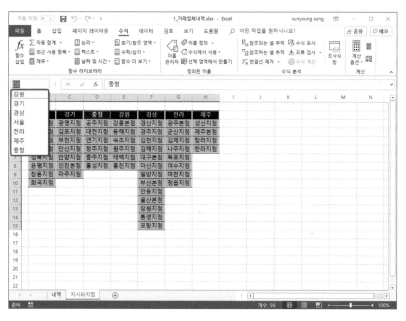

**04 유효성 검사로 지사 목록 표시하기**   지사 목록이 표시되도록 유효성 검사를 설정하겠습니다. ❶ [내역] 시트를 선택하고 ❷ [D4] 셀을 선택합니다. ❸ [데이터] 탭-[데이터 도구] 그룹-[데이터 유효성 검사⬚]를 클릭합니다. ❹ [데이터 유효성] 대화상자의 [설정] 탭에서 [제한 대상]으로 [목록]을 선택한 후 ❺ [원본] 입력란에 **서울, 경기, 충청, 강원, 전라, 경상, 제주**를 입력합니다. ❻ [확인]을 클릭합니다.

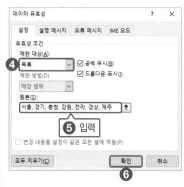

📊 **실력향상**   유효성 검사는 선택한 셀에 적용되므로 [유효성 검사] 메뉴 사용 전에 셀을 먼저 선택합니다.

**05 유효성 검사로 선택한 지사의 지점 목록 표시하기** ❶ [D4] 셀의 ▼를 클릭하면 입력한 지사 목록이 나타납니다. ❷ [강원] 지사를 선택합니다. 선택한 지사의 지점 목록이 보이도록 유효성 검사 설정하겠습니다. ❸ [E4] 셀을 선택합니다. ❹ [데이터] 탭-[데이터 도구] 그룹-[데이터 유효성 검사 🔣]를 클릭합니다. ❺ [데이터 유효성] 대화상자의 [설정] 탭에서 [제한 대상]을 [목록]으로 선택합니다. ❻ [원본]에 **=INDIRECT($D$4)**를 입력합니다. ❼ [확인]을 클릭합니다.

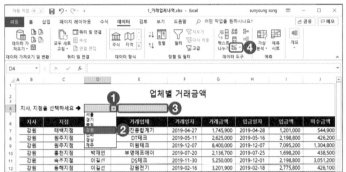
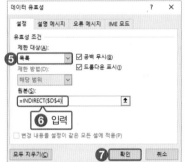

📊 **실력향상** =INDIRECT($D$4)로 입력하면 고정된 [$D$4] 셀에 입력된 텍스트 '강원'을 참조하여, '강원' 이름으로 지정된 [지사와지점] 시트의 [E3:E8] 셀 범위의 데이터를 목록으로 표시합니다. [D4] 셀의 데이터가 변경되면 해당 이름으로 지정되어있는 셀 범위의 데이터를 목록으로 바꾸어 표시합니다.

📊 **실력향상** 유효성 검사가 설정된 셀에서 목록에 나타난 데이터 외에 다른 데이터를 입력하면 오류 메시지가 나타나고, 다른 셀로 이동할 수 없습니다. 이런 경우 Esc 를 눌러 취소한 후 목록의 데이터를 다시 선택하거나 입력합니다.

**06** ❶ [E4] 셀의 ▼를 클릭하면 '강원' 지사의 지점 목록들이 보입니다. ❷ 지점 목록 중 [동해지점]을 선택합니다.

**INDIRECT 함수**

INDIRECT 함수는 텍스트 문자열로 지정한 셀 주소를 참조하는 함수입니다.

| 함수 형식 | INDIRECT(Ref_text, A1) |
|---|---|
| 인수 | • Ref_text : 이름이 정의된 셀을 참조하거나 셀에 대한 텍스트 문자열을 참조하는 인수<br>• A1 : 셀의 참조 스타일을 정하는 인수. TRUE(생략 가능)를 입력하면 "A1" 스타일로 참조하고, FALSE를 입력하면 "R1C1" 스타일로 참조하도록 설정합니다. 대부분 "A1" 스타일로 사용하기 때문에 생략하여 사용합니다. |

## 선택한 지사와 지점 색으로 구분하여 표시하기

유효성 검사로 설정한 목록 중 보고 싶은 지사, 지점을 선택하면 각각 색상으로 구분되어 보이도록 조건
부 서식을 설정해보겠습니다.

**07 선택한 지사와 같은 데이터에 조건부 서식 설정하기** ❶ [B7] 셀을 선택한 후 ❷ Ctrl + Shift + →
를 누르고 ❸ Ctrl + Shift + ↓를 눌러 [B7:J61] 셀 범위를 선택합니다. ❹ [홈] 탭-[스타일] 그룹-[조건
부 서식]-[새 규칙]을 선택합니다.

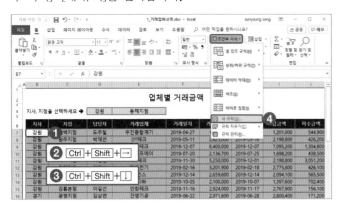

🏋 **실력향상** 조건부 서식을 지정할 때는 전
체 데이터의 열 머리글은 제외하고 서식이 적용
될 데이터 범위만 선택합니다.

**08** ❶ [새 서식 규칙] 대화상자의 [규칙 유형 선택]에서 [수식을 사용하여 서식을 지정할 셀 결정]을
선택합니다. ❷ [다음 수식이 참인 값의 서식 지정]에는 **=$D$4=$B7**을 입력하고 ❸ [서식]을 클릭합니
다. ❹ [셀 서식] 대화상자에서 [채우기] 탭을 선택한 후 ❺ [배경색]은 [파랑, 강조 5, 80% 더 밝게]를 선
택합니다. ❻ 무늬를 채우기 위해 [무늬 스타일]은 [6.25% 회색]을 선택합니다.

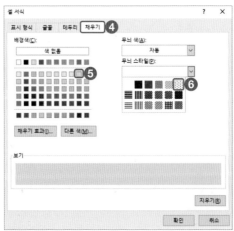

🏋 **실력향상** =$D$4=$B7은 고정된 [$D$4] 셀의 데이터 값인 '강원' 데이터와 [B7:B61] 셀 범위
의 지사 데이터를 비교하여 두 데이터 값이 같은 경우에 지정한 서식이 적용되도록 하는 수식입니다.

**09** ① 선택한 무늬의 [무늬 색]은 [흰색, 배경1]을 선택하고 ② [확인]을 클릭합니다. ③ [새 서식 규칙] 대화상자에서도 [확인]을 클릭합니다. [D4] 셀에서 선택한 지사와 같은 데이터에 흰색 무늬가 있는 파란색이 적용됩니다.

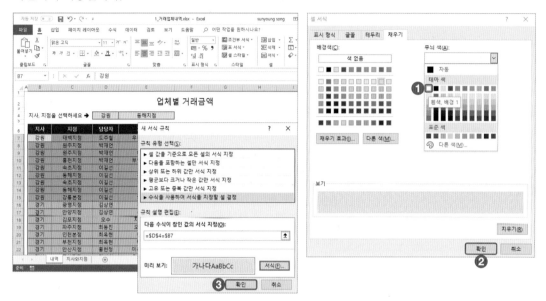

**10 선택한 지사와 지점, 두 조건이 모두 만족되는 데이터에 조건부 서식 설정하기**  선택한 지사와 지점에 해당하는 데이터에 조건부 서식을 추가하겠습니다. ① [B7] 셀을 선택합니다. ② Ctrl + Shift + → 를 누른 후 ③ Ctrl + Shift + ↓ 를 눌러 [B7:J61] 셀 범위를 선택합니다. ④ [홈] 탭-[스타일] 그룹-[조건부 서식]-[새 규칙]을 선택합니다.

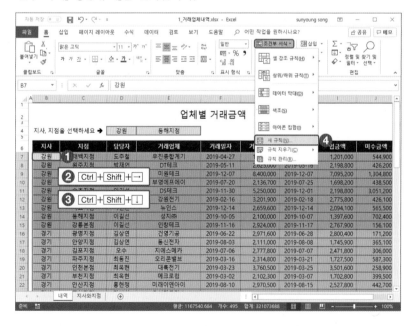

**11** ❶ [새 서식 규칙] 대화상자의 [규칙 유형 선택]에서 [수식을 사용하여 서식을 지정할 셀 결정]을 선택합니다. ❷ [다음 규칙이 참인 값의 서식 지정]에는 **=AND($D$4=$B7,$E$4=$C7)**을 입력합니다. ❸ [서식]을 클릭합니다. ❹ [셀 서식] 대화상자에서 [채우기] 탭을 선택합니다. ❺ [배경색]은 [파랑, 강조 5, 60% 더 밝게]를 선택합니다. ❻ [무늬 스타일]은 [단색]으로 선택합니다. ❼ [확인]을 클릭합니다. ❽ [새 서식 규칙] 대화상자에서도 [확인]을 클릭합니다.

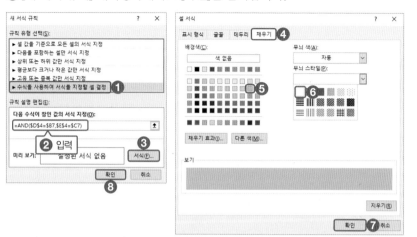

**⚎ 실력향상** 첫 번째 서식에서 적용된 무늬가 그대로 적용될 수 있으므로, 선택한 지사는 [무늬 스타일]을 [단색]으로 선택해 표시합니다.

**⚎ 실력향상** =AND($D$4=$B7,$E$4=$C7) 수식은 고정된 [$D$4] 셀의 데이터와 [B7:B61] 셀 범위의 지사 데이터가 같고, 고정된 [$E$4] 셀의 데이터와 [C7:C61] 셀 범위의 지점 데이터가 같아 두 조건이 모두 만족되는 경우에만 지정한 서식이 적용되도록 하는 수식입니다.

**12** 선택한 지사에 대해서는 무늬가 있는 연한 파란색 서식이, 지사에 포함되는 지점을 선택하면 무늬가 없는 진한 파란색 서식이 각각 적용됩니다.

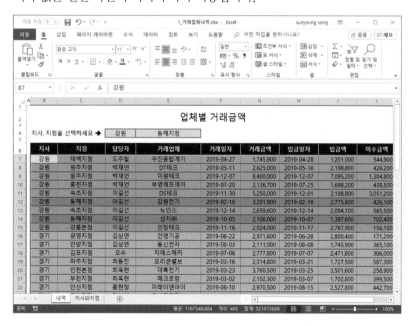

# 색상 및 여러 기준으로 데이터 정리하기

조건부 서식이 적용된 데이터를 사용자 지정 정렬을 이용하여 색상별로 정렬하고, 기준을 추가하여 여러 기준으로 데이터 정렬하는 방법에 대해 알아보겠습니다.

**13 셀에 적용된 색을 기준으로 데이터 정렬하기** 서식이 지정된 데이터를 색상별로 정리해보겠습니다. ① [B7] 셀을 선택하고 ② [데이터] 탭-[정렬 및 필터] 그룹-[정렬]을 클릭합니다. ③ [정렬] 대화상자의 첫 번째 [정렬 기준]에서 [지사], [셀 색]을 선택합니다. ④ [정렬]은 셀 색 없음 오른쪽의 ▼를 클릭하여 ⑤ 무늬가 없는 진한 파란색을 선택합니다.

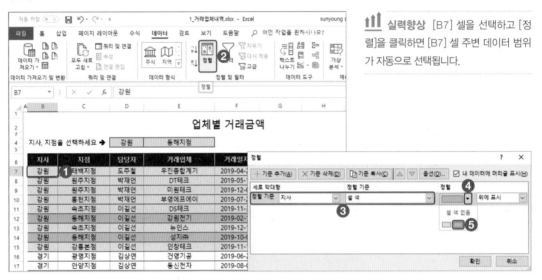

**실력향상** [B7] 셀을 선택하고 [정렬]을 클릭하면 [B7] 셀 주변 데이터 범위가 자동으로 선택됩니다.

**실력향상** 정렬 기준에서 [지사], [셀 색]을 선택하면 지사 열 데이터 범위에 설정되어 있는 셀 색이 모두 표시됩니다.

**14** 기준을 추가하겠습니다. ① [기준 추가]를 클릭합니다. ② 두 번째 [다음 기준]에서 [지사], [셀 색]을 선택하고, [정렬]은 무늬가 있는 연한 파란색을 선택합니다.

**15 기준 추가하여 여러 기준으로 데이터 정렬하기**  색상으로 구분되어 있지 않은 데이터도 정리해보 겠습니다. ❶ [정렬] 대화상자에서 [기준 추가]를 두 번 클릭해 기준을 두 개 추가합니다. ❷ 세 번째 [다 음 기준]에서 [지사], [셀 값], [오름차순]을 선택합니다. ❸ 네 번째 [다음 기준]에서 [지점], [셀 값], [오 름차순]을 선택합니다. ❹ [확인]을 클릭합니다. 선택한 셀 색에 해당하는 데이터는 위쪽으로, 그 외의 데이터는 지사순으로, 같은 지사인 경우 지점순으로 정리된 것을 확인할 수 있습니다.

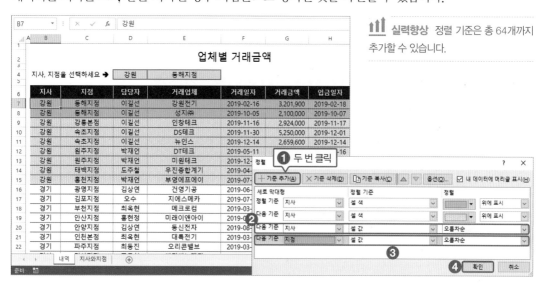

**실력향상** 정렬 기준은 총 64개까지 추가할 수 있습니다.

**16 지사와 지점 다시 선택한 후 데이터 재 정렬하기**  ❶ [D4] 셀의 지사는 [서울], [E4] 셀의 지점은 [상 도지점]을 각각 선택합니다. ❷ 데이터가 입력된 [B7] 셀을 선택한 후 ❸ [데이터] 탭-[정렬 및 필터] 그 룹-[정렬]을 클릭합니다. 이전에 설정해놓은 정렬 기준이 그대로 나타납니다. ❹ [확인]을 클릭하여 바 로 적용합니다.

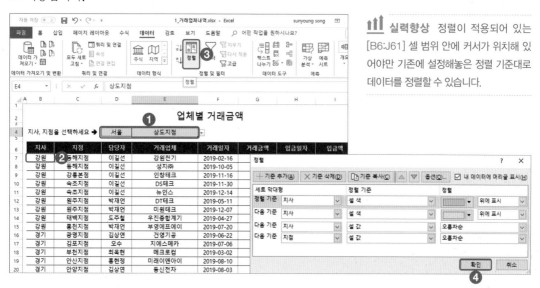

**실력향상** 정렬이 적용되어 있는 [B6:J61] 셀 범위 안에 커서가 위치해 있 어야만 기존에 설정해놓은 정렬 기준대로 데이터를 정렬할 수 있습니다.

**17** 선택한 지사와 지점에 해당하는 데이터는 제일 위쪽에, 지사에 해당하는 나머지 데이터는 아래쪽에 색상으로 구분되어 정렬됩니다.

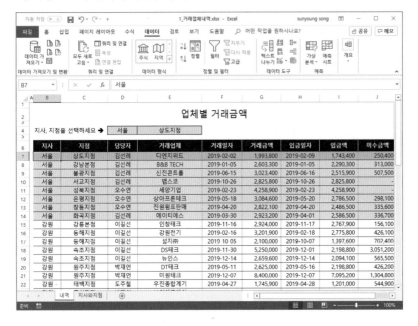

![비법노트 ★★★]

## 조건부 서식 규칙 관리자

설정된 규칙의 수식을 편집하거나 서식을 수정할 때는 [홈] 탭-[스타일] 그룹-[조건부 서식]을 클릭한 후 [규칙 관리]를 선택합니다. [조건부 서식 규칙 관리자] 대화상자에서 [서식 규칙 표시]를 [현재 워크시트]로 설정하면 현재 시트의 모든 조건부 서식을 확인할 수 있습니다. 수정할 규칙을 선택한 후 [규칙 편집]을 선택하여 수정하거나 [규칙 삭제]를 선택하여 해당 규칙을 삭제할 수 있습니다.

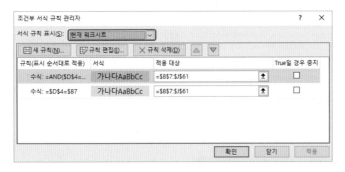

# 데이터의 통계를 바로 확인하는
# 급여 내역서 만들기

실습 파일 | Part02/Chapter03/02_급여내역서.xlsx  완성 파일 | Part02/Chapter03/02_급여내역서(완성).xlsx

## 01 프로젝트 시작하기

급여대장 데이터에서 표 서식으로 간단하게 서식을 적용하는 방법과 급여 계산 방법을 알아보겠습니다. 또 부분합 함수 중 하나인 SUBTOTAL 함수를 사용하여 추출되는 데이터에 자동으로 번호를 매기고, 요약 결과를 수식으로 작성하는 방법도 알아보겠습니다. 여기에서는 자동 필터 도구로 필요한 데이터를 추출할 때 추출된 데이터의 통계 결과를 바로 확인할 수 있는 방법 및 SUBTOTAL 함수의 쓰임새와 표 서식의 장점을 활용하여 효율적으로 엑셀 데이터를 관리하는 방법을 익힐 수 있습니다.

회사에서
바로 통하는    **표 서식, 일반 범위로 변환, SUBTOTAL, OFFSET, COLUMN, 자동 필터**
키워드

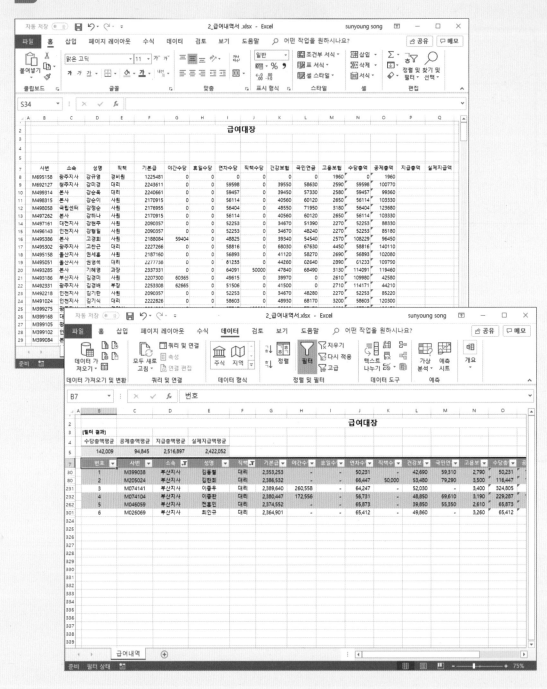

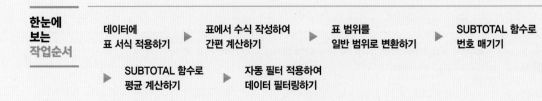

데이터에
표 서식 적용하기 ▶ 표에서 수식 작성하여
간편 계산하기 ▶ 표 범위를
일반 범위로 변환하기 ▶ SUBTOTAL 함수로
번호 매기기

▶ SUBTOTAL 함수로
평균 계산하기 ▶ 자동 필터 적용하여
데이터 필터링하기

## 03 핵심 기능 미리 보기

### STEP 01 표 서식 적용하고 간편 계산하기

❶ 데이터 범위에 표 서식을 적용합니다.

❷ 표 서식이 적용된 상태에서 수식을 입력하여 한 번에 계산식을 작성합니다.

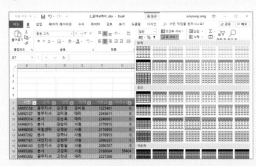
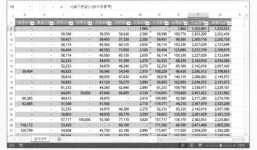

### STEP 02 SUBTOTAL 함수로 번호 매기고 평균 구하기

❶ 필터된 데이터에만 번호가 재설정되도록 SUBTOTAL 함수를 이용하여 번호 매기기 수식을 작성합니다.

❷ SUBTOTAL 함수로 급여 평균 금액을 계산합니다.

### STEP 03 필터된 데이터의 통계값 확인하기

❶ 자동 필터로 데이터를 추출하여 추출된 데이터의 통계 결과를 확인합니다.

# 표 서식 적용하고 간편 계산하기

표 서식을 이용하여 서식을 적용하고, 계산식을 간단하게 작성하는 방법을 알아보겠습니다. 또 표 서식
이 적용된 범위를 일반 범위로 바꾸는 방법에 대해서도 알아보겠습니다.

**01 표 서식 적용하기** ❶ [B7] 셀을 선택합니다. ❷ [홈] 탭-[스타일] 그룹-[표 서식]-[표 스타일] 목
록 중 [흰색, 표 스타일 보통 18]을 선택합니다. 자동으로 범위가 설정됩니다. ❸ [확인]을 클릭합니다.

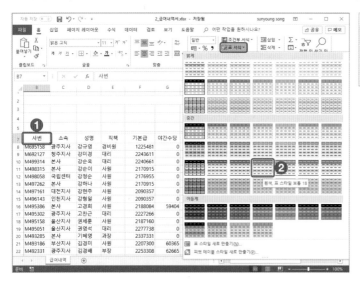

📊 **실력향상** 데이터 범위안의 셀을 선
택하고 표 서식을 적용하면 [머리글 포함]
이 자동으로 체크 표시됩니다.

📊 **실력향상** 표 서식을 적용할 범위에
서식이 이미 설정되어 있을 때는 사용자가
설정해놓은 서식을 우선 적용하기 때문에
표 서식이 적용되지 않습니다.

---

★★★
**비법노트**

### 빠른 분석을 이용해 표 서식 설정하기

빠른 분석 기능을 이용하여 표 서식을 작성할 수도 있습니다. 표 서식을 적용할 범위를 지정한 후 범위 오른쪽 아래에 표
시되는 [빠른 분석 📋]을 클릭합니다. [테이블] 항목의 [표]에 마우스 포인터를 올려놓으면 적용될 표 서식이 미리 보기로 표시됩니다. 미리
보기 표를 클릭하면 표 서식이 바로 적용됩니다.

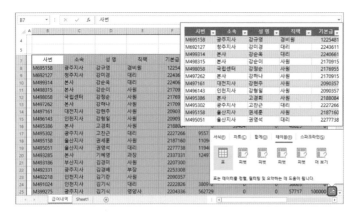

## 02 표 범위안의 서식 수정하기  ① [사번] 열 머리글부터 [실제지급액] 열 머리글까지 범위를 선택합니다. ② [홈] 탭-[맞춤] 그룹-[가운데 맞춤 ≡]을 클릭합니다. ③ [기본급] 열 머리글부터 [실제지급액] 열 머리글까지 선택합니다. ④ [홈] 탭-[표시 형식] 그룹-[쉼표 스타일 ﹐]을 클릭합니다.

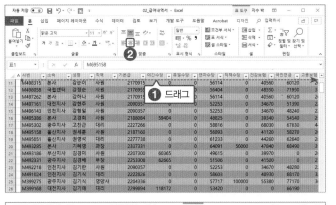

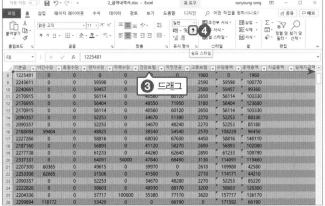

**실력향상** 표 서식이 적용되어 있는 상태에서 데이터를 아래로 드래그하면 기존의 알파벳으로 되어 있는 열 머리글이 표의 필드명 머리글로 표시됩니다.

## 03 지급총액 계산하기  ① [P8] 셀을 선택합니다. ② 수식 입력줄을 클릭하여 =를 입력한 후 ③ 기본급 [F8] 셀을 선택합니다. ④ 연산자 +를 입력한 후 ⑤ 수당총액 [N8] 셀을 선택합니다. ⑥ Enter 를 누릅니다. 자동 채우기를 하지 않아도 마지막 데이터까지 지급 총액이 구해집니다.

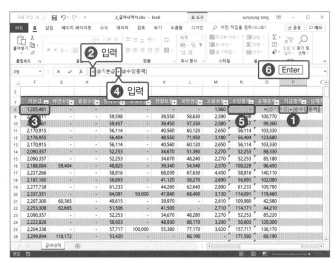

**실력향상** 표 서식이 적용된 상태에서 계산하면 나머지 내용들도 자동으로 계산됩니다.

**실력향상** 표 서식이 적용된 상태에서는 셀 주소가 아닌 표 안의 열 머리글로 수식이 작성됩니다.

외부 데이터 편집

데이터 집계와 분석

데이터 분석 도구 활용

시각 보고서 작성

## 04 실제지급액 계산하기   ① [Q8] 셀을 선택합니다. ② 수식 입력줄을 클릭하여 =을 입력한 후 ③ 지급총액 [P8] 셀을 선택합니다. ④ 연산자 -를 입력한 후 ⑤ 공제총액 [O8] 셀을 선택하고 ⑥ Enter 를 눌러 계산을 완료합니다.

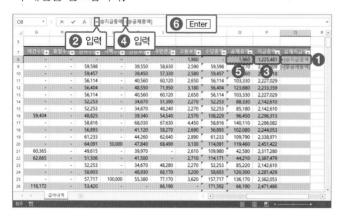

## 05 표 범위를 일반 범위로 변경하기   ① [표 도구]-[디자인] 탭-[도구] 그룹-[범위로 변환]을 클릭합니다. ② '표를 정상 범위로 변환하시겠습니까?'라고 묻는 메시지가 나타나면 [예]를 클릭합니다.

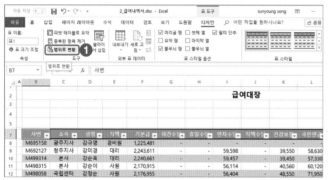

 **실력향상**   단순 계산식이 아닌 함수를 이용한 수식을 작성할 때는 표를 일반 범위로 변환한 후 수식을 입력합니다.

---

★★★
**비법노트**   [표 도구]-[디자인] 탭 살펴보기

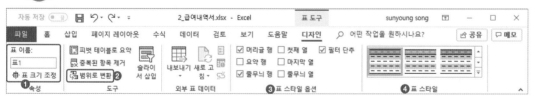

① **표 이름과 크기 조정**   표의 이름을 수정하거나 표 서식 적용에 사용된 셀 범위를 수정할 수 있습니다.

② **범위로 변환**   표 서식이 적용된 범위를 일반 셀 범위로 변환합니다.

③ **표 스타일 옵션**   표 스타일의 옵션을 설정할 수 있습니다. 항목에 체크 표시하면 표의 해당 항목만 서식이 따로 적용되어 표시됩니다. 항목의 체크 표시를 해제하면 서식 적용이 해제됩니다.

④ **표 스타일**   표 스타일 목록에서 다른 표 스타일로 변경합니다.

---

# SUBTOTAL 함수로 번호 매기고 평균 구하기

SUBTOTAL 함수는 화면에 표시되는 데이터만 이용하여 계산 결과를 구해줍니다. SUBTOTAL 함수를 이용하여 화면에 표시되는 데이터만 번호를 재설정하는 방법 및 자동 필터로 추출된 데이터의 통계 값을 구하는 방법에 대해 알아보겠습니다.

**06 SUBTOTAL 함수로 번호 매기기** ❶ B열 머리글을 선택한 후 ❷ 마우스 오른쪽 버튼을 클릭합니다. ❸ [삽입]을 선택하여 새 열을 삽입합니다.

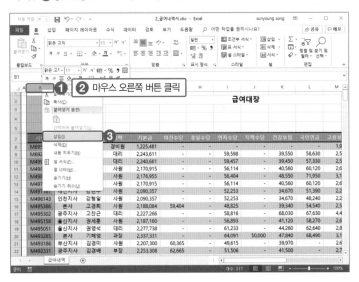

**07** ❶ C열 머리글을 선택합니다. ❷ [홈] 탭-[클립보드] 그룹-[서식 복사 🖌]를 클릭한 후 ❸ B열 머리글을 선택하여 서식을 붙여 넣습니다. C열의 서식이 삽입된 열에 똑같이 적용됩니다.

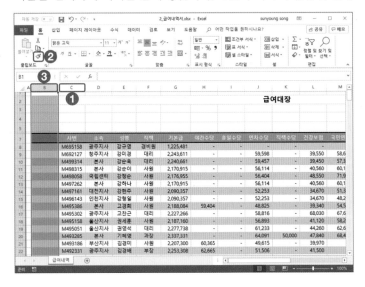

**📊 실력향상** 서식을 여러 곳에 적용할 때는 [서식 복사]를 두 번 클릭하여 사용합니다. 두 번 클릭하면 [Esc]를 누르기 전까지 여러 곳에 서식을 반복하여 적용할 수 있습니다.

**08** ❶[B7] 셀에 **번호**, ❷[B8] 셀에 수식 **=SUBTOTAL(3,$C$8:C8)**을 입력한 후 Enter를 눌러 입력을 완료합니다.

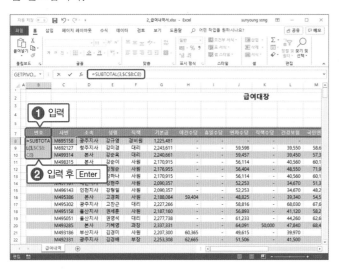

**실력향상** SUBTOTAL 함수는 화면에 표시되는 데이터만 이용하여 계산하는 부분합 함수로, 첫 번째 인수에 사용할 함수 번호, 두 번째 인수에 계산할 데이터 범위를 입력하여 개수, 합계, 평균, 최댓값, 최솟값 등 총 11개의 계산 결과를 구할 수 있습니다.

**실력향상** =SUBTOTAL(3,$C$5:C5) 수식에서 첫 번째 인수 숫자 '3'은 개수를 구하는 'COUNTA' 함수 번호입니다. 두 번째 인수 범위 '$C$8:C8'는 고정된 [C8] 셀부터 현재 셀까지 데이터의 개수를 구해줍니다.

**09** ❶[B8] 셀을 선택한 후 ❷채우기 핸들을 더블클릭하여 자동 채우기합니다. ❸[채우기 옵션⚏]을 클릭하고 ❹[서식 없이 채우기]를 선택해 서식은 제외하고 수식만 자동 채우기합니다.

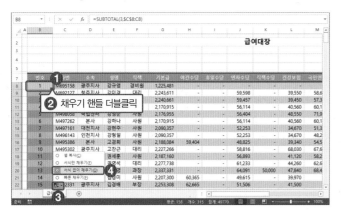

**10 오류 수정하기** ❶Ctrl+↓를 눌러 번호 가장 아래쪽 번호인 [B322] 셀로 이동합니다. ❷[B322] 셀의 채우기 핸들을 드래그해 아래로 한 칸 더 자동 채우기합니다.

| | B | C | D | E | F | G | H | I | J | K | L |
|---|---|---|---|---|---|---|---|---|---|---|---|
| 311 | 304 | M008808 | 청주지사 | 함진경 | 경비원 | 1,652,860 | - | - | - | - | - |
| 312 | 305 | M007555 | 인천지사 | 허동범 | 과장 | 2,335,976 | - | - | 64,024 | - | 42,490 |
| 313 | 306 | M007477 | 충주지사 | 허수재 | 소장 | 3,000,000 | - | - | - | - | 60,700 |
| 314 | 307 | M006504 | 본사 | 허자영 | 사원 | 2,049,695 | - | - | 50,305 | - | 33,380 |
| 315 | 308 | M005912 | 부산지사 | 허정애 | 소장 | 2,620,436 | - | - | 77,657 | - | 57,660 |
| 316 | 309 | M005709 | 인천지사 | 현혜경 | 사원 | 2,049,695 | - | - | 50,305 | - | 38,450 |
| 317 | 310 | M004911 | 본사 | 홍기åÍ | 대리 | 2,236,650 | - | - | 59,264 | - | 63,730 |
| 318 | 311 | M003960 | 울산지사 | 홍재åÍ | 과장 | 2,364,578 | - | - | 65,395 | - | 63,730 |
| 319 | 312 | M002866 | 제주지사 | 홍정표 | 소장 | 3,051,677 | - | - | 98,323 | - | 84,600 |
| 320 | 313 | M001783 | 본사 | 홍종규 | 경비원 | 1,554,268 | - | - | 45,732 | - | 27,310 |
| 321 | 314 | M001752 | 청주지사 | 황순금 | 소장 | 2,622,256 | - | - | 77,744 | - | 56,650 |
| 322 | 315 | M001013 | 본사 | 황우진 | 대표이사 | 3,700,000 | - | - | - | - | 105,970 |
| 323 | 315 | | | | | | | | | | |

❷채우기 핸들 드래그

**11** ❶ 323행 머리글을 선택합니다. ❷ 마우스 오른쪽 버튼을 클릭하여 ❸ [숨기기]를 선택합니다. ❹ Ctrl + ↑ 키를 눌러 표의 위쪽으로 이동합니다.

**실력향상** 마지막 데이터 아래쪽의 빈 행에 수식을 한 번 더 입력하지 않으면 자동 필터로 데이터를 추출할 때 마지막 데이터가 조건에 상관없이 언제나 필터링됩니다.

**12 함수로 머리글 입력하기** 통계 결과의 머리글을 입력하겠습니다. ❶ [B3] 셀에 **[필터 결과]**를 입력합니다. ❷ [B4] 셀을 선택한 후 **=OFFSET($N$7,0,COLUMN(A1))&"평균"**을 입력합니다. ❸ [B4] 셀의 채우기 핸들을 [E4] 셀까지 드래그합니다. ❹ [홈] 탭-[셀] 그룹-[서식]-[열 너비 자동 맞춤]을 선택하여 열 너비를 조절합니다.

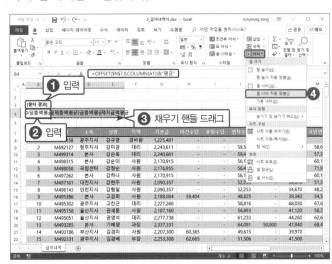

**실력향상** COLUMN 함수는 셀의 열 번호를 알려주는 함수입니다. COLUMN(A1)은 A열의 열 번호 1을 표시하고 COLUMN(B1)은 B열의 열 번호 2를 표시합니다.

**실력향상** =OFFSET($N$7,0,COLUMN(A1)-1)로 입력하면 [N7] 셀부터 오른쪽으로 한 칸 이동하여 '수당총액' 텍스트를 표시합니다. 오른쪽으로 자동 채우기하면 [N7] 셀부터 오른쪽으로 두 칸 이동하여 '공제총액' 텍스트를 표시합니다.

---

**★★★ 비법노트** OFFSET 함수

OFFSET 함수는 참조 작업을 하는 함수로 입력된 행, 열 방향만큼 이동하여 해당 셀의 값을 가져오거나(Height와 Width값 생략 시) 추가로 입력된 높이, 너비만큼의 범위를 지정합니다.

| 함수 형식 | OFFSET(Reference, Rows, Cols, [Height], [Width]) |
|---|---|
| 인수 | • Reference : 참조할 기준을 잡는 시작 위치입니다.<br>• Rows : 시작 위치에서 행 방향으로 이동할 셀 개수를 지정하는 숫자로 양수는 아래쪽으로, 음수는 위쪽으로 이동합니다.<br>• Cols : 시작 위치에서 열 방향으로 이동할 셀 개수를 지정하는 숫자로 양수는 오른쪽으로, 음수는 왼쪽으로 이동합니다.<br>• Height : 이동이 끝난 후 포함할 높이 값을 지정합니다. 선택 요소이므로 생략 가능합니다.<br>• Width : 이동이 끝난 후 포함할 너비 값을 지정합니다. 선택 요소이므로 생략 가능합니다. |

**13** ❶ [B4:E4] 셀 범위를 선택합니다. ❷ [홈] 탭-[스타일] 그룹-[셀 스타일]-[제목3] 스타일을 선택합니다.

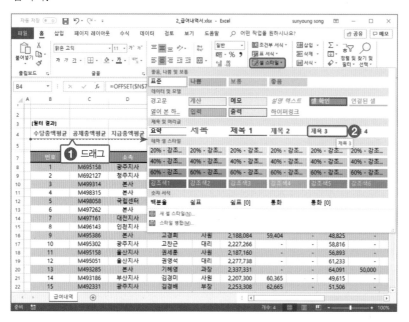

**14 SUBTOTAL 함수로 평균 계산하기** ❶ [B5] 셀을 선택합니다. ❷ **=SUBTOTAL(1,O$8:O$322)**를 입력합니다. ❸ [B5] 셀의 채우기 핸들을 [E5] 셀까지 드래그합니다. ❹ [홈] 탭-[표시 형식] 그룹-[쉼표 스타일**9**]을 클릭합니다.

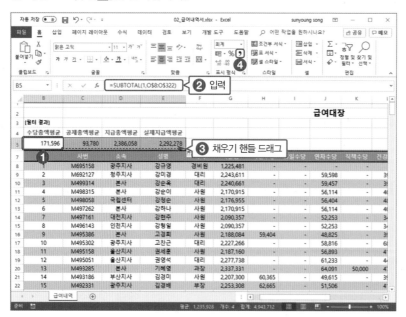

📊 **실력향상** =SUBTOTAL(1, O$8:O$322) 수식에서 첫 번째 인수 숫자 '1'은 평균을 구하는 'AVERAGE' 함수 번호입니다. 두 번째 인수 범위 [O$8:O$322] 셀 범위의 평균값을 구해주는 수식입니다. 공제총액, 지급총액 등의 평균값도 구하기 위해 행 고정 혼합 참조로 지정합니다.

**15**  ❶ [B5:E5] 셀 범위를 선택합니다. ❷ [홈] 탭–[스타일] 그룹–[셀 스타일]–[연한 파랑, 20% – 강조색5]를 선택합니다.

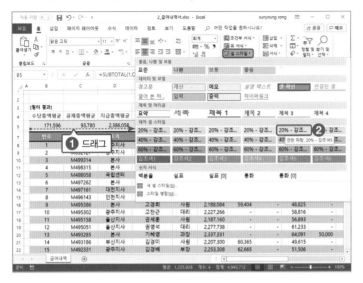

**STEP 03**

## 필터된 데이터의 통계값 확인하기

자동 필터를 이용하여 특정 데이터를 추출하고 추출된 데이터의 통계 결과를 확인해보겠습니다.

**16 자동 필터 적용하고 데이터 필터링하기**  ❶ [B7] 셀을 선택합니다. ❷ [데이터] 탭–[정렬 및 필터] 그룹–[필터]를 클릭합니다. ❸ [소속] 필드의 ▼를 클릭합니다. ❹ [(모두 선택)]의 체크 표시를 해제한 후 ❺ [부산지사]에만 체크 표시합니다. ❻ [확인]을 클릭합니다.

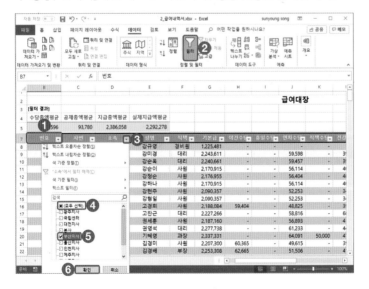

**17** ❶ [직책] 필드의 ▾를 클릭합니다. ❷ [(모두 선택)]의 체크 표시를 해제한 후 ❸ [대리]에만 체크
표시합니다. ❹ [확인]을 클릭합니다.

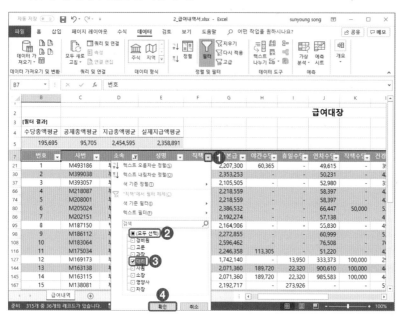

**18** [부산지사] 소속의 [대리] 데이터가 추출되어 해당 데이터의 통계값과 검색된 건수를 번호로 확인
할 수 있습니다.

# 통합 분석 도구를 이용한
# 경비 정산 내역 보고서 작성하기

실습 파일 | Part02/Chapter03/03_경비정산내역.xlsx  완성 파일 | Part02/Chapter03/03_경비정산내역(완성).xlsx

## 01 프로젝트 시작하기

통합은 입력된 데이터의 구조가 같으면 다른 시트나 다른 파일에 데이터가 따로 입력되어 있어도 요약 결과를 구할 수 있는 도구입니다. 각기 다른 시트에 구분되어 있는 직원들의 날짜별 경비 지출 내역을 통합을 이용하여 정리하는 방법에 대해 알아보겠습니다. 각기 다른 방법으로 입력되어 있는 날짜 데이터는 텍스트 나누기를 이용하여 엑셀에서 인식하는 날짜 데이터로 변경하여 표시 형식을 맞추고, 직원들이 사용한 경비 내역을 날짜 기준으로 수합해보도록 하겠습니다.

회사에서
바로 통하는
키워드   텍스트 나누기, 이름 정의, 매크로 함수, GET.WORKBOOK, 통합, 매크로 사용 통합 문서로 저장하기

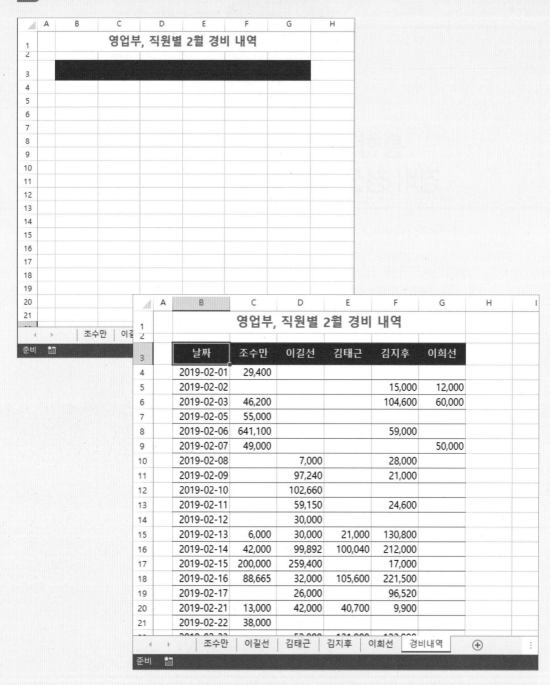

**한눈에 보는 작업순서**

텍스트 나누기를 이용하여 날짜 형식으로 변경하기 ▶ 매크로 함수로 이름 만들기 ▶ INDEX, MID, FIND 함수로 시트명을 열머리글로 표시하기

▶ 취합할 데이터의 열 머리글 수정하기 ▶ 통합으로 데이터 요약하기 ▶ 날짜와 문서 서식 설정하기

## 03 핵심 기능 미리 보기

### STEP 01 데이터를 날짜 형식으로 변경하기

❶ 숫자 또는 문자 형식으로 입력된 데이터를 [텍스트 나누기]를 이용하여 날짜 데이터 형식으로 변경합니다.

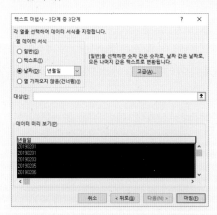

### STEP 02 시트 이름을 열 머리글로 가져오기

❶ 시트 이름으로 입력되어 있는 직원 이름을 가져오기 위해 'GET.WORKBOOK' 매크로 함수를 사용합니다.

### STEP 03 통합으로 각 시트의 데이터 요약 정리하기

❶ 각 다른 시트에 입력되어 있는 경비 내역을 [통합]을 이용하여 요약 정리합니다.

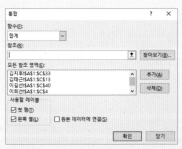

# STEP 01 데이터를 날짜 형식으로 변경하기

엑셀에서는 '연–월–일' 형식으로 입력해야만 날짜 데이터로 인식합니다. 숫자 또는 문자로 인식된 데이터를 텍스트 나누기 도구를 이용하여 엑셀에서 인식하는 날짜 형식으로 변환합니다.

**01 숫자 데이터를 날짜 형식으로 변경하기** 숫자나 문자 형식의 데이터를 날짜 형식으로 변경하겠습니다. ❶ [조수만] 시트를 선택합니다. ❷ [A2:A19] 셀 범위를 선택합니다. ❸ [데이터] 탭–[데이터 도구] 그룹–[텍스트 나누기]를 클릭합니다. ❹ [텍스트 마법사–1단계] 대화상자에서 [다음]을 클릭합니다.

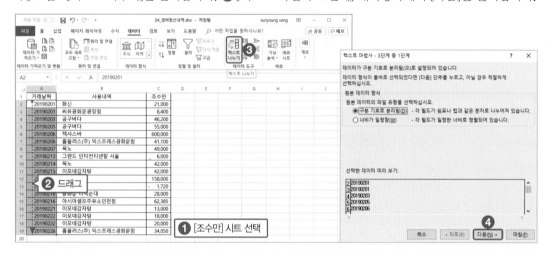

📊 **실력향상** 20190201로 입력된 데이터는 숫자 데이터로 인식됩니다. [텍스트 나누기]를 사용해 엑셀에서 인식하는 날짜 데이터로 변환합니다.

📊 **실력향상** [텍스트 나누기]는 항상 한 개의 열 범위만 선택합니다. 텍스트를 나누는 작업이 아니므로 1단계는 그냥 넘어갑니다.

**02** ❶ [텍스트 마법사–2단계] 대화상자에서 [다음]을 클릭합니다. ❷ [텍스트 마법사–3단계] 대화상자의 [열 데이터 서식]을 [날짜]로 선택합니다. ❸ [마침]을 클릭합니다.

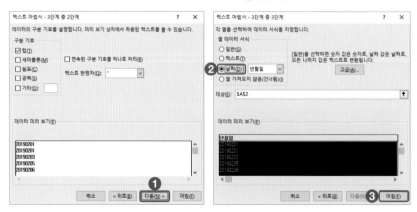

📊 **실력향상** 텍스트를 나눌 구분 기호를 선택하는 단계로, 선택할 구분 기호가 없으므로 2단계도 [다음]을 클릭해 넘어갑니다.

**03** [A2:A19] 셀 범위의 숫자가 날짜 데이터로 변경됩니다.

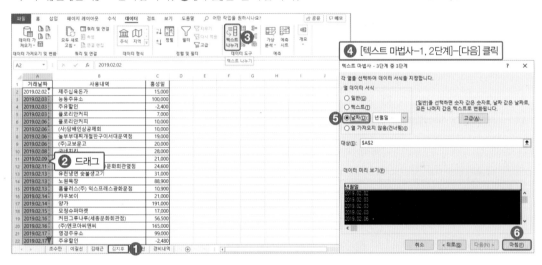

**04 문자 데이터를 날짜 형식으로 변경하기** ❶ [김지후] 시트를 선택합니다. ❷ [A2:A33] 셀 범위를 선택합니다. ❸ [데이터] 탭–[데이터 도구] 그룹–[텍스트 나누기]를 클릭합니다. ❹ [텍스트 마법사] 1단계와 2단계 대화상자에서 모두 [다음]을 클릭합니다. ❺ [텍스트 마법사–3단계] 대화상자의 [열 데이터 서식]을 [날짜]로 선택합니다. ❻ [마침]을 클릭합니다.

**실력향상** 2019.02.01.으로 입력된 데이터는 문자 데이터로 인식됩니다. [텍스트 나누기]로 엑셀에서 인식하는 날짜 데이터로 변환합니다.

**05** [A2:A33] 셀 범위의 문자 데이터가 날짜 데이터로 변경됩니다.

## STEP 02 시트 이름을 열 머리글로 가져오기

통합 문서의 시트 이름을 반환해주는 매크로 함수 'GET.WORKBOOK'을 사용해보겠습니다. 매크로 함수는 [이름 관리자]에서 이름을 정의한 후 수식 작성 시 해당 이름을 사용합니다.

**06 매크로 함수로 이름 지정하기** ❶ [경비내역] 시트를 선택합니다. ❷ [수식] 탭-[정의된 이름] 그룹-[이름 관리자]를 클릭합니다. ❸ [이름 관리자] 대화상자의 [새로 만들기]를 클릭합니다.

**실력향상** 이름 정의는 통합 문서에 적용되는 것이므로 다른 시트에서 만들어도 되지만, 이름 정의 후 바로 사용하기 위해 [경비내역] 시트를 선택합니다.

**07** ❶ [새 이름] 대화상자에서 [이름] 항목에는 **시트이름**을 입력합니다. ❷ [참조 대상]에는 **=GET. WORKBOOK(1)**을 입력합니다. ❸ [확인]을 클릭합니다. ❹ [이름 관리자] 대화상자의 [닫기]를 클릭합니다.

**실력향상** GET.WORKBOOK( ) 함수는 파일명과 시트 이름을 배열 형식으로 저장하는 함수입니다. **=GET.WORKBOOK(1)**으로 입력하면 현재 파일명과 시트명을 {'[04. 경비정산내역.xlsx]]조수만', '[04. 경비정산내역.xlsx]이길선', '[04. 경비정산내역.xlsx]김태근', '[04. 경비정산내역.xlsx]김지후', '[04. 경비정산내역.xlsx]이희선', '[04. 경비정산내역.xlsx]경비내역'} 식으로 정리하여 저장합니다.

**08 시트명을 열 머리글로 표시하기** ❶ [C3] 셀을 선택하고 ❷ **=INDEX(MID(시트이름,FIND("]",시트이름)+1,255),1,COLUMN(A1))**을 입력한 후 ❸ Enter 를 누릅니다. ❹ [C3] 셀의 채우기 핸들을 드래그하여 [G3] 셀까지 자동 채우기합니다.

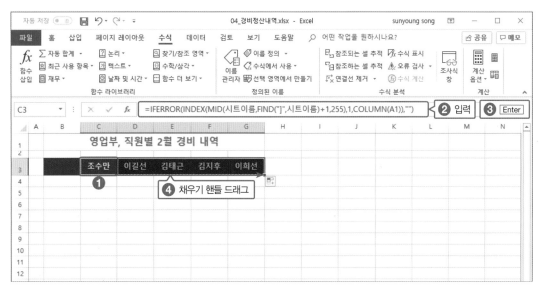

**실력향상** {'[04. 경비정산내역.xlsx]]조수만', '[04. 경비정산내역.xlsx]이길선', '[04. 경비정산내역.xlsx]김태근'…의 배열 형식으로 저장된 시트이름을 INDEX 함수를 이용하여 파일명을 제외한 시트명 데이터만 가져옵니다.

> '[04. 경비정산내역.xlsx]조수만'으로 저장된 시트이름에서 FIND 함수를 이용하여 ']' 괄호를 찾은 후 ']' 괄호 뒤의 문자부터 마지막 문자까지 시트명(이름)만 가져옵니다.
> =MID(시트이름, FIND("]",시트이름)+1, 255)

> 1행 1열에 입력된 시트명을 구한 후 오른쪽으로 자동 채우기하여 1행 2열의 시트명, 1행 3열의 시트명을 순서대로 표시합니다.
> =INDEX(MID(시트이름,FIND("]",시트이름)+1,255), 1, COLUMN(A1))
>       MID 함수로 시트명 추출        행 번호    열 번호

---

**★★★ 비법노트**

**GET.WORKBOOK(Type_number, Name_text)**

문서의 정보를 알려주는 매크로 함수로 이름으로 정의하여 사용합니다. 매크로 함수는 엑셀 매크로 사용 통합 문서로 저장하여야만 사용할 수 있습니다.

**❶ 인수 설명**

| | |
|---|---|
| Type_number | 시트 이름을 반환하는 방법을 지정하는 번호를 입력합니다. 번호는 1~38 중에서 입력합니다. '1'은 통합 문서와 시트 이름을 반환하는 숫자입니다. |
| Name_text | 통합 문서의 이름을 입력합니다. 생략하면 현재 활성화되어 있는 통합 문서의 이름을 반환합니다. |

**❷** 매크로 함수의 Type_number를 **1**로 입력하면 각 시트를 아래와 같은 형식으로 정의하여 배열 형식으로 저장합니다.

> [04. 경비정산내역.xlsx]조수만, [04. 경비정산내역.xlsx]이길선, [04. 경비정산내역.xlsx]김태근

# 통합으로 각 시트의 데이터 요약 정리하기

[통합]은 머리글을 통일하여 데이터를 수합할 수 있는 도구입니다. 각 시트에 동일한 표 구조로 입력되어 있는 직원들의 경비내역 금액 머리글을 직원 이름으로 입력한 후 왼쪽 열의 날짜, 첫 행의 직원들의 이름을 기준으로 경비 내역을 모아보도록 하겠습니다.

**09 금액 머리글을 직원 이름으로 수정하기** ❶[조수만] 시트를 선택합니다. ❷[C1] 셀에 **조수만**을 입력합니다. [이길선] 시트의 [C1] 셀에는 **이길선**, [김태근] 시트의 [C1] 셀에는 **김태근**, [김지후] 시트의 [C1] 셀에는 **김지후**, [이희선] 시트의 [C1] 셀에는 **이희선**을 각각 입력합니다.

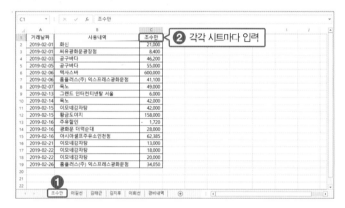

**실력향상** 가져올 금액 데이터의 머리글을 [경비내역] 시트에 표시한 열 머리글명과 같게 해주어야 통합 메뉴로 데이터를 수합할 수 있습니다.

**10 통합으로 데이터 요약하기** ❶[경비내역] 시트를 선택합니다. ❷[B3] 셀을 선택하고 **날짜**를 입력합니다. ❸[B3:G3] 셀 범위를 선택합니다. ❹[데이터] 탭-[데이터 도구] 그룹-[통합 🗗]을 클릭합니다. ❺[통합] 대화상자에서 [함수]는 [합계]를 선택합니다. ❻[참조] 입력란을 클릭합니다.

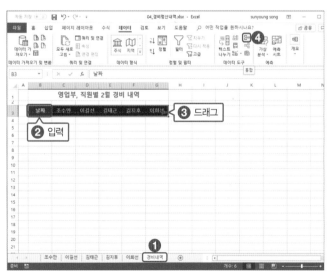

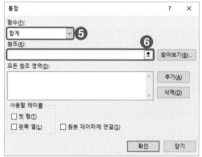

**실력향상** B열에는 날짜 데이터, [C:G] 열에는 각 시트의 해당 데이터를 가져올 수 있도록 [B3:G3] 셀 범위를 선택합니다.

**실력향상** 단순히 데이터를 합치는 목적으로 사용할 때는 [통합] 대화상자의 [함수]를 [합계]로 선택합니다.

**11** ❶ [조수만] 시트를 선택하고 ❷ [A1:C19] 셀 범위를 드래그하여 선택합니다. ❸ [추가]를 클릭하여 [모든 참조 영역]에 추가합니다.

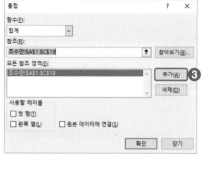

**12** 같은 방법으로 다른 시트의 데이터 범위도 추가합니다. ❶ [이길선] 시트에서는 [A1:C40] 셀 범위, [김태근] 시트에서는 [A1:C13], [김지후] 시트에서는 [A1:C33], [이희선] 시트에서는 [A1:C4] 셀 범위를 각각 선택하여 [모든 참조 영역]에 추가합니다. ❷ [사용할 레이블]의 [첫 행]과 [왼쪽 열]에 체크 표시합니다. ❸ [확인]을 클릭합니다.

**📊 실력향상** 각 시트에서 선택한 범위의 첫 번째 행, 각 직원 이름과 왼쪽 열, 날짜별로 데이터를 구분하여 가져오기 위해 [첫 행]과 [왼쪽 열]을 체크 표시합니다.

**13** 각 시트의 이름별로 사용한 경비 내역이 표시됩니다.

| 날짜 | 조수만 | 이길선 | 김태근 | 김지후 | 이희선 |
|---|---|---|---|---|---|
| 43498 | | | | 15,000 | 12,000 |
| 43497 | 29,400 | | | | |
| 43499 | 46,200 | | | 104,600 | 60,000 |
| 43501 | 55,000 | | | | |
| 43502 | 641,100 | | | 59,000 | |
| 43504 | | 7,000 | | 28,000 | |
| 43505 | | 97,240 | | 21,000 | |
| 43506 | | 102,660 | | | |
| 43507 | | 59,150 | | 24,600 | |
| 43508 | | 30,000 | | | |
| 43509 | 6,000 | 30,000 | 21,000 | 130,800 | |
| 43510 | 42,000 | 99,892 | 100,040 | 212,000 | |
| 43511 | 200,000 | 259,400 | | 17,000 | |
| 43512 | 88,665 | 32,000 | 105,600 | 221,500 | |
| 43513 | | 26,000 | | 96,520 | |
| 43519 | | 52,000 | 131,000 | 123,800 | |
| 43520 | | 112,240 | 20,000 | 53,500 | |
| 43521 | | 57,000 | | 68,360 | |

영업부, 직원별 2월 경비 내역

## 14 간단한 날짜로 표시 형식 수정하기 ❶ [B4] 셀을 선택한 후 ❷ Ctrl + Shift + ↓ 를 눌러 날짜 데이터 범위를 선택합니다. ❸ [홈] 탭-[표시 형식] 그룹-[일반] 목록⊡을 클릭한 후 ❹ [간단한 날짜]를 선택합니다.

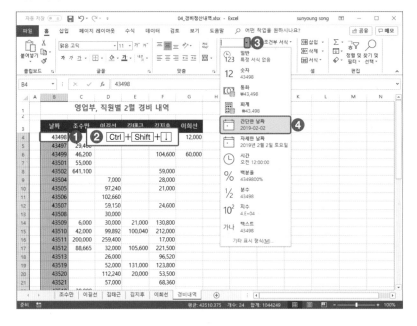

**실력향상** 왼쪽 열의 날짜는 통합이 되면서 일반 숫자 형식으로 변환될 수 있습니다. 데이터가 바뀐 것이 아니므로 범위 설정하여 날짜 형식으로 변경합니다.

---

### ★★★ 비법노트 [통합] 대화상자 알아보기

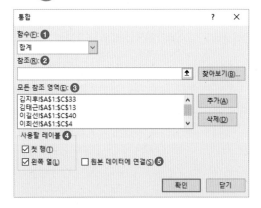

❶ **함수** 데이터 통합 시 사용할 함수를 선택합니다.

❷ **참조** 통합할 원본 데이터의 일시적인 범위를 지정합니다. [추가]를 클릭하여 [모든 참조 영역]에 저장합니다.

❸ **모든 참조 영역** 각기 다른 곳에 입력되어 있는 데이터 범위를 보관합니다.

❹ **사용할 레이블** 통합 작업 시 기준이 될 머리글과 왼쪽 기준 열을 지정합니다.

❺ **원본 데이터에 연결** 원본 데이터와 연결되도록 설정합니다.

**15** ❶[B4] 셀을 선택합니다. ❷[데이터] 탭-[정렬 및 필터] 그룹-[오름차순 ᐃ↓]을 클릭합니다.

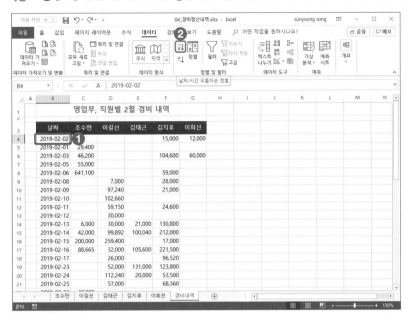

**16 서식 설정하기** [B4] 셀이 선택된 상태에서 ❶ Ctrl + A 를 눌러 데이터 범위 전체를 선택합니다.
❷ 마우스 오른쪽 버튼을 클릭한 후 ❸[셀 서식]을 선택합니다. ❹[셀 서식] 대화상자의 [테두리] 탭을 선택합니다. ❺[색]은 [녹색, 강조 6, 25% 더 어둡게]를 선택합니다. ❻[스타일]에서 실선을 선택합니다. ❼ 테두리의 가로 위쪽, 가운데, 아래를 각각 클릭하여 테두리를 설정합니다. ❽[확인]을 클릭합니다.

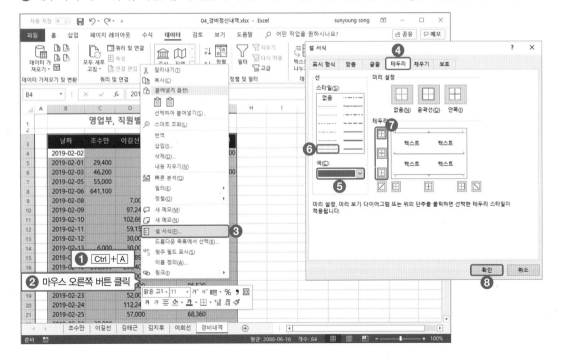

**17 매크로 사용 문서로 저장하기** '영업부, 직원별 2월 경비 내역' 보고서를 저장하겠습니다. ❶ 문서 왼쪽 상단의 [저장📄]을 클릭합니다. ❷ 저장 오류를 표시하는 대화상자가 나타납니다. [아니오]를 클릭합니다.

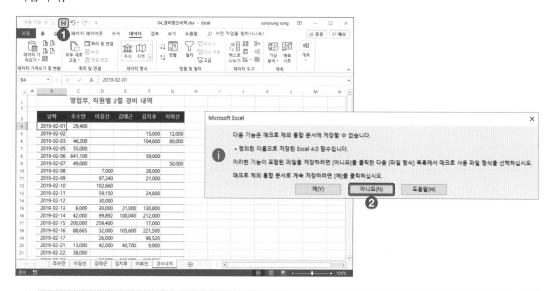

🔼 **실력향상** GET.WORKBOOK() 매크로 함수를 사용하고 있으므로 일반 형식으로 저장하면 매크로 함수 기능이 제외되고 저장된다는 내용입니다. [예]를 클릭하면 매크로 함수는 제거된 채 저장되기 때문에 [아니오]를 클릭합니다.

**18** [다른 이름으로 저장] 대화상자에서 저장할 위치를 선택한 후 ❶ [파일 이름]은 **04_경비정산내역**으로 입력합니다. ❷ [파일 형식]은 [Excel 매크로 사용 통합 문서 (*.xlsm)]를 선택합니다. ❸ [저장]을 클릭합니다. 매크로 문서로 저장된 경비 내역 보고서가 완성됩니다.

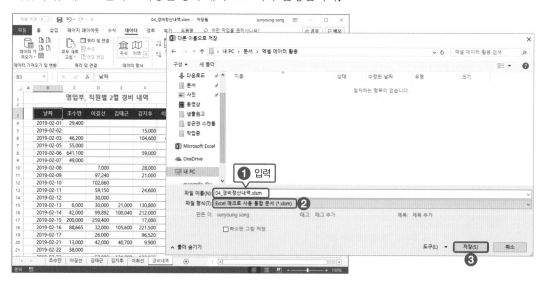

🔼 **실력향상** 매크로 함수를 사용한 파일은 '매크로 사용 통합 문서' 형식으로 저장해야 합니다.

## PROJECT

# 04

# 파워 쿼리로 테이블 형태 변환 및
# 데이터 통합하여 전체 사업장 통계 작성하기

실습 파일 | Part02/Chapter03/04_사업장작업생산표.xlsx   완성 파일 | Part02/Chapter03/04_사업장작업생산표(완성).xlsx

## 01 프로젝트 시작하기

제품 규격별 생산량이 열 형태로 입력되어 있는 여러 개의 표를 하나의 표로 통합하여 통계값을 구해보도록 하겠습니다. 열 형태의 데이터는 파워 쿼리를 이용하여 표 형식을 변경하고, 각각 다른 시트에 구분되어 있는 데이터는 쿼리 결합 기능으로 통합하여 규격별, 생산라인별 총수량과 비율을 피벗 테이블 보고서로 작성해보겠습니다.

파워 쿼리는 별도의 편집기에서 엑셀에서 작성한 표를 다양한 형식으로 편집할 수 있도록 제공되는 기능으로 엑셀 2010 버전부터 추가된 기능입니다. 엑셀 2010, 2013 버전에서는 추가 기능으로 설치해야 사용할 수 있습니다. 엑셀 2016 버전에서는 [데이터] 탭-[가져오기 및 변환] 그룹에 있는 메뉴를 이용하여 사용할 수 있습니다.

회사에서
바로 통하는
키워드

파워 쿼리, 열 피벗 해제, 쿼리 결합, 피벗 테이블

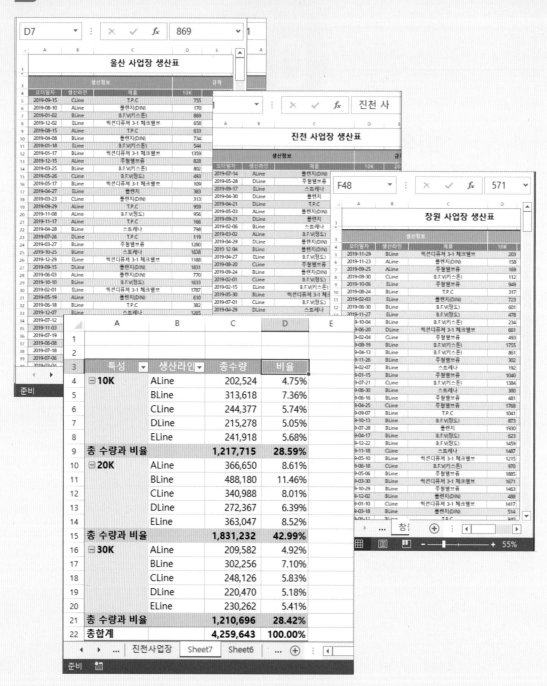

한눈에
보는
작업순서

각 사업장 데이터에 표 적용하고
파워 쿼리로 데이터 구조 변경하기
▶ 구조 변경된 각 사업장 데이터
쿼리 결합으로 통합하기
▶ 통합한 데이터로
피벗 테이블 만들기

▶ 피벗 테이블 레이아웃
설정하기
▶ 비율을 표시하는 필드
추가하고 수정하기
▶ 피벗 테이블 서식
설정하기

## 03 핵심 기능 미리 보기

### STEP 01 파워 쿼리로 표 구조 변경하기

❶ 열 형식으로 입력되어 있는 규격별 생산량 데이터를 파워 쿼리를 이용하여 테이블 형식으로 변환합니다.

### STEP 02 쿼리 결합 기능으로 데이터 통합하기

❶ 표 형식을 변경한 다른 시트의 데이터들을 쿼리 결합 기능을 이용하여 통합합니다.

### STEP 03 규격별 생산라인별 총량과 비율, 피벗 테이블 보고서로 작성하기

❶ 통합된 데이터를 규격별, 생산라인별 생산 총량과 비율을 표시하는 피벗 테이블 보고서로 작성합니다.

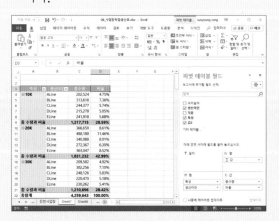

# STEP 01 파워 쿼리로 표 구조 변경하기

열 형식으로 입력되어 있는 규격별 생산량 데이터를 파워 쿼리를 이용하여 행 형식으로 바꿔보겠습니다. 파워 쿼리를 사용하기 전에 데이터를 표로 변환한 후 쿼리 편집기에서 표 이름과 표 구조를 변환하는 방법을 알아보도록 하겠습니다.

**01 데이터에 표 적용하기**  ❶ [울산사업장] 시트를 선택합니다. ❷ [A4] 셀을 선택한 후 ❸ Ctrl + Shift + → 를 누르고 Ctrl + Shift + ↓ 를 눌러 아래쪽 끝까지 범위를 선택합니다. ❹ [삽입] 탭-[표] 그룹-[표]를 클릭합니다. ❺ [표 만들기] 대화상자에 선택한 표 범위 [A4:F513] 셀 범위가 지정됩니다. [머리글 포함]이 체크 표시되어 있는지 확인한 후 ❻ [확인]을 클릭합니다.

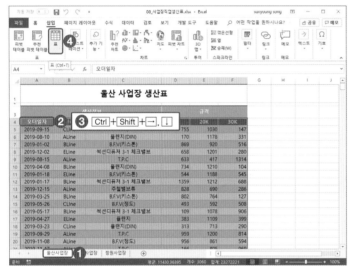

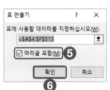

**실력향상**  범위를 지정하지 않은 상태에서 [표]를 클릭하면 병합되어 있는 3행이 머리글로 자동 설정됩니다. 이런 경우에는 미리 범위를 지정하여 [표]를 클릭하거나 [표 만들기] 대화상자에서 범위를 다시 지정합니다.

**02 파워 쿼리로 울산 사업장 데이터 구조 변경하기**  [데이터] 탭-[데이터 가져오기 및 변환] 그룹-[테이블/범위에서🎬]를 클릭합니다.

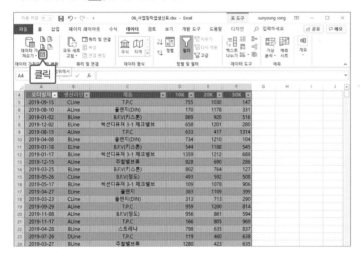

**실력향상**  엑셀 2010, 2013 버전에서는 [파워 쿼리] 탭-[Excel 데이터] 그룹-[테이블에서]를, 엑셀 2016 버전에서는 [데이터] 탭-[가져오기 및 변환] 그룹-[테이블에서]를 클릭하여 사용합니다. 파워 쿼리 설치 방법은 419쪽을 참고합니다.

**03** 테이블 형식을 변환할 수 있는 [파워 쿼리 편집기] 창이 나타납니다. ❶ [파워 쿼리 편집기] 창의 [쿼리 설정] 작업 창에서 [이름]을 **울산**으로 수정합니다. ❷ [10K] 열 머리글을 선택합니다. ❸ Shift 를 누른 상태에서 [30K] 열 머리글을 선택합니다. ❹ [변환] 탭-[열] 그룹-[열 피벗 해제█]를 클릭합니다. ❺ [닫기X]를 클릭하여 창을 닫습니다. ❻ '변경 내용을 유지하시겠습니까?'라는 메시지가 나타나면 [유지]를 클릭합니다.

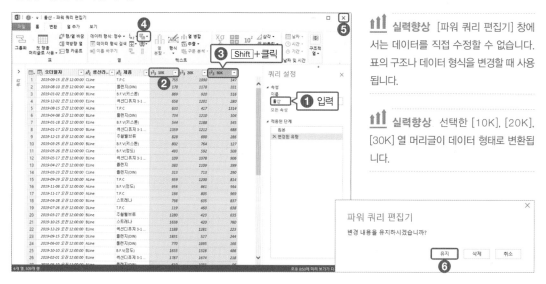

**실력향상** [파워 쿼리 편집기] 창에서는 데이터를 직접 수정할 수 없습니다. 표의 구조나 데이터 형식을 변경할 때 사용됩니다.

**실력향상** 선택한 [10K], [20K], [30K] 열 머리글이 데이터 형태로 변환됩니다.

**04** [울산사업장] 시트 앞에 새로운 시트가 추가되고, 울산 데이터베이스가 로드되어 표시됩니다.

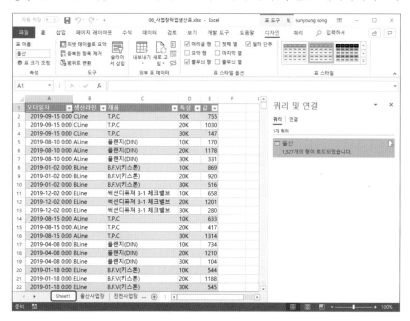

**실력향상** 열 형태로 입력되어 있던 규격이 데이터로 변경되어 표시됩니다. [특성] 데이터가 규격, [값] 데이터가 각 규격의 생산량입니다.

**실력향상** 오른쪽에 [쿼리 및 연결] 작업 창이 표시되며 데이터의 총 개수를 확인할 수 있습니다. 작업 창은 [데이터] 탭-[쿼리 및 연결] 그룹-[쿼리 및 연결]을 선택 또는 선택 해제하여 표시 여부를 설정할 수 있습니다.

**05 진천 사업장 데이터에 표 적용하고 파워 쿼리로 구조 변경하기** ❶ [진천사업장] 시트를 선택합니다. ❷ [A4] 셀을 선택한 후 ❸ Ctrl + Shift + → 를 누르고 Ctrl + Shift + ↓ 를 눌러 아래쪽 끝까지 범위를 선택합니다. ❹ [삽입] 탭-[표] 그룹-[표]를 클릭합니다. ❺ [표 만들기] 대화상자에 [A4:F1021] 셀 범위가 지정됩니다. [머리글 포함]이 체크 표시되어 있는지 확인한 후 ❻ [확인]을 클릭합니다.

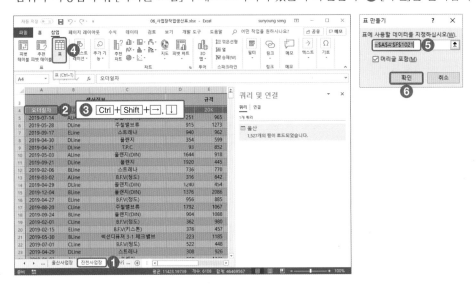

**06** [데이터] 탭-[데이터 가져오기 및 변환] 그룹-[테이블/범위에서▦]를 클릭합니다.

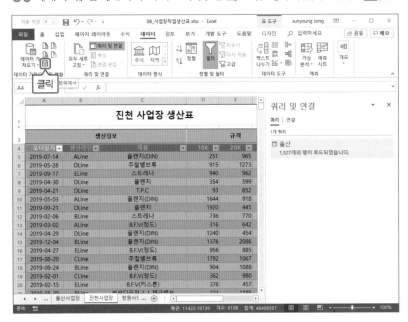

**07** ❶ [파워 쿼리 편집기] 창에서 [쿼리 설정] 작업 창의 [이름]을 **진천**으로 수정합니다. ❷ [10K] 열 머리글을 선택합니다. ❸ Shift를 누른 상태에서 [30K] 열 머리글을 선택합니다. ❹ [변환] 탭-[열] 그룹-[열 피벗 해제🖅]를 클릭합니다. ❺ [닫기🗙]를 클릭하여 창을 닫습니다. ❻ '변경 내용을 유지하시겠습니까?'라는 메시지가 나타나면 [유지]를 클릭합니다.

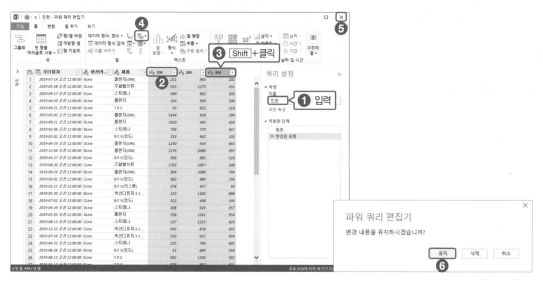

**08** **창원 사업장 데이터에 표 적용하고 파워 쿼리로 구조 변경하기** ❶ [창원사업장] 시트를 선택합니다. ❷ [A4] 셀을 선택한 후 ❸ Ctrl + Shift + →를 누르고 Ctrl + Shift + ↓를 눌러 아래쪽 끝까지 범위를 선택합니다. ❹ [삽입] 탭-[표] 그룹-[표]를 클릭합니다. ❺ [표 만들기] 대화상자에 [A4:F595] 셀 범위가 지정됩니다. ❻ [확인]을 클릭합니다.

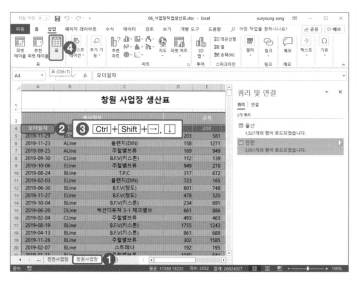

**09** [데이터] 탭–[데이터 가져오기 및 변환] 그룹–[테이블/범위에서🔲]를 클릭합니다.

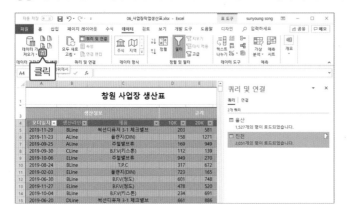

**10** ❶[파워 쿼리 편집기] 창에서 [쿼리 설정] 작업 창의 [이름]을 **창원**으로 수정합니다. ❷[10K] 열 머리글을 선택합니다. ❸ Shift 를 누른 상태에서 [30K] 열 머리글을 선택합니다. ❹ [변환] 탭–[열] 그룹–[열 피벗 해제🔲]를 클릭합니다. ❺ [닫기🗙]를 클릭하여 창을 닫습니다. ❻'변경 내용을 유지하시 겠습니까?'라는 메시지가 나타나면 [유지]를 클릭합니다.

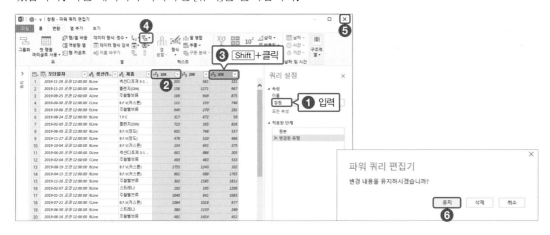

---

★ ★ ★
**비법노트**    **파워 쿼리 편집기 오류**

[데이터] 탭–[데이터 가져오기 및 변환] 그룹–[테이블/범위에서🔲]를 클릭하여 [파워 쿼리 편집기] 창을 표시할 때 테 이블을 로드하지 못하여 오류가 표시되는 경우가 있습니다. 이때는 [삽입] 탭–[표] 그룹–[표]를 클릭하여 표 형태로 변환 후 [데이터] 탭–[데 이터 가져오기 및 변환] 그룹–[테이블/범위에서🔲] 메뉴를 사용하면 오류 없이 테이블을 로드하여 작업할 수 있습니다.

**비법노트 ★★★** [파워 쿼리] 메뉴

### 엑셀 2019 버전에서의 [파워 쿼리] 메뉴

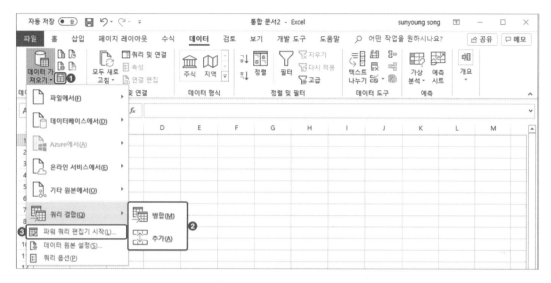

❶ **테이블/범위에서** 선택한 표 범위의 데이터를 새로운 쿼리로 만들 때 사용하는 메뉴입니다. 데이터 범위를 표 범위로 지정하거나 일반 데이터 범위를 지정한 후 쿼리로 생성합니다.

❷ **병합/추가** 여러 쿼리를 하나의 쿼리로 합할 때 사용합니다.

❸ **파워 쿼리 편집기 시작** 파워 쿼리 편집기를 열어 쿼리를 관리, 편집할 때 사용합니다.

### 엑셀 2010, 2013, 2016 버전에서의 [파워 쿼리] 메뉴

파워 쿼리를 추가 메뉴로 설치할 수 있으며 [파워 쿼리] 탭이 별도로 제공됩니다.

❶ 엑셀 2019 버전과 마찬가지로 데이터를 새로운 쿼리로 만들 때 사용하며 일반 데이터 범위를 지정하여 쿼리로 생성합니다. 엑셀 2016 버전에서는 [데이터] 탭-[가져오기 및 변환] 그룹-[테이블에서]을 선택하여 사용합니다.

❷ 엑셀 2019 버전과 마찬가지로 여러 쿼리를 하나의 쿼리로 합할 때 사용하며 엑셀 2016 버전에서는 [데이터] 탭-[가져오기 및 변환] 그룹-[새 쿼리]를 클릭한 후 [쿼리 결합]을 선택하여 쿼리를 병합/추가합니다.

❸ 엑셀 2019 버전과 마찬가지로 쿼리를 관리, 편집할 때 사용합니다. 엑셀 2016 버전에서는 [데이터] 탭-[가져오기 및 변환] 그룹-[새 쿼리]를 클릭한 후 [쿼리 결합]을 선택하고 [쿼리 편집기 시작]을 선택하여 사용합니다.

## STEP 02 쿼리 결합 기능으로 데이터 통합하기

울산, 진천, 창원사업장 각 시트 앞에 형식이 변경된 데이터가 있습니다. 각각 다른 시트에 변경되어 있는 데이터를 쿼리 결합 기능을 이용하여 통합해보도록 하겠습니다.

**11 울산, 진천, 창원 데이터 통합하기** ❶ [Sheet1] 시트를 선택합니다. ❷ [데이터] 탭–[데이터 가져오기 및 변환] 그룹–[데이터 가져오기]를 클릭한 후 ❸ [쿼리 결합]–[추가]를 선택합니다. ❹ [추가] 대화상자에서 [3개 이상의 테이블]을 선택합니다. ❺ [사용 가능한 테이블]의 [진천] 테이블과 [창원] 테이블을 각각 더블클릭하여 [추가할 테이블]에 추가합니다. ❻ [확인]을 클릭합니다.

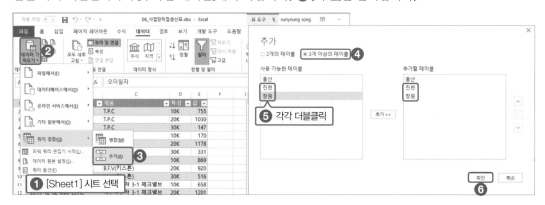

📊 **실력향상** 선택되어 있는 시트 앞에 통합된 데이터가 표시됩니다. 파일 맨 앞 시트에 통합 데이터가 표시되도록 [Sheet1]을 선택하고 메뉴를 사용합니다.

📊 **실력향상** 엑셀 2010, 2013 버전에서는 [파워 쿼리] 탭–[결합] 그룹–[추가]를 엑셀 2016 버전에서는 [데이터] 탭–[가져오기 및 변환] 그룹–[새 쿼리]를 클릭하고 [쿼리 결합]을 선택한 후 [추가]를 클릭하여 사용합니다.

**12** ❶ [파워 쿼리 편집기] 창의 [쿼리 설정] 작업 창–[이름]에 **통합**을 입력합니다. ❷ [특성] 열 머리글을 더블클릭한 후 **규격**을 입력합니다. ❸ [값] 열 머리글을 더블클릭한 후 **수량**을 입력합니다. ❹ [닫기 X]를 클릭하여 창을 닫습니다. ❺ '변경 내용을 유지하시겠습니까?'라는 메시지가 나타나면 [유지]를 클릭합니다.

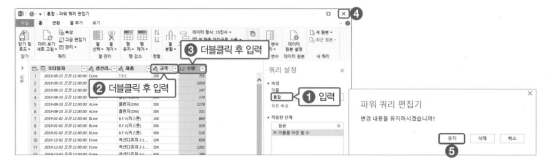

**13** 울산, 진천, 창원 데이터가 통합되어 한 시트에 표시됩니다. ❶ [Sheet4] 시트명을 더블클릭한 후 **통합**을 입력하여 수정합니다. ❷ [쿼리 및 연결] 작업 창을 닫습니다.

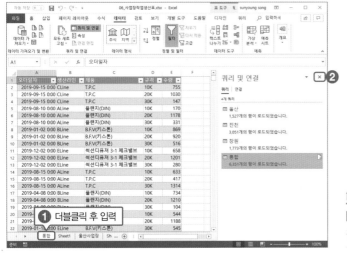

**ıllı 실력향상** 닫은 [쿼리 및 연결] 작업 창은 [데이터] 탭-[쿼리 및 연결] 그룹-[쿼리 및 연결]을 클릭하여 다시 표시할 수 있습니다.

## 규격별 생산라인별 총량과 비율, 피벗 테이블 보고서로 작성하기

통합된 데이터로 규격별, 생산라인별 총수량과 비율이 표시되도록 피벗 테이블을 이용하여 보고서로 작성해보겠습니다.

**14 피벗 테이블 만들기** ❶ [A1] 셀을 선택하고 ❷ [삽입] 탭-[표] 그룹-[피벗 테이블]을 클릭합니다. ❸ [피벗 테이블 만들기] 대화상자의 [표 또는 범위 선택]에서 [표/범위]에 **통합**이 자동 입력됩니다. ❹ 피벗 테이블 보고서를 넣을 위치로 [새 워크시트]를 선택합니다. ❺ [확인]을 클릭합니다.

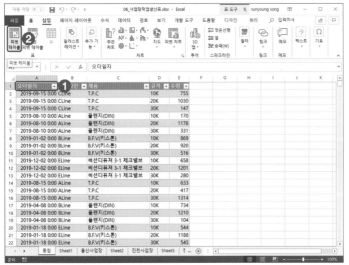

**15 피벗 테이블 레이아웃 설정하기** 새로운 시트가 추가되고 피벗 테이블 작업 영역이 표시됩니다. 오른쪽에는 [피벗 테이블 필드] 작업 창이 나타납니다. ❶ 작업 창의 필드 목록에서 [규격]과 [생산라인] 필드는 [행] 영역으로 ❷ [수량] 필드는 [Σ 값] 영역으로 드래그합니다.

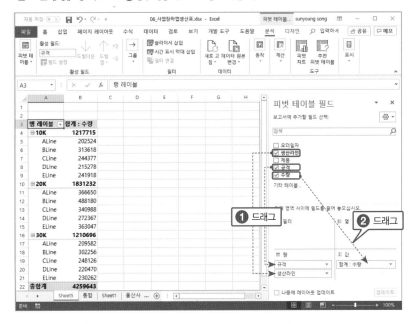

**16 필드 표시 형식 수정하기** ❶ [B3] 셀을 선택하고 **총수량**을 입력합니다. ❷ 마우스 오른쪽 버튼을 클릭하여 ❸ [필드 표시 형식]을 선택합니다. ❹ [셀 서식] 대화상자의 [범주]에서 [숫자]를 선택합니다. ❺ [1000 단위 구분 기호(,) 사용]에 체크 표시합니다. ❻ [확인]을 클릭합니다.

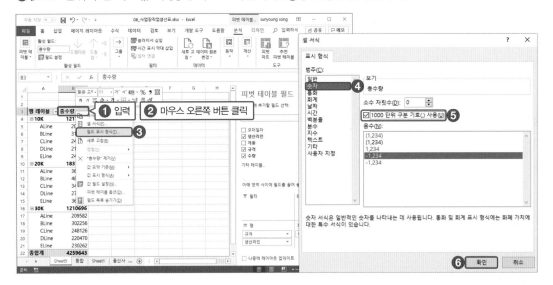

**17 비율 필드 추가하기** ❶[수량] 필드를 [Σ 값] 영역으로 한 번 더 드래그합니다. ❷[C3] 셀을 선택하고 **비율**을 입력합니다. ❸ 마우스 오른쪽 버튼을 클릭하고 ❹[값 표시 형식]–[열 합계 비율]을 선택합니다.

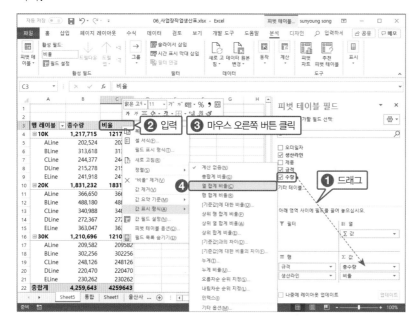

**실력향상** 맨 하단의 총 합계 값을 100%로 하고 현재 각 항목의 비율이 표시됩니다. [총 합계 비율]을 선택해도 같은 결과가 표시됩니다.

**18 피벗 테이블 서식 설정하기** [피벗 테이블 도구]–[디자인] 탭–[피벗 테이블 스타일] 그룹–[자세히]–[연한 노랑, 피벗 스타일 보통 12]를 클릭합니다.

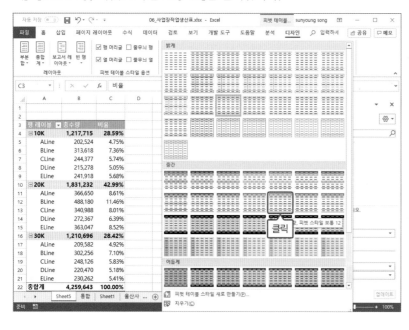

**19** ❶ [피벗 테이블 도구]-[디자인] 탭-[레이아웃] 그룹-[보고서 레이아웃]-[테이블 형식으로 표시]를 선택합니다. ❷ [A9] 셀을 선택하여 **총 수량과 비율**을 입력합니다. ❸ A열의 너비를 적당히 조절합니다. ❹ [A3:D3] 셀 범위를 선택한 후 ❺ [홈] 탭-[맞춤] 그룹-[가운데 맞춤 ☰]을 클릭합니다. ❻ 시트명을 더블클릭한 후 **규격,라인별 작업생산표**로 수정합니다.

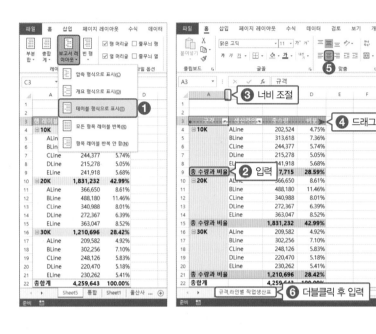

📊 **실력향상** [A9] 셀의 부분합 필드를 수정하면 같은 부분합 필드인 [A15], [A21] 셀의 텍스트도 함께 수정됩니다.

---

★★★
**비법노트**　**파워 쿼리 설치하기**

엑셀 2010, 2013 버전은 파워 쿼리 기능을 다운로드하여 설치해야 사용할 수 있습니다. 설치시 운영체제는 윈도우 7이상, 인터넷 익스플로러 9이상을 사용하여야 설치가 가능합니다.

❶ www.microsoft.com/ko-kr/download/confirmation.aspx?id=39379 사이트로 접속합니다.

❷ [언어 선택]은 한국어로 선택하고 [다운로드]를 클릭합니다.

❸ 설치된 엑셀 버전에 맞는 프로그램을 선택하고 [다음]을 클릭하여 다운로드한 후 프로그램을 설치하여 사용합니다. 프로그램이 설치되면 [파워 쿼리] 탭 메뉴가 표시됩니다.

엑셀 2010 버전에서는 [파일] 탭-[도움말]에서 엑셀 2013 버전은 [파일] 탭-[계정]을 클릭한 후 [Excel 정보]에서 확인할 수 있습니다.

CHAPTER

# 04

# 차트로 데이터를
# 시각화하여
# 보고서
# 작성하기

자동 필터, 부분합, 통합, 피벗 테이블 등 엑셀의 분석 도구를 사용하거나 함수 수식을 이용하면 크고 방대한 자료를 간단하고 보기 쉽게 요약해 정리할 수 있습니다. 또 이렇게 정리되어 있는 자료를 차트로 표현하면 데이터가 시각화되어 확실하게 의사를 전달을 하거나 정확한 예측을 하는 데 도움이 됩니다. CHAPTER 03에서 사용한 분석 도구와 함수를 이용하여 데이터를 정리하고, 정리된 데이터에 적절한 차트를 적용하는 방법, 작성한 차트를 수정하는 방법에 대해 알아보겠습니다.

# 여기에서는 어떤 예제로 배울까요?

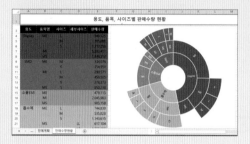
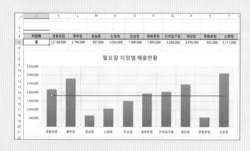

**PROJECT**

# 01

# 용도와 품목, 사이즈 등
# 계층별 비율을 확인하는 선버스트 차트 만들기

실습 파일 | Part02/Chapter04/01_판매수량현황.xlsx　　완성 파일 | Part02/Chapter04/01_판매수량현황(완성).xlsx

## 01 프로젝트 시작하기

여러 계층, 여러 범주로 정리된 자료를 선버스트 차트로 표현하여 판매 현황을 파악하는 방법을 알아보겠습니다. 제품의 월 판매 계획 및 현재 판매 개수가 입력된 표의 데이터를 용도별로 구분하고, 각 용도의 품목명, 사이즈별로 판매된 개수를 피벗 테이블로 정리해보겠습니다. 피벗 테이블로 정리된 데이터에 서식 설정한 후 용도, 품목, 사이즈, 세부사이즈의 계층별 비율을 원형 차트 형태로 표시하는 선버스트 차트로 작성하여 판매 현황 비율을 파악해보겠습니다.

이 섹션에서는 계층별 데이터를 테이블 형태의 보고서로 작성하는 방법과 여러 계층으로 구성된 데이터를 원형 차트 형태로 표현하는 선버스트 차트를 작성하는 방법을 익힐 수 있습니다.

회사에서
바로 통하는
**키워드**　　**피벗 테이블, 바꾸기, 선버스트 차트**

| 거래처 | 용도 | 품목명 | 품목코드 | 사이즈 | 세부사이즈 | 결재단가 | 담당자 | 1월수량 | 2월수량 | 3월수량 | 4월수량 | 5월수량 |
|---|---|---|---|---|---|---|---|---|---|---|---|---|
| 정원테크원 | 소몰EMI | MI | 707 | NO | NO | 40.00 | 조수만 | 3,020 | 1,875 | 7,767 | 9,445 | 6,215 |
| 내산하이텍 | Display | MS | 589 | NO | NO | 52.00 | 유은회 | 58,374 | 59,166 | 59,354 | 52,745 | 54,625 |
| 정원테크원 | Display | MI | 404 | NO | NO | 204.00 | 조수만 | 477 | 7,826 | 2,301 | 1,030 | 2,136 |
| Uenono | Display | ME | 119 | S | NO | 50.00 | 유은회 | 7,561 | 740 | 5,507 | 5,696 | 420 |
| ㈜코리아올앳 | Display | MI | 848 | NO | NO | 740.00 | 유은회 | 311 | 1,625 | 5,358 | 371 | 6,611 |
| K글로벌테크원㈜ | Display | MI | 953 | NO | NO | 88.00 | 유은회 | 1,262 | 5,519 | 3,239 | 8,471 | 2,053 |
| K글로벌테크원㈜ | 소몰EMI | MI | 929 | NO | NO | 46.00 | 유은회 | 3,692 | 7,715 | 1,069 | 6,155 | 5,829 |
| 선영전자 | Display | ME | 744 | S | NO | 100.00 | 탁연미 | 1,183 | 2,280 | 4,199 | 1,448 | 6,351 |
| K글로벌테크원㈜ | Display | MI | 191 | NO | NO | 0.12 | 유은회 | 1,488 | 8,408 | 1,610 | 2,520 | 3,769 |
| ㈜빌더스넷 | 소몰EMI | MI | 846 | NO | NO | 45,000.00 | 유은회 | 8,105 | 4,820 | 8,688 | 4,553 | 8,706 |
| K글로벌테크원㈜ | Display | ME | 908 | L | NO | 187.00 | 유은회 | 4,479 | 5,647 | 3,612 | 8,897 | 814 |
| 정원테크원 | 소몰EMI | MI | 627 | NO | NO | 230.00 | 조수만 | 2,527 | 4,303 | 2,851 | 2,695 | 1,546 |
| 정원테크원 | 소몰EMI | MI | 998 | NO | NO | 80.00 | 조수만 | 617 | 8,834 | 4,069 | 798 | 8,557 |
| ㈜신일씨엠 | Display | MI | 211 | NO | NO | 740.00 | 유은회 | 3,785 | 7,470 | 5,503 | 9,996 | 1,367 |
| K블로테크원㈜ | Display | ME | 118 | L | NO | 172.00 | 유은회 | 3,027 | 5,381 | 7,687 | 9,145 | 3,631 |
| ㈜코리아올앳 | 소몰EMI | MS | 129 | NO | NO | 90 | 유은회 | 8,933 | 2,991 | 603 | 3,565 | 9,776 |
| 한성공테크 | Display | ME | 512 | M | NO | 350.00 | 유은회 | 12,371 | 16,145 | 14,516 | 13,386 | 16,091 |
| 서남산업 | Display | MI | 157 | NO | NO | 194.00 | 탁연미 | 8,900 | 3,970 | 145 | 4,479 | 347 |

판매계획 | 판매수량현황

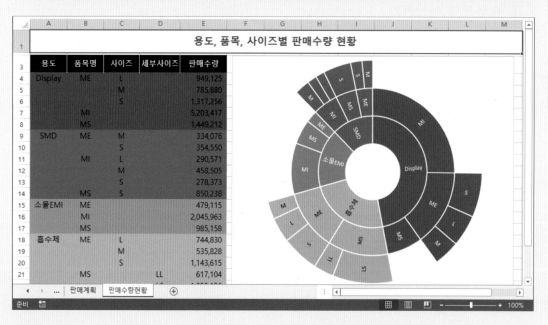

| 용도 | 품목명 | 사이즈 | 세부사이즈 | 판매수량 |
|---|---|---|---|---|
| Display | ME | L | | 949,125 |
| | | M | | 785,880 |
| | | S | | 1,317,256 |
| | MI | | | 5,203,417 |
| | MS | | | 1,449,212 |
| SMD | ME | M | | 334,076 |
| | | S | | 354,550 |
| | MI | L | | 290,571 |
| | | M | | 458,505 |
| | | S | | 278,373 |
| | MS | S | | 850,238 |
| 소몰EMI | ME | | | 479,115 |
| | MI | | | 2,045,963 |
| | MS | | | 985,158 |
| 흡수체 | ME | L | | 744,830 |
| | | M | | 535,828 |
| | | S | | 1,143,615 |
| | MS | | LL | 617,104 |

용도, 품목, 사이즈별 판매수량 현황

판매계획 | 판매수량현황

**한눈에 보는 작업순서**

피벗 테이블 만들기 ▶ 피벗 테이블 레이아웃과 서식 설정하기 ▶ 정리된 피벗 테이블 데이터를 다른 시트에 결과 값만 표시하기

▶ 바꾸기로 사용하지 않는 데이터 값 제거하기 ▶ 선버스트 차트 삽입하기 ▶ 차트 서식 설정하기

## STEP 01 판매 현황을 파악하는 피벗 테이블 작성하기

❶ 피벗 테이블로 구분, 품목, 사이즈별로 판매 수량 현황을 파악하는 피벗 테이블 보고서를 작성합니다.

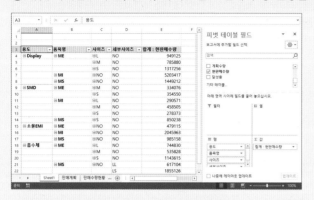

## STEP 02 차트에 표시될 데이터 정리하기

❶ 피벗 테이블 보고서를 복사한 후 [판매수량현황] 시트에 [값]으로 붙여 넣습니다.

❷ 해당 사항이 없어 'NO'로 표시되는 사이즈는 [바꾸기]를 이용하여 빈 셀로 정리합니다.

## STEP 03 계층별로 구분된 자료를 선버스트 차트로 표현하기

❶ 구분, 품목, 사이즈, 세부 사이즈별 판매수량 현황을 선버스트 차트로 표현합니다.

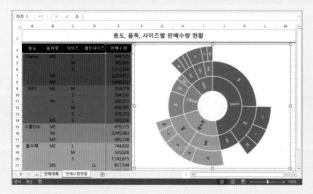

## STEP 01 판매 현황을 파악하는 피벗 테이블 작성하기

제품의 용도, 품목, 사이즈별 판매 현황 데이터를 계층화하여 피벗 테이블 보고서로 표현해보겠습니다. 압축 형식으로 기본 표시되는 피벗 테이블 보고서를 표 형태로 수정하는 레이아웃 설정 방법도 알아보 겠습니다.

**01 피벗 테이블 만들기** ❶ [판매계획] 시트를 선택합니다. ❷ [A4] 셀을 선택한 후 ❸ [삽입] 탭-[표] 그룹-[피벗 테이블]을 클릭합니다. ❹ [피벗 테이블 만들기] 대화상자의 분석할 데이터에 [표 또는 범위 선택]이 기본 선택되어 있으며 [표/범위]에 [A4:W388] 셀 범위가 자동 설정되어 있습니다. ❺ 피벗 테이블 보고서 넣을 위치로 [새 워크시트]가 선택되어 있는지 확인한 후 ❻ [확인]을 클릭합니다.

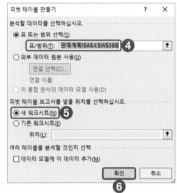

**02 피벗 테이블 레이아웃 설정하기** [Sheet1] 이름을 가진 새로운 시트가 추가되고 피벗 테이블 작업 영역이 표시됩니다. 오른쪽에는 [피벗 테이블 필드] 작업 창이 나타납니다. ❶ 작업 창의 필드 목록에서 [용도]와 [품목명], [사이즈], [세부사이즈] 필드를 [행] 영역으로 드래그합니다. ❷ [현판매수량] 필드는 [Σ 값] 영역으로 드래그합니다.

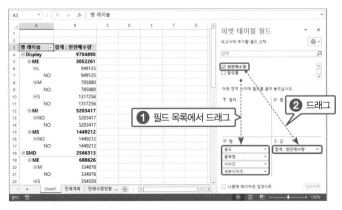

**실력향상** 데이터 형식이 텍스트인 [용도], [품목명], [사이즈], [세부사이즈] 필드를 체크 표시하면 자동으로 [행] 영역에 데이터 형식이 숫자인 [현판매수량] 필드를 체크 표시하면 자동으로 [Σ 값] 영역에 추가됩니다.

**03 피벗 테이블 서식 설정하기**　피벗 테이블 레이아웃을 수정하겠습니다. [피벗 테이블 도구]–[디자인] 탭–[레이아웃] 그룹–[보고서 레이아웃]–[테이블 형식으로 표시]를 선택합니다.

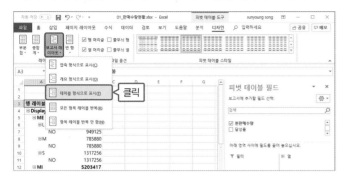

**04**　[피벗 테이블 도구]–[디자인] 탭–[레이아웃] 그룹–[총합계]–[행 및 열의 총합계 해제]를 선택합니다.

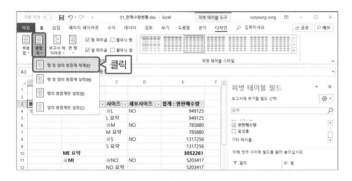

**05**　[피벗 테이블 도구]–[디자인] 탭–[레이아웃] 그룹–[부분합]–[부분합 표시 안함]을 선택합니다.

## STEP 02 차트에 표시될 데이터 정리하기

피벗 테이블 보고서로 작성한 데이터는 언제든 내용이 수정될 수 있어 선버스트 차트로 표현할 수 없습니다. 피벗 테이블 보고서 결과를 다른 시트에 따로 정리하고 사이즈가 없다는 표시의 'NO' 데이터는 [바꾸기]를 이용하여 삭제하겠습니다.

**06 피벗 테이블 데이터 다른 시트에 표시하기** ❶ [A3] 셀을 선택하고 ❷ Ctrl + A 를 눌러 피벗 테이블 전체를 선택합니다. ❸ Ctrl + C 를 눌러 복사합니다.

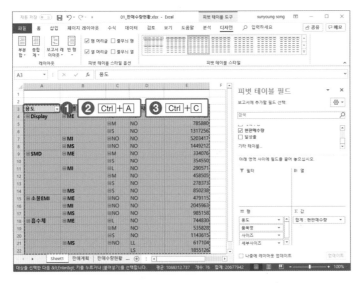

**07** ❶ [판매수량현황] 시트를 클릭하고 ❷ [A3] 셀을 선택합니다. ❸ [홈] 탭-[클립보드] 그룹-[붙여넣기]-[값 123]을 선택합니다.

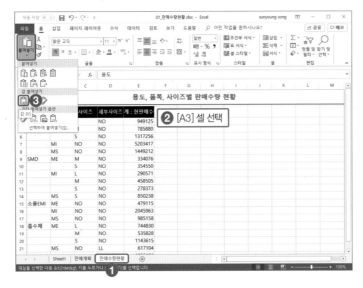

**실력향상** Ctrl + V 를 누르면 피벗 테이블이 그대로 붙여 넣어집니다. 결과 값만 표시하기 위해 [값] 붙여넣기를 선택합니다.

**08 서식 설정하기** ❶ [E3] 셀에 **판매수량**을 입력합니다. ❷ [A3:E3] 셀 범위를 선택하고 ❸ [홈] 탭-[맞춤] 그룹-[가운데 맞춤🔲]을 클릭합니다. ❹ [홈] 탭-[글꼴] 그룹-[굵게🔲]를 클릭합니다.

**09** ❶ [A4:D22] 셀 범위를 선택하고 ❷ [홈] 탭-[맞춤] 그룹-[가운데 맞춤🔲]을 클릭합니다. ❸ [E4:E22] 셀 범위를 선택합니다. ❹ [홈] 탭-[표시 형식] 그룹-[쉼표 스타일🔳]을 클릭합니다.

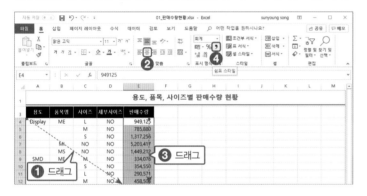

**10** ❶ [A4:E8] 셀 범위를 선택합니다. ❷ [홈] 탭-[글꼴] 그룹-[채우기 색🔲]을 클릭하고 ❸ [파랑, 강조 1, 25% 더 어둡게]를 선택합니다. ❹ [A9:E14] 셀 범위는 [파랑, 강조 5, 25% 더 어둡게], ❺ [A15:E17] 셀 범위는 [파랑, 강조 1, 40% 더 밝게], ❻ [A18:E22] 셀 범위는 [파랑, 강조 1, 60% 더 밝게] 채우기 색을 각각 적용합니다.

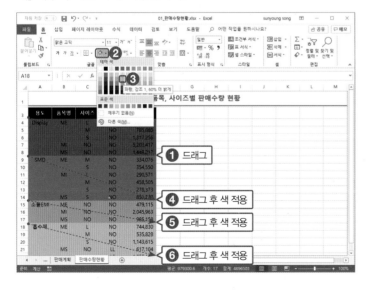

**11 바꾸기로 NO 데이터 제거하기** ❶ [홈] 탭-[편집] 그룹-[찾기 및 선택]-[바꾸기]를 선택합니다. ❷ [찾기 및 바꾸기] 대화상자의 [찾을 내용]에는 **NO**를 입력하고 ❸ [바꿀 내용]에는 아무것도 입력하지 않습니다. ❹ [모두 바꾸기]를 클릭합니다. ❺ '23개 항목이 바뀌었습니다.'라는 메시지가 나타납니다. [확인]을 클릭합니다. ❻ [찾기 및 바꾸기] 대화상자의 [닫기]를 클릭합니다.

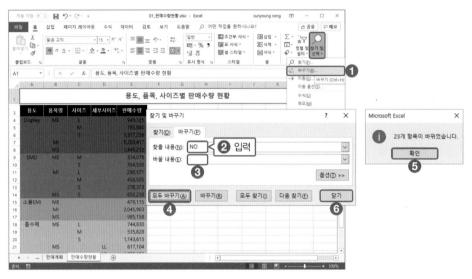

**STEP 03** 계층별로 구분된 자료를 선버스트 차트로 표현하기

정리된 데이터는 제품의 용도가 품목으로 구분되어 있고, 품목의 사이즈도 일반사이즈와 세부사이즈로 구분되어 판매수량 현황이 표시됩니다. 이렇게 많은 범주의 계층구조 데이터는 엑셀 2016 버전부터 제공되는 선버스트 차트를 이용하여 계층간의 비율을 고리형으로 표현할 수 있습니다.

**12 차트 삽입하기** ❶ [A3] 셀을 선택합니다 ❷ [삽입] 탭-[차트] 그룹-[계층 구조 차트 삽입📊]을 클릭하고 ❸ [선버스트]를 선택합니다.

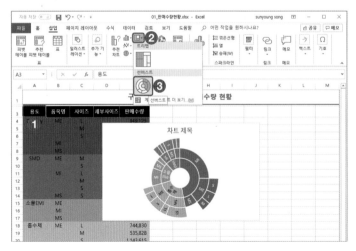

📊 **실력향상** 개별 항목과 전체 항목을 비교하거나 계층 구조 형태로 입력되어 있는 데이터에 계층 구조 차트를 사용합니다.

📊 **실력향상** 계층 수준 간의 값을 비교할 때 선버스트 차트를 사용하며 선버스트 차트는 엑셀 2016 버전에서부터 제공되는 차트 종류입니다.

**13 차트 위치와 크기 조정하기** ❶ 차트의 모서리를 드래그하여 [F3:M21] 셀 범위 안에 위치시킵니다. ❷ [차트 제목]을 선택하고 Delete 를 눌러 제거합니다.

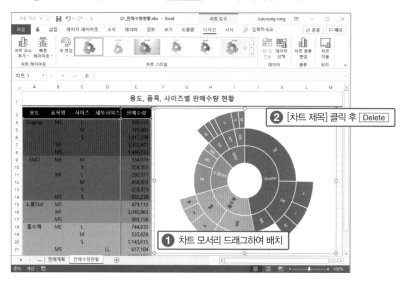

**14 차트 디자인 수정하기** [차트 도구]–[디자인] 탭–[차트 스타일] 그룹–[색 변경]–[단색형] 그룹에서 [단색 색상표 1]을 선택합니다.

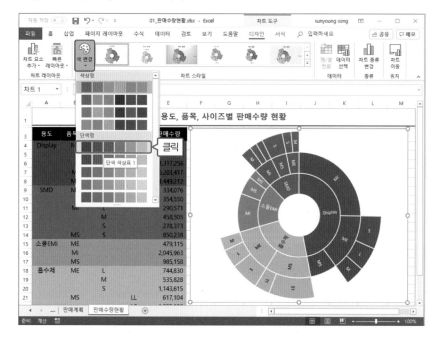

**15** 용도, 품목, 사이즈별 판매수량 현황을 확인할 수 있는 선버스트 차트가 완성되었습니다.

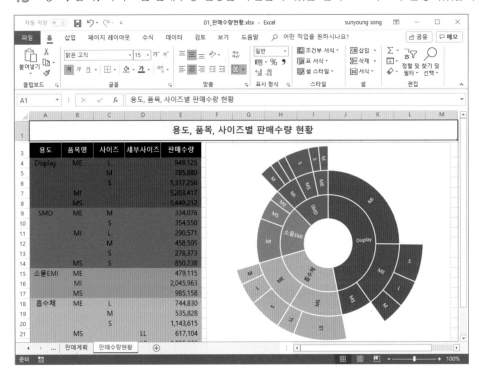

# 요일별 매출금액을 분석하는
# 보고서 작성하기

실습 파일 | Part02/Chapter04/02_매장별1사분기매출현황.xlsx   완성 파일 | Part02/Chapter04/02_매장별1사분기매출현황(완성).xlsx

## 01 프로젝트 시작하기

1월~3월까지의 날짜별 지점 매출현황 데이터를 요일별로 비교해보겠습니다. 유효성 검사로 요일을 간단하게 선택할 수 있도록 설정하고 SUMIFS 함수를 이용해 선택한 요일의 지점별 매출합계를 바로 확인할 수 있도록 수식을 작성하겠습니다. 정리된 데이터는 세로 막대 차트로 작성하여 시각적으로 표현하고, 평균값에 대한 내용도 차트에 추가하여 각 지점의 매출금액과 비교할 수 있도록 작성해보겠습니다.

이번 섹션에서는 유효성 검사와 함수를 이용하여 선택한 항목에 따라 값이 변하는 유동적인 차트를 표현하는 방법에 대해 알아보겠습니다.

회사에서
바로 통하는    TEXT, 중복된 항목 제거, 유효성 검사, SUMIFS, AVERAGE, 세로 막대 차트, 분산형 차트, 오차 막대
키워드

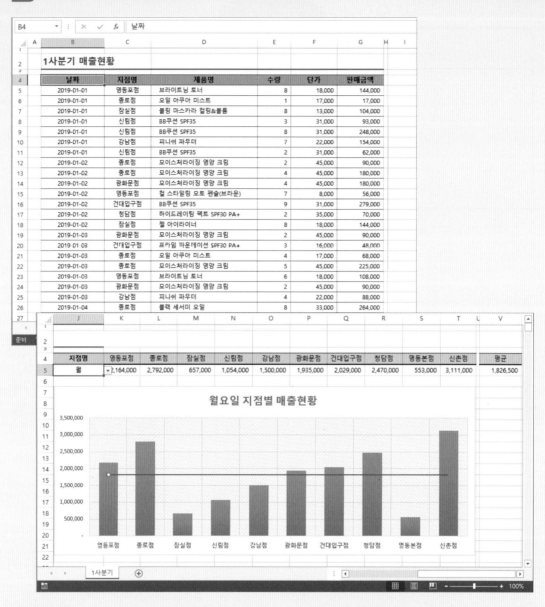

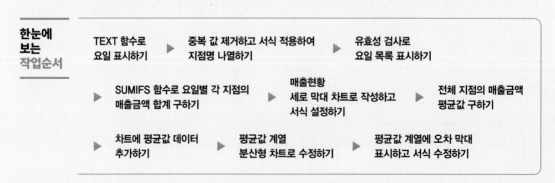

한눈에 보는 작업순서

TEXT 함수로 요일 표시하기 ▶ 중복 값 제거하고 서식 적용하여 지점명 나열하기 ▶ 유효성 검사로 요일 목록 표시하기

▶ SUMIFS 함수로 요일별 각 지점의 매출금액 합계 구하기 ▶ 매출현황 세로 막대 차트로 작성하고 서식 설정하기 ▶ 전체 지점의 매출금액 평균값 구하기

▶ 차트에 평균값 데이터 추가하기 ▶ 평균값 계열 분산형 차트로 수정하기 ▶ 평균값 계열에 오차 막대 표시하고 서식 수정하기

## STEP 01 요일별, 지점별 판매금액 합계 구하기

❶ 요일별로 판매된 금액의 합계를 구하기 위해 날짜 데이터에 맞는 요일을 TEXT 함수를 이용해 구합니다.

❷ 유효성 검사로 요일을 선택할 수 있도록 설정하고 SUMIFS 함수로 요일별, 지점의 판매금액 합계를 구합니다.

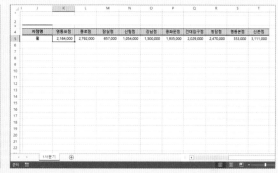

## STEP 02 매출현황 차트 작성하기

❶ 선택한 요일의 지점별 판매금액 합계, 총 매출현황을 세로 막대 차트를 이용하여 시각적으로 표현합니다.

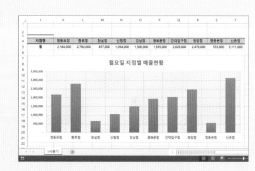

## STEP 03 매출금액 평균값을 매출현황 차트에 분산형으로 추가하기

❶ 평균 매출액을 계산하여 각 지점 매출액과 비교하여 볼 수 있도록 분산형 차트로 매출현황 차트에 추가하여 작성합니다.

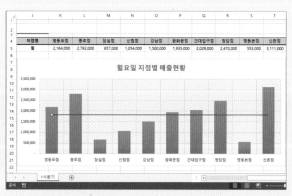

## STEP 01 요일별, 지점별 판매금액 합계 구하기

1사분기 매출현황 데이터로 요일별 통계를 구하기 위해 날짜는 TEXT 함수를 이용하여 '월', '화', '수', … 형식의 요일 텍스트로 변경해보겠습니다. 또 SUMIFS 함수를 이용하여 선택한 요일의 지점별 판매 금액의 합계를 파악해보겠습니다.

### 01 TEXT 함수로 요일 표시하기

❶ C열 머리글을 선택합니다. ❷ 마우스 오른쪽 버튼을 클릭한 후 ❸ [삽입]을 선택합니다.

### 02

❶ [C4] 셀을 선택하고 **요일**을 입력합니다. ❷ [C5] 셀을 선택한 후 **=TEXT(B5,"AAA")**를 입력합니다. ❸ 수식 입력 후 자동 채우기 핸들을 더블클릭하여 자동 채우기합니다.

**실력향상** TEXT 함수는 값을 지정한 표시 형식으로 표현해주는 함수입니다. B열의 날짜 데이터를 'AAA' 표시 형식인 '월', '화' 형식으로 표현합니다.

---

 **비법노트** · · · TEXT 함수

| 함수 형식 | TEXT(Value, Format_text)<br>TEXT(값, 표시 형식) |
|---|---|
| 인수 | • Value : 표시 형식을 지정할 데이터 값<br>• Format_text : 표현할 표시 형식을 지정하며 [셀 서식] 대화상자의 [표시 형식]에서 사용되는 형식과 같습니다. |

---

**03** ❶[C4] 셀을 선택합니다. ❷[홈] 탭-[셀] 그룹-[서식]-[열 너비 자동 맞춤]을 선택하여 너비를 조절합니다.

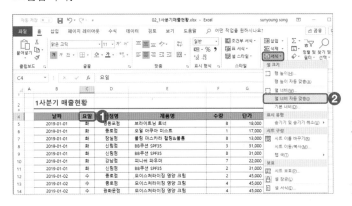

**📊 실력향상** 선택한 셀의 텍스트 길이에 맞춰 열 너비가 자동 맞춤으로 설정됩니다. 가장 긴 텍스트가 입력된 [C4] 셀을 선택하여 너비를 조절합니다.

**04 지점명 중복값 제거하기** ❶D열 머리글을 선택합니다. ❷[Ctrl]+[C]를 눌러 복사합니다. ❸J열 머리글을 선택한 후 [Enter]를 눌러 붙여넣기합니다.

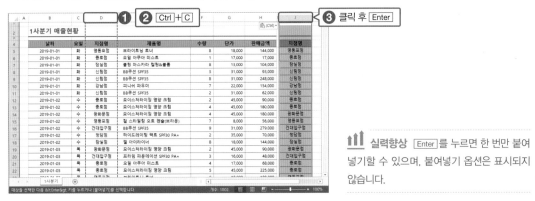

**📊 실력향상** [Enter]를 누르면 한 번만 붙여넣기할 수 있으며, 붙여넣기 옵션은 표시되지 않습니다.

**05** ❶[J4] 셀을 선택합니다. ❷[데이터] 탭-[데이터 도구] 그룹-[중복된 항목 제거🖾]를 클릭합니다. ❸[중복 값 제거] 대화상자에서 [확인]을 클릭합니다. 중복된 데이터 개수와 고유 데이터 개수를 보여주는 메시지가 나타납니다. ❹메시지에서 [확인]을 클릭하여 중복된 항목을 제거합니다.

CHAPTER 04 차트로 데이터를 시각화하여 보고서 작성하기 **441**

**06 지점명 정리하고 서식 설정하기** ❶ [J5:J14] 셀 범위를 선택합니다. ❷ Ctrl + C 를 눌러 복사합니다. ❸ [K4] 셀을 선택합니다. ❹ 마우스 오른쪽 버튼을 클릭한 후 ❺ [붙여넣기 옵션]–[바꾸기 📋]를 선택하여 행 방향으로 붙여 넣기합니다.

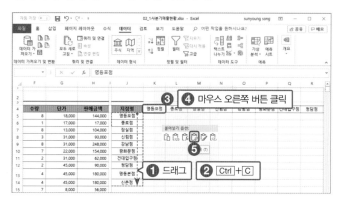

**07** ❶ [J5:J14] 셀 범위를 선택합니다. ❷ [홈] 탭–[편집] 그룹–[지우기 ◇] 목록 ▾ 을 클릭하고 ❸ [모두 지우기]를 선택합니다.

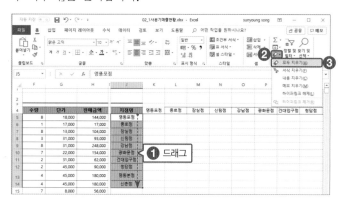

**08** ❶ [J4:T4] 셀 범위를 선택합니다. ❷ [홈] 탭–[글꼴] 그룹–[채우기 색 ◇ ▾]을 클릭하고 [흰색, 배경1, 15% 더 어둡게]를 선택합니다. ❸ [홈] 탭–[글꼴] 그룹–[글꼴 크기]는 **10**으로, ❹ [테두리]는 [위쪽/굵은 아래쪽 테두리]를 클릭합니다.

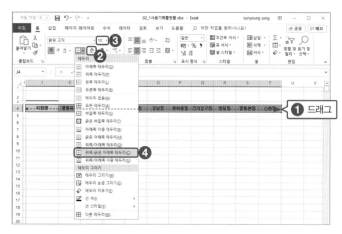

📊 **실력향상** 빈 [J4] 셀을 선택한 후 Ctrl + Shift + → 를 눌러 지점명 범위를 한 번에 선택할 수 있습니다.

**09 유효성 검사로 요일 목록 표시하기** ❶ [J5] 셀을 선택합니다. ❷ [데이터] 탭–[데이터 도구] 그룹–[데이터 유효성 검사📊]를 클릭합니다. ❸ [데이터 유효성] 대화상자의 [제한 대상]으로 [목록]을 선택합니다. ❹ [원본]에 **월,화,수,목,금,토,일**을 입력하고 ❺ [확인]을 클릭합니다.

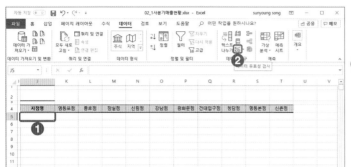

**10** ❶ [J5] 셀의 ▾를 클릭하고 ❷ 요일 목록 중 [화]요일을 선택합니다. ❸ [홈] 탭–[글꼴] 그룹–[글꼴 크기]에서 **10**으로 수정합니다. ❹ [홈] 탭–[맞춤] 그룹–[가운데 맞춤≡]을 클릭합니다.

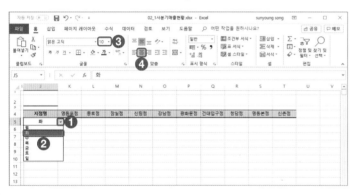

**11 선택한 요일의 지점별 매출금액 합계 구하기** ❶ [K5] 셀에 **=SUMIFS($H$5:$H$1005,$C$5:$C$1005,$J5,$D$5:$D$1005,K$4)**를 입력합니다. Enter를 누릅니다. ❷ [K5] 셀의 채우기 핸들을 [T5] 셀까지 드래그하여 매출금액을 계산합니다. [K5:T5] 셀 범위가 선택된 상태에서 ❸ [홈] 탭–[글꼴] 그룹–[글꼴 크기]를 **10**으로 수정합니다. ❹ [홈] 탭–[표시 형식] 그룹–[쉼표 스타일❗]을 클릭합니다.

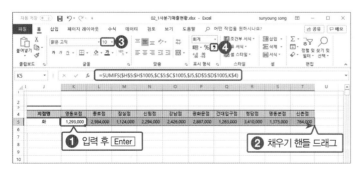

📊 **실력향상** SUMIFS는 여러 조건을 만족하는 합을 구할 때 사용하는 함수입니다. 각 지점과 선택된 요일을 모두 만족하는 판매합계를 구하기 위해 사용합니다.

📊 **실력향상** =SUMIFS($H$5:$H$1005,$C$5:$C$1005,$J5,$D$5:$D$1005,K$4) 수식은 C열의 요일 목록에서 [J5] 셀의 요일과 같은 요일, D열의 지점 목록에서 [K4] 셀의 지점과 같은 지점에 해당하는 H열 판매금액의 합계를 구하는 수식입니다.

**SUMIFS 함수**

**=SUMIFS(Sum_range, Criteria_range1, Criteria1, Criteria_range2, Criteria2, …)** : Criteria_range에 조건을 찾을 범위를 지정하고 Criteria에 찾을 조건을 입력합니다. 조건이 여러 개인 경우 Criteria_range(조건 찾을 범위)와 Criteria(조건)를 맞추어 입력한 후 Sum_range에 합계를 구할 범위를 지정합니다. 요일이 입력된 [C5:C1005] 셀 범위에서 [J5] 셀에 입력된 요일과 같은 조건을 찾고, 지점이 입력된 [D5:D1005] 셀 범위에서 [K4] 셀에 입력된 지점과 같은 조건을 찾아 두 조건이 모두 만족되는 경우의 숫자 값을 [H5:H1005] 셀 범위에서 찾아 합계를 구합니다.

### STEP 02 매출현황 차트 작성하기

각 지점의 요일 매출현황 데이터를 세로 막대 차트를 이용하여 시각적으로 표현하고 선택한 요일의 지점별 매출금액을 한눈에 파악할 수 있도록 수식을 이용하여 차트 제목을 작성하고 수정하는 방법에 대해 알아보겠습니다.

**12 차트 삽입하기** ❶ [J4:T5] 셀 범위를 선택합니다. ❷ [삽입] 탭-[차트] 그룹-[세로 또는 가로 막대형 차트 삽입⬚]을 클릭한 후 ❸ [2차원 세로 막대형]의 [묶은 세로 막대형] 차트를 선택합니다.

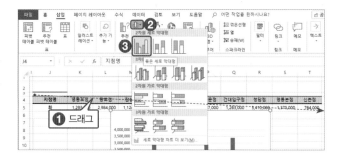

**13 차트의 위치와 스타일 설정하기** ❶ [J7] 셀 위치로 차트를 이동하고 ❷ 드래그하여 크기를 적당히 조절합니다. ❸ [차트 도구]-[디자인] 탭-[차트 스타일] 그룹-[빠른 스타일]의 ▾를 클릭하고 [스타일8]을 선택합니다.

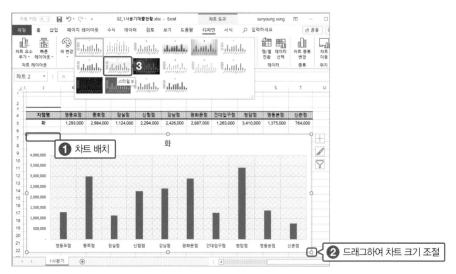

**14 데이터 계열 서식 수정하기** ❶ 차트의 화요일 계열을 클릭합니다. ❷ 마우스 오른쪽 버튼을 클릭한 후 ❸ [데이터 계열 서식]을 선택합니다.

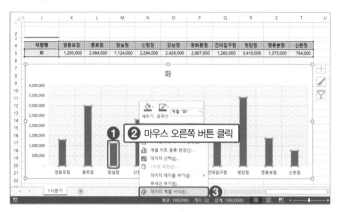

📊 **실력향상** 계열을 더블클릭해도 [데이터 계열 서식] 작업 창이 표시됩니다.

**15** ❶ [데이터 계열 서식] 작업 창의 [계열 옵션]을 클릭합니다. ❷ [데이터 계열 지정]의 [간격 너비]를 **100%**로 수정합니다. ❸ [데이터 계열 서식] 작업 창을 닫습니다.

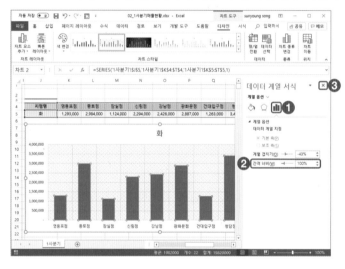

📊 **실력향상** 간격 너비 값을 작게 설정하면 간격이 좁아지면서 계열 너비(막대 차트)가 넓게, 값을 크게 설정하면 간격이 넓어지면서 계열 너비(막대 차트)가 좁게 표시됩니다.

**16** [차트 도구]-[서식] 탭-[도형 스타일] 그룹-[빠른 스타일]의 ⊡를 클릭하고 [보통 효과-파랑, 강조 5]를 선택합니다.

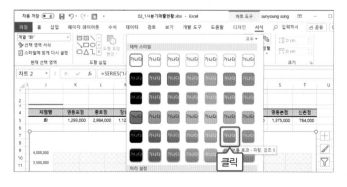

**17 차트 제목 표시하기** ① [J2] 셀에 **=J5&"요일 지점별 매출현황"**을 입력합니다. ② `Enter`를 누릅니다. ③ 차트 제목을 선택합니다. ④ 수식 입력줄을 클릭한 후 **=**를 입력하고 ⑤ [J2] 셀을 선택합니다. ⑥ `Enter`를 누릅니다.

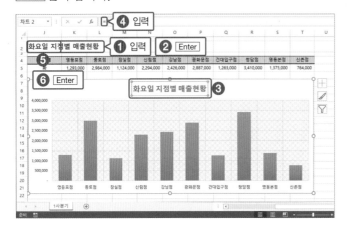

**실력향상** 차트 제목에는 수식이 입력되지 않기 때문에 셀에 수식을 작성한 후 차트 제목과 연결하여 사용합니다.

**18** ① [J2] 셀을 선택한 후 ② [홈] 탭-[글꼴] 그룹-[글꼴 색 **가**]을 클릭하고 ③ [흰색, 배경1]을 선택하여 보이지 않도록 설정합니다.

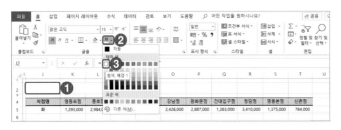

**19 선택한 요일의 차트 확인하기** ① [J5] 셀의 ▾를 클릭하여 ② [목]요일을 선택합니다. ③ 목요일 지점별 매출현황이 차트에 표시됩니다.

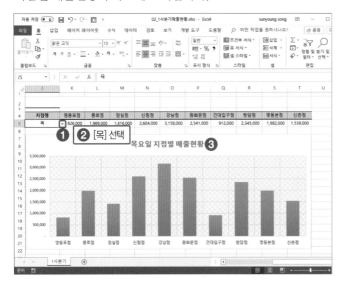

시각
보고서
작성

## STEP 03 매출금액 평균값을 매출현황 차트에 분산형으로 추가하기

선택한 요일의 지점별 매출현황이 표시된 차트에 전체 지점의 매출평균을 추가하여 평균 매출금액과
지점별 매출금액을 비교할 수 있도록 수정하겠습니다. AVERAGE 함수를 이용하여 평균값을 구하고
분산형 차트의 오차 막대로 평균값을 차트에 표현해보겠습니다.

**20 매출평균 표시하기** ❶ U열 머리글을 선택하고 열 너비를 좁게 조절합니다. ❷ [V4] 셀에 **평균**을
입력합니다. ❸ [V5] 셀에 **=AVERAGE(K5:T5)**를 입력합니다.

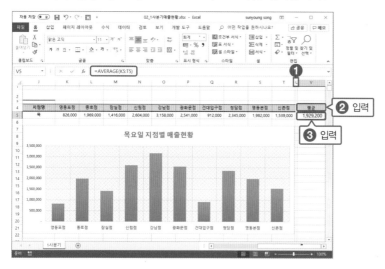

**21** ❶ [T4:T5] 셀 범위를 선택합니다. ❷ [홈] 탭-[클립보드] 그룹-[서식 복사 🖌]를 클릭하고 ❸
[V4:V5] 셀 범위를 드래그하여 서식을 붙여넣기합니다.

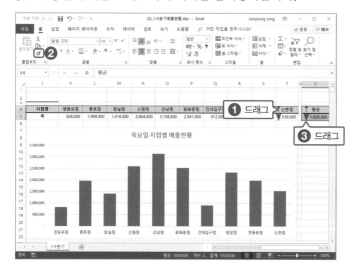

**22 차트에 평균 데이터 추가하여 표시하기** ❶ 차트를 선택합니다. ❷ [차트 도구]−[디자인] 탭−[데이터] 그룹−[데이터 선택]을 클릭합니다. ❸ [데이터 원본 선택] 대화상자의 [범례 항목(계열)]에서 [추가]를 클릭합니다. ❹ [계열 편집] 대화상자에서 [계열 이름]에 **='1사분기'!$V$4**를 입력하고 ❺ [계열 값]에 **='1사분기'!$V$5**를 입력합니다. ❻ [확인]을 클릭합니다. ❼ [데이터 원본 선택] 대화상자에서 [확인]을 클릭하여 대화상자를 닫습니다.

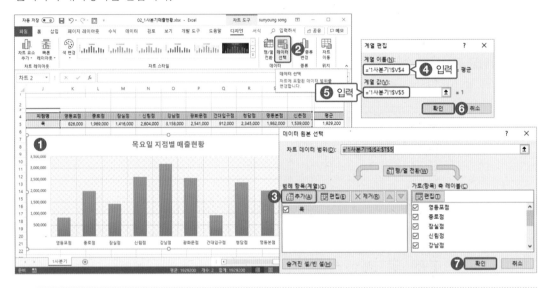

**실력향상** [계열 편집] 대화상자의 [계열 이름]은 범례에 표시되는 텍스트를, [계열 값]은 차트에 표시되는 수치 값을 각각 입력합니다. 범례가 현재 차트에 보이진 않지만 구분하기 위해 **평균**으로 입력합니다.

**23 평균 계열 차트 종류 수정하기** ❶ [평균] 계열을 선택합니다. ❷ 마우스 오른쪽 버튼을 클릭한 후 ❸ [계열 차트 종류 변경]을 선택합니다. ❹ [차트 종류 변경] 대화상자에서 [평균] 계열의 [차트 종류]를 [분산형]으로 선택합니다. ❺ [확인]을 클릭합니다.

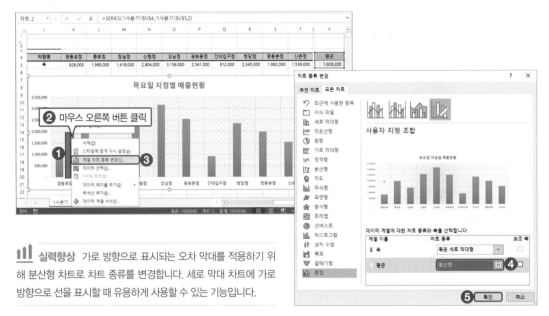

**실력향상** 가로 방향으로 표시되는 오차 막대를 적용하기 위해 분산형 차트로 차트 종류를 변경합니다. 세로 막대 차트에 가로 방향으로 선을 표시할 때 유용하게 사용할 수 있는 기능입니다.

**24 오차 막대 표시하고 서식 수정하기** ❶ '평균' 계열을 선택합니다. ❷ [차트 도구]-[디자인] 탭-[차트 레이아웃] 그룹-[차트 요소 추가]-[오차 막대]를 선택하고 ❸ [표준 오차]를 선택합니다.

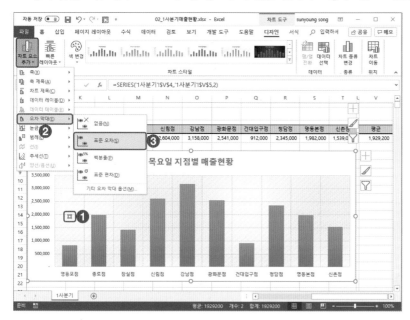

📊 **실력향상** 차트의 평균 값을 표시하기 위한 목적으로 [표준 오차]를 선택합니다.

**25** [평균] 계열이 선택된 상태에서 ❶ [차트 도구]-[디자인] 탭-[차트 레이아웃] 그룹-[차트 요소 추가]-[오차 막대]를 선택하고 ❷ [기타 오차 막대 옵션]을 선택합니다.

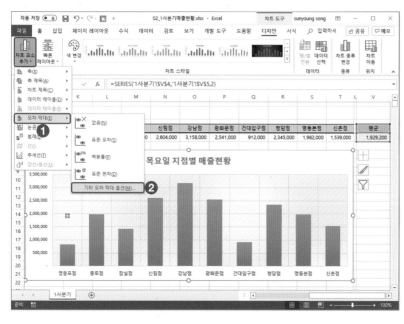

📊 **실력향상** 평균값에 대해 설정하는 것이므로 [평균] 계열이 선택되어 있는 상태에 [오차 막대] 메뉴를 선택합니다.

**26** ❶[오차 막대 서식] 작업 창의 [오차 막대 옵션]을 선택합니다. ❷[오차 막대 옵션]–[가로 오차 막대]의 [끝 스타일]을 [끝 모양 없음]으로 선택합니다. ❸[오차량]의 [사용자 지정]을 선택하고 ❹[값 지정]을 클릭합니다. ❺[오차 막대 사용자 지정] 대화상자에서 [양의 오류 값] **9**, [음의 오류 값] **0**을 입력합니다. ❻[확인]을 클릭합니다.

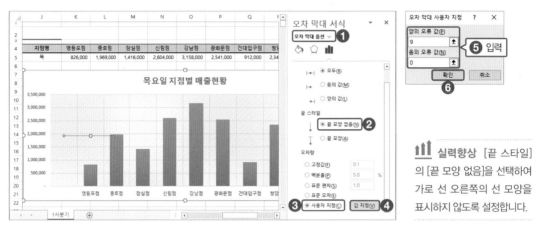

🎚️ **실력향상** [끝 스타일]의 [끝 모양 없음]을 선택하여 가로 선 오른쪽의 선 모양을 표시하지 않도록 설정합니다.

🎚️ **실력향상** [오차 막대 사용자 지정]의 [양의 오류 값]은 오른쪽 방향으로 표시할 가로 선의 길이 값을 입력합니다. 가로 축에 항목이 모두 10개 있으므로 오른쪽으로 9칸 이동하기 위해 **9**를 입력합니다. [음의 오류 값]은 왼쪽 방향으로 표시할 길이 값을 입력합니다. 왼쪽으로는 표시된 가로 항목이 없으므로 **0**을 입력합니다.

**27** ❶[오차 막대 서식] 작업 창의 [채우기 및 선]을 클릭합니다. ❷[선]에서 [실선]을 선택합니다. ❸[색]은 [주황, 강조 2, 25% 더 어둡게] ❹[너비]는 **1.25pt**로 수정합니다. ❺[오차 막대 서식] 작업 창을 닫습니다. ❻[J5] 셀의 ▾를 클릭하여 [월]을 선택합니다. 해당 요일의 지점별 매출현황과 매출평균값이 차트에 표시됩니다.

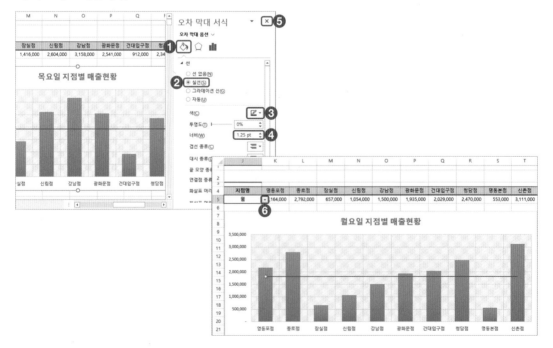

**PROJECT**

# 03

# 사업장별 부품 통계와 현황을 파악하는
# 동적 보고서 작성하기

실습 파일 | Part02/Chapter04/03_사업장부품구입대장.xlsx   완성 파일 | Part02/Chapter04/03_사업장부품구입대장(완성).xlsx

## 01 프로젝트 시작하기

사업장 부품 구입 대장에는 사업장에서 부품을 구입한 날짜와 수량, 단가, 금액 등이 기록되어 있습니다.
구입 대장의 많은 데이터를 피벗 테이블로 만들어 사업장별로 월별 부품의 총구입 수량과 결제 예정 금액
을 구해보겠습니다. 또 구입한 수량의 개수에 따라 할인율을 적용하여 재계산된 결제 금액을 피벗 테이블
의 계산 필드를 이용해 작성하고, 해당 내용을 피벗 차트를 이용하여 시각적으로 표현해보겠습니다. 여기
에서는 필요한 데이터를 피벗 테이블 보고서로 작성하고 보고서의 요약 값을 시각적인 차트로 표현하여
데이터 현황을 바로 확인할 수 있는 동적 보고서를 작성할 수 있습니다.

회사에서
바로 통하는   **피벗 테이블, 피벗 차트, 계산 필드, 슬라이서**
키워드

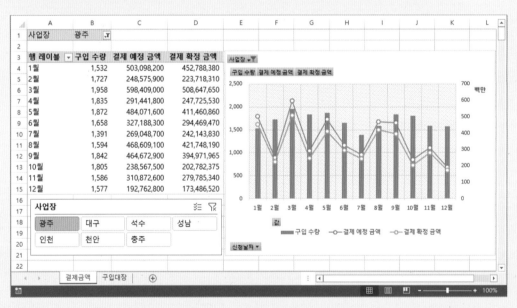

| 사업장 부품 구입 대장 | | | | | | |
|---|---|---|---|---|---|---|
| 신청날짜 | 사업장 | 품목코드 | 품목 | 수량 | 단가 | 금액 |
| 2019-08-23 | 석수 | MF4-215 | ANGLE | 21 | 32,000 | 672,000 |
| 2019-09-09 | 석수 | MF8-547 | 백관 | 44 | 56,000 | 2,464,000 |
| 2019-06-18 | 석수 | MF1-966 | 절연판 | 40 | 45,000 | 1,800,000 |
| 2019-03-13 | 석수 | MF6-543 | P/Z O-RING | 11 | 38,000 | 418,000 |
| 2019-05-11 | 석수 | MF2-887 | 알코올 | 38 | 8,000 | 304,000 |
| 2019-06-28 | 석수 | MF3-559 | 실리콘 | 30 | 150,000 | 4,500,000 |
| 2019-02-16 | 석수 | MF6-529 | 소모품 | 4 | 2,200 | 8,800 |
| 2019-10-22 | 석수 | MF6-104 | MOTOR | 14 | 30,000 | 420,000 |
| 2019-03-18 | 석수 | MF6-219 | PAPER BRSH | 13 | 40,000 | 520,000 |
| 2019-07-17 | 석수 | MF2-810 | 불화카리 | 23 | 83,000 | 1,909,000 |
| 2019-07-23 | 석수 | MF2-205 | 마크펜 | 33 | 3,000 | 99,000 |
| 2019-03-20 | 석수 | MF6-710 | NUT | 20 | 15,000 | 300,000 |
| 2019-01-27 | 석수 | MF1-544 | 윤활유 | 30 | 2,000,000 | 60,000,000 |
| 2019-07-11 | 석수 | MF1-086 | 소모품 | 50 | 2,200 | 110,000 |
| 2019-05-16 | 석수 | MF1-462 | BITE | 14 | 86,000 | 1,204,000 |
| 2019-09-26 | 석수 | MF5-494 | 방진마스크 | 24 | 7,000 | 168,000 |
| 2019-05-09 | 석수 | MF6-528 | 불화카리 | 1 | 83,000 | 83,000 |
| 2019-01-23 | 석수 | MF1-205 | PLUG | 25 | 3,000 | 75,000 |

**한눈에 보는 작업순서**

피벗 테이블 작성하고 레이아웃 설정하기 ▶ 날짜 그룹 설정과 레이아웃 수정하기 ▶ 필드명과 필드 표시 형식 수정하기

▶ 구입 수량에 따라 다른 할인율을 적용하는 계산 필드 추가하기 ▶ 피벗 차트 작성하기 ▶ 차트의 축 서식 단위 수정하기

▶ 슬라이서 삽입하고 옵션 수정하기 ▶ 슬라이서로 데이터 필터링하기

## 03 핵심 기능 미리 보기

### STEP 01 월별 현황 파악하는 보고서 작성하기

❶ 피벗 테이블 보고서에 조건에 따라 다른 할인율을 적용하는 계산 필드를 추가합니다.

### STEP 02 월별 현황을 피벗 차트로 표현하기

❶ 피벗 테이블 보고서 현황을 피벗 차트로 작성합니다. 피벗 테이블 보고서의 내용이 수정되면 피벗 차트에도 수정된 내용이 반영됩니다.

### STEP 03 슬라이서로 선택한 사업장의 현황 파악하기

❶ [사업장]과 [품목] 슬라이서를 추가하여 선택한 사업장의 월별 현황과 구입한 품목을 파악합니다.

# STEP 01 월별 현황 파악하는 보고서 작성하기

부품 구입 내용이 기록된 데이터로 부품의 총구입 수량과 결제 금액을 파악하는 피벗 테이블 보고서를 작성하고, 구입한 부품 개수에 따라 할인율을 다르게 적용하는 결제금액 계산 필드를 추가해보겠습니다.

**01 피벗 테이블 만들기** ① [B4] 셀을 선택합니다. ② [삽입] 탭-[표] 그룹-[피벗 테이블]을 클릭합니다. [피벗 테이블 만들기] 대화상자의 [표 또는 범위 선택]에 선택한 셀과 관련된 데이터 범위가 자동으로 선택되어 보입니다. ③ 피벗 테이블 [보고서를 넣을 위치]는 [새 워크시트]를 선택합니다. ④ [확인]을 클릭합니다.

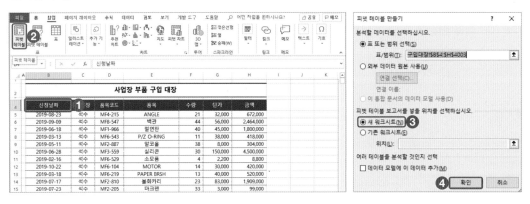

**02 피벗 테이블 레이아웃 설정하기** 새로운 시트에 피벗 테이블 보고서 작업 영역이 표시됩니다. ① [피벗 테이블 필드] 작업 창에서 [사업장] 필드를 [필터] 영역으로 드래그합니다. ② [신청날짜] 필드는 [행]으로, ③ [수량]과 [금액] 필드는 [Σ 값]으로 드래그합니다.

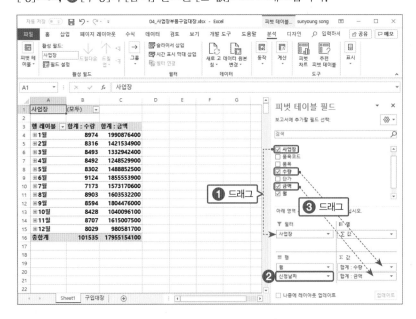

## 03 날짜 그룹과 레이아웃 수정하기 날짜 그룹을 월별로 수정하겠습니다. ❶ [A4] 셀을 선택합니다.
❷ 마우스 오른쪽 버튼을 클릭한 후 ❸ [그룹]을 선택합니다. ❹ [그룹화] 대화상자의 [단위] 영역에서
[일]은 선택 해제하여 [월]만 선택된 상태에서 ❺ [확인]을 클릭합니다.

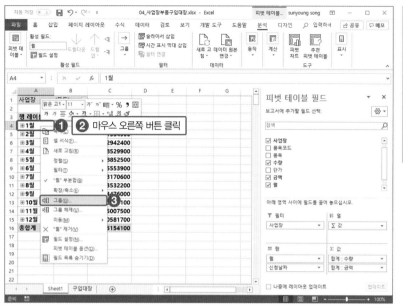

## 04 [피벗 테이블 도구]–[디자인] 탭–[레이아웃] 그룹–[총합계]–[행 및 열의 총합계 해제]를 선택합니다.

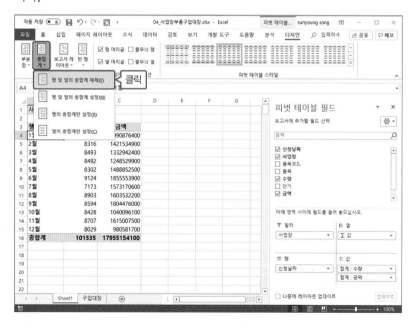

**05 필드명과 필드 표시 형식 수정하기** ❶ [B3] 셀을 선택하고 **구입 수량**으로 수정합니다. ❷ 마우스 오른쪽 버튼을 클릭한 후 ❸ [필드 표시 형식]을 선택합니다. ❹ [셀 서식] 대화상자의 [범주]를 [숫자]로 선택합니다. ❺ [1000 단위 구분 기호 사용]에 체크 표시합니다. ❻ [확인]을 클릭합니다.

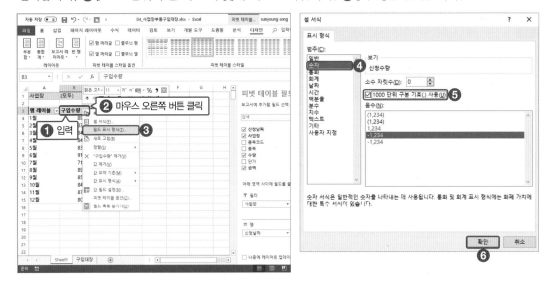

**06** ❶ [C3] 셀을 선택하고 **결제 예정 금액**으로 수정합니다. 열 너비를 적당히 조절한 후 ❷ 마우스 오른쪽 버튼을 클릭하여 ❸ [필드 표시 형식]을 선택합니다. ❹ [셀 서식] 대화상자의 [범주]를 [숫자]로 선택합니다. ❺ [1000 단위 구분 기호 사용]에 체크 표시합니다. ❻ [확인]을 클릭합니다.

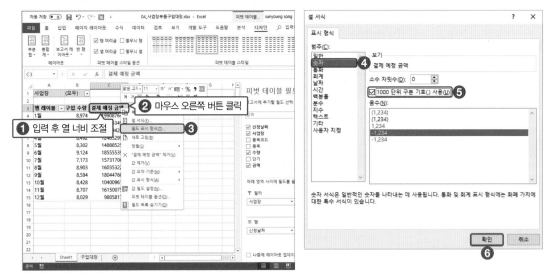

**07 할인율을 적용하는 계산 필드 추가하기** ❶ [피벗 테이블 도구]–[분석] 탭–[계산] 그룹–[필드, 항목 및 집합]을 클릭하고 [계산 필드]를 선택합니다. ❷ [계산 필드 삽입] 대화상자에서 [이름]에 **할인된 금액**, [수식]에 **=IF(수량)=1800, 금액\*85%, 금액\*90%)**를 입력합니다. ❸ [확인]을 클릭합니다.

**▎실력향상** 신청한 수량의 합계가 1,800 이상이면 결제할 금액에서 15%를 할인해주고, 그렇지 않은 때는 10%를 할인을 적용하여 실제 결제할 금액을 계산하는 필드입니다.

**08** ❶ [D3] 셀을 선택하고 **결제 확정 금액**으로 수정합니다. ❷ [사업장]의 ▼를 클릭합니다. ❸ [인천] 사업장을 선택한 후 ❹ [확인]을 클릭합니다.

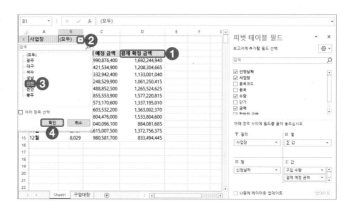

---

★★★
**비법노트**　　[계산 필드 삽입] 대화상자 알아보기

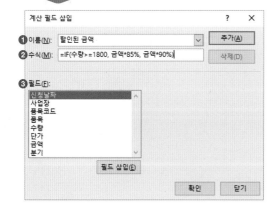

❶ **이름** 추가할 계산 필드의 이름을 입력합니다. 기존 필드의 이름은 입력할 수 없습니다.

❷ **수식** 추가할 계산 필드의 수식을 입력합니다.

❸ **필드 목록** 피벗 테이블을 구성하는 필드명입니다. 필드명을 더블 클릭하여 수식을 작성할 수 있습니다.

**09 할인율 확인하기** 1,800 이상 수량을 구입한 월은 15% 할인율이 1,800 미만 수량을 구입한 월은 10% 할인율이 적용되어 [결제 확정 금액]에 표시됩니다. ❶ [Sheet1] 시트명을 더블클릭하여 **결제금액** 으로 수정합니다. ❷ [피벗 테이블 필드] 작업 창을 닫습니다.

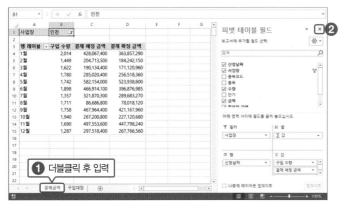

**📊 실력향상** [피벗 테이블 필드] 작업 창은 [피벗 테이블 도구]-[분석] 탭-[표시] 그룹-[필 드 목록]을 클릭하여 다시 표시할 수 있습니다.

## STEP 02 월별 현황을 피벗 차트로 표현하기

요약 정리된 피벗 테이블 보고서를 명확하게 파악할 수 있도록 피벗 차트를 추가해보겠습니다. 피벗 차 트는 피벗 테이블의 내용과 함께 보이며 피벗 테이블의 추출할 데이터나 값이 변경되면 피벗 차트에도 같이 적용됩니다.

**10 피벗 차트 만들기** ❶ [A3] 셀을 선택합니다. ❷ [피벗 테이블 도구]-[분석] 탭-[도구] 그룹-[피벗 차트]를 클릭합니다. ❸ [차트 삽입] 대화상자에서 [혼합]을 선택하고 ❹ [사용자 지정 조합]을 클릭합니 다. ❺ [구입 수량] 계열은 차트 종류를 [묶은 세로 막대형]으로 [결제 예정 금액] 계열과 [결제 확정 금 액] 계열은 차트 종류를 [꺾은선형]으로 선택합니다. ❻ [꺾은선형]으로 선택한 계열은 [보조 축]에 체크 표시합니다. ❼ [확인]을 클릭합니다.

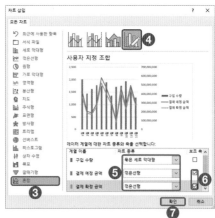

**11** ❶ 차트의 왼쪽 위 모서리를 [E3] 셀로 이동한 후 크기를 적당히 조절합니다. ❷ [피벗 차트 도구]–[디자인] 탭–[차트 레이아웃] 그룹–[차트 요소 추가]–[범례]를 선택하고 ❸ [아래쪽]을 선택합니다.

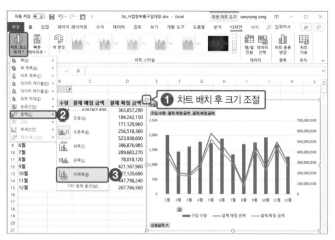

**12 차트 스타일 수정하기** [피벗 차트 도구]–[디자인] 탭–[차트 스타일] 그룹–[색 변경]–[다양한 색상표 4]를 선택합니다.

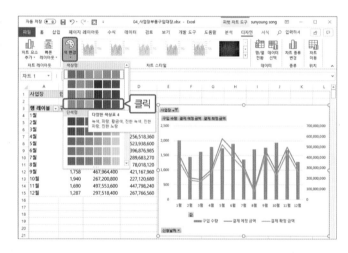

**13** [피벗 차트 도구]–[디자인] 탭–[차트 스타일] 그룹–[빠른 스타일]에서 [스타일 5]를 선택합니다.

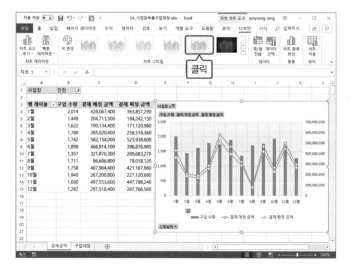

**14 축 서식 수정하기** ❶ 보조 세로 축을 더블클릭합니다. ❷ [축 서식] 작업 창의 [축 옵션📊]을 클릭합니다. ❸ [표시 단위]에서 [백만]을 선택합니다.

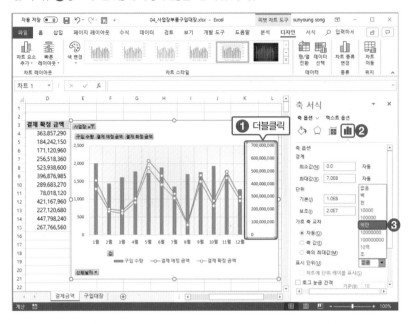

**15** ❶ [백만] 표시 단위 레이블을 클릭합니다. ❷ [표시 단위 레이블 서식] 작업 창의 [크기 및 속성]에서 ❸ [맞춤]의 [텍스트 방향]을 [가로]로 선택합니다. ❹ 작업 창을 닫습니다.

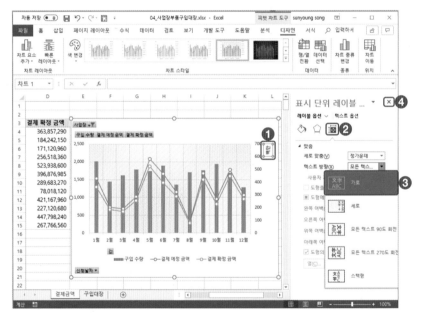

# 슬라이서로 선택한 사업장의 현황 파악하기

[사업장] 필터에서 특정 사업장을 선택하면 해당 사업장의 피벗 테이블 보고서와 차트를 확인할 수 있습니다. 그러나 확인할 사업장이 여러 개이거나 자주 변경된다면 매번 필터를 클릭하여 수정하는 것보다 슬라이서를 이용하여 데이터를 파악하는 것이 효율적입니다.

**16 슬라이서 삽입하고 옵션 수정하기** ① [피벗 차트 도구]–[분석] 탭–[필터] 그룹–[슬라이서 삽입]을 클릭합니다. ② [슬라이서 삽입] 대화상자에서 [사업장]에 체크 표시합니다. ③ [확인]을 클릭합니다.

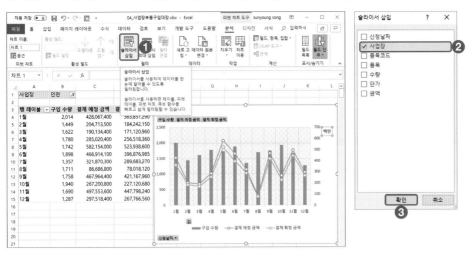

**iiii 실력향상** 차트가 아닌 피벗 테이블 보고서 영역에 셀 포인터가 위치해 있을 때는 [피벗 테이블 도구]–[분석] 탭–[필터] 그룹–[슬라이서 삽입]을 선택하여 슬라이서를 추가할 수 있습니다.

**17** ① [사업장] 슬라이서를 적당한 위치로 이동하고 크기를 조절합니다. ② [슬라이서 도구]–[옵션] 탭–[단추] 그룹–[열]을 **4**로 수정합니다.

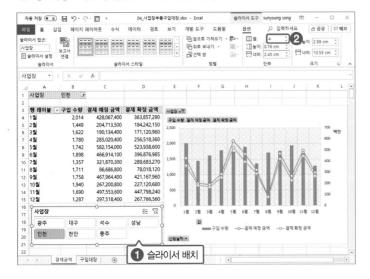

**18 슬라이서로 데이터 필터하기** [사업장] 슬라이서에서 [광주]를 클릭합니다. 광주 사업장의 구입 수량과 결제 예정 금액, 할인율이 적용된 결제 확정 금액 현황을 보고서와 차트에서 확인할 수 있습니다.

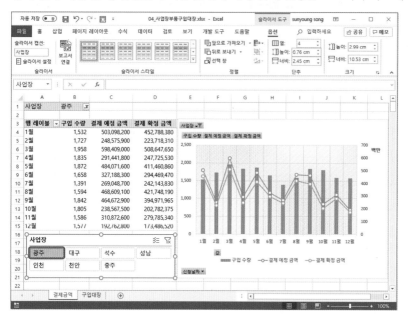

데이터
편집

데이터
집계와
분석

데이터
분석 구
활용

시각
보고서
작성

# PROJECT 04

# 선택한 데이터가 표시되는 세로 막대 차트와 도넛 차트로 보고서 작성하기

실습 파일 | Part02/Chapter04/04_건강보험가입자수.xlsx   완성 파일 | Part02/Chapter04/04_건강보험가입자수(완성).xlsx

## 01 프로젝트 시작하기

지난 10년간 건강보험 가입자수가 항목별로 기록된 자료에서 선택한 연도의 건강보험 가입자수와 항목별 비율을 확인하는 차트를 만들어보겠습니다. 연도별 가입자수를 표시하는 차트는 세로 막대 차트로 작성하고, 선택한 연도만 구분되어 표시되도록 IF와 COLUMNS 함수로 데이터를 추출하여 차트 범위에 추가하겠습니다. 또 선택한 연도의 항목별 가입자만 INDEX와 COLUMNS 함수로 데이터 추출 후 도넛 차트로 비율을 확인할 수 있도록 만들어보겠습니다. 연도는 양식컨트롤의 스크롤 막대로 선택하도록 컨트롤을 삽입하고 서식 설정도 해보겠습니다. 여기에서는 원하는 차트를 작성하기 위해 데이터를 추출하고 추출된 데이터로 차트를 구성하는 방법을 익힐 수 있습니다.

회사에서
바로 통하는
키워드

IF, COLUMNS, INDEX, COLUMN, 세로 막대 차트, 도넛 차트, 스크롤 막대

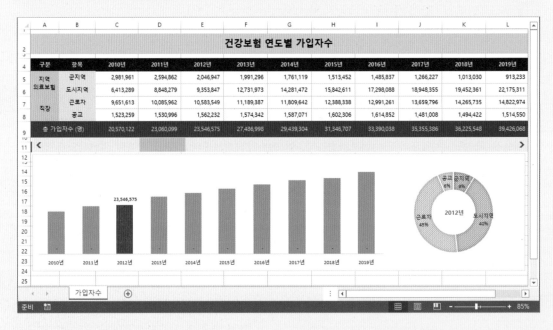

| | 한눈에 보는 작업순서 | IF와 COLUMNS 함수로 포인트로 표시할 연도의 가입자수 표시하기 | ▶ | INDEX와 COLUMN 함수로 포인트 연도와 항목별 가입자수 표시하기 |
|---|---|---|---|---|

**한눈에 보는 작업순서**

IF와 COLUMNS 함수로
포인트로 표시할 연도의 가입자수 표시하기

▶ INDEX와 COLUMN 함수로
포인트 연도와 항목별 가입자수 표시하기

▶ 연도를 선택하는 양식 컨트롤의
스크롤 막대 삽입하고 서식 설정하기

▶ 연도별 가입자수를 표시하는
세로 막대 차트 작성하기

▶ 포인트로 표시할 연도 데이터
세로 막대 차트에 추가하기

▶ 선택한 연도의 항목별 가입자 비율을 표시하는
도넛 차트 작성하기

## STEP 01 IF, COLUMNS, INDEX, COLUMN 함수로 데이터 추출하기

❶ IF와 COLUMNS 함수로 차트에 표현할 포인트 데이터를 추출합니다.

❷ INDEX와 COLUMNS 함수로 특정 연도의 항목 데이터를 추출합니다.

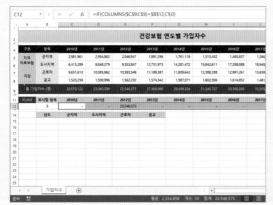
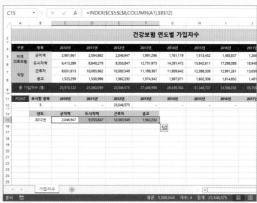

## STEP 02 연도별 가입자수를 표시하는 세로 막대 차트 작성하기

❶ 양식 컨트롤의 스크롤 막대로 연도를 선택하도록 설정합니다.

❷ 연도별 가입자수와 선택한 연도만 색 구분되어 표시되는 세로 막대 차트를 작성합니다.

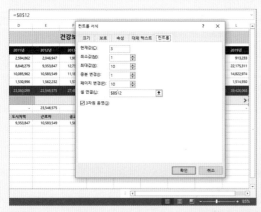
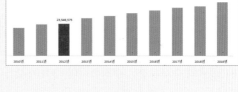

## STEP 03 선택된 연도의 항목별 비율을 표시하는 도넛 차트 작성하기

❶ 선택된 연도의 항목별 비율을 도넛 차트로 작성하여 표현합니다.

# STEP 01

# IF, COLUMNS, INDEX, COLUMN 함수로 데이터 추출하기

차트에 필요한 데이터를 함수를 이용하여 추출하겠습니다. IF와 COLUMNS 함수를 이용하여 선택한 연도인 포인트로 표시할 데이터만 표시되도록 작성하고, INDEX와 COLUMNS 함수를 이용하여 선택한 연도의 항목별 가입자수가 표시되도록 작성해보겠습니다.

**01 IF와 COLUMNS 함수로 포인트 연도의 가입자수 표시하기** 포인트로 사용할 연도의 가입자수만 표시되도록 수식을 작성하겠습니다. ❶ [B12] 셀에 **1**을 입력합니다. ❷ [C12] 셀을 선택하고 **=IF(COLUMNS($C$9:C$9)=$B$12,C9,0)**을 입력한 후 Enter 를 누릅니다. ❸ [C12] 셀의 채우기 핸들을 [L12] 셀까지 드래그합니다.

📊 **실력향상** IF 함수를 이용하여 COLUMNS 함수로 지정한 범위 안의 열 개수가 [B12] 셀에 입력된 숫자와 같으면 총 가입자수를 표시하고, 그렇지 않으면 0을 표시하는 수식입니다.

📊 **실력향상** COLUMNS 함수는 선택된 범위의 열 개수를 알려주는 함수입니다. ❶ 2010년은 셀 범위를 [$C$9:C$9]로 하여 열 개수가 한 개, ❷ 2011년은 셀 범위가 [$C$9:D$9]로 되어 열 개수가 두 개, ❸ 범위를 누적 범위로 지정하여 열 개수를 확인합니다.

**02** [B12] 셀의 숫자를 **2**로 수정합니다. 2010~2019년 중 두 번째 위치한 2011년도의 숫자만 표시됩니다.

### ★★★ 비법노트

**COLUMNS 함수**

선택된 범위의 열 개수를 알려주는 함수입니다.

| 함수 형식 | COLUMNS(Array) |
| --- | --- |
| 인수 | • Array : 열 번호를 확인할 셀 범위를 지정합니다. |

## 03 INDEX와 COLUMN 함수로 포인트 연도와 항목별 가입자수 표시하기 [B15] 셀을 선택하고 =INDEX($C$4:$L$4,1,$B$12)를 입력합니다.

**실력향상** 연도가 표시된 [C4:L4] 셀 범위에서 [B12] 셀에 입력된 위치의 연도를 표시합니다. 행은 한 개이므로 **1**로 입력합니다.

## 04 ❶ [C15] 셀을 선택하고 =INDEX($C$5:$L$8,COLUMN(A1),$B$12)를 입력한 후 Enter를 누릅니다. ❷ [C15] 셀의 채우기 핸들을 [F15] 셀까지 드래그합니다.

**실력향상** COLUMN 함수는 선택한 셀의 열 번호를 알려주는 함수입니다. [A1] 셀은 A열, 첫 번째 열이어서 1, [B1] 셀은 B열, 두 번째 열이어서 2를 알려줍니다.

**실력향상** 연도별, 항목별 가입자수가 표시된 [C5:L8] 셀 범위에서 데이터를 추출합니다. 군지역 항목은 [C5:L8] 셀 범위에서 COLUMN 함수로 A1 즉, 첫 번째 행에 해당하므로 [B12] 셀에 입력된 값에 해당하는 열 위치의 가입자수를 표시합니다. 도시지역 항목은 [C5:L8] 셀 범위에서 B1 즉, 두 번째 행에 해당하고, [B12] 셀에 입력된 값에 해당하는 열 위치의 가입자수를 표시합니다.

## 05 스크롤 막대 삽입하기 [개발 도구] 탭-[컨트롤] 그룹-[삽입]-[양식 컨트롤] 그룹에서 [스크롤 막대(양식 컨트롤)🖳]을 선택합니다.

**실력향상** 리본 메뉴에 [개발 도구] 탭을 표시하려면 [파일] 탭-[옵션]을 클릭한 후 [리본 사용자 지정]을 선택하고 [리본 메뉴 사용자 지정] 기본 탭 목록에서 [개발 도구]를 체크 표시합니다.

외부 데이터 편집

데이터 집계와 분석

데이터 분석 도구 활용

시각 보고서 작성

## 06 스크롤 막대의 서식 설정하기 ❶ [A10:L11] 셀 범위에 드래그하여 [스크롤 막대(양식 컨트롤)]을 삽입합니다. ❷ [스크롤 막대] 위에서 마우스 오른쪽 버튼을 클릭하여 ❸ [컨트롤 서식]을 선택합니다. ❹ [컨트롤 서식] 대화상자에서 [컨트롤] 탭을 선택합니다. ❺ [현재값]에 1, [최소값] 1, [최대값] 10, [증분 변경] 1을 입력합니다. ❻ [셀 연결]에는 [B12] 셀을 선택합니다. ❼ [확인]을 클릭합니다.

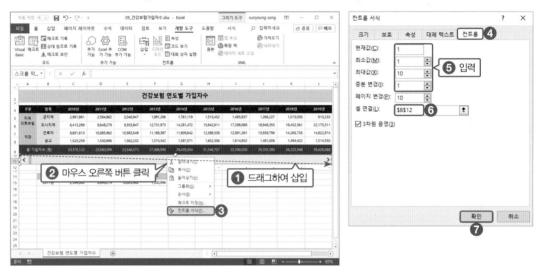

**▌▌▌ 실력향상** 2010년부터 2019년까지 총 10개 항목이므로 [최소값]은 1, [최대값]은 10으로 입력합니다. 스크롤 막대를 클릭하여 변경되는 값은 [B12] 셀에 표시되도록 연결 설정합니다.

## 07 ❶ [B12] 셀을 선택하여 스크롤 막대 선택을 해제합니다. ❷ 스크롤 막대의 오른쪽 화살표를 클릭하여 다음 연도와 해당 값이 표시되는지 확인합니다.

# STEP 02 연도별 가입자수를 표시하는 세로 막대 차트 작성하기

연도별 총 가입자수와 선택한 연도의 가입자수가 포인트로 표시되는 세로 막대 차트를 작성해보겠습니다. 기본 세로 막대 차트를 작성한 후 포인트 데이터를 세로 막대 차트의 데이터 범위에 추가하여 구분되어 표시되도록 작성해보겠습니다.

**08 기본 세로 막대 차트 만들기** ❶ [C4:L4] 셀 범위를 선택합니다. ❷ Ctrl 을 누른 채 [C9:L9] 셀 범위를 추가로 선택합니다. ❸ [삽입] 탭-[차트] 그룹-[세로 또는 가로 막대형 차트 삽입[□]]을 클릭한 후 ❹ [2차원 세로 막대형]에서 [묶은 세로 막대형]을 선택합니다.

**09** ❶ [A13] 셀 위치로 차트를 이동하고 크기를 적당히 조절합니다. ❷ [차트 제목]을 선택한 후 Delete 를 눌러 삭제합니다. ❸ [세로 축]도 선택한 후 Delete 를 눌러 삭제합니다. ❹ [눈금선]도 선택한 후 Delete 를 눌러 삭제합니다.

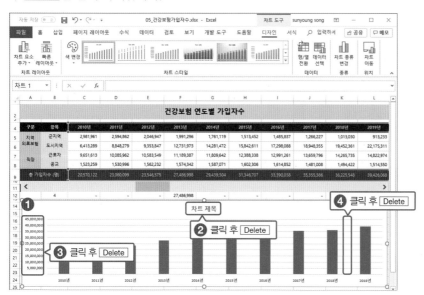

**10** ❶ 차트의 [그림 영역]을 선택합니다. 오른쪽 조절점을 드래그하여 너비를 좁게 설정합니다. ❷ [데이터 계열]을 더블클릭하여 [데이터 계열 서식] 작업 창을 표시합니다.

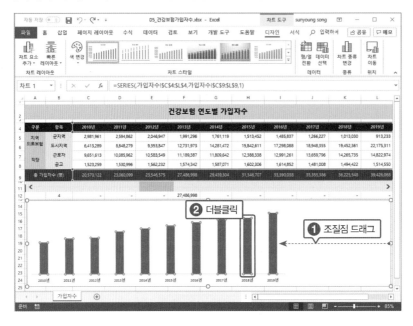

📊 **실력향상** [차트 도구]-[서식] 탭-[현재 선택 영역] 그룹-[차트 요소]의 목록 단추를 클릭하면 차트의 요소들을 확인할 수 있으며 요소 중 하나인 [그림 영역]을 쉽게 선택할 수 있습니다.

**11 차트 서식 설정하기** ❶ [데이터 계열 서식] 작업 창에서 [계열 옵션📊]의 ❷ [간격 너비]를 **105%** 로 수정합니다.

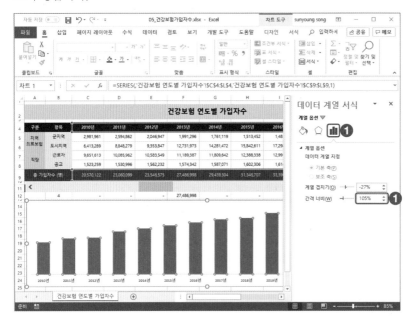

📊 **실력향상** 간격 너비 값을 작게 설정하여 세로 막대의 너비를 넓게 설정합니다.

**12** ❶[데이터 계열 서식] 작업 창에서 [채우기 및 선 🎨]을 클릭하고 ❷ [채우기]-[단색 채우기]를 선택합니다. ❸[채우기 색]에서 [흰색, 배경 1, 35% 더 어둡게]를 선택합니다. ❹ [데이터 계열 서식] 작업 창을 닫습니다.

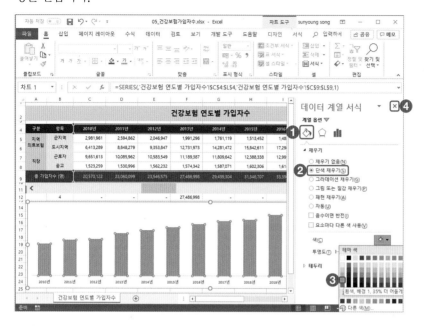

**13 포인트 데이터 차트에 추가하기** ❶[차트 도구]-[디자인] 탭-[데이터] 그룹-[데이터 선택]을 클릭합니다. ❷ [데이터 원본 선택] 대화상자의 [범례 항목(계열)]의 [추가]를 클릭합니다.

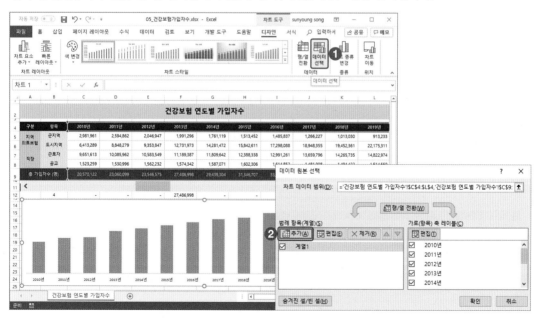

📊 **실력향상** 범례 항목(계열)이 세로 값 축에 표시되는 값, 가로(항목) 축 레이블은 가로 축에 표시되는 연도입니다. 포인트 값은 범례 항목(계열)의 [추가]를 클릭하여 해당 값을 추가합니다.

**14**  ❶ [계열 편집] 대화상자의 [계열 이름]에 **'가입자수'!$A$11**을 입력하고 ❷ [계열 값]에는 **'가입자수'!!$C$12:$L$12**를 입력합니다. ❸ [확인]을 클릭합니다. ❹ [데이터 원본 선택] 대화상자에서도 [확인]을 클릭합니다.

**실력향상** 계열 이름은 범례에 표시될 텍스트가 입력된 셀을 선택합니다.

**15 포인트 계열 서식 설정하기**  ❶ 추가된 포인트 계열을 더블클릭합니다. ❷ [데이터 요소 서식] 작업 창의 [계열 옵션]에서 [계열 겹치기]를 **100%**로 수정합니다.

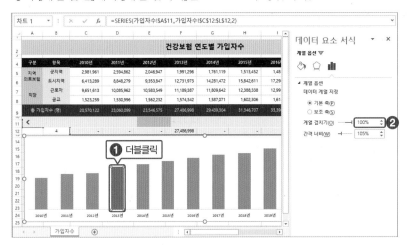

**16**  ❶ [데이터 요소 서식] 작업 창에서 [채우기 및 선[🖌]]을 클릭하고 ❷ [채우기]에서 [단색 채우기]를 선택합니다. ❸ [채우기 색]에서 [빨강]을 선택합니다. ❹ [데이터 요소 서식] 작업 창을 닫습니다.

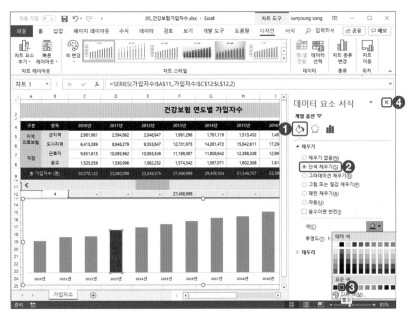

**17** ❶포인트 계열을 선택합니다. ❷마우스 오른쪽 버튼을 클릭하고 ❸[데이터 레이블 추가]를 선택합니다.

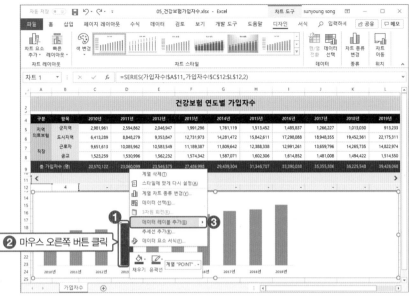

## 선택한 연도의 항목별 비율을 표시하는 도넛 차트 작성하기

선택된 연도의 항목인 군지역, 도시지역, 근로자, 공교 비율을 표시하는 도넛 차트를 작성해보겠습니다.

**18 도넛 차트 작성하기** ❶세로 막대 차트를 아래쪽으로 이동한 후 ❷[B14:F15] 셀 범위를 선택합니다. ❸[삽입] 탭-[차트] 그룹-[원형 또는 도넛형 형트 삽입🢒]을 클릭한 후 ❹[도넛형]에서 [도넛형] 차트를 선택합니다.

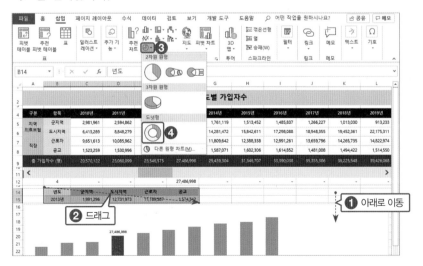

**19** ❶ 세로 막대 차트를 다시 [A12] 셀 위치로 이동하고 ❷ 도넛 차트는 세로 막대 차트 오른쪽으로 이동하고 크기를 적당히 조절합니다. ❸ [차트 제목]을 선택한 후 Delete 를 눌러 삭제합니다.

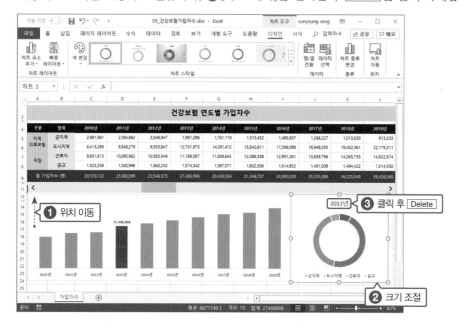

**20** **차트 서식 설정하기** ❶ [차트 도구]–[디자인] 탭–[차트 스타일] 그룹에서 [스타일 2]를 클릭합니다. ❷ [범례]를 선택한 후 Delete 를 눌러 삭제합니다.

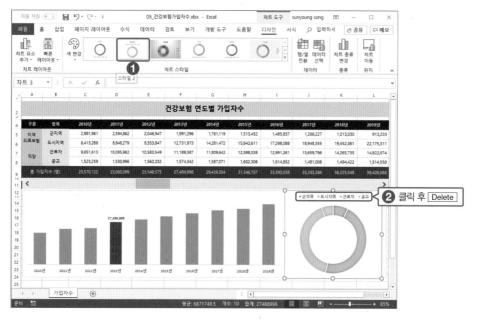

**21** ❶ 차트의 계열을 클릭합니다. ❷ 마우스 오른쪽 버튼을 클릭하고 ❸ [데이터 레이블 추가]를 클릭하여 레이블을 추가합니다.

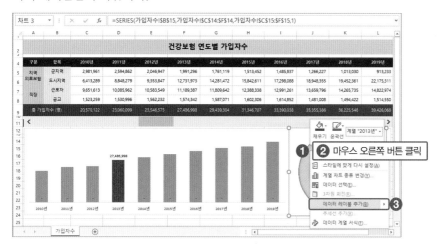

**22** ❶ 추가된 데이터 레이블을 더블클릭합니다. ❷ [데이터 레이블 서식] 작업 창의 [레이블 옵션]에서 [항목 이름]과 [백분율]에 체크 표시합니다.

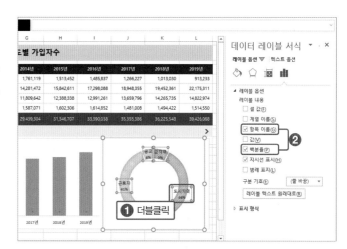

**23** ❶ 차트의 계열을 선택하여 [데이터 계열 서식] 작업 창을 표시합니다. ❷ [데이터 계열 서식] 작업 창의 [계열 옵션]에서 [도넛 구멍 크기]를 **54%**로 수정합니다.

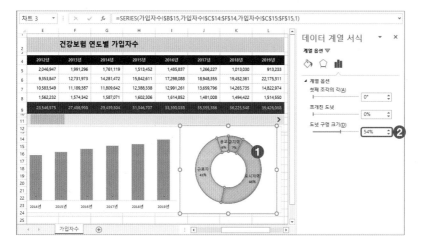

**24** ❶차트 영역을 선택합니다. ❷[차트 영역 서식] 작업 창의 [차트 옵션]에서 [채우기 및 선 🖌]을 선택합니다. ❸[테두리]를 클릭하고 ❹[선 없음]을 선택합니다. ❺[차트 영역 서식] 작업 창을 닫습니다.

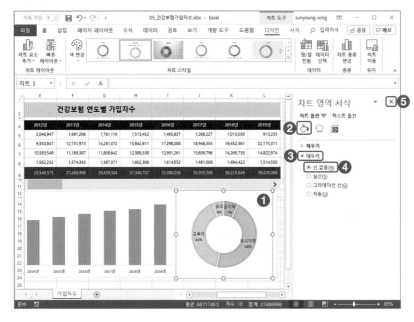

📊 **실력향상** 차트를 구성하는 요소 선택은 [차트 도구]-[서식] 탭-[현재 선택 영역] 그룹-[차트 요소]에서 쉽게 선택할 수 있습니다.

**25** ❶[차트 도구]-[서식] 탭-[도형 삽입] 그룹-[텍스트 상자]를 선택하고 ❷도넛 차트 안쪽에 드래그하여 삽입합니다.

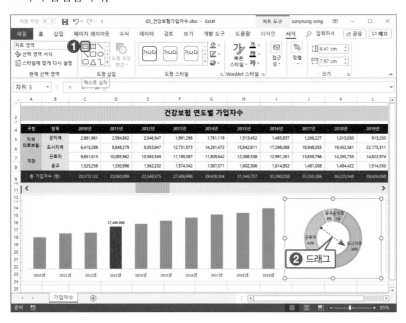

**26** ❶ 삽입한 텍스트 상자를 선택한 후 ❷ 수식 입력줄을 클릭합니다. ❸ **=가입자수!$B$15**를 입력한 후 [Enter]를 누릅니다. ❹ [홈] 탭-[글꼴] 그룹-[굵게 **가**], ❺ [글꼴 색]은 [파랑]으로 설정합니다.

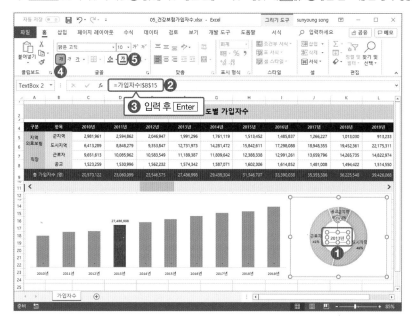

📊 **실력향상** 텍스트 상자에 표시할 텍스트가 차트로 가려진 [B15] 셀에 표시되어 있어 선택하기가 힘듭니다. 이런 경우 다른 임의의 셀을 클릭한 후 방향키로 이동하여 선택합니다.

**27** 스크롤 막대를 드래그하면 선택한 연도가 포인트 표시되고 해당 연도의 항목별 비율을 도넛 차트에서 확인할 수 있습니다.

# 찾아보기

# 회사통 엑셀 시리즈로
# 스펙을 업그레이드하라

엑셀 왕초보부터 시작해 실무에 강한 직장인이 되는 지름길!
수많은 독자가 검증한 실무 예제와 엑셀 실력 향상에 꼭 필요한 내용이 알차게 수록되어 있습니다.
사랑받는 한빛미디어 엑셀 시리즈로 엑셀 실력을 쌓아보세요.

170여 개 실무 템플릿으로 전문가의 노하우를 학습하라!

프로젝트형 예제로 데이터 활용과 분석 능력 업그레이드

## 회사에서 바로 통하는
## 실무 엑셀

19,800원 | 2019년 3월 31일 | 452쪽

❶ 170여 개의 기능을 실무 예제로 쉽게 배운다!
❷ 엑셀에 꼭 필요한 기능만 담아 빠르게 배운다!
❸ 실무 활용으로 전문가의 노하우를 빠르게 습득한다!

업무에 당장 써먹을 수 있는 최적화된 실무 예제로 엑셀의 기능을 쉽고 빠르게 학습하면서 동시에 실무 활용 능력까지 업그레이드할 수 있도록 구성했다. 엑셀에서 데이터를 입력, 편집하는 방법 및 수식과 서식을 활용하여 문서를 작성하는 방법, 엑셀 기본 함수와 실무 함수의 활용 방법을 익힌다.

## 회사에서 바로 통하는
## 실무 엑셀
## 데이터 활용+분석

22,000원 | 2019년 6월 10일 | 480쪽

❶ 엑셀 모든 버전으로 학습한다!
❷ 회사에서 쏙 뽑아온 전략 예제로 익힌다!
❸ 프로젝트형 실무 예제로 데이터 관리에 최적화된 엑셀 기능 학습이 가능하다!

표와 필터로 업무에 맞게 데이터를 관리하고, 수식과 함수로 원하는 데이터를 간단하게 집계, 분석하는 방법 및 피벗 테이블과 피벗 차트로 데이터를 효과적으로 시각화하는 방법, 원하는 보고서를 자유자재로 작성할 수 있는 방법을 익힐 수 있다.